重庆市骨干高等职业院校建设项目规划教材
重庆水利电力职业技术学院课程改革系列教材

水利水电施工技术

主　编　闵志华　王　强　冯　涛
副主编　余从熙　刘　斌　张守平　王晓琴
主　审　何厚琼

黄河水利出版社
·郑州·

内 容 提 要

本书是重庆市骨干高等职业院校建设项目规划教材、重庆水利电力职业技术学院课程改革系列教材之一，由重庆市财政重点支持，根据高职高专教育水利水电施工技术课程标准及理实一体化教学要求编写完成。全书共分6个项目，分别是爆破工程、基础处理工程、地下建筑工程、土石坝工程、混凝土坝工程、施工导流及度汛。

本书可作为高职高专院校水利学科学生的专业课程教材，也可作为水利水电工程技术人员的学习参考用书。

图书在版编目(CIP)数据

水利水电施工技术/闵志华，王强，冯涛主编. —郑州：黄河水利出版社，2016.11

重庆市骨干高等职业院校建设项目规划教材

ISBN 978-7-5509-1607-4

Ⅰ.①水… Ⅱ.①闵…②王…③冯… Ⅲ.①水利水电工程-工程施工-高等职业教育-教材 Ⅳ.①TV5

中国版本图书馆CIP数据核字(2016)第302838号

组稿编辑：王路平　电话：0371-66022212　E-mail：hhslwlp@163.com

出 版 社：黄河水利出版社　网址：www.yrcp.com

地址：河南省郑州市顺河路黄委会综合楼14层　邮政编码：450003

发行单位：黄河水利出版社

发行部电话：0371-66026940、66020550、66028024、66022620(传真)

E-mail：hhslcbs@126.com

承印单位：河南承创印务有限公司

开本：787 mm×1 092 mm　1/16

印张：13.5

字数：310千字　印数：1—1 100

版次：2016年11月第1版　印次：2016年11月第1次印刷

定价：33.00元

前言

按照“重庆市骨干高等职业院校建设项目”规划要求，水利水电建筑工程专业是该项目的重点建设专业之一，由重庆市财政支持、重庆水利电力职业技术学院负责组织实施。按照子项目建设方案，通过广泛深入的行业、市场调研，与行业、企业专家共同研讨，不断创新基于职业岗位能力的“三轮递进，两线融通”的人才培养模式，以水利水电建设一线的主要技术岗位核心能力为主线，兼顾学生职业迁徙和可持续发展需要，构建基于工作岗位能力分析的教、学、做一体化课程体系，优化课程内容，进行精品资源共享课程与优质核心课程的建设。经过3年的探索和实践，已形成初步建设成果。为了固化骨干建设成果，进一步将其应用到教学之中，最终实现让学生受益，经学院审核，决定正式出版系列课程改革教材，包括优质核心课程和精品资源共享课程等。

水利水电施工技术是高等职业教育水利类专业的一门重要专业课程，其教学任务是使学生能运用所学知识分析和解决水利水电工程实践中的简单问题，培养适应水利水电建设一线需要的、掌握水利工程施工技术基本知识的技能型人才。全书共分6个项目，分别是爆破工程、基础处理工程、地下建筑工程、土石坝工程、混凝土坝工程、施工导流及度汛。本书可作为高职高专院校水利学科学生的专业课程教材，也可作为水利水电工程技术人员的学习参考用书。

本书在编写过程中，针对高职面向行业、面向实际的特点，不过分苛求水利水电施工技术中的理论，而是强调其在水利行业的实际应用，使学生掌握水利水电施工技术的基本知识、基本理论和基本方法，掌握目前水利水电工程的施工工艺和导流及度汛基本方案的选择，培养独立分析和解决常见施工技术问题的初步能力，在水利水电工程领域建造出符合设计要求的建筑物。

本书由重庆水利电力职业技术学院牵头组织编写，编写人员及编写分工如下：项目一由重庆渝西水利电力建筑勘测设计院余从熙、雷安建编写；项目二由广东中水工程监理有限公司刘斌编写；项目三由水利部水利水电规划设计总院冀建疆、湖北省水利水电规划勘测设计院邹朝望编写；项目四由重庆水利电力职业技术学院王晓琴、陈永志、李翔宇编写；项目五由中国水电顾问集团昆明勘测设计研究院有限公司施工设计分院王强、云南能投对外能源开发有限公司冯涛编写；项目六由重庆水利电力职业技术学院闵志华、张守平编写。本书由闵志华、王强、冯涛担任主编，闵志华、冯涛负责全书统稿、定稿；由余从熙、刘斌、张守平、王晓琴担任副主编；由重庆渝西水利电力建筑勘测设计院何厚琼担任主审。

本书在编写过程中，得到了重庆渝西水利电力建筑勘测设计院、水利部水利水电规划设计总院、湖北省水利水电规划勘测设计院及相关兄弟院校的大力支持，在此一并表示感谢！

由于编者水平有限，书中疏漏和不足之处在所难免，敬请读者批评和指正。

编　者

2016 年 8 月

目 录

项目一　爆破工程

爆破是利用炸药的爆炸能量对周围的岩石、混凝土或土等介质进行破碎、抛掷或压缩,达到预定的开挖、填筑或处理等工程目的的技术。在水利工程施工中,爆破技术广泛用于水工建筑物基础、导流隧洞与地下厂房等的开挖,以及料场开采、定向爆破筑坝和建筑物拆除等。

任务一　爆破器材与起爆方法

炸药和起爆材料统称爆破器材。炸药是破坏介质的能源,而起爆材料则使炸药能安全、有效地释放能量。起爆是爆破设计施工的重要环节。良好的起爆方法及可靠的爆破网路,不仅有利于安全准爆,避免瞎炮和殉爆,同时有利于炸药能量的充分利用、控制爆破抛掷方向和降低爆破振动效应。

一、炸药和起爆器材

(一)炸药

1. 炸药的性能指标

一般来讲,凡能发生化学爆炸的物质均可称为炸药。通常应按照岩石性质和爆破要求选择不同性能指标的炸药,反映炸药特性的基本性能指标如下:

(1)威力。代表炸药的做功能力,分别以爆力和猛度表示。前者又称静力威力,用定量炸药炸开规定尺寸铅柱体内空腔的容积(mL)来衡量,它表征炸药炸胀介质的能力;后者又称动力威力,用定量炸药炸塌规定尺寸铅柱体的高度(mm)表示,它表征炸药粉碎介质的能力。

(2)敏感度。即炸药起爆的难易程度,包括热感度、火焰感度、冲击感度、摩擦感度和爆轰感度等。该值对于指导炸药的安全生产、运输、储存和使用有重大参考作用。

(3)氧平衡。是反映炸药含氧量和氧化反应程度的指标。若炸药的含氧量等于可燃物完全氧化所需的含氧量,则生成无毒的 CO_2 和 H_2O,并释放大量热能,称为零氧平衡。若含氧量大于需氧量,生成有毒的 NO_2,并释放较少的热量,称为正氧平衡。若含氧量不足,生成有毒的 CO,释放热量仅为正氧平衡的 1/3 左右,称为负氧平衡。从充分发挥炸药的放热能力和安全角度考虑,最好是零氧平衡,实际炸药一般配制成微量的正氧平衡。

(4)安定性。指炸药在长期储存中保持自身性质稳定不变的能力,包括物理安定性和化学安定性。

(5)殉爆距离。指炸药药包的爆炸引起相邻药包起爆的最大距离,以 cm 计。

(6)最佳密度。指炸药获得最大爆破效果时的密度,高于或低于该密度爆破效果都会降低。

2. 常用的工业炸药

(1)TNT(三硝基甲苯)。是一种烈性炸药,呈黄色粉末或鱼鳞片状,难溶于水,可用于水下爆破。由于此炸药威力大,常用作副起爆炸药。爆炸后呈负氧平衡,产生有毒的CO,故不适用于地下工程爆破。

(2)胶质炸药(硝化甘油炸药)。是一种烈性炸药,色黄、可塑、威力大、密度大、抗水性强,可用作副起爆炸药,也可用于水下和地下爆破工程。它的冻结温度高达13.2 ℃,结冻后,敏感度高,安全性差。随着硝铵类含水炸药的出现,该类炸药的使用日趋减少。

(3)铵梯炸药。其主要成分是硝酸铵加少量的TNT(敏感剂)和木粉(可燃剂)。这种炸药敏感度低,使用安全;缺点是吸湿性强,易结块,使爆力和敏感度降低。因此,在储存、运输和装药中都应注意防潮,使其含水量不超过0.3%~0.5%。国产铵梯炸药有露天铵梯炸药、岩石铵梯炸药和煤矿铵梯炸药等品种。工程爆破中,2号岩石铵梯炸药以往得到了广泛运用,曾作为我国药量计算的标准炸药,其爆力为320 mL,猛度为12 mm,殉爆距离为5 cm,临界直径为18~20 mm,直径为32~35 mm,处于最佳密度时的药卷爆速约3 600 m/s,储存有效期为6个月。由于其含有TNT成分,我国已于2008年起停止生产。

(4)铵油炸药。主要成分是硝酸铵和柴油,成本低、使用安全、易于生产,但威力和敏感度较低,有效储存期仅为7~15 d,一般在现场拌制。为减少结块可加入木粉,硝酸铵、柴油、木粉的配比以92:4:4最佳,当无木粉时,含油率6%较好。热加工拌和均匀的细粉状铵油炸药,可用8号雷管起爆;冷加工拌和较粗的铵油炸药必须用中继药包起爆。

(5)浆状炸药。以氧化剂的饱和水溶液、敏化剂及胶凝剂为基本成分的抗水硝铵类炸药,含有水溶性胶凝剂,又叫水胶炸药。具有抗水性强、密度高、威力较大、形态及性能可调整、原料来源广和使用安全等优点;主要缺点是储存期短,在露天有水深孔爆破中应用广泛。

(6)乳化炸药。以氧化剂(主要是硝酸铵)与油类乳化而成的油包水型乳胶体作爆炸基质,再添加少量敏化剂、稳定剂等的乳脂状炸药。其爆速较高,且随药柱直径、炸药密度的增大而增大,加适量铝粉可增大炸药密度,提高炸药比能。乳化炸药抗水性能强、爆炸性能好、原材料广泛、工艺简单、生产使用安全和环境污染小,有效储存期为4~6个月。

在水利水电工程建设中,较常用的工业炸药为乳化炸药和铵油炸药。

(二)起爆器材

1. 雷管

雷管为用来引爆炸药的器材,其构造如图1-1所示。根据点火装置的不同,分为火雷管和电雷管。前者在帽孔前的插索腔内插入导火索点火引爆;后者由电气点火装置点火引爆正起爆炸药雷汞或迭氮铅,再激发副起爆炸药产生爆轰。正起爆炸药外用金属加强帽封盖。电雷管有即发、秒延迟和毫秒延迟3种。常用的即发电雷管为6~8号。秒延迟电雷管不同于即发电雷管之处在于点火装置与加强帽之间多了一段缓燃剂,根据缓燃剂的长短控制延迟时间,国产的秒延迟电雷管分7段,每段延迟时间为1 s。毫秒延迟电雷管的构造是在点火装置与加强帽间增设毫秒延迟药,国产毫秒延迟电雷管有5个系列产品，其中第5系列被广泛运用，共计20段，最大延迟时间为2 000 ms。磁电雷管是为了减少和杜绝外来点的威胁，1979年英国化学工业公司（NEC）利用电磁感应原理发明了磁电起爆系统，继而该公司和诺贝尔公司生产销售了磁电雷管。20世纪80年代中期开始，我国煤炭科学研究总院、北京矿冶研究所总院和231研究所相继成功研制了不同型号的磁电雷管和专用起爆器，并已应用于我国各油田和某些特定的爆破作业。电子雷管，又称数码电子雷管、数码雷管或工业数码电子雷管，是近年发展起来的能实现延迟时间准确控制的新型电雷管，其本质是采用微电子芯片取代普通电雷管中的化学延期药与电点火元件，延迟误差可达到0.1～1.0 ms量级。

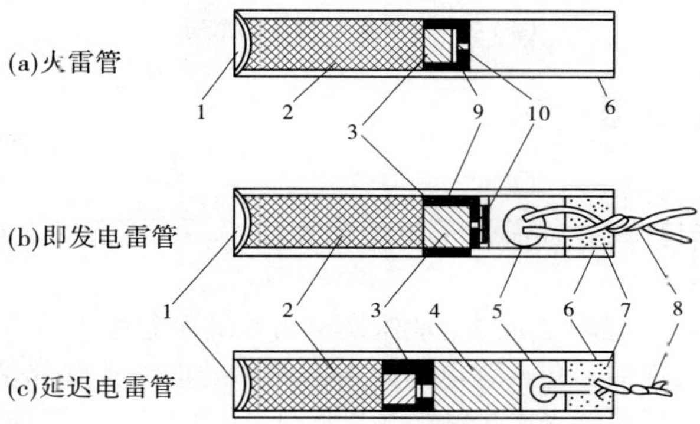

1—聚能穴；2—副起爆炸药；3—正起爆炸药；4—缓燃剂；5—点火桥丝；
6—雷管外壳；7—密封胶；8—脚线；9—加强帽；10—帽孔

图1-1 各种雷管的构造

2. 导火索

导火索用来激发火雷管。索芯为黑火药，外壳用棉线、纸条和防水材料等缠绕和涂抹而成。按使用场合不同，导火索有普通型、防水型和安全型3种。使用最多的是每米燃烧时间为100～125 s的导火索。储运和使用中应防止折断，使用前应进行燃速试验，以保证安全。

3. 导爆索

导爆索可分为安全导爆索和露天导爆索，水利水电工程常用普通露天导爆索。导爆索的构造类似于导火索，但其药芯为黑索金，外表涂成红色以示区别。导爆索必须用雷管引爆，爆速一般不低于6 500 m/s，在0.5 m深水中浸泡24 h后，其敏感度和传爆性能不变。

4. 导爆管

导爆管用于起爆网路中冲击波的传递，只能用雷管引爆，不受爆点附近杂散电流及火花影响。它为一种聚乙烯空心软管，外径3 mm，内径1.4 mm，管内壁涂有以奥克托金或黑索金为主体的粉状炸药，传爆速度为1 600～2 000 m/s。导爆管的储运、使用非常安全。

5. 导爆雷管

导爆雷管构造如图1-2所示。在火雷管前端加装消爆室后，再用塑料卡口塞与导爆管连接即成导爆雷管。消爆室的主要作用在于降低导爆管口泄出的高温气流压力，防止在火雷管发火前卡口塞破裂或脱开。消爆室后无延迟药者为瞬发导爆雷管，有延迟药者为毫秒导爆雷管。秒延迟雷管与电雷管一样，其延迟时间也用精制导火索控制。

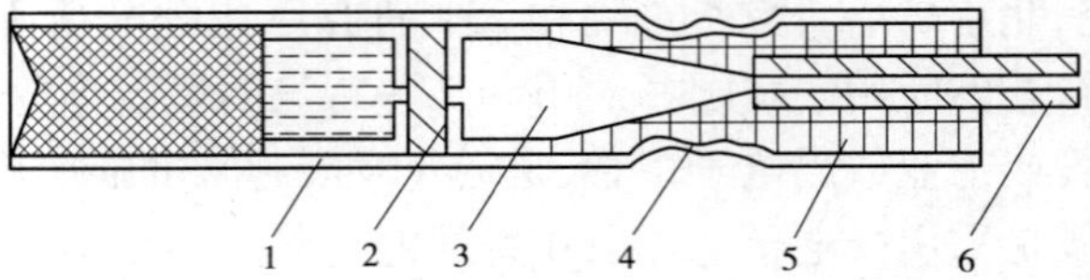

1—火雷管；2—延迟药；3—消爆室；4—卡痕；5—卡口塞；6—导爆管

图 1-2　导爆雷管构造示意图

二、起爆方法和起爆网路

(一)起爆方法

常用的起爆方法包括电力起爆和非电起爆两大类，后者又包括火花起爆、导爆管起爆和导爆索起爆。

(1)电力起爆。电力起爆是通过电能激发电雷管继而起爆炸药。它适用于远距离操作，同时或分段起爆大规模药包群。电力起爆网路中的电线按其部位可分为端线、连接线、区域线和主线。专用的电容式起爆器以及照明、动力线路，只要能满足功率和电流强度要求，均可作为起爆电源。起爆前要用仪表检测电雷管和起爆网路，保证起爆的安全可靠性。

(2)火花起爆。用导火索和火雷管引爆炸药。将剪截好的导火索插入火雷管插索腔内，制成起爆雷管，再将其插入药卷内成为起爆药卷，而后将起爆药卷放入药包内。导火索一般可用点火线、点火棒或自制导火索点火。导火索长度应保证点火人员安全撤离，且不短于 1.2 m。火花起爆目前仅用于起爆非电起爆网路、大块石解炮或小规模的边坡修整爆破等。

(3)导爆管起爆。导爆管起爆法是 20 世纪 70 年代发展起来的一种新型非电起爆方法。首先通过冲击激发源(工程上一般采用雷管)轴向激发导爆管，并在管内形成稳定传播的爆轰波。该稳定爆轰波及高温爆轰产物流导致末端的导爆雷管起爆进而引起药卷的起爆。

(4)导爆索起爆。在导爆索起爆网路中，导爆索既传递爆轰波，又直接起爆炸药。首先用雷管侧向起爆导爆索，而后导爆索再侧向起爆药卷。

(二)起爆网路

电力起爆法与导爆管起爆法均可以对群药包一次赋能起爆，能达到准爆、齐爆或微差起爆的目的。电力起爆网路的准爆性可进行检查，但该起爆网路需防外电场的干扰；导爆管起爆网路不受外电场干扰，比较安全，但其准爆性无法检查；导爆索起爆由于无需用雷管，故其安全性最高，导爆索的传爆速度快，网路起爆性好，其缺点是网路成本高，准爆性无法检查，目前该种网路主要用于光面爆破和预裂爆破等起爆性要求高的网路。

1. 电力起爆网路

电力起爆网路的基本形式有串联法和并联法,如图 1-3(a)、(b)所示。

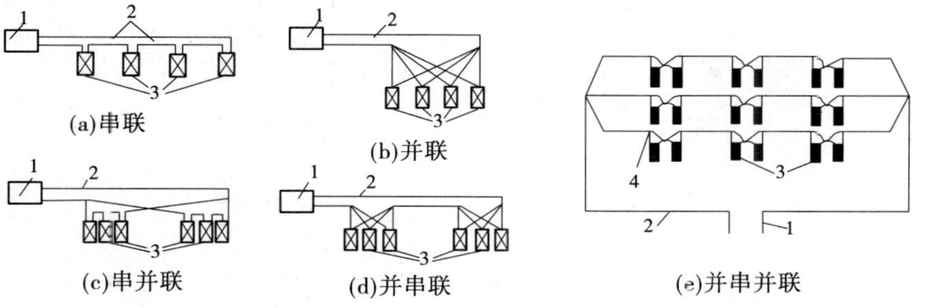

1—电源;2—网路干线;3—药包;4—网路支线

图 1-3　电力起爆网络

串联法的优点是施工操作简单,要求的电压大而电流小,导线损耗小,网路检测容易;缺点是只要有一处脚线或雷管断路,整个网路的雷管都将拒爆。并联法的优点是只要主线不断损,各支路的故障不会影响其他支路;缺点是要求较大的网路总电流,导线损耗大。在工程爆破中,单纯的串联或并联网路只适用于小规模爆破。为了准爆和减少电线消耗,施工中多采用混合连接网路,如串并联或并串联网路,见图 1-3(c)、(d)。对于分段起爆的网路,若各段分别采用即发或某一延迟雷管,则宜采用并串并联网路,如图 1-3(e)所示。

2. 导爆管起爆网路

导爆管起爆网路的选择应考虑导爆管长度、药包数量、炮孔间距、雷管段别和延迟方法等诸多因素,其基本型式如图 1-4 所示。如隧洞开挖,采用孔内微差,当药包数量不多或一次爆破面积不是很大时,往往选用簇并联网路,如图 1-4(a)所示;当药包数量很多,或开挖断面面积很大时,可采用并并联网路,如图 1-4(b)所示;对于狭长爆区,可采用串并联网络,如图 1-4(c)所示;对于大面积爆区,则采用分段并串联网路,如图 1-4(d)所示。

3. 导爆索起爆网路

导爆索起爆网路基本的连接方式有分段并联网路和簇并联网路。如图 1-5 所示为导爆索分段并联网路示意图。

4. 延迟起爆网路

施工中为了增强爆破破碎效果和控制爆破振动强度,往往需要采用各种延迟起爆网路。延迟起爆网路一般有三种基本型式,即孔内延迟网路、孔外延迟网路和孔内外延迟网路,如图 1-6 所示。

图 1-6(a)为孔内延迟网路,钻孔内药包按设计的起爆顺序放入相应段别的延迟雷管,孔外传爆则全部采用即发雷管。此种网路的准爆可靠度最高,但要求有足够的雷管段别,延迟雷管耗用量大,网路成本高。

图 1-6(b)为孔外延迟网路,网路的起爆顺序由传爆雷管的段别控制,而孔内雷管则全部采用即发雷管。此种网路连接方便,网路成本低,但容易产生网路的超前破坏。

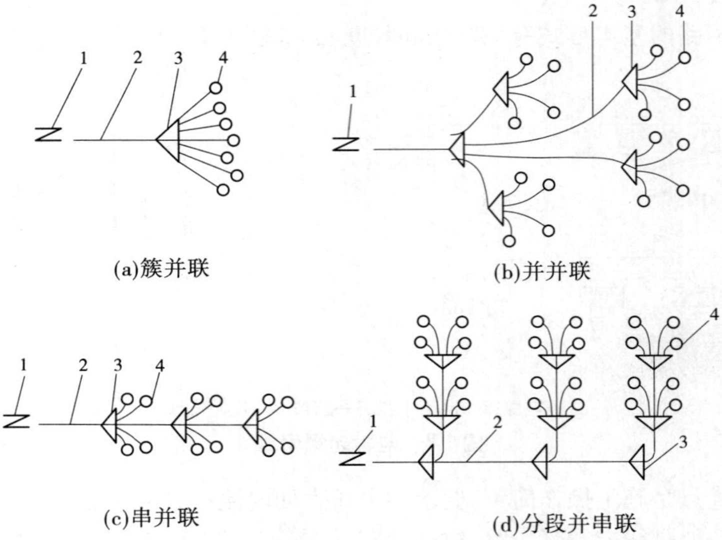

(a)簇并联　(b)并并联

(c)串并联　(d)分段并串联

1—激发源;2—导爆管;3—导爆雷管;4—爆孔

图 1-4　导爆管起爆网路

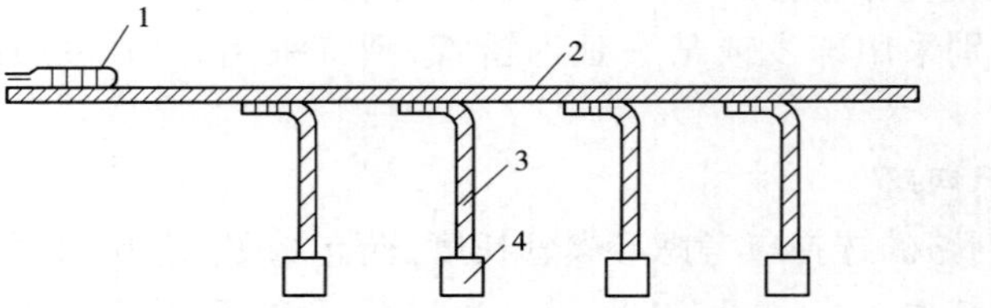

1—起爆雷管;2—主干索;3—支索;4—药包

图 1-5　导爆索分段并联网路

孔内外延迟网路如图 1-6(c)所示,是在孔内和孔(排)间均采用延迟雷管,适用于大规模爆破网路。

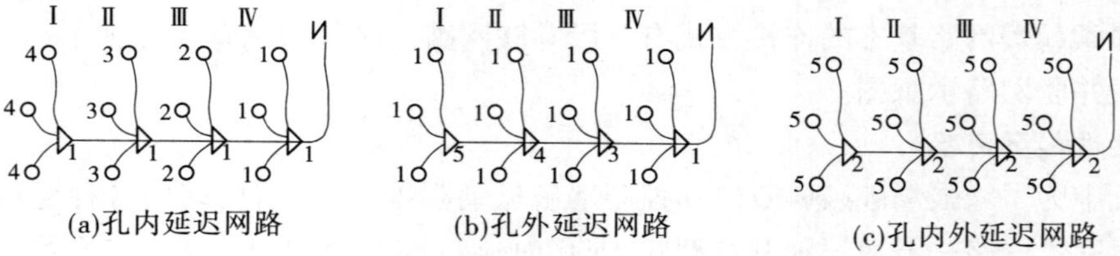

(a)孔内延迟网路　(b)孔外延迟网路　(c)孔内外延迟网路

Ⅰ,Ⅱ,Ⅲ,Ⅳ—爆孔排号;1,2,…,5—雷管段别

图 1-6　延迟起爆网路

5. 其他起爆网路

针对围堰、岩坎等大规模的拆除爆破工程,目前一般采用准爆率高的塑料导爆管毫秒雷管双复式交叉接力网路;对于需要严格控制爆破破碎块度或振动损伤影响范围的深孔台阶爆破和水工基础保护层开挖,孔间微差顺序起爆网路得到了广泛运用。

任务二 爆破的基本原理及药量计算

一、爆破机制

岩土介质的爆破破碎是炸药爆轰产生的冲击波的动态作用和爆轰气体准静态作用的联合作用结果。炸药爆轰后，在瞬间发生化学分解，产生高温高压的气体，对相邻介质产生极大的冲击作用，并以冲击波的形式向四周传播能量。若在空气中传播，称为空气冲击波；若在岩土中传播，则称为地震波。

当爆破在无限均匀的理想介质中进行时，爆炸能量将以药包中心为球心，呈同心球向四周传播。爆破作用的影响范围通常可划分为如图1-7所示的粉碎（压缩）圈、破碎圈和振动圈。

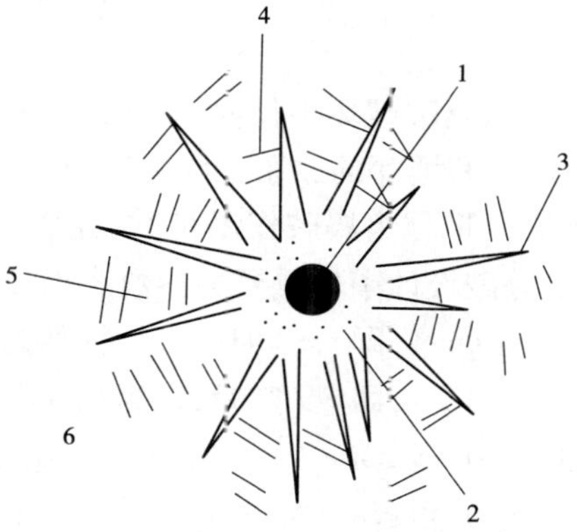

1—药包；2—粉碎（压缩）圈；3—径向裂缝；4—环向裂缝；5—破碎圈；6—振动圈

图1-7 无限介质中的爆破作用

对于普通工程爆破，炸药爆炸后，气体产物温度高达2 500 ℃以上，作用在药室壁面的初始压力达数千至1万多MPa，冲击压力远高于介质的动抗压强度，致使药包附近的介质粉碎（硬岩）或压缩（软岩、土），形成粉碎（压缩）区。粉碎区介质消耗了冲击波很大一部分能量，致使冲击波迅速衰减为应力波。粉碎区范围很小，其半径为药包半径的2～3倍。

粉碎区外紧接破碎区。在破碎区内，应力波引起的介质径向压缩导致环向拉伸。由于岩石的动抗拉强度只有动抗压强度的1/16～1/8，所以环向拉应力很容易超过岩石抗拉强度而产生径向裂隙。径向裂隙与粉碎区连通后，高压爆生气体呈尖劈之势渗入裂隙并驱动其进一步扩展。岩石中，径向裂隙一般可延伸到8～10倍药包半径处。越接近粉碎区，裂隙间距越小，破碎区中的岩石被纵横交错的裂隙切割成碎块。

破碎区以外，应力波和爆生气体的准静态应力场都不能再引起岩体破坏，只能引起弹性变形。实际上，破碎区之外，应力波已衰减为地震波，统称弹性振动区。

以上各圈只是为说明爆破作用而划分的，并无明显界限，其作用半径的大小与炸药特性和用量、药包结构、起爆方式以及介质特性等密切相关。

二、爆破漏斗

当爆破在有临空面的半无限介质表面附近进行时，若药包的爆破作用使部分破碎介质具有抛向临空面的能量，往往形成一个倒立圆锥形的爆破坑，形如漏斗，称为爆破漏斗，如图1-8所示。

爆破漏斗的几何特征参数有药包中心至临空面的最短距离，即最小抵抗线W，爆破漏

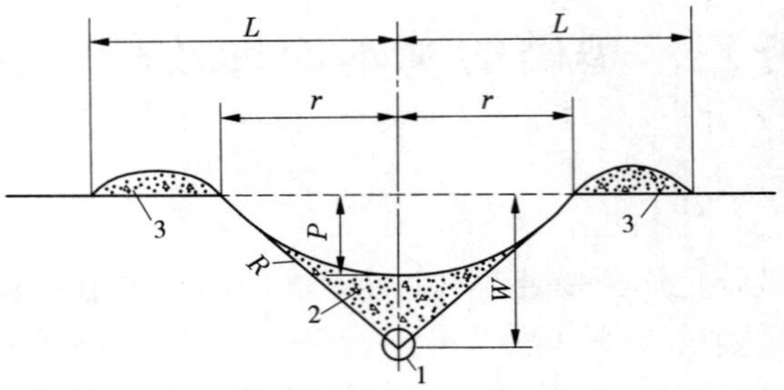

1—药包;2—碎渣填充体;3—坑外堆积体

图 1-8 爆破漏斗示意图

斗底半径 r,爆破破坏半径 R,可见漏斗深度 P 和抛掷距离 L。爆破漏斗的几何特征反映了药包质量和埋深的关系,反映了爆破作用的影响范围。

比值 r/W 称为爆破作用指数,用 n 表示。爆破作用指数能反映爆破漏斗的几何特征,它是爆破设计中最重要的参数。工程应用中,通常根据 n 值的大小对爆破进行分类:

(1)当 $n=1$,即 $r=W$ 时,称为标准抛掷爆破。

(2)当 $n>1$,即 $r>W$ 时,称为加强抛掷爆破。

(3)当 $0.75\leqslant n<1$ 时,称为减弱抛掷爆破。

(4)当 $0.33\leqslant n<0.75$ 时,称为松动爆破。

(5)当 $n<0.33$ 时,称为药壶爆破或隐藏式爆破。只在介质内部引起破坏,不产生爆坑,可用于炸胀药壶。

松动爆破无岩块抛掷,漏斗半径范围内可见岩石破碎后的膨胀现象。抛掷爆破中,破碎后的岩块部分抛掷于漏斗半径以外。抛起的部分渣料回落到漏斗坑内,形成可见漏斗,其深度 P 称为可见漏斗深度,可按下式计算

$$P = CW(2n - 1) \tag{1-1}$$

式中:C 为介质系数,对岩石 $C=0.33$,对黏土 $C=0.4$。

抛掷堆积体距药包中心的最大距离 L 称为抛掷距离,可按下式计算

$$L = 5nW \tag{1-2}$$

三、药包种类和装药量计算的基本方法

在爆破实践中,人们通常按照形状将爆破所用药包分为集中药包和延长药包。若药包的长边和短边的长度分别为 L 和 a,当 $L/a\leqslant 4$ 时,为集中药包;当 $L/a>4$ 时,为延长药包。对于大爆破,采用洞室装药,常用集中系数 Φ 来区分药包的类型。当 $\Phi\geqslant 0.41$ 时称为集中药包;反之,称为延长药包或条形药包。

$$\Phi = 0.62\frac{\sqrt[3]{V}}{b} \tag{1-3}$$

式中:b 为药包中心至药包最远点的距离,m;V 为药包体积,m^3。

对集中药包,其装药量计算公式为

$$Q = KNW^3 \tag{1-4}$$

式中:K 为规定条件下的标准抛掷爆破的单位耗药量, kg/m^3;N 为爆破作用指数函数;W 为最小抵抗线, m。

标准抛掷爆破 $N=1$

加强抛掷爆破 $N=0.4+0.6n^3$

减弱抛掷爆破 $N=[(4+3n)/7]^3$

松动爆破 $N=n^3$

对延长药包,其药量计算公式为

$$Q = qT \tag{1-5}$$

式中:q 为钻孔爆破条件下的单位耗药量, kg/m^3;T 为钻孔爆破所需爆落的方量, m^3。

在确定单位耗药量的试验中若采用非标准炸药,尚需用炸药换算系数 e 对确定的单位耗药量进行修正。我国过去以 2 号岩石铵梯炸药作为标准炸药,其爆力 $B_0=320$ mL,猛度 $M_0=12$ mm。若实际使用的非标准炸药的爆力和猛度分别为 B 和 M,则实际单位耗药量应为标准炸药单位耗药量与炸药换算系数 e 的乘积,e 的值为

$$e = B_0/B \tag{1-6}$$

$$e = (B_0/B + M_0/M)/2 \tag{1-7}$$

任务三 爆破的基本方法

工程爆破的基本方法按照药室的形状不同主要可分为钻孔爆破、洞室爆破和药壶爆破。爆破方法的选用取决于工程规模、开挖强度和施工条件。前两种应用比较广泛,本任务着重加以介绍。另外,在岩体的开挖轮廓线上,为了获得平整的轮廓面、控制超欠挖和减少爆破对保留岩体的损伤,通常采用预裂爆破或光面爆破等技术。

一、钻孔爆破

根据孔径的大小和钻孔的深度,钻孔爆破又分浅孔爆破和深孔爆破。前者孔径小于 75 mm,孔深小于 5 m;后者孔径大于 75 mm,孔深大于 5 m。浅孔爆破有利于控制开挖面的形状和规格,使用的钻孔机具较简单,操作方便;缺点是劳动生产率较低,孔耗大,无法适应大规模爆破的需要。浅孔爆破大量应用于地下工程开挖、露天工程的中小型料场开采、水工建筑物基础分层开挖以及城市建筑物的控制爆破。深孔爆破则恰好弥补了前者的缺点,适用于料场和基坑的大规模、高强度开挖。

钻孔爆破均须形成台阶状以合理布置炮孔,充分利用天然临空面或创造更多临空面。这样不仅有利于提高爆破效果,降低成本,也便于组织钻孔、装药、爆破和出渣的平行流水作业,加快进度。布孔时,宜使炮孔与岩石层面和节理面正交,不宜穿过与地面贯穿的裂缝。深孔爆破布孔尚应考虑不同性能挖掘机对掌子面的要求。钻孔爆破如图 1-9 所示。

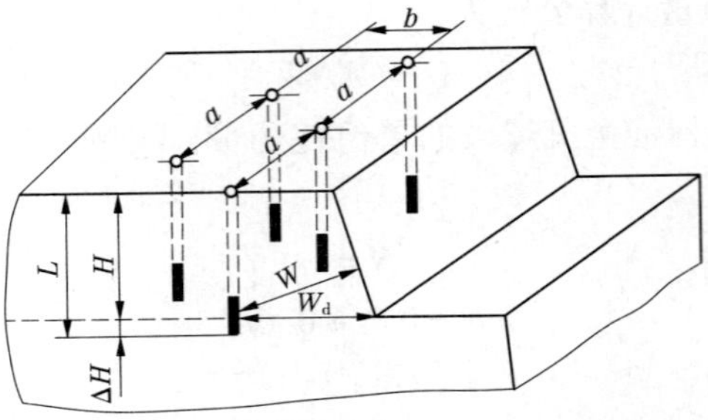

图 1-9　钻孔台阶爆破炮孔布置示意图

(一)浅孔爆破

1. 炮孔布置参数

开挖过程宜根据开挖范围、开挖深度和钻孔长度分成数级台阶施工。每级台阶沿长度方向可分成数个工作段,沿宽度方向则可布置多排炮孔,但一般不宜超过 3 ~4 排。炮孔以矩形或梅花形布置。炮孔布置的主要参数如下。

(1)最小抵抗线 W。

$$W = K_w d \tag{1-8}$$

式中:K_w为岩质系数,一般取 15 ~30,硬岩取小值,软岩取大值;d 为钻孔直径,mm。

(2)台阶高度 H。台阶高度必须大于最小抵抗线,以防止冲天炮;同时炮孔深度不能太大,以防止炮孔药量分布不均。为兼顾爆破效果和生产率两个方面,台阶高度可按下式确定:

$$H = (1.2 \sim 2.0)W \tag{1-9}$$

(3)炮孔深度 L。炮孔深度应保证爆破后形成的新台阶面达到设计高程,既不超挖也不欠挖。

$$L = (0.85 \sim 1.15)H \tag{1-10}$$

式(1-9)和式(1-10)中的系数,对坚硬岩石取大值,对松软岩石取小值。

(4)孔距 a 和排距 b。合理的孔距和排距是保证形成平整的新台阶面及爆破后岩块均匀的前提。一般有:

火花起爆 $$a = (1.0 \sim 1.5)W \tag{1-11}$$

电力起爆 $$a = (1.0 \sim 2.0)W \tag{1-12}$$

$$b = (0.8 \sim 1.0)W \tag{1-13}$$

(5)堵塞长度 L_1。浅孔台阶爆破多采用连续装药,装药长度应控制在孔长的 1/3 ~1/2范围,因此孔口堵塞长度一般不小于孔长的一半。

2. 装药量计算

浅孔爆破装药量按延长药包计算,单孔药量为

$$Q = qaWH \tag{1-14}$$

式中:q 为浅孔台阶爆破单位耗药量,一般为 0.2 ~0.6 kg/m^3,可按照岩性不同从有关资料中选取。

3. 起爆网路

浅孔台阶爆破一般采用电力起爆或导爆管起爆网路微差间隔起爆。常用的微差间隔起爆包括排间微差和 V 形起爆，如图 1-10 所示。若炮孔数量很少，也可考虑用火花起爆。

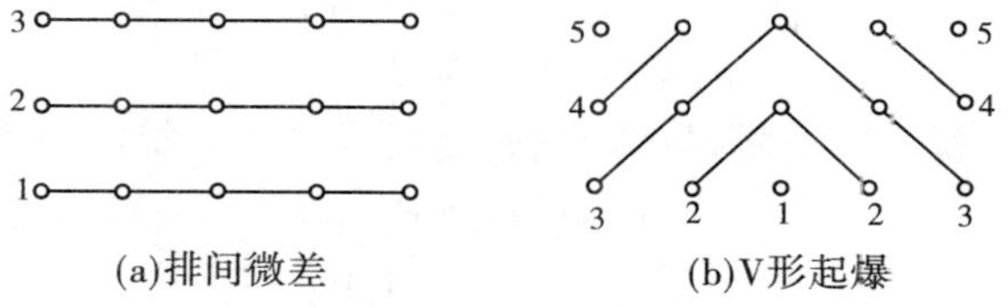

1,2,…,5—雷管段别

图 1-10 台阶爆破的微差间隔起爆方式

(二) 深孔爆破

深孔爆破的钻孔分为垂直孔和倾斜孔。倾斜孔的优点是由于炮孔与临空面平行，使得爆破过程全孔所受的抗力均匀，爆后岩块均匀，底部残埂少，爆堆形状易于控制，有利于提高出渣装载机的效率；同时保持一定的台阶坡面角，也有利于保持坡面的稳定。其缺点是倾斜孔钻孔技术要求高，钻孔效率低，装药过程易堵孔。其炮孔布置与浅孔爆破类似。

1. 炮孔布置参数

(1) 台阶高度 H。台阶高度 H 是深孔爆破设计的重要参数。H 值的选取应综合考虑地质与岩性，开挖强度与进度要求，钻孔、装渣和运输设备的性能及合理配套等条件确定。我国水利水电工程基坑开挖中采用的深孔爆破台阶高度一般为 6 ~ 16 m，以 8 ~ 12 m 居多。

(2) 钻孔直径 d。在水工建筑物基础开挖中，钻孔直径一般不大于 150 mm；在临近建基面、设计边坡轮廓处，孔径一般不大于 110 mm。

(3) 底盘抵抗线 W_d。在深孔爆破中，不用最小抵抗线而采用底盘抵抗线。底盘抵抗线是指炮孔中心线至台阶坡脚的水平距离，如图 1-9 所示。

$$W_d = HD\eta d/150 \tag{1-15}$$

式中：D 为岩石硬度影响系数，一般取 0.46 ~ 0.56，对硬岩取小值，对软岩取大值；η 为台阶高度影响系数，根据表 1-1 确定。

表 1-1 台阶高度影响系数 η 的确定

H(m)	10	12	15	17	20	22	25	27	30
η	1.00	0.85	0.74	0.67	0.60	0.56	0.52	0.47	0.42

(4) 超钻深度 ΔH。超钻的作用在于克服底盘阻力，避免残埂，获得符合设计标高的较平整底盘。超钻深度可按下式确定

$$\Delta H = (0.15 \sim 0.35) W_d \tag{1-16}$$

式中，系数在台阶高度大、岩石坚硬时取大值。

(5) 孔长 L

$$L = (H + \Delta H)/\sin\alpha \tag{1-17}$$

式中：α 为钻孔倾斜角，一般与台阶坡面角相同，对于垂直钻孔，$\alpha=90°$。

(6)孔距 a 和排距 b。合理的孔距和排距是保证形成平整的新台阶面及爆破后岩块均匀的前提。一般有

$$a=(1.0\sim2.0)W_d \tag{1-18}$$

$$b=(0.8\sim1.0)W_d \tag{1-19}$$

(7)堵塞长度 L_1。深孔台阶爆破的堵塞长度可参考下式综合取大值确定

$$L_1\geqslant0.75W_d \tag{1-20}$$

$$L_1=(20\sim30)d \tag{1-21}$$

$$L_1=(0.2\sim0.4)L \tag{1-22}$$

2. 装药量计算

前排炮孔的单孔药量 $$Q=qaW_dH \tag{1-23}$$

后排炮孔的单孔药量 $$Q=qabH \tag{1-24}$$

式中：q 为深孔台阶爆破单耗，可按照岩性不同从有关表格中选取，q 的大体范围为：软岩 0.15～0.3 kg/m^3，中硬岩 0.3～0.45 kg/m^3，硬岩 0.45～0.6 kg/m^3。

无论是深孔爆破还是浅孔爆破，最终装药量必须满足药量平衡原理，即每个炮孔爆除其所承担的一定体积岩石所需的药量必须与最佳堵塞条件下孔内所装入的药量相等。

3. 改善深孔爆破效果的技术措施

一般开挖爆破要求岩块均匀，大块率低；形成的台阶面平整，不留残埂；较高的钻孔延米爆落量和较低的炸药单耗。改善深孔爆破效果的主要措施有以下几个方面：

(1)合理利用或创造人工自由面。实践证明，充分利用多面临空的地形，或人工创造多面临空的自由面，有利于降低爆破单位耗药量。适当增加梯段高度或采用斜孔爆破，均有利于提高爆破效率。斜孔爆破后边坡稳定，块度均匀，还有利于提高装渣效率。

(2)改善装药结构。深孔爆破多采用单一炸药的连续装药，且药包往往处于底部、孔口不装药段较长，导致大块的产生。采用分段装药虽增加了一定的施工难度，但可有效降低大块率；采用混合装药方式，即在孔底装高威力炸药、上部装普通炸药有利于减小超钻深度；采用空气间隔装药爆破也证明是一种改善爆破破碎效果、提高爆炸能量利用率的有效方法。

(3)优化起爆网路。优化起爆网路对提高爆破效果，减轻爆破振动危害起着十分重要的作用。选择合理的起爆顺序和微差间隔时间对于增加药包爆破自由面、促使爆破岩块相互撞击以减小块度、防止爆破公害具有十分重要的作用。

(4)采用微差挤压爆破。微差挤压爆破是指爆破工作面前留有渣堆的微差爆破。由于留有渣堆，从而促使爆岩在运动过程中相互碰撞、前后挤压，获得进一步破碎，改善了爆破效果。微差挤压爆破可用于料场开挖及工作面小、开挖区狭长的场合，如溢洪道、渠道开挖等。它可以使钻孔和出渣作业互不干扰，平行连续作业，从而提高工作效率。

(5)采用不耦合装药。药包和孔壁(洞壁)间留一定空气间隙，形成不耦合装药结构。由于药包四周存在空隙，降低了爆炸的峰压，从而降低或避免了过度粉碎岩石，同时使爆压作用时间增长，从而增大了爆破冲量，提高了爆破能量利用率。炮孔直径与药包直径的比值称为不耦合系数。对应于最大爆破冲量即爆破效果最佳的不耦合系数称为最佳不耦

合系数。其值大小随介质特性和炸药特性而异。

(6)保证堵塞长度和堵塞质量。实践证明,当其他条件相同时,堵塞良好的爆破效果及能量利用率较堵塞不良的场合可以大幅提高。

二、洞室爆破

洞室爆破又称大爆破,其药室是专门开挖的洞室。药室用平洞或竖井相连,装药后按要求将平洞或竖井堵塞,如图1-11所示。

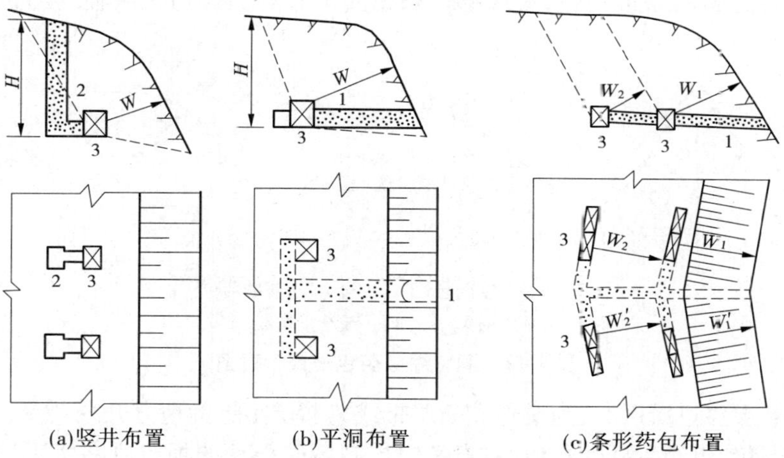

1—平洞;2—竖井;3—药室

图1-11 洞室爆破洞室布置示意图

洞室爆破大体上可分为松动爆破、抛掷爆破和定向爆破。定向爆破是抛掷爆破的一种特殊形式,它不仅要求岩土破碎、松动,而且应使抛掷堆积成具有一定形状和尺寸的堆积体。

(一)洞室爆破的特点及适用条件

1.特点

(1)一次爆落方量大,有利于加快施工进度。

(2)需要的凿岩机械设备简单。

(3)节省劳动力,爆破效率高。

(4)导洞、药室的开挖受气候影响小,但开挖条件差。

(5)爆破后块度不均,大块率高。

(6)爆破振动、空气冲击波等爆破公害严重。

2.适用条件

(1)挖方量大而集中,并需在短期内发挥效益的工程。

(2)山势陡峻,不利于钻孔爆破安全施工的场合。

(3)在水利水电工程施工中,当地质、地形条件满足要求时,洞室爆破可用于定向爆破筑坝、面板堆石坝次堆料区料场开挖以及定向爆破截流。

(二)药包布置与爆破参数确定

1. 药包布置

为达到良好的爆破效果,需要根据地形、地质条件和工程要求,一般按照“排、列、层”的立体格局布置群药包。以往的洞室爆破多用集中药包,近 20 年来,条形药包已越来越多地用于洞室爆破。当山脊窄而陡时,先在山脊的正下方布置主药包,再在其上部或两侧布置辅助药包,如图 1-12(a)所示;当山脊较平缓且厚实时,可在山脊下布置两排对称的主药包,再围绕主药包布置辅助药包,如图 1-12(b)所示;对平顶山地形,宜布置梅花形集中药包或平行分布的条形药包,边缘部位根据要求布置抛掷药包或辅助药包,如图 1-12(c)所示。

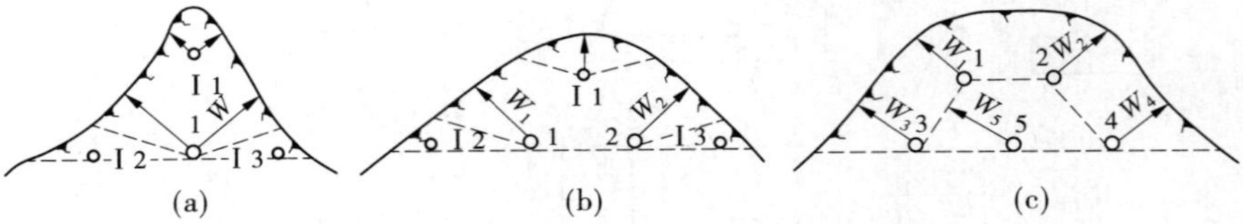

1,2,…,5—主药包;Ⅰ1,Ⅰ2,Ⅰ3—辅助药包;

$W, W_1, W_2, \cdots, W_5$—最小抵抗线

图 1-12 洞室爆破药包处置示意图

当有大断层穿过爆区时,为避免在断层带或离断层很近的地方开挖药室,可先布置对称于断层的药包,再布置其他药包;对需考虑控制爆破振动的坝肩或路堑边坡爆破,必须设计保护边坡措施和预留保护层,对邻近边坡面的药包应优先考虑不耦合装药的条形药包。

2. 爆破参数

洞室爆破中,最小抵抗线 W 和爆破作用指数 n 值共同决定了爆落方量与抛掷率、抛掷距离和爆堆分布状况。W 和 n 是决定爆破规模的两个最基本参数,设计中对这两个参数的选取应一并考虑。

1)最小抵抗线 W

确定最小抵抗线是洞室爆破设计的核心。当采用双排药包时,前排药包的最小抵抗线应为后排最小抵抗线的 1/2 ~ 4/5。W 与药包埋深 H 之比(W/H)应在 0.6 ~ 0.8 间选取。当在双面临空布置单药包或单层药包时,应使两侧的最小抵抗线 W_1 和 W_2 满足以下关系:

集中药包 $$N_1 W_1^3 = N_2 W_2^3 \tag{1-25}$$

条形药包 $$N_1 W_1^2 = N_2 W_2^2 \tag{1-26}$$

2)爆破作用指数 n

n 值一般取 0.7 ~ 1.75,主要根据爆破类型(松动爆破还是抛掷爆破)和地形条件确定。若采用双排或双层布药,上层和前排药包应适当增大 n 值,同时后排和下层的 n 值应比前排和上层的 n 值大 0.15 ~ 0.25。

3)药包的水平间距 a 和层间或垂直间距 b

a 和 b 应分别满足如下关系

$$0.5W(n+1) \leqslant a \leqslant nW \tag{1-27}$$

$$nW \leqslant b \leqslant W\sqrt{1+n^2} \tag{1-28}$$

式中：W 为相邻药包最小抵抗线的平均值，m；n 为相邻药包爆破作用指数的平均值。

3. 装药量计算

1）集中药包

计算公式见式（1-4）。

2）条形药包

条形药包的装药量通常以线装药密度 Q' 表示，其装药量计算以集中药包的药量计算公式为基础，通常只是将用集中药包药量计算公式算出的药量均匀分布于条形药包间距上。

$$Q' = Q/a \tag{1-29}$$

4. 施工要点

1）药室与导洞布置

集中药包的药室体积 V 按下式计算

$$V = K_v Q/\rho \tag{1-30}$$

式中：K_v 为药室扩大系数，当药室无支护时，取 1.1～1.25，散装取小值，袋装取大值，有支护时取 1.5～1.8；ρ 为炸药密实度，kg/m^3。

集中药包药室多为正方形和长方形。对于大药包，为保证围岩稳定，可采用 T 形、十字形或回字形布置。条形药包可利用与自由面平行的平洞装药，无需开挖专门药室。一般采用不耦合装药，不耦合系数即药室断面面积与药包断面面积之比，一般为 2～10。为方便出渣、通风和排水，导洞一般采用平洞。

2）装药堵塞

药室开挖完毕并验收后方可进行装药。装药时，导洞和药室应采用 36 V 低压电灯照明。装药前应对洞室内的松石进行处理，并做好排水和防潮工作。装药的程序是先在药室四周装填选用的炸药，再放置猛度较高、性能稳定的炸药，最后在中部放置起爆体。堵塞时先用木板封闭药室，再用黏壤土填塞 3～5 m，最后用石渣料堵塞。总的堵塞长度一般不应小于最小抵抗线长度的 1.2～1.5 倍。

3）起爆网路

洞室爆破中常采用的起爆网路有双重电爆网路、电爆与导爆索网路。在多雷地区则多采用双重导爆索网路、非电导爆管起爆网路等。近几十年来，使用最广泛的是电爆网路和电爆与导爆索复式网路，因为只有电爆网路能用仪表检查，才能万无一失。

三、预裂爆破和光面爆破

为保证保留岩体按设计轮廓面成型并防止围岩破坏，需采用轮廓控制爆破技术。常用的轮廓控制爆破技术包括预裂爆破和光面爆破。预裂爆破首先在设计轮廓线的预裂爆破孔装药包，形成一条沿设计轮廓线贯穿的裂缝，再在该人工裂缝的屏蔽下进行主体开挖部位的爆破；光面爆破是先爆除主体部位的岩体，然后起爆周边孔药包，将光爆层炸除，形成一个平整的开挖面。预裂爆破和光面爆破在坝基、边坡和地下洞室岩体开挖中得到了广泛应用。

(一)成缝机制

预裂爆破和光面爆破都要求沿设计轮廓产生规整的爆生裂缝面,两者的成缝机制基本一致。以预裂爆破为例,预裂爆破采用不耦合装药结构,其特征是药包和孔壁间有环状空气间隔层,该空气间隔层的存在削减了作用在孔壁上的爆炸压力峰值。因为岩石动抗压强度远大于动抗拉强度,因此可以控制削减后的爆压不致使孔壁产生明显的压缩破坏,但切向拉应力能使炮孔四周产生径向裂纹。加之孔与孔间彼此的聚能作用,使孔间连线产生应力集中,孔壁连线上的初始裂纹进一步发展,而滞后的高压气体的准静态作用,使沿缝产生“气刃”劈裂作用,使周边孔间连线上的裂纹全部贯通成缝。

(二)质量控制标准

(1)开挖壁面岩石的完整性用岩壁上炮孔痕迹率来衡量,炮孔痕迹率也称半孔率,为开挖壁面上的炮孔痕迹总长与炮孔总长的百分比。在水电部门,对节理裂隙极发育的岩体,一般要求炮孔痕迹率达到10%~50%;节理裂隙中等发育者应达50%~80%;节理裂隙不发育者应达80%以上。围岩壁面不应有明显的爆生裂隙。

(2)围岩壁面不平整度(又称起伏差)的允许值为±15 cm。

(3)临空面预裂缝宽度不宜小于1 cm。实践表明,软岩预裂缝宽度达到2 cm以上,才能起到有效的隔震作用;但对坚硬岩石,预裂缝宽度难以达到1 cm。东江工程的花岗岩预裂缝宽仅0.6 cm,仍可起到有效的隔震作用。地下工程预裂缝宽度比露天工程的小得多,一般仅0.3~0.5 cm。预裂缝的宽度标准与岩性及工程部位有关,应通过现场试验最终确定。

影响轮廓爆破质量的因素,除爆破参数外,主要依赖于地质条件和钻孔精度。这是因为爆生裂缝极易沿岩体原生裂隙、节理发展,而钻孔精度则是保证轮廓爆破质量的先决条件。

(三)参数设计

预裂爆破和光面爆破的参数设计一般采用工程类比法,并通过现场试验最终确定。

1.预裂爆破参数

1)孔径

对于孔径,明挖为70~165 mm,隧洞开挖为40~90 mm;大型地下厂房为50~110 mm。

2)孔距

孔距与岩石特性、炸药性质、装药情况、开挖壁面平整度要求和孔径大小有关。孔距一般为孔径的7~12倍。质量要求高、岩质软弱、裂隙发育者取小值。

3)不耦合系数

不耦合系数为炮孔半径与药卷半径的比值,为防止炮孔壁的破坏,该值一般取2~5。

4)线装药密度

线装药密度是单位长度炮孔的平均装药量。为克服岩石对孔底的夹持作用,孔底段应加大线装药密度到2~5倍。以下为经验公式:

$$Q_x = K\sigma_c^{\alpha}a^{\beta}d^{\gamma} \tag{1-31}$$

式中：Q_x 为预裂爆破的线装药密度，kg/m^3；σ_c 为岩石的极限抗压强度，MPa；a 为炮孔间距，m；d 为钻孔直径，mm；K、α、β 和 γ 为经验系数。

2. 光面爆破参数

(1) 光面爆破层厚度。即最小抵抗线的大小，一般为炮孔直径的 10 ~ 20 倍，岩质软弱、裂隙发育者取小值。

(2) 孔距。一般为光面爆破层厚度的 3/4 ~ 9/10，岩质软弱、裂隙发育者取小值。

(3) 钻孔直径及装药不耦合系数。参照预裂爆破选用。

(4) 线装药密度 Q_x。一般按照松动爆破药量计算公式确定。

四、装药结构与起爆

(一) 装药结构

预裂爆破和光面爆破的装药结构如图 1-13 所示。

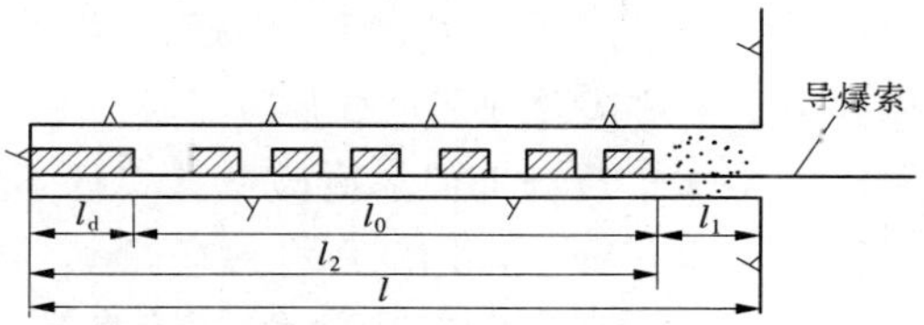

l—孔长；l_1—堵塞段长度；l_2—装药长度；l_0—均匀装药段长度；l_d—孔底加强段长度

图 1-13 预裂爆破和光面爆破的装药结构

(1) 堵塞段。堵塞段的作用是延长爆生气体的作用时间，且保证孔口段只产生裂缝而不出现爆破漏斗，对于深孔爆破，该段长一般取 0.5 ~ 1.5 m。

(2) 孔底加强段。孔底加强段长度大体等于堵塞段长度。孔底受岩石夹持故需用较大的线装药密度。

(3) 均匀装药段。该段一般为轴向间隔不耦合装药，并要求沿孔轴线方向均匀分布。轴向间隔装药需用导爆索串联各药卷起爆。为保证孔壁不被粉碎，药卷应尽量置于孔的中心。国外一般用炮孔中心定位器定位，国内一般是将药卷及导爆索绑于竹片进行药卷定位。

(二) 起爆

为保证同时起爆，预裂爆破和光面爆破一般都用导爆索起爆，并通常采用分段并联法。由于光面爆破孔是最后起爆，导爆索有可能遭受超前破坏。为保证周边孔准爆，对光面爆破孔可采用高段延期雷管与导爆索的双重起爆法。预裂孔若与主爆区炮孔组成同一网路起爆，则预裂孔应超前第一排主爆孔 75 ~ 100 ms 起爆。

任务四 水利水电工程中的岩石开挖爆破技术

长期以来，我国的水工建筑物基础开挖多以手风钻钻孔爆破为主。20 世纪 70 年代，长江葛洲坝水利枢纽开工后，以潜孔钻钻孔为主的深孔梯段爆破在水利水电工程建设中开始运用,并成为主要的爆破方式。预裂爆破、光面爆破和缓冲爆破技术在坝基和边坡开挖中的广泛运用,以塑料导爆管为代表的非电起爆系统的推广与普及,以及定向爆破筑坝、岩塞爆破和围堰及岩坎拆除爆破技术的发展与创新,大大促进了水利水电工程爆破开挖技术的进步。

一、水工建筑物岩石基础的开挖

水工建筑物岩石基础的开挖即基坑开挖一般遵循自上而下分层开挖的原则,并广泛运用深孔台阶爆破方法。设计边坡轮廓面开挖,应采用预裂爆破法和光面爆破法。由于爆炸荷载的作用,在完成岩体破碎、开挖的同时,爆破不可避免地对保留岩体产生损伤,形成爆破损伤影响区,因此在建基面以上一定范围须预留保护层,以防止水工建筑物岩石基础的整体性遭到破坏,保证建基面有足够的承载力以及良好的稳定性与抗渗性。

(一)基础保护层以上的岩体开挖

对水工建筑物基础保护层以上的岩体开挖,国内广泛运用以毫秒爆破技术为主的深孔台阶爆破法。常用的爆破方式有齐发爆破、微差爆破、微差顺序爆破、微差挤压爆破和小抵抗线宽孔距爆破技术等。主体建筑物部位的爆破钻孔直径不应大于 110 mm,梯段爆破的最大一段起爆药量不得大于 500 kg。常用的深孔台阶爆破参数如表 1-2 所示。

表 1-2 主体建筑物部位的深孔台阶爆破参数

炮孔类型	孔径(mm)	装药直径(mm)	台阶高度(m)	孔深(m)	超钻深度(m)	底盘抵抗线(m)	排距(m)	孔间距(m)	堵塞长度(m)	炸药单耗(kg/m^3)
主爆孔	80 ~ 100	70 ~ 80	8.0 ~ 12.0	8.5 ~ 13.0	0.5 ~ 1.0	3.0 ~ 5.0	2.0 ~ 3.5	2.5 ~ 6.5	2.0 ~ 3.0	0.35 ~ 0.80
缓冲孔	80 ~ 100	32 ~ 70	8.0 ~ 12.0	8.5 ~ 13.0	0.5 ~ 1.0	1.5 ~ 2.5	1.5 ~ 2.5	1.5 ~ 2.5	1.0 ~ 2.0	0.30 ~ 0.70

(二)保护层开挖

基础保护层开挖是控制水工建筑物岩石基础质量的关键。岩体保护层厚度应由梯段爆破孔底以下的破坏深度的爆破试验确定。只有不具备现场试验的条件下,才允许使用工程类比法确定。表 1-3 为采用工程类比法确定保护层厚度时的参考值。

表 1-3 保护层厚度与炮孔底部装药直径的比值

岩体特性	节理不发育和硬岩	节理较发育和中硬岩	节理极发育和软岩
H/D	25	30	40

注:表中 H 为保护层厚度,D 为梯段炮孔底部的装药直径。

基础保护层一般分 3 层开挖。第 1 层,炮孔不得穿入建基面以上 1.5 m 的范围,装药直径不得大于 40 mm,控制单响药量不超过 300 kg;第 2 层,对节理裂隙极发育和软弱岩体,炮孔不得穿入建基面以上 0.7 m 的范围,其余岩体不得超过 0.5 m 的范围,且炮孔与水平建基面的夹角不应大于 60°,装药直径不应大于 32 mm,须采用单孔起爆方法;第 3 层,对节理裂隙极发育和软弱岩体，须留 0.2 m 厚岩体进行撬挖，其余岩体炮孔不得穿过建基面。

保护层的分层开挖限制了水电工程岩石基础开挖的速度，成为控制施工进度的关键。因此，研究和推广水工建筑物岩石基础保护层的一次爆除技术或不留保护层一次爆破到位的建基面开挖技术具有重要的工程应用价值。经过 20 多年的探索和努力，孔底具有柔性垫层的小梯段孔间微差顺序起爆和水平光面爆破法一次爆除保护层、取消保护层的水平预裂爆破技术等在万安、东风、铜街子、东江、隔河岩和三峡等水电工程中相继得到了成功运用。

二、岩石高边坡爆破开挖

由于大型水电工程一般坐落在崇山峻岭之中，遇到的岩石边坡普遍具有边坡高而陡、工程量大、开挖强度高、地质条件复杂、与岩体加固、混凝土浇筑等施工工序干扰大等特点。

钻孔爆破是岩石高边坡开挖的主要手段，如何有效控制钻孔爆破对边坡岩体的影响，确保边坡在施工期和运行期的稳定性，是岩石高边坡开挖中的关键技术之一。为控制爆破对岩石高边坡的影响，在水电工程建设中广泛采用了预裂爆破、光面爆破、缓冲爆破和深孔梯段微差爆破技术。图 1-14 为典型的边坡开挖炮孔布置示意图。

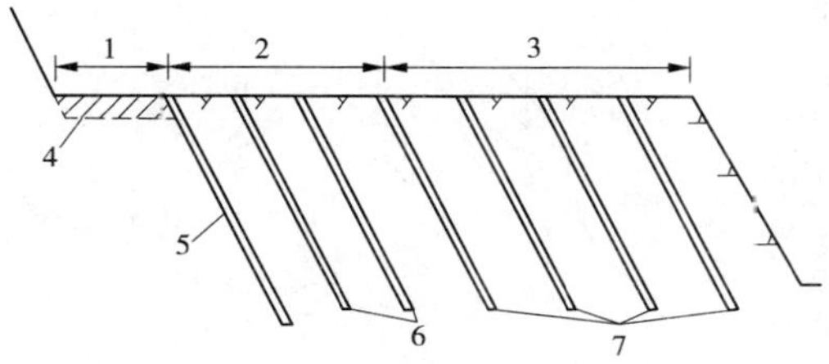

1—马道；2—缓冲爆破区；3—主爆区；4—马道保护层；5—轮廓爆破孔；6—缓冲孔；7—主爆孔

图 1-14 边坡开挖炮孔布置示意图

在边坡的设计轮廓面上采用预裂爆破或光面爆破等轮廓爆破技术可最大限度地降低对保留表层边坡岩体的损伤影响。采用预裂爆破技术还能起到隔震作用。轮廓爆破孔和主爆孔之间的缓冲孔的作用是防止主爆孔对保留岩体的破坏与损伤。另外，通过选择合理的微差延迟时间，控制最大单响药量，可以达到控制爆破振动强度的目的。

对于高边坡的施工程序与道路布置，由于坝址两岸地形陡峻，坝肩开挖或缆机平台开挖工程量大、工期长，且两岸不具备布置坝肩开挖道路的条件，场内交通工程量大，工期长，坝肩开挖采用截流以后开挖出渣堆至河床，从基坑运输出渣的施工方法。采用这种方法减少了开挖出渣道路布置工程量，有利于施工期的环保、水保，但增加了截流以后坝肩开挖工期。如小湾电站、拉西瓦电站、锦屏一级电站和大岗山电站均采用这种方法开挖高边坡。

三、定向爆破筑坝

定向爆破筑坝是利用陡峻的岸坡布药，定向松动崩塌或抛掷爆落岩石至预定位置，拦断河道，然后通过人工修整达到坝体设计轮廓的筑坝技术。

(一)适用条件

定向爆破筑坝要求河谷狭窄，岸坡陡峻(40°以上)，山高山厚应为设计坝高的2倍以上；地质上要求爆破区岩性均匀、强度高、风化弱、构造简单、覆盖层薄、地下水位低、渗水量小；对坝体有严格防渗要求的多采用斜墙防渗；对坝体防渗要求不甚严格的可通过爆破控制块度分布，抛成宽体堆石坝。泄水建筑物和导流建筑物的进出口应布置在堆积范围以外。

(二)药包布置

定向爆破筑坝的药包布置可以采用一岸布药或两岸布药。当河谷对称，两岸地形、地质、施工条件较好时，应采用两岸爆破，有利于缩短抛距，节约炸药，增加爆堆方量。当一岸不具备以上条件，或河谷特窄，一岸山体雄厚，落距不能满足需要时，则一岸爆破也是可行的，如图1-15所示。定向爆破药包布置应在保证工程安全的前提下，尽量提高抛掷上坝方量。从维护工程安全的角度出发，要求药包位于正常水位以上，且与水面的垂直距离应大于垂直破坏半径。药包与坝肩的水平距离应大于水平破坏半径。药包布置应充分利用天然凹岸，在同一高程按坝轴线对称布置单排药包。若河段平直，则宜布置双排药包，利用前排的辅助药包创造人工临空面，利用后排的主药包保证坝体堆积方量。

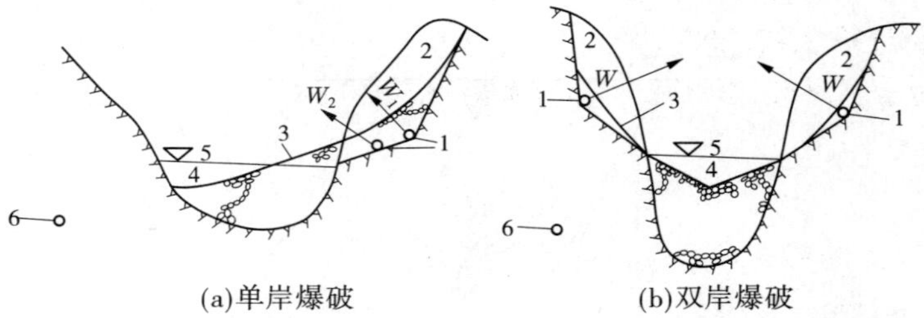

1—药包；2—爆破漏斗；3—爆堆顶部轮廓线；4—鞍点；5—坝顶高程；6—导流隧洞

图1-15 定向爆破筑坝药包布置示意图

四、岩塞爆破

岩塞爆破是一种水下控制爆破。在已建水库或天然湖泊中，若拟通过引水隧洞或泄洪洞达到取水、发电、灌溉、泄洪和放空水库或湖泊等目的，为避免隧洞进水口修建时建造围堰，可先从隧洞出口逆水流向开挖，待掌子面到达水库或湖泊的岸坡或底部附近时，预留一定厚度的岩塞，待隧洞和进口控制闸门井完建后，一次将岩塞炸除，使隧洞和水库连通。

(一)岩塞布置及爆落石渣的处理

1. 岩塞布置

岩塞宜选择在覆盖层薄、岩石坚硬完整且层面与进口中心交角大的部位，应避开节理、裂隙、构造发育地段。岩塞的开口尺寸应满足进水流量的要求。岩塞厚度一般为岩塞底部直径的1～1.5倍，太厚则难以一次爆通，太薄则不安全。岩塞的布置如图1-16所示。

2. 石渣处理

岩塞爆破石渣常采用集渣和泄渣两种处理方式。

(1)集渣处理。爆破前在洞内正对岩塞的下方挖一个容积与岩塞体积相当的集渣

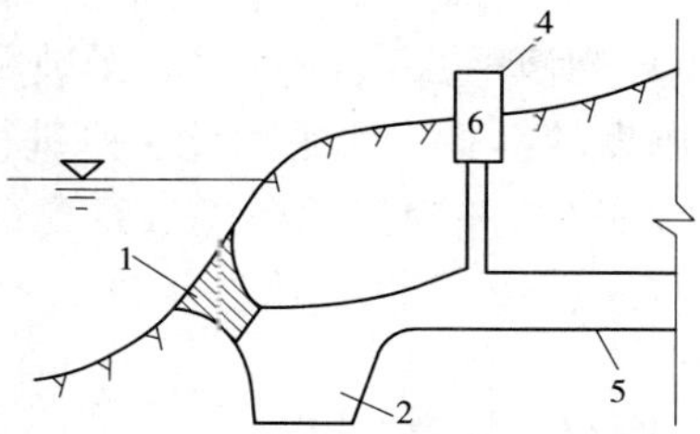

(a)集渣

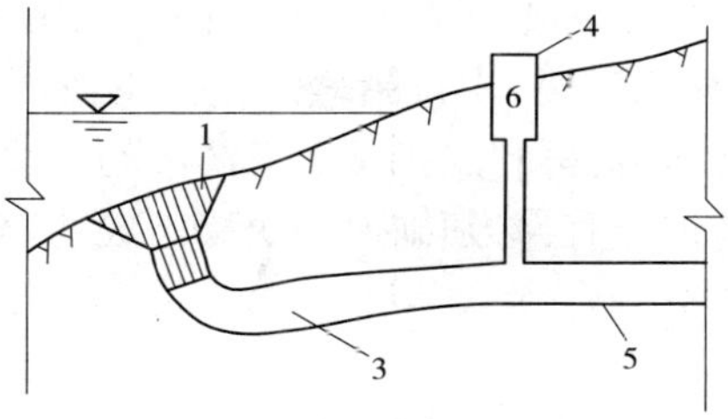

(b)设缓冲坑泄渣

1—岩塞;2—集渣坑;3—缓冲坑;4—闸门井;5—引水隧洞;6—操纵室

图 1-16　岩塞布置示意图

坑,让爆落的石渣大部分抛入坑内,且保证运行期中坑内石渣不被流水带走,如图 1-16(a)所示。

(2)泄渣处理。爆破时闸门开启,借助高速水流将石渣冲出洞口。为避免瞬间石渣堵塞,正对岩塞可设一流线型缓冲坑,其容积相当于爆落石渣总量的 1/5 ~ 1/4。当岩塞尺寸小、爆落渣量少时,也可不设缓冲坑。设缓冲坑的岩塞爆破如图 1-16(b)所示。

(二)装药量计算、装药及起爆

岩塞爆破为水下爆破,装药量计算应考虑静水压力的作用,比常规抛掷爆破药量增大 20% ~30%,即

$$Q_s = (1.2 \sim 1.3)KW^3(0.4 + 0.6n^3) \qquad (1\text{-}32)$$

式中:Q_s为岩塞爆破的装药量,kg;K 为标准爆破的单位耗药量,kg/m^3;W 为最小抵抗线,m;n 为爆破作用指数,一般取 1 ~1.5。

五、面板堆石坝填筑石料的开采

面板堆石坝填筑石料的开采除需要满足常规开挖爆破的出渣块度要求外,还必须保证开挖石料具有较好的颗粒级配,使爆破石料一次成型,避免或减少二次破碎,增大坝料的不均匀系数,以利于坝体填筑过程堆石的压实;在满足开采石料颗粒级配的前提下,尽可能降低炸药单耗,并控制爆破振动、飞石等有害效应在允许范围内。

国内外面板坝的坝料开采主要采用深孔台阶爆破法,并综合利用微差挤压和小抵抗线宽孔距爆破等技术。用深孔台阶爆破开采的石料,可以直接作为面板坝主堆料区的填筑料;另外,国内有多个工程利用小抵抗线宽孔距爆破技术开采垫层料直接上坝获得成功的例子。洞室爆破由于粒度不均匀,超径块石多,一般不宜用于面板坝的坝料开采,但在料场岩体节理裂隙很发育或风化严重、地形陡峭不具备台阶爆破条件,或采用深孔台阶爆破无法满足度汛而急需高强度供料的场合,也可运用洞室爆破法进行次堆料区的石料开采。

六、围堰和岩坎的拆除爆破

我国水电工程普遍采用混凝土、混凝土心墙以及岩坎等结构型式的围堰。当它们完成既定挡水功能后,一般采用爆破法拆除。围堰拆除爆破按照岩渣的处理方式,可分为泄

渣爆破和留渣爆破两类。泄渣爆破是利用水流的力量将爆渣冲向下游河道的爆破方法，导流洞（导流明渠）出口围堰和基坑下游围堰一般采用泄渣爆破法。留渣爆破是指围堰经爆破破碎后，再利用机械水下清渣的方法，上游围堰的拆除一般采用此法。进行围堰和岩坎爆破设计时，必须确保一次爆破成功，满足过流条件，并确保邻近爆破区已建水工建筑物的安全。

任务五　爆破公害及安全控制

在完成岩石爆破破碎的同时，爆破作业必然会伴生爆破飞石、地震波、空气冲击波、噪声、粉尘和有毒气体等负面效应，即爆破公害。因此，在爆破作业中，需研究爆破公害的产生原因、公害强度的分布与衰减规律，通过科学的爆破设计，采取有效的施工工艺措施，以确保被保护对象（人员、设备及邻近的建筑物或构筑物等）的安全。

一、爆破地震

岩石爆破过程中，除造成邻近炮孔的岩石破碎、抛掷外，爆炸能量的很大一部分将以地震波的形式向四周传播，导致地面振动，这种振动即为爆破地震。爆破地震达到一定强度后，可以引起地面建筑物破坏、边坡失稳等现象。通常认为爆破地震居于爆破公害之首。

我国《爆破安全规程》（GB 6722—2003）对爆破允许质点峰值振动速度规定见表 1-4。

表 1-4　建（构）筑物的允许质点峰值振动速度　（单位：cm/s）

<table>
<tr><td colspan="2" rowspan="2">保护对象类别</td><td colspan="3">允许质点峰值振动速度</td></tr>
<tr><td><10 Hz</td><td>10 ~ 50 Hz</td><td>50 ~ 100 Hz</td></tr>
<tr><td colspan="2">土窑洞、土坯房、毛石房屋</td><td>0.5 ~ 1.0</td><td>0.7 ~ 1.2</td><td>1.1 ~ 1.5</td></tr>
<tr><td colspan="2">一般砖房、非抗震性大型砖块建筑物</td><td>2.0 ~ 2.5</td><td>2.3 ~ 2.8</td><td>2.7 ~ 3.0</td></tr>
<tr><td colspan="2">钢筋混凝土结构房屋</td><td>3.0 ~ 4.0</td><td>3.5 ~ 4.5</td><td>4.2 ~ 5.0</td></tr>
<tr><td colspan="2">一般古建筑与古迹</td><td>0.1 ~ 0.3</td><td>0.2 ~ 0.4</td><td>0.3 ~ 0.5</td></tr>
<tr><td colspan="2">水工隧道</td><td colspan="3">7.0 ~ 15.0</td></tr>
<tr><td colspan="2">交通隧道</td><td colspan="3">10.0 ~ 20.0</td></tr>
<tr><td colspan="2">矿山隧道</td><td colspan="3">15.0 ~ 30.0</td></tr>
<tr><td colspan="2">水电站及发电厂中心控制室设备</td><td colspan="3">0.5</td></tr>
<tr><td rowspan="3">新浇筑大体积混凝土</td><td>初凝至 3 d</td><td colspan="3">2.0 ~ 3.0</td></tr>
<tr><td>3 ~ 7 d</td><td colspan="3">3.0 ~ 7.0</td></tr>
<tr><td>7 ~ 28 d</td><td colspan="3">7.0 ~ 12.0</td></tr>
</table>

质点峰值振动速度用下式计算：

$$v = K\left(Q^{n}/R\right)^{a} \tag{1-33}$$

式中：v 为质点峰值振动速度，cm/s；n 为药包形状系数，欧美等国家的 n 值通常取 1/2，我国一般取 1/3；Q 为最大单响段药量，kg；R 为爆心距，即测点至爆源中心距离，m；K、a 为与地质条件、爆破类型及爆破参数有关的系数。

不同岩石的 K、a 值，可参考表 1-5 确定，对于较重要工程，应通过现场试验确定 K、a 值。

表 1-5 不同岩性的 K、a 值

岩性	K	a	岩性	K	a
坚硬岩石	50 ~ 150	1.3 ~ 1.5	软弱岩石	250 ~ 350	1.8 ~ 2.0
中等坚硬岩石	150 ~ 250	1.5 ~ 1.8			

在重要或特殊的建(构)筑物如岩石高边坡、电站厂房和新浇筑混凝土等附近进行爆破作业时，必须开展爆破振动效应的监测与专门试验，以确定被保护对象的安全性。

二、爆炸空气冲击波和水中冲击波

爆破作业中，需要根据被保护对象的允许超质点峰值振动速度用下式确定爆炸空气冲击波安全距离。由于空气冲击波的破坏范围比爆破振动和飞石破坏范围小得多。因此，一般工程爆破的安全距离是由爆破振动及飞石控制的。对于露天裸露爆破，每次爆炸的总药量不得大于 20 kg，并由下式确定爆炸空气冲击波对掩体内避炮作业人员的最小安全距离：

$$R_F = 25Q^{1/3} \tag{1-34}$$

式中：R_F 为空气冲击波离掩体内人员的最小安全距离，m；Q 为一次爆破装药量，kg，秒延迟爆破时 Q 按各延迟段中最大药量计算，毫秒延迟爆破时 Q 按一次爆破的总药量计算。

对于其他露天爆破，由于炸药爆轰能力中只有一小部分转化为空气冲击波，所以其强度及影响范围要比同样药量的裸露爆破小得多，一般只有十几分之一。目前尚无较成熟的公式来计算这类爆破的冲击强度。对于露天炮孔和洞室爆破，有些经验计算公式可供参考。有研究资料表明，进行全填塞的炮孔爆破产生的空气冲击波强度只有部分填塞炮孔爆破的 1/6 ~ 1/5，是无填塞爆破的 1/16 ~ 1/15。

地下爆破时，由于空气冲击波的传播途径受到限制，衰减较慢，同一规模的爆破，其影响范围要比露天爆破大很多。进行地下大爆破时，其安全距离应由专家研究确定。

当进行水下爆破时，同样会在水中产生冲击波，因此同样需要针对水中的人员及施工船舶等被保护对象按有关规定确定最小安全距离。在水深不大于 30 m 的水域内进行水下爆破，水中冲击波的安全距离，按被保护对象及药量大小分别确定。对非施工船舶，位于爆破点上游时安全距离为 1 000 m，位于爆破点下游或静水区时为 1 500 m。当一次爆破炸药量大于 1 000 kg 时，对人员和施工船舶的水中冲击波安全距离为 R，按下式计算：

$$R = K_0Q^{1/3} \tag{1-35}$$

式中：R 为安全距离，m；Q 为一次起爆的炸药量，kg；K_0 为系数，按表 1-6 选取。

表 1-6 K_0 值

装药条件	保护人员		保护施工船只	
	游泳	潜水	木船	铁船
水中裸露药包	250	320	50	25
水下钻孔或药室装药	130	160	25	15

在水深大于30 m的水域内进行水下爆破,水中冲击波安全距离通过实测和试验研究确定。在爆破区与保护物之间放置带孔铁管,向里通压缩空气,形成一道或几道气泡帷幕,可明显减弱水中冲击波的影响。

三、爆破飞石

(一)产生爆破飞石的原因

爆破飞石是指爆破时个别或少量脱离爆堆、飞得较远的石块或碎块(混凝土块、砖块等)。对大量工程爆破飞石事故的分析表明,爆破飞石产生的原因可归纳为以下两方面。

1. 技术设计存在缺陷或错误

如药包最小抵抗线计算有误,装药过量;炮孔过浅;在坚硬完整岩体中进行洞室爆破,炸药量偏少而导致从洞口冲炮;药包起爆顺序选取不当;药包布置在断层破碎带或软弱夹层中;为采取技术措施防范拆除高耸建(构)筑物倾倒触地产生飞石。

2. 施工操作不当

如不按设计要求钻孔,导致局部炮孔过密或前排孔抵抗线过小;采用含饱和水的黏土或易燃材料作填充料;擅自减少炮孔堵塞长度;在洞室爆破堵塞中偷工减料,不按设计要求的堵塞位置、长度及填塞质量要求施工;不按设计要求进行覆盖防护施工等。

(二)爆破飞石安全距离

在露天爆破中,通常以爆破飞石对人员的安全距离来划定爆破安全警戒范围。大爆破飞石安全距离按以下经验公式计算:

$$R_F = 20K_F n^2 W \tag{1-36}$$

式中:R_F为洞室爆破的飞石安全距离, m;W为最小抵抗线, m;n为爆破作用指数;K_F为与地形、风向、风速和爆破类型有关的安全系数,一般取1.0~1.5,最小抵抗线方向取大值,当风大而又顺风时,取1.5~2.0或更大的值,山谷或垭口地形取1.5~2.0。

对于钻孔爆破,目前尚无公式计算爆破飞石安全距离。《爆破安全规程》(GB 6722—2003)对爆破飞石安全距离仅规定了最小值,如表1-7所示。

表1-7 露天土岩爆破个别飞石对人员最小安全距离

爆破方法	个别飞石最小安全距离(m)	爆破方法	个别飞石最小安全距离(m)
破碎大块岩体裸露药包爆破法	400	深孔爆破	按设计,但不小于300
破碎大块岩体浅孔爆破法	300	深孔药壶爆破	按设计,但不小于300
浅孔爆破	300	浅孔孔底扩壶爆破	50
浅孔药壶爆破	300	深孔孔底扩壶爆破	100
蛇穴爆破	300	洞室爆破	按设计,但不小于300

四、爆破公害的控制与防护

爆破公害的控制与防护是工程爆破设计中的重要内容。爆破施工过程中，危险区的人员、设备应撤至安全区，无法撤离的建（构）筑物及设施必须予以防护。爆破公害的控制与防护可以从爆源、公害传播途径以及被保护对象三方面采取措施。

（一）在爆源上控制公害强度

在爆源上控制公害强度是公害防护最为积极有效的措施。合理的爆破参数、炸药单耗和装药结构既可保证预期的爆破效果，又可避免爆炸能量过多地转化为震动、冲击波、飞石和爆破噪声等公害；采用深孔台阶微差爆破技术可有效削弱爆破振动和空气冲击波强度；合理布置岩石爆破中最小抵抗线方向，不仅可有效控制飞石方向和距离，还对降低与控制爆破振动、空气冲击波和爆破噪声强度有明显效果；保证炮孔的堵塞长度与质量、针对不良地质条件采取相应的爆破控制措施对削减爆破公害的强度也是非常重要的方面。

（二）在传播途径上削弱公害强度

在爆区的开挖线轮廓进行预裂爆破或开挖减震槽，可有效降低传播至保护区岩体中的爆破地震波强度。对爆区临空面进行覆盖、架设防波屏可削弱空气冲击波强度，阻挡飞石。

（三）被保护对象的防护

当爆破规模已定，而在传播途径上的防护措施尚不能满足要求时，可对危险区内的建（构）筑物及设施进行直接防护。对被保护对象的直接防护措施有防震沟、防护屏以及表面覆盖等。

五、爆破施工安全

（一）爆破、起爆材料的储存与保管

（1）爆破材料应储存在干燥、通风良好、相对湿度不大于65%的仓库内，库内温度应保持在18～30 ℃；周围5 m内的范围，须清除一切树木和草皮。库房应有避雷装置，接地电阻不应大于10 Ω。库内应有消防设施。

（2）爆破材料仓库与民房、工厂、铁路、公路等应有一定的安全距离。炸药与雷管（导爆索）须分开储存，两库房的安全距离不应小于有关规定。同一库房内不同性质、批号的炸药应分开存放。严防虫鼠等啃咬。

（3）炸药与雷管成箱（盒）堆放要平稳、整齐。成箱炸药宜放在木板上，堆摆高度不得超过1.7 m，宽不超过2 m，堆与堆之间应留有不小于1.3 m的通道，药堆与墙壁间的距离不应小于0.3 m。

（4）严格控制施工现场临时仓库内爆破材料储存数量，炸药不得超过3 t，雷管不得超过10 000个和相应数量的导火索。雷管应放在专用的木箱内，离炸药不少于2 m的距离。

（二）装卸、运输与管理

（1）爆破材料的装卸均应轻拿轻放，不得受到摩擦、震动、撞击、抛掷或撞倒。堆放时

要平稳，不得散装、改装或倒放。

(2)爆破材料应使用专车运输，炸药与起爆材料、硝铵炸药与黑火药均不得在同一车辆、车厢装运。汽车运输时装载不得超过允许载重量的2/3，行驶速度不应超过20 km/h。

(三)爆破操作安全要求

(1)装填炸药应按照设计规定的炸药品种、数量、位置进行。装药要分次装入，用竹棍轻轻压实，不得用铁棒或用力压入炮孔内，不得用铁棒在药包上钻孔安设雷管或导爆索。当孔深较大时，药包要用绳子吊下，或用木制炮棍护送，不允许直接往孔内丢药包。

(2)起爆药卷(雷管)应设置在装药全长的1/3～1/2位置上(从炮孔口算起)，雷管应置于装药中心，聚能穴应指向孔底，导爆索只许用锋利刀一次割好。

(3)遇有暴风雨或闪电打雷时，应禁止装药、安设电雷管和联结电线等操作。

(4)在潮湿条件下进行爆破，药包及导火索表面应涂防潮剂加以保护，以防受潮失效。

(5)保证足够的堵塞长度，充填密实不漏气。可用干细沙土、砂子、黏土或水泥等材料，最好用1∶3～1∶2的土砂混合物，分层轻轻压实，不得用力挤压。水平炮孔和斜孔宜用2∶1土砂混合物，做成直径比炮孔直径小5～8 mm、长100～150 mm的圆柱形炮泥棒填塞。填塞长度应大于最小抵抗线长度的10%～15%，在堵塞时应注意勿捣坏导火索和雷管的线脚。

(6)导火索长度应根据进入安全地点所需的时间来确定，最短长度不得小于1.2 m。

(四)爆破防护覆盖方法

(1)基础或地面以上构筑物爆破时，可在爆破部位上铺盖湿草垫或草袋(内装少量沙土)作头道防线，再在其上铺放胶管帘或胶垫，外面再用帆布棚覆盖，用绳索拉住捆紧，以阻挡爆破碎块，降低声响。

(2)对离建筑物较近或在附近有重要设备的地下设备基础爆破，应采用橡胶防护垫(用废汽车轮胎编织成排)，环索联结在一起的粗圆木、铁丝网、脚手板等护盖其上防护。

(3)对一般破碎爆破，防飞石可用韧性好的铁丝爆破防护网、布垫、帆布、胶垫、旧布垫、荆笆、草垫、草袋或竹帘等作防护覆盖。

(4)对平面结构，如钢筋混凝土板或墙面的爆破，可在板(或墙面)上架设可拆卸的钢管架子(或作活动式)，上盖铁丝网，再铺上内装少量沙土的草包形成一个防护罩防护。

(5)爆破时为保护周围建筑物及设备不被打坏，可在其周围用5 cm的木板加以掩护，并用铁丝捆牢，距炮孔距离不得小于50 cm。如爆破体靠近钢结构或需保留部分，必须用沙袋加以保护，其厚度不小于50 cm。

(五)瞎炮的处理方法

通过引爆而未能爆炸的药包叫瞎炮。应查明拒爆原因，根据具体情况慎重处理。

(1)重爆法：瞎炮是由炮孔外的电线电阻、导火索或电爆网(线)路不符合要求而造成的，经检查可燃性和导电性能完好，纠正后，可以重新接线起爆。

(2)诱爆法：当炮孔不深(50 cm以内)时，可用裸露爆破法炸毁；当炮孔较深时，距炮孔近旁60 cm处(用人工打孔30 cm以上)，钻与原炮孔平行的新炮孔，再重新装药起爆。钻平行炮孔时，应将瞎炮的堵塞物掏出，插入一木棍，作为钻孔的导向标志。

(3)掏炮法:可用木制或竹制工具,小心地将炮孔上部的堵塞物掏出;如为硝铵类炸药,可用低压水浸泡并冲洗出整个药包,或用压缩空气和水混合物把炸药冲出来,将拒爆的雷管销毁,或将上部炸药掏出部分后,再重新装入起爆药包起爆。对于深孔或者洞室爆破出现瞎炮,最好重新接线起爆。洞室爆破若属起爆体内的问题,应清除堵塞物,取出起爆体进行检查处理,唯需注意邻近药包爆破后,引起药量和导洞变形和错动,谨防洞顶垮塌。

在处理瞎炮时,严禁把带有雷管的药包从炮孔内拉出来,或者拉动电雷管上的导火索或雷管脚线,把电雷管从药包内拔出来,或掏动药包内的雷管。

任务六 三峡工程土石方钻爆开挖实例

三峡水利枢纽坝址区基岩为坚硬的闪云斜长花岗岩体,且以微新岩体为主,岩体结构完整,整体强度较高。下面以永久船闸高边坡、坝基及保护层开挖、下岸溪砂石料场开采及围堰拆除等方面为例,介绍爆破开挖的程序、方法、参数及爆破安全控制标准等内容。

一、岩石高边坡开挖

三峡工程双线五级永久船闸主体段全长 1 621 m,船闸高边坡最大开挖深度达 170 m,闸槽开挖宽度 37 m,其中直立墙最大开挖深度 67.18 m,中间保留 57 m 宽的岩体中隔墩。

高边坡开挖遵循从上而下的开挖程序,永久船闸三闸首高边坡北坡开挖如图 1-17 所示。入槽前分 5 层开挖,每层开挖高度与边坡台阶高度相同。梯段爆破中采用的钻孔直径有 76 mm、90 mm、105 mm 和 135 mm 多种,以 105 mm 为主。药卷直径为 55 ~ 130 mm 多种,采用的孔距为 2.5 ~ 4.0 m,排距为 2.0 ~ 3.0 m,炸药单耗为 0.5 ~ 0.7 kg/m^3。

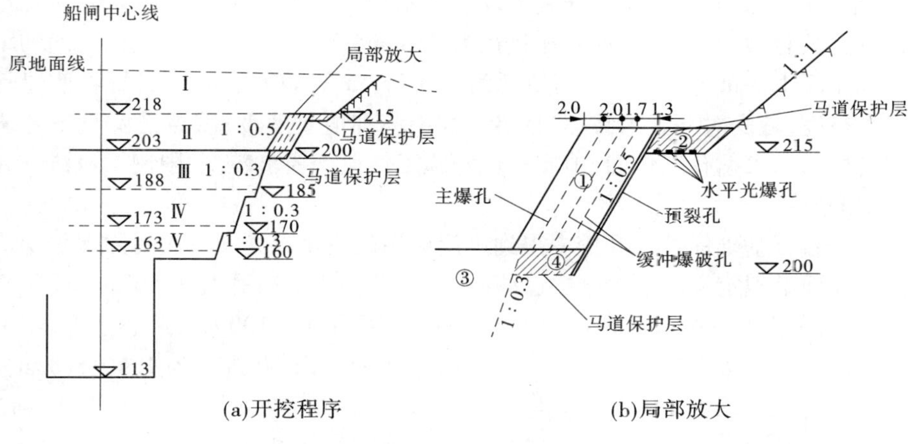

高边坡开挖程序:Ⅰ、Ⅱ、Ⅲ、Ⅳ、Ⅴ;邻近开挖轮廓面开挖程序:①、②、③、④

图 1-17 岩石高边坡爆破开挖程序示意图 (单位:m)

邻近边坡岩体轮廓面的开挖爆破设计如图 1-18 所示。边坡轮廓开挖若采用预裂爆破方式，起爆顺序为预裂爆破孔→主爆孔→缓冲孔；若采用光面爆破方式，则起爆顺序为主爆孔→缓冲孔→光面爆破孔。预裂孔一般采用 ϕ76 mm 和 ϕ90 mm 两种孔径，孔距 0.8 ~ 1.0 m；采用 ϕ32 mm 药卷不耦合间隔装药，线装药密度为 350 ~ 550 g/m。

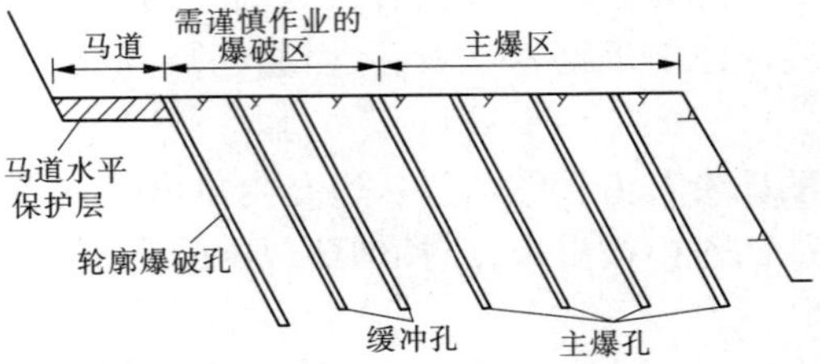

图 1-18　邻近边坡岩体轮廓面的开挖爆破设计示意图

马道顶部一般需要保留 2 ~ 3 m 的马道保护层，宜采用水平光面爆破。高边坡岩体开挖中一般每次布置 4 ~ 5 排炮孔，采用微差起爆技术，梯段爆破的最大单响药量控制在 300 kg 以内，预裂爆破的最大单响药量不超过 120 kg；永久船闸槽挖阶段的梯段爆破主爆孔、缓冲孔和预裂孔的单响药量分别按照 70 kg、50 kg 和 30 kg 严格控制。

二、水工建筑物建基面及保护层开挖

三峡工程坝基保护层的厚度一般为 2.5 ~ 3.0 m。传统的分层爆破法因施工进度较慢，工期较长，质量也难完全有保证，在三峡工程水工建筑物建基面开挖中基本未得到大规模应用。

在三峡工程一期工程施工中，进行了孔底设柔性垫层的小梯段孔间顺序起爆法一次爆除坝基保护层的现场试验，对比了泡沫塑料、锯末和竹筒等不同柔性垫层材料，达到了建基面开挖质量要求。但是采用此开挖方法，开挖出的建基面起伏差较大，人工撬挖量较大，未获得推广应用。一期工程也开展了取消坝基保护层的水平预裂加上部垂直孔的建基面开挖方法试验，开挖中上部垂直孔直径为 76 mm，其孔底与水平预裂面之间的距离为 1.0 m，孔间排距 1.5 m × 1.0 m，炸药单耗为 0.4 kg/m^3。该方法的优点是可使建基面达到理想的平整度，减少对基岩的破坏，且能加快出渣和清基速度；缺点是要具备合适的地质条件和良好的水平钻孔工作面，地质条件和施工作业的要求较高，限制了该法在大规模坝基开挖中的应用。

三峡工程岩石基础保护层开挖中得到广泛应用的是水平光面一次爆除保护层法。施工中爆破工作面沿拟定方向顺序推进，钻孔孔径一般为 5 mm，孔距为 50 cm，线装药密度 200 ~ 250 g/m；其上 60 ~ 80 cm 处钻水平缓冲孔，孔距为 80 ~ 100 cm，最小抵抗线 100 cm；最上面一排为水平主爆孔，孔距为 1.0 ~ 1.2 cm；每一循环钻孔进尺为 4.5 ~ 5.0 m。

三、料场开采

下岸溪人工砂石生产系统是目前世界上规模最大的人工砂石加工系统，具备成品砂 39 万 t 和成品粗骨料 76 万 t 的月生产能力。料场位于坝址下游左岸下岸溪东面的鸡公岭，料场岩石主要为斑状花岗岩。料场开采过程要求控制最大粒径为 70 cm，并尽量增加爆破破碎块度中细粒的含量，以提高机械破碎的效率。采用的钻爆参数为：钻孔直径为105 mm，台阶高度12 m左右，钻孔超深为0.8～1.0 m，孔间排距为3.6 m×3.6 m，单位耗药量为0.7～0.75 kg/m^3。料场开采中，应用了大孔距小抵抗线深孔梯段爆破技术，以改善爆破破碎效果及降低大块率，此时孔间排距调整为5.0 m×2.5 m，取得了满意的效果。

炸药采用混装乳化炸药，由混装炸药车现场混制，泵送入孔，实现耦合装药，并用专用的起爆弹起爆。混装乳化炸药性能可根据岩石性质不同随时调节，以实现炸药能量与岩石波阻抗匹配，提高炸药能量的利用率。

四、二期高土石围堰及三期碾压混凝土围堰拆除

三峡二期上下游高土石围堰拆除过程中，含钢管塑性混凝土心墙水下拆除部分需先采用爆破破碎，而后采用液压抓斗水下清渣。塑性混凝土心墙厚度为0.8～1.1 m，上游围堰混凝土心墙的拆除高程为56.5～70.3 m，下游围堰混凝土心墙的拆除高程为52.5～70.0 m。

上游围堰拆除爆破参数：炮孔直径以80 mm为主，药卷直径70 mm，间隔装药，孔间距为1.5～1.7 m，选择乳化炸药，最大单响药量32 kg，采用并串联交叉复式网路，爆破总延时为18.8 s；下游围堰拆除爆破参数：钻孔直径90 mm和100 mm，药卷直径60 mm，孔距1.5～2.0 m，最大单响药量60 kg，采用双复式交叉并串联爆破网路，分375段，总延时9.5 s。

围堰爆破拆除总长度为480 m，拆除高程为140～110 m，拆除高度为30 m，拆除总方量为18.67万m^3。围堰轴线与三期厂房坝段轴线距离仅114 m，与左岸电厂距离650 m，爆破时必须确保大坝、大坝基础帷幕灌浆以及周围其他建筑物的安全，同时要确保三峡左岸电厂正常发电。

由于左连接段、5号堰块在研究三期围堰总体拆除方案前已建成，三期RCC围堰左连接段、5号堰块采用钻孔炸碎方案拆除。对围堰6～15号堰块拆除，进行了深孔爆破破碎、倾倒爆破和倾滑爆破等多种拆除方案划比论证，最终选用预埋集中药室倾倒爆破方案，如图1-19所示。

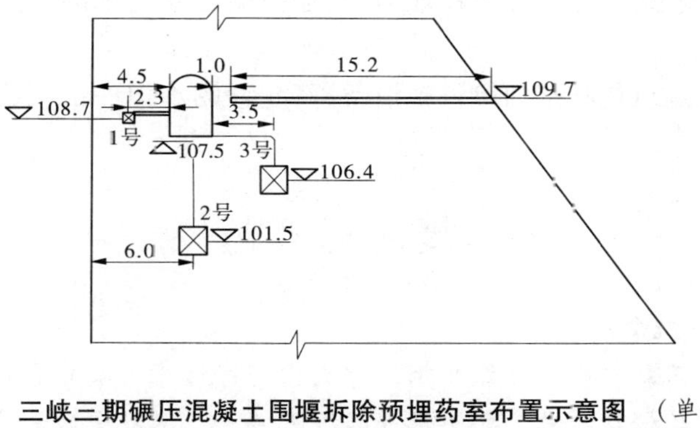

图1-19 三峡三期碾压混凝土围堰拆除预埋药室布置示意图 （单位：m）

在围堰的设计过程中已考虑后期爆破拆除需要，按要求预埋了1号、2号、3号药室及断裂孔，其中1号药室178个，2号药室78个，3号药室98个，断裂孔376个。爆破拆除

过程1号药室装药50 kg,2号药室装药690 kg,3号药室装药160 kg。药室内全部采用高威力高抗水混装乳化炸药。每个药室内装2个起爆弹,每个起爆弹使用一发数码电子雷管。断裂孔线装药密度为1.5 kg/m,断裂孔底部3 m加强装药,线装药密度为6.0 kg/m。

整个爆破区爆破网路由左连接段深孔爆破网路、15~6号堰块倾倒爆破网路和6~5号堰块深孔爆破网路等3个子网路组成,起爆次序为左连接段深孔爆破网路、15~6号堰块倾倒爆破网路、6~5号堰块深孔爆破网路。整个爆破网路分959段,总延时12.9 s。

五、爆破安全控制标准

在三峡工程施工期,采用的爆破振动控制标准如表1-8所示。

表1-8 建(构)筑物爆破振动控制标准

建(构)筑物	质点振动速度(cm/s)	备注
岩石高边坡	10~15	爆心距为10~15 m
地下洞室及井壁围岩	10	
新浇筑混凝土	按《水工建筑物岩石基础开挖工程施工技术规范》(SL 47—94)的规定执行	
帷幕灌浆及固结灌浆	1.5~2.0	
土石堰体边坡	5.0~8.0	
围堰或隔流堤防渗结构体	塑性混凝土心墙5 刚性混凝土心墙3	
大坝、厂房及闸门等附属结构	2.0	
厂房机电设备	1.0	

另外,在锚索灌浆、锚杆灌浆、喷混凝土的强度达到设计强度的70%以前,其20 m范围内不允许爆破。若附近存在爆破作业,则其爆破振动安全标准采用新浇筑混凝土的标准。

对临水的水工建筑物和闸门等设施设备,其允许的水中冲击波或动水压力超压一般控制在0.1 MPa。

复习思考题

1-1　区别以下概念:

爆炸与爆破　正氧平衡与负氧平衡　导火索与导爆索　集中药包与延长药包　爆力与猛度　抛掷爆破与松动爆破　抛掷漏斗与可见漏斗　深孔爆破和浅孔爆破　光面爆破和预裂爆破。

1-2　常用的炸药、雷管有哪几种类型?分别适用于哪些场合?

1-3　常用的起爆方法有哪些？各有什么优缺点？

1-4　爆破设计应确定哪些参数？爆破作用指数大小与哪些因素有关？工程中怎样按照爆破作用指数进行爆破类型的划分？

1-5　常用的爆破方法有哪些？其适用条件如何？

1-6　钻孔爆破设计包括哪些主要参数？如何改善深孔爆破的爆破效果？

1-7　预裂爆破和光面爆破设计中有哪些主要参数？如何确定？

1-8　水工建筑物岩石基础开挖中为什么要预留保护层？如何进行保护层的爆破开挖？

1-9　水利水电工程施工中常涉及哪些主要爆破技术？

1-10　爆破公害主要包括哪些内容？如何控制和防范爆破振动？

项目二 基础处理工程

水工建筑物的基础有两类:岩基和软基,其中软基包括土基与砂砾石地基。由于受地质构造变化及水文地质的影响,天然地基往往存在不同形式与程度的缺陷,需要经过人工处理,才能作为水工建筑物的可靠地基。基础的质量是拦河大坝等水工建筑物安全可靠的根本保障,根据统计,历史上地基原因引起大坝失事的比例近40%,影响工程正常发挥效益的则为数更多。基础处理工程在水利水电工程建设中占有重要地位,是施工的重要环节。

天然地基的缺陷分布范围一般大而深,并且均一性差,采用开挖的方法,既难彻底清除,又不一定经济。为了取得符合设计要求的基础,往往必须对地基面下更大范围的地层采取各种技术措施进行处理。由于基础处理在地层中进行,其施工过程及处理的实际效果无法直观掌握,故具有地下隐蔽工程的特点。本项目主要介绍水利水电工程施工中常用的几种基础处理技术,包括岩石基础灌浆、砂砾石地层灌浆、防渗墙施工、高压喷射灌浆技术等。

任务一 岩石基础处理

岩石基础灌浆是将某种具有流动性和胶凝性的浆液,按一定的配比要求,通过钻孔用灌浆设备压入岩层的孔(裂)隙中,经过硬化胶结后,形成结石,以提高基岩的强度与整体性,改善基岩的抗渗性。灌浆技术除运用于大坝的基岩处理外,还广泛应用于水工隧洞围岩固结、衬砌回填、超前支护、混凝土坝体接缝,以及建(构)筑物补强、堵漏等方面。

一、基岩灌浆的分类

水工建筑物的岩基一般要进行帷幕灌浆、固结灌浆和接触灌浆处理,如图2-1所示。

(一)帷幕灌浆

布置在靠近上游迎水面的坝基内,形成一道连续的防渗幕墙。其目的是减少坝基的渗流量,降低坝底渗透压力,保证基础的渗透稳定。帷幕灌浆深度较固结灌浆要深得多,有些工程的帷幕深度超过百米。帷幕灌浆一般安排在水库蓄水前完成,由于帷幕灌浆的工程量较大,与坝体施工在时间安排上有矛盾,所以通常安排在坝体灌浆廊道内进行,这样既可实现坝体上升与基岩灌浆同步进行,也为灌

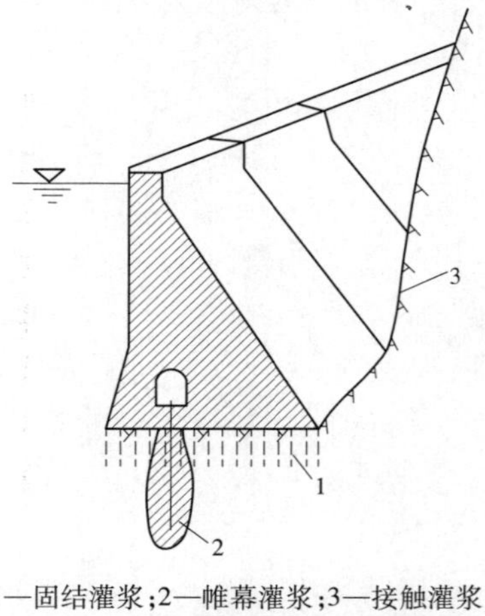

1—固结灌浆;2—帷幕灌浆;3—接触灌浆

图2-1 基岩灌浆示意图

浆施工具备了一定厚度的混凝土压重，有利于提高灌浆压力、保证灌浆质量。对于高坝的帷幕灌浆，常常要深入两岸坝肩较大范围的岩体中，一般需要在两岸分层开挖灌浆平洞。

(二)固结灌浆

其目的是提高基岩的整体性与强度，当基岩地质条件较好时，一般可在坝基上、下游应力较大的部位布置固结灌浆孔；在地质条件较差而坝体较高的情况下，则需要对坝基进行全面的固结灌浆。灌浆孔的深度一般为 5 ~ 8 m，也有深达 15 ~ 40 m 的。固结灌浆宜在一定厚度的坝体基层混凝土上进行，这样可以防止冒浆。采用较大的灌浆压力，提高灌浆效果，同时兼顾坝体与基岩的接触灌浆。如果基岩比较坚硬、完整，也可直接在基岩表面进行无混凝土压重的固结灌浆。在基层混凝土上进行钻孔灌浆，必须在混凝土强度达到 50% 设计强度后方可进行。或者先在岩基上钻孔预埋灌浆管，待混凝土浇筑到一定厚度后再灌浆。

同一地段的基岩灌浆必须按先固结灌浆后帷幕灌浆的顺序进行。

(三)接触灌浆

其目的是加强坝体混凝土与坝基或岸肩之间的结合能力，提高坝体的抗滑稳定性。一般是通过混凝土钻孔压浆或预先在接触面上埋设灌浆盒及相应的管道系统，也可结合固结灌浆进行。接触灌浆应在坝体混凝土达到稳定温度以后进行，以防止混凝土收缩产生拉裂。

二、灌浆的材料

基岩灌浆的浆液，一般应该满足如下要求：

(1)浆液在受灌的岩层中应具有良好的可灌性，即在一定的压力下，能灌入到裂隙、空隙或孔洞中，充填密实。

(2)浆液硬化成结石后，应具有良好的防渗性能、必要的强度和黏结力。

(3)为便于施工和增大浆液的扩散范围，浆液应具有良好的流动性。

(4)浆液应具有较好的稳定性，析水率低。

基岩灌浆以水泥灌浆最普遍。水泥浆液的水泥品种可采用标号不低于 42.5 的普通硅酸盐水泥或硅酸盐大坝水泥，如有耐酸等要求，则选用抗硫酸盐水泥。矿渣硅酸盐水泥与火山灰质硅酸盐水泥由于其析水快、稳定性差、早期强度低等缺点，一般不宜使用。

水泥颗粒的细度对灌浆的效果有较大影响。水泥颗粒越细，越能够灌入细微的裂隙中，水泥的水化作用也越完全。对于帷幕灌浆，对水泥细度的要求为通过 80 μm 方孔筛的筛余量不大于 5%。对于岩体裂隙宽度小于 200 μm 的地层，普通硅酸盐水泥制成的浆液一般难以灌入，为了提高水泥浆液的可灌性，自 20 世纪 80 年代以来，许多国家陆续研制出各类超细水泥，超细水泥颗粒的平均粒径约 4 μm，比表面积 8 000 cm^2/g，它不仅具有良好的可灌性，同时在结石体强度、环保及价格等方面都具有优势，特别适合细微裂隙基岩的灌浆。

在水泥浆液中掺入一些外加剂(如速凝剂、减水剂、早强剂及稳定剂等)，可以调节或改善水泥浆液性能，外加剂的种类及掺入量应通过试验确定。在水泥浆液里掺入黏土、砂、粉煤灰，制成水泥黏土浆、水泥砂浆、水泥粉煤灰浆等，可用于注入量大、对结石强度要求不高的基岩灌浆和砂砾石地基灌浆，这主要是为了节省水泥、降低材料成本。当遇到一些特殊的地质条件，如断层、破碎带、细微裂隙等，采用普通硅酸盐水泥浆液难以达到工程要求时，也可采用化学灌浆，即灌注以环氧树脂、聚氨酯、甲凝类等高分子材料为基材制成的浆液。

三、水泥灌浆的施工

灌浆施工前均需进行现场灌浆试验。通过试验，可以了解坝基的可灌性，确定合理的施工程序与工艺，提供科学的灌浆参数等，为进行灌浆设计与编制施工技术文件提供主要依据。下面主要介绍基岩灌浆施工中的主要环节与技术。

（一）钻孔

帷幕灌浆的钻孔宜采用回转式钻机和金刚石钻头或硬质合金钻头，其钻进效率较高，不受孔深、孔向、孔径和岩石硬度的限制，还可钻取岩芯，钻孔的孔径一般为 75 ~ 91 mm。固结灌浆则可采用各种合适的钻机与钻头。

钻孔质量对灌浆效果影响很大。钻孔质量包括：①确保孔深、孔向、孔位符合设计要求；②力求孔径上下均一、孔壁平顺；③钻进过程中产生的岩粉细屑较少。孔径均一，孔壁平顺，则灌浆栓塞能够卡紧卡牢，灌浆时不致产生返浆。钻进过程中产生过多的岩粉细屑，容易堵塞孔壁的缝隙，影响灌浆质量。

钻孔的方向与深度是保证帷幕灌浆质量的关键。如果钻孔方向有偏斜，钻孔深度达不到要求，则通过各钻孔所灌注的浆液，不能连成一体，将形成漏水通路，如图 2-2 所示。

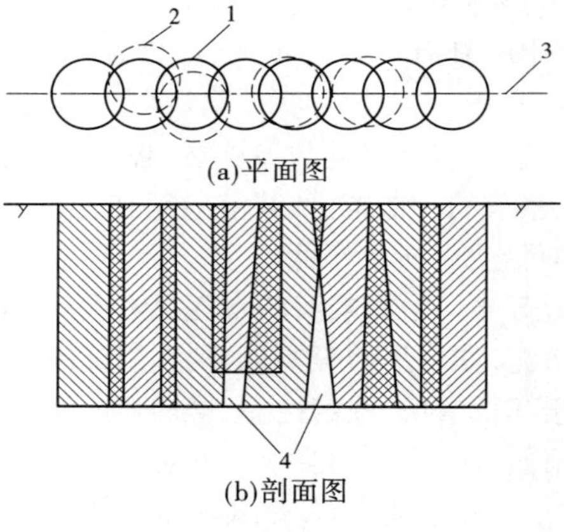

1—孔顶灌浆范围；2—孔底灌浆范围；3—帷幕轴线；4—漏水通路

图 2-2 钻孔质量对帷幕灌浆的影响

在工程实践中，按钻孔深度不同规定了钻孔偏斜的允许值，如表 2-1 所示。当深度大于 60 m 时，则允许的偏差不应超过钻孔的间距。

表 2-1 钻孔孔底最大允许偏差值 （单位：m）

钻孔深度	20	30	40	50	60
允许偏差	0.25	0.50	0.80	1.15	1.50

(二)钻孔冲洗

钻孔后,进入冲洗阶段。冲洗工作通常分为:①钻孔冲洗,将残存在钻孔孔底和黏滞在孔壁的岩粉、铁屑等冲洗出来;②岩层裂隙冲洗,将岩层裂隙中的充填物冲洗出孔外,以便浆液进入倒腾出的空间,使浆液结石与基岩胶结成整体。在断层、破碎带和细微裂隙等复杂地层中灌浆,冲洗的质量对灌浆效果影响极大。

一般采用灌浆泵将水压入孔内循环管路进行冲洗,如图 2-3 所示。将冲洗管插入孔内,用阻塞器将孔口堵紧,用压力水冲洗;也可采用压力水和压缩空气轮换或混合冲洗。钻孔冲洗时,将钻杆下到孔底,从钻杆通入压力水进行冲洗。冲孔时流量要大,使孔内回水的流速足以将残留在孔内的岩粉铁屑冲出孔外。冲孔一直要进行到回水澄清 5 ~ 10 min 才结束。高压水冲洗的流量变化见图 2-4。

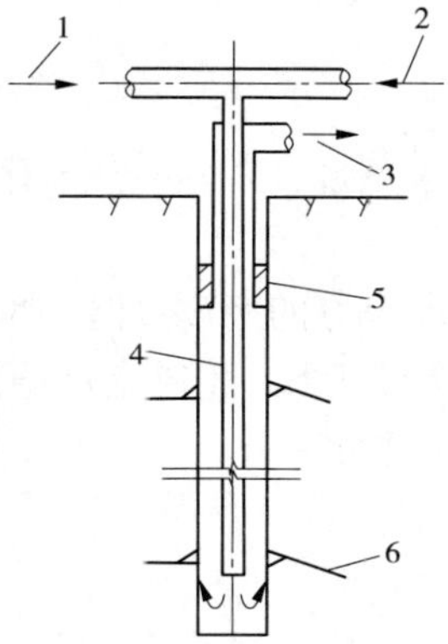

1—压力水进口;2—压缩空气进口;3—出口;
4—灌浆孔;5—阻塞器;6—岩层裂隙

图 2-3　钻孔冲洗方法

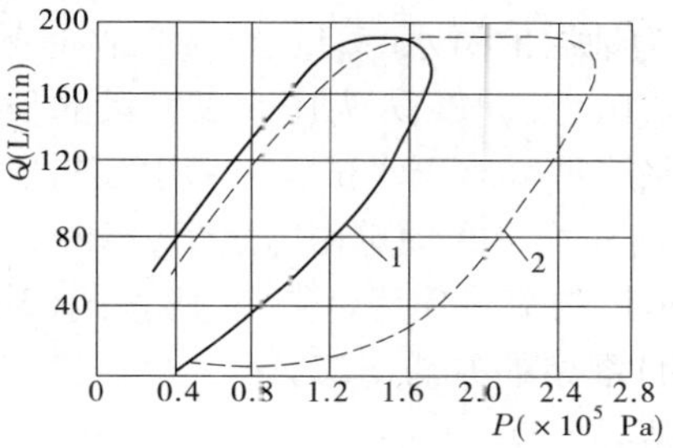

1—孔深小于 50 m;2—孔深 50 ~ 100 m

图 2-4　高压水冲洗的流量变化

岩层裂隙冲洗方法分单孔冲洗和群孔冲洗两种。在岩层比较完整、裂隙比较少的地方,可采用单孔冲洗。群孔冲洗一般适用于岩层破碎、节理发育且在钻孔之间互相串通的地层中,将两个或两个以上的钻孔组成一个孔组,轮换地向一个孔或几个孔压进水或混合压缩空气,从另外的孔排出污水,反复交替冲洗直到各个孔出水洁净,如图 2-5 所示。群孔冲洗时,沿孔深方向冲洗段的划分不宜过长,否则冲洗段内钻孔通过的裂隙条数增多,这样不仅分散冲洗压力和冲洗水量,并且一旦有部分裂隙冲通以后,水量将相对集中在这几条裂隙内流动,使其他裂隙得不到有效的冲洗。

采用高压水或高压水气冲洗时,要注意观测,防止冲洗范围内岩层的抬动和变形。

(三)压水试验

在冲洗完成开始灌浆前,要对灌浆地层进行压水试验,其主要目的是:测定地层的渗透性,为基岩灌浆提供基本技术资料。压水试验也是检查地层灌浆实际效果的主要方法。

压水试验原理:在一定的水头压力下,通过钻孔将水压入到孔壁四周的缝隙中,根据压入的水量和压水的时间,计算出代表岩层渗透特性的技术参数。

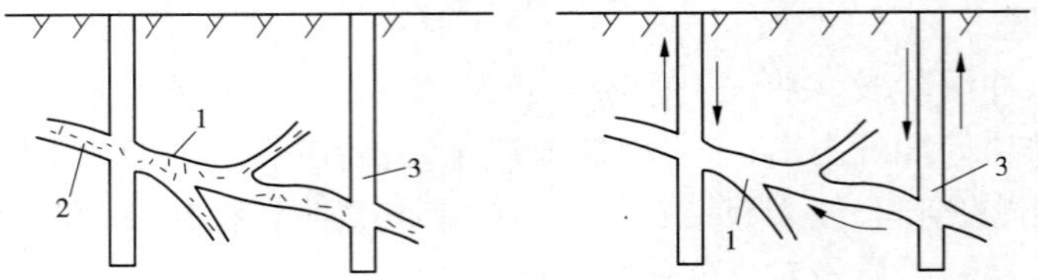

(a)冲洗前　　(b)冲洗后

1—裂隙;2—充填物;3—钻孔

图 2-5　群孔冲洗示意图

一般可采用透水率 q 来表示岩层的渗透特性。所谓透水率,是指在单位时间内通过单位长度试验孔段,在单位压力作用下所压入的水量。试验成果可按下式计算:

$$q = \frac{Q}{PL} \tag{2-1}$$

式中:q 为地层的透水率,Lu;Q 为单位时间内试验段的注水总量,L/ min;P 为作用于试验段内的全压力, MPa;L 为压水试验段的长度, m。

灌浆施工时的压水试验,使用的压力通常为同段灌浆压力的 80%,但一般不大于 1 MPa。试验时,可在预定压力之下,每隔 5 min 记录一次流量读数,直到流量稳定 30 ~ 60 min,取最后的流量作为计算值,再按式(2-1)计算该地层的透水率 q。

(四)灌浆的方法与工艺

1. 钻孔次序

基岩的钻孔与灌浆应遵循分序加密的原则进行。单排帷幕孔钻灌次序是先钻灌第Ⅰ序孔,然后依次钻灌第Ⅱ序孔、第Ⅲ序孔,如有必要再钻灌第Ⅳ序孔(见图 2-6)。

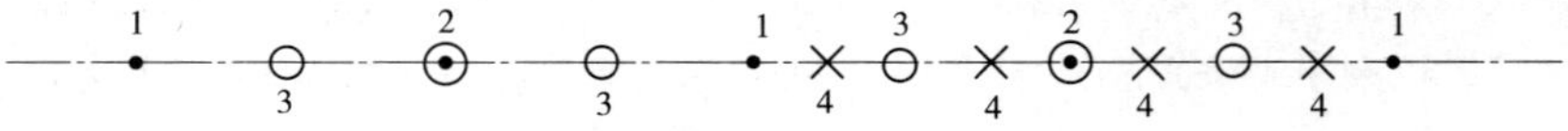

1—第Ⅰ序孔;2—第Ⅱ序孔;3—第Ⅲ序孔;4—第Ⅳ序孔

图 2-6　单排帷幕孔的钻灌次序

双排帷幕孔和多排帷幕孔,在同排内或排与排之间均应按逐渐加密次序钻灌作业。双排帷幕孔通常是先灌下游排,后灌上游排;多排帷幕孔是先灌下游排,再灌上游排,最后灌中间排。对于岩层比较完整、孔深 5 m 左右的浅孔固结灌浆,可以采用两序孔进行钻灌作业;孔深 5 m 以上的中深孔固结灌浆,则以采用三序孔施工为宜。

2. 灌浆方式

灌浆方式有纯压式和循环式两种。对于帷幕灌浆,应优先采用循环式。

纯压式灌浆,就是一次将浆液压入钻孔,并扩散到岩层裂隙中。灌注过程中,浆液从灌浆机向钻孔流动,不再返回,如图 2-7(a)所示。这种灌注方式设备简单,操作方便,但浆液流动速度较慢,容易沉淀,造成管路与岩层缝隙的堵塞,影响浆液扩散。纯压式灌浆多用于吸浆量大、有大裂隙存在、孔深不超过 12 ~ 15 m 的情况。

循环式灌浆,灌浆机把浆液压入钻孔后,浆液一部分被压入岩层缝隙中,另一部分由回浆管返回拌浆桶中,如图 2-7(b)所示。这种方法一方面可使浆液保持流动状态,减少浆液沉淀;另一方面可根据进浆和回浆浆液比重的差别,来了解岩层吸收情况。

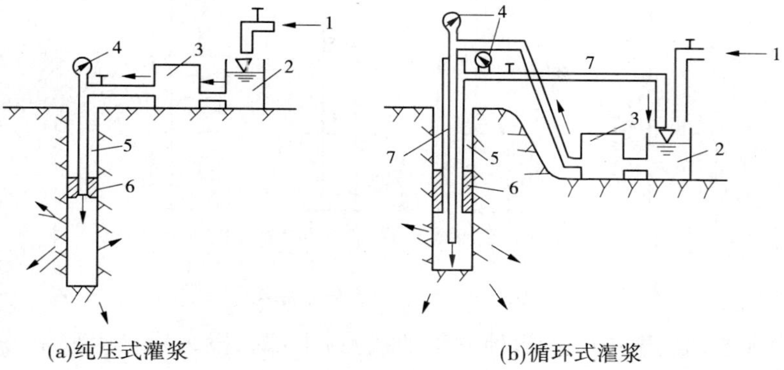

1—水;2—拌浆桶;3—灌浆泵;4—压力表;5—灌浆管;6—灌浆塞;7—回浆管

图 2-7 纯压式灌浆和循环式灌浆示意图

3. 灌浆方法

钻灌方法有全孔一次钻灌和全孔分段钻灌两种方法。全孔一次钻灌是将灌浆孔一次钻到全深,并沿全孔进行灌浆。这种方法施工简便,多用于孔深不超过 6 m、地质条件良好的情况。全孔分段钻灌又分自上而下法、自下而上法、综合灌浆法及孔口封闭法等。

(1)自上而下分段钻灌法。其施工顺序是:钻一段,灌一段,待凝一定时间以后,再钻灌下一段,钻孔和灌浆交替进行,直到设计深度,如图 2-8 所示。这种方法的优点是:随着段深的增加,可以逐段增加灌浆压力,借以提高灌浆质量;由于上部岩层经过灌浆形成结石,下部岩层灌浆时,不易产生岩层抬动和地面冒浆等现象。分段进行压水试验,其成果比较准确,有利于分析灌浆效果,估算灌浆材料需用量。这种方法的缺点是:钻灌一段以后,要待凝一定时间,才能钻灌下一段,钻孔与灌浆须交替进行,设备搬移频繁,影响施工进度。

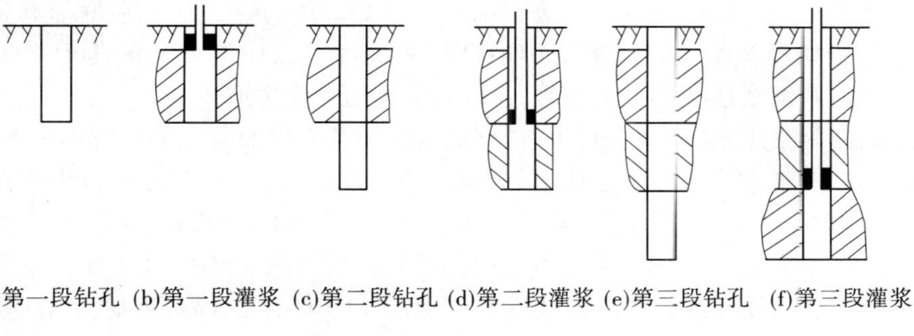

图 2-8 自上而下分段灌浆

(2)自下而上分段钻灌法。一次将孔钻到全深,然后自下而上逐段灌浆,如图 2-9 所示。这种方法的优缺点与自上而下分段灌浆刚好相反。一般多用在岩层比较完整或基岩上部已有足够压重,不致引起地面抬动的情况。

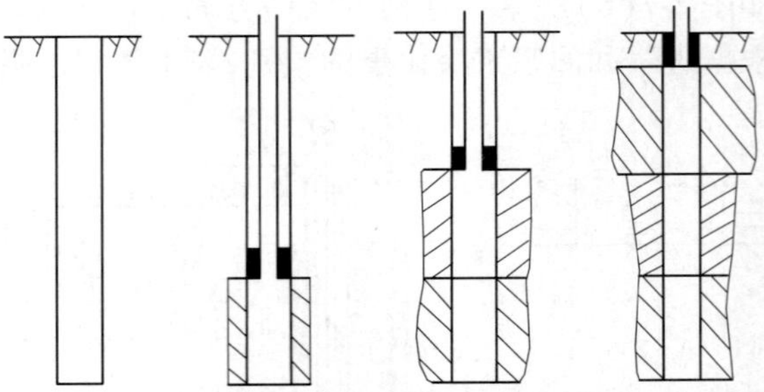

图 2-9 自下而上分段灌浆

(3)综合灌浆法。兼取以上两种方法的优点,上部孔段采用自上而下分段灌浆法钻灌,下部孔段则采用自下而上分段灌浆法钻灌。

(4)孔口封闭灌浆法。先在孔口镶铸不小于2 m的孔口管,以便安设孔口封闭器;采用小孔径(直径55~60 mm)的钻孔,自上而下逐段钻孔与灌浆;上段灌后不必待凝,进行下段的钻灌,如此循环,直至终孔;可以多次重复灌浆,可以使用较高的灌浆压力。其优点是:工艺简便、成本低、效率高,灌浆效果好。其缺点是:当灌注时间较长时,容易造成灌浆管被水泥浆凝住的现象。该法对孔口封闭器的质量要求较高,以保证灌浆管灵活转动和上下活动。孔口封闭灌浆法是近10年来逐渐发展成熟的灌浆新技术,在喀斯特发育的地层,如乌江渡、隔河岩、观音岩等水利水电工程中均取得了较好的防渗效果。

需要说明的是,灌浆孔段的划分对灌浆质量有一定影响。每一灌浆孔段的长度多控制在5~6 m。如果地质条件好,岩层比较完整,段长可适当加长,但也不宜超过10 m;在岩层破碎、裂隙发育的部位,段长应适当缩短,可取3~4 m。

4. *灌浆压力*

灌浆压力通常是指作用在灌浆段中部的压力,可由下式来确定:

$$P = P_1 + P_2 + P_f \tag{2-2}$$

式中:P 为灌浆压力,MPa;P_1为压力表指示压力,MPa;P_2为计入地下水位影响后的浆液自重压力,浆液密度按最大值计算,MPa;P_f为浆液在管路中流动时的压力损失,MPa。计算P_f时,纯压式灌浆压力损失取负号,循环式灌浆压力损失取正号。

帷幕灌浆是在混凝土压重条件上进行的,其表层孔段的灌浆压力不宜小于1~1.5倍帷幕的工作水头,底部孔段不宜小于2~3倍工作水头。对于固结灌浆,若为浅孔且无盖重,其压力可采用0.2~0.5 MPa;若有盖重,采用0.3~0.7 MPa。通常灌浆压力大于3~4 MPa称为高压灌浆,如隔河岩工程的帷幕灌浆压力达到5 MPa,龙羊峡固结灌浆压力达6 MPa,乌江渡工程帷幕灌浆达6~8 MPa。但灌浆压力不能过高,否则会引起基础或坝体的抬动变形。

5. *灌浆压力和浆液稠度的控制*

(1)一次升压法。灌浆开始后,一次将压力升高到预定的压力,并在这个压力作用下,灌注由稀到浓的浆液。随着裂隙将被逐渐充填,浆液注入率逐渐减小,当达到结束标准时,就结束灌浆。这种方法适用于透水性不大、裂隙不甚发育、岩层比较坚硬完整的地方。

(2)分级升压法。将整个灌浆压力分为几个阶段,逐级升压直到预定的压力。当浆液注入率减小到规定的下限时,将压力升高一级,如此逐级升压,直到预定的灌浆压力。

灌浆过程中,必须根据灌浆压力或吸浆率的变化情况,适时调整浆液的稠度,浆液稠度的变换按先稀后浓的原则控制。帷幕灌浆的浆液配比即水灰比,一般可采用5:1、3:1、2:1、1:1、0.8:1、0.6:1、0.5:1七个比级。

6. 灌浆的结束条件与封孔

帷幕灌浆在设计压力下,浆液注入率小于0.4 L/min时,延续灌注60 min(自上而下法)或30 min(自下而上法);或浆液注入率不大于1.0 L/min时,继续灌注90 min或60 min,即可结束灌浆。固结灌浆的结束标准是浆液注入率不大于0.4 L/min,延续时间为30 min。

(五)灌浆的质量检查

基岩灌浆属于隐蔽性工程,必须加强灌浆质量的控制与检查。灌浆质量检查的常用方法有:设检查孔通过压水试验和浆液注入率试验进行检查;通过检查孔钻取岩芯检查,或进行钻孔照相和孔内电视观察孔壁的灌浆质量;开挖平洞、竖井或钻设大口径钻孔,检查人员直接进去观察检查;利用勘探技术,测定基岩的弹性模量、弹性波速等。

四、化学灌浆

化学灌浆是将有机高分子材料配制成的浆液灌入地基,经胶凝固化后,达到防渗、堵漏、补强、加固的目的。它主要用于裂隙与空隙细小(0.1 mm以下),颗粒材料不能灌入;对基础的防渗或强度有较高要求;渗透水流的速度较大,其他灌浆材料不能封堵等情况。

(一)化学灌浆的特性

(1)化学浆液的黏度低,有的接近于水,有的比水还小。其流动性好,可灌性高,可以灌入水泥浆液灌不进去的细微裂隙中。

(2)化学浆液的聚合时间(或称胶凝时间,固化、硬化时间)可以比较准确地控制,从几秒到几十分钟,有利于机动灵活地进行施工控制。

(3)化学浆液聚合后的聚合体,渗透系数很小,一般为$10^{-8} \sim 10^{-6}$ cm/s,几乎是不透水的,防渗效果好。

(4)有些化学浆液聚合体本身的强度及黏结强度比较高,可承受高水头。如用于加固补强的甲凝、环氧树脂等,而聚氨酯对防渗与加固都有作用。

(5)化学灌浆材料聚合体的稳定性和耐久性均较好,能抗酸、碱及微生物的侵蚀。但一般高分子化学材料都存在老化问题。

(6)化学灌浆材料都有一定毒性,在配制、施工过程中要十分注意防护,并切实防止对环境的污染。

(二)化学灌浆的施工

由于化学材料配制的浆液为真溶液,不存在粒状灌浆材料所存在的沉淀问题,故化学灌浆都采用纯压式灌浆。化学灌浆的工艺及技术要求与水泥灌浆基本相同,也遵循分序加密的原则进行钻孔灌浆。化学灌浆方法有单液法灌浆和双液法灌浆。一次配制成的浆液或两种浆液组分在泵送灌注前先行混合的灌浆方法称为单液法。两种浆液组分在泵送后才混合的灌浆方法称为双液法。前者施工相对简单,在工程中使用较多。

五、砂砾石地层灌浆

在砂砾石地层上修建水工建筑物时,也可采用灌浆方法进行防渗帷幕。其优点是灌浆帷幕对基础的变形具有较好的适应性,施工的灵活性大,较之其他方法,更适合在深厚砂砾石地层施工。砂砾石地层具有结构松散、空隙率大、渗透性强的特点,在地层中成孔较困难,与基岩有很大差别。

(一)砂砾石地基的可灌性

砂砾石地基常以可灌比值 M 来衡量地层的可灌性。可灌比值 M 的计算式为

$$M = D_{15}/d_{85} \tag{2-3}$$

式中:D_{15}为砂砾石地层颗粒级配曲线上累计含量为15%的粒径, mm;d_{85}为灌浆材料颗粒级配曲线上累计含量为85%的粒径, mm。

可灌比值 M 越大,接受颗粒浆材的可灌性越好。一般认为,当 M 为10~15时,宜灌注水泥黏土浆;当 $M \geqslant 15$ 时,则可以灌注水泥浆。显然,可灌比是对由颗粒材料组成的浆材而言的,化学浆材不存在可灌比问题。根据一些工程的灌浆实践经验,当砂砾石地层中粒径小于0.1 mm的颗粒小于5%时,可以实施水泥黏土浆的有效灌注。

(二)灌浆材料

基岩灌浆以水泥灌浆为主,而砂砾石地层的灌浆,一般以水泥黏土浆为宜,帷幕体的渗透系数要求在 $10^{-6} \sim 10^{-4}$ cm/s以下。水泥黏土浆的稳定性与可灌性指标均比纯水泥浆优越,费用也低廉,其缺点是析水率低,排水固结时间长,强度低,抗渗性及抗冲性较差。

(三)钻灌方法

1. 打管灌浆法

打管灌浆就是将带有灌浆花管的厚壁无缝钢管,直接打入受灌地层中,并利用它进行灌浆,如图2-10所示。其施工程序是:先将钢管打入到设计深度,再用压力水将管内冲洗干净,然后用灌浆泵进行压力灌浆,或利用浆液自重进行自流灌浆。灌完一段以后,将钢管起拔一个灌浆段高度,再进行冲洗和灌浆。如此自下而上,拔一段灌一段,直到结束。

这种灌浆方法设备简单,操作方便,适用于砂砾石层较浅、结构松散、颗粒不大、容易打管和起拔的场合。用这种方法所灌成的帷幕,防渗性能较差,多用于临时性工程(如围堰)。

2. 套管灌浆法

套管灌浆的施工程序是一边钻孔,一边下护壁套管。或一边打设护壁套管,一边冲淘管内的砂砾石,直到套管下到设计深度。然后将钻孔冲洗干净,下入灌浆管,起拔套管到第一灌浆段顶部,安好止浆塞,对第一段进行灌浆。如此自下而上,逐段提升灌浆管和套管,逐段灌浆,直到结束。这种灌浆方法由于有套管护壁,不会产生坍孔埋钻等事故,但在灌浆过程中,浆液容易沿着套管外壁向上流动,甚至产生地表冒浆。如果灌浆时间较长,则又会胶结套管,造成起拔困难,近年来已较少采用。

3. 循环钻灌浆法

这是一种我国自创的灌浆方法。实质上是一种自上而下、无需待凝、钻孔与灌浆循环进行的施工方法。钻孔时用黏土浆或最稀一级水泥黏土浆固壁。钻孔长度,也就是灌浆段的长度,视孔壁稳定和砂砾石层渗漏程度而定,容易塌孔和渗漏严重的地层,分段短一些,反之则长一些,一般为1~2 m。灌浆时可利用钻杆作灌浆管。这种灌浆方法应使孔

口封闭，以防止地面抬动和地表冒浆，并有利于提高灌浆的质量。如图 2-11 所示为循环钻灌浆法的原理。

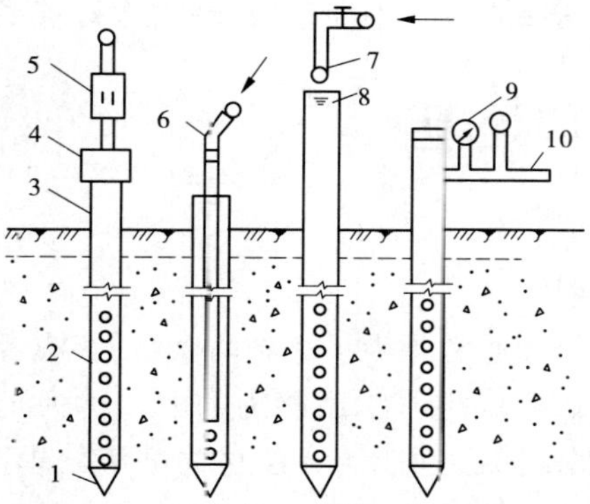

(a)打管 (b)冲洗 (c)自流灌浆 (d)压力灌浆

1—管锥；2—带孔花管；3—钢管；4—管帽；5—打管锤；6—冲洗管；7—注浆管；8—浆液面；9—压力表，10—进浆管

图 2-10 打管灌浆法施工程序

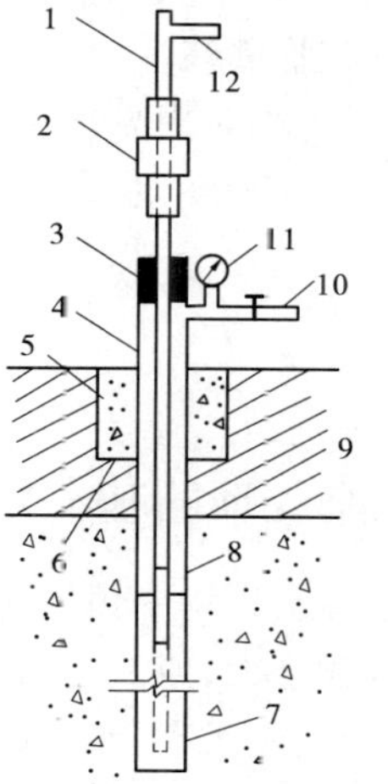

1—灌浆管；2—钻机竖轴；3—封闭器；4—孔口管；5—混凝土封口；6—防浆环；7—射浆花管；8—孔口管下部花管；9—盖重层；10—回浆管；11—压力表；12—进浆管

图 2-11 循环钻灌浆法的原理

4. 预埋花管灌浆法

这种灌浆方法在国际上比较通用。其施工程序是：

(1)用回旋式或冲击式钻机钻孔，随之下护壁套管，一次直达孔的全深。

(2)钻孔结束后，立即进行清孔，清除孔底残留的石渣。

(3)在套管内安设花管。花管的直径一般为 73～108 mm，沿管长每隔 33～50 cm 钻一排 3～4 个射浆孔，孔径 1 cm。射浆孔外面用橡皮圈箍紧，花管底部要封闭严密牢固。

(4)在花管与套管之间灌注填料，边下填料，边起拔套管，连续灌注，直到全孔填满套管拔出。填料由水泥、黏土和水配制而成。

(5)填料要待凝 5～15 d，达到一定强度，紧密地将花管与孔壁之间的环形圈封闭起来。

(6)在花管中下入双栓灌浆塞，双栓灌浆塞的出浆孔要对准射浆孔，如图 2-12 所示。先用清

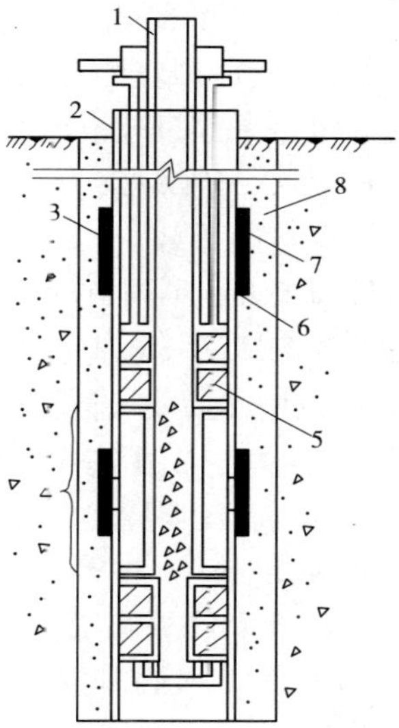

1—灌浆管；2—花管；3—射浆管；4—灌浆段；5—双栓灌浆塞；6—防滑环；7—橡皮圈；8—填料

图 2-12 预埋花管灌浆法

水或稀浆压开花管上的橡皮圈,压穿填料,形成通路,为浆液进入地层创造条件,称为开环,然后通过花管的射浆孔进行灌浆。灌完一段,移动双栓灌浆塞,使其出浆孔对准另一排射浆孔,进入另一灌浆段的开环与灌浆。

用预埋花管灌浆法,由于有填料阻止浆液沿孔壁和管壁上升,很少发生冒浆、串浆现象,灌浆压力可相对提高。另外,由于双栓灌浆塞的构造特点,灌浆部位机动灵活,可以进行重复灌浆。这种灌浆方法的缺点是花管被填料胶结以后,不能起拔,耗用管材较多。

任务二 土基处理

一、土基处理的基本方法

土基是建筑工程中最常见的地基之一,土基处理通常是为了达到两个目的,或者是提高地基的承载能力,或者是改善地基的防渗性能。提高地基承载能力的方法称为土基加固,常见的处理方法有预压、打桩、置换等;改善地基防渗性能的方法称为截渗处理,常见处理方法有防渗墙、帷幕灌浆、垂直铺塑、深层搅拌桩等。

二、灌注桩施工

桩基础简称桩基,是提高土基承载能力最有效的方法之一。桩基是由若干个沉入土中的单桩组成的一种深基础,是由基桩和连接于基桩桩顶的承台共同组成的,承台和承台之间再用承台梁相互连接。若承台下只用一根桩(通常为大直径桩)来承受和传递上部结构(通常为柱)的荷载,这样的桩基础称为单桩基础;承台下有 2 根或 2 根以上基桩组成的桩基础为群桩基础。按桩的传力方式不同,将桩分为端承桩和摩擦桩,如图 2-13 所示。端承桩就是穿过软土层并将建筑物的荷载直接传递给坚硬土层的桩。摩擦桩是将桩沉至软弱土层一定深度,上部结构的荷载主要由桩身侧面与土之间的摩擦力承受,桩间阻力也承受少量的荷载。

桩按施工方法不同,有预制桩和灌注桩两类。预制桩是在工厂或施工现场制成桩,然后用打桩设备将其沉入地基土中,沉桩方法有锤击沉桩、静压桩、振动沉桩等。灌注桩是在设计桩位先成孔,然后放入钢筋骨架,再浇筑混凝土而成的桩,分为泥浆护壁灌注桩、干作业灌注桩、套管桩、爆扩成孔桩等。灌注桩的优点是施工方便,节约材料,成本低;缺点是操作要求高,容易发生缩颈现象,技术间隔时间较长,不能立即承受荷载等。桩根据直径的大小分为小桩($d \leqslant 250$ mm)、中等直径桩(250 mm $< d <$ 800 mm)和大直径桩($d \geqslant 800$ mm)。

(一)钻孔灌注桩施工

钻孔灌注桩是先在桩位上用钻孔设备进行钻孔,然后灌注混凝土。钻孔灌注桩成桩工艺过程如图 2-14 所示。在有地下水、流砂、砂夹层及淤泥等土层中钻孔时,先在测定桩位上埋设护筒,护筒由 3 ~5 mm 厚钢板做成,其直径比钻头直径大 10 ~20 cm。护筒的作用有三:一是起导向作用,使钻头能沿着桩位的垂直方向工作;二是提高孔内泥浆水头,防止塌孔;三是保护孔口,防止孔口破坏。护筒定位应准确,埋置应牢固密实,防止护筒与孔壁间漏水。

施工常见问题及处理方法下:

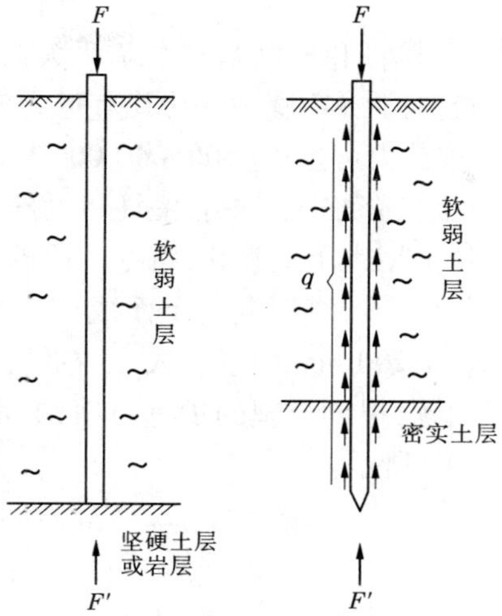

(a)端承桩　　(b)摩擦桩

图2-13　端承桩、摩擦桩示意图

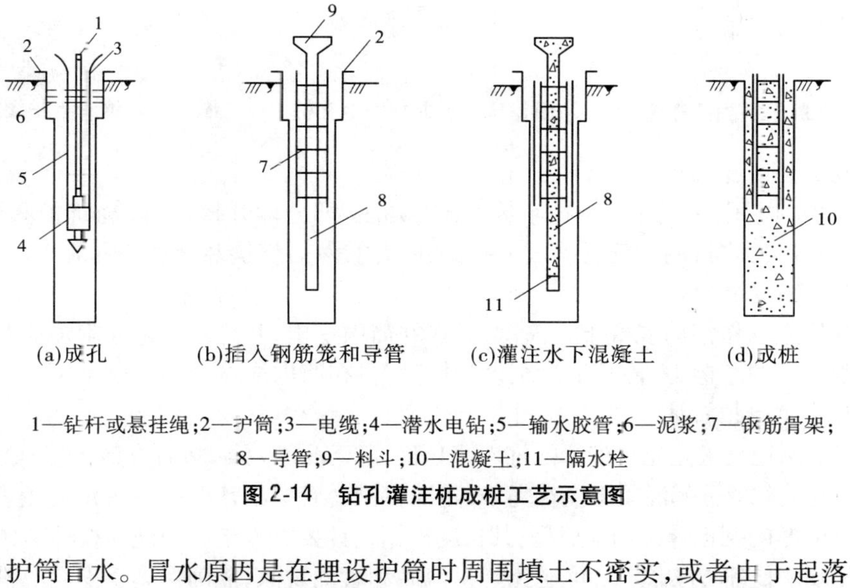

(a)成孔　　(b)插入钢筋笼和导管　　(c)灌注水下混凝土　　(d)成桩

1—钻杆或悬挂绳；2—护筒；3—电缆；4—潜水电钻；5—输水胶管；6—泥浆；7—钢筋骨架；
8—导管；9—料斗；10—混凝土；11—隔水栓

图2-14　钻孔灌注桩成桩工艺示意图

(1)护筒冒水。冒水原因是在埋设护筒时周围填土不密实，或者由于起落钻头时碰动了护筒。若发现护筒刚开始冒水，可用黏土在护筒四周填实加密；如护筒严重下沉或位移，则应返工重埋。

(2)孔壁坍塌。钻孔过程中，如发现在排出的泥浆中不断冒出气泡，或护筒内的水位突然下降，这都是塌孔迹象。处理办法是出现塌孔、缩颈时加大泥浆比重，并保持孔内水位，以维持孔壁稳定。缩颈、塌孔或泥浆突然漏失时，应立即回填黏土，待孔壁稳定后再行钻孔。

(3)钻孔偏斜。造成钻孔偏斜的主要原因是钻杆不垂直，钻头导向部分太短，导向性差，土质软硬不一，或遇上孤石等。处理办法是：减慢钻速，提起钻头，上下往复扫钻几次，以便削去硬层，再正常钻进。如在离孔口不深处遇孤石，可用炸药炸除。

(二)挖孔灌注桩

随着建筑工业的发展,小直径单桩和群桩基础在承受大荷载或满足沉降要求等方面已受到一定限制,大直径灌注桩已被许多国家采用,其直径为 1 ~ 3 m,桩深 20 ~ 40 m,最深处可达 60 ~ 80 m。每根桩的承载力可达 10 000 ~ 40 000 kN。大直径桩可采用机械挖孔灌注桩和人工挖孔灌注桩,下面仅介绍人工挖孔灌注桩的施工要点。

人工挖孔灌注桩是指在桩位上用人工挖直孔,每挖一段即施工一段支护结构,如此反复向下挖至设计深度,然后放下钢筋笼,浇筑混凝土而成桩。为满足人在下面操作要求,桩径不得小于 800 mm,一般都在 1 200 mm 以上。人工挖孔灌注桩主要应及时解决孔壁坍塌、施工排水、流砂和管涌等问题,拟订合理的护壁方案,有混凝土护圈、沉井护圈和钢套管护圈三种,如图 2-15 ~ 图 2-17 所示。

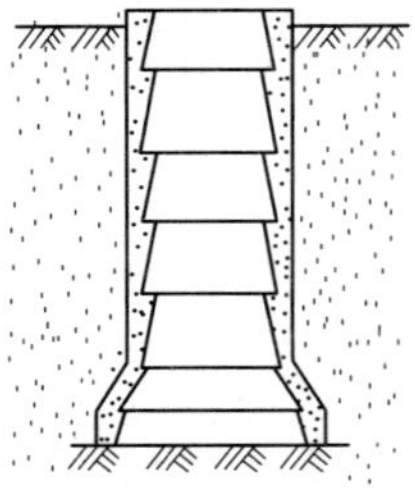

图 2-15 混凝土护圈挖孔桩

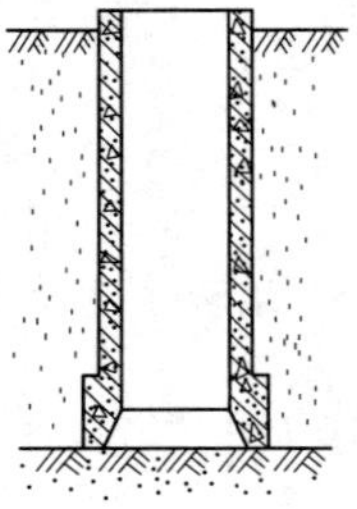

图 2-16 沉井护圈挖孔桩

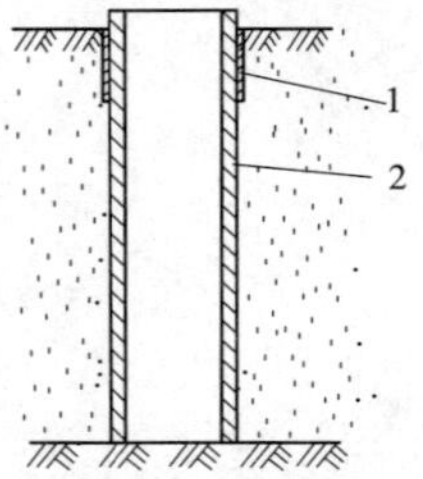

1—井圈;2—钢套管

图 2-17 钢套管护圈挖孔桩

1. 混凝土护圈挖孔桩

混凝土护圈挖孔桩,亦称“倒挂金钟”施工方法,即分段开挖、分段浇筑护圈混凝土,直至设计高程后再将桩的钢筋骨架放入护圈井筒内,然后浇筑井筒桩基混凝土。

2. 沉井护圈挖孔桩

先在桩位上制作钢筋混凝土井筒,然后在井筒内挖土,井筒靠自重或附加荷载来克服筒壁与土壤之间的摩擦力,使其下沉至设计标高,再在筒内浇筑桩基混凝土。

3. 钢套管护圈挖孔桩

钢套管护圈挖孔桩是先在桩位处打入钢套管,直至设计标高,然后将钢套管内的土挖出浇筑桩基混凝土。待桩基混凝土浇筑完毕,随即将钢套管拔出移至另一桩位使用。钢套管由 12 ~ 16 mm 厚的钢板焊接加工成型,其长度根据设计要求而定。当地质构造有流砂或承压含水层时,采用这种方法施工,可避免产生流砂和管涌现象,能确保施工安全。护壁应高出地面 200 ~ 300 mm,以防杂物掉入孔内,孔周围应设置安全防护栏杆,孔内照明应用安全电压,潜水泵必须有防漏电装置,设置鼓风机,向孔内输送洁净空气,排出有害气体等。

(三)打拔管灌注桩

打拔管灌注桩是利用与桩的设计尺寸相适应的一根钢管,在端部套上预制的桩靴打入土中,然后将钢筋骨架放入钢管内,再浇筑混凝土,并随灌随将钢管拔出,利用拔管时的振动将混凝土捣实,其施工步骤如图 2-18 所示。

常用振动灌注法,利用振动将钢管沉入土中,当沉到设计标高后将混凝土灌入钢管内,然后开动沉桩机、卷扬机拔出钢管,边振边拔,从而使桩混凝土得到捣实(见图 2-19)。

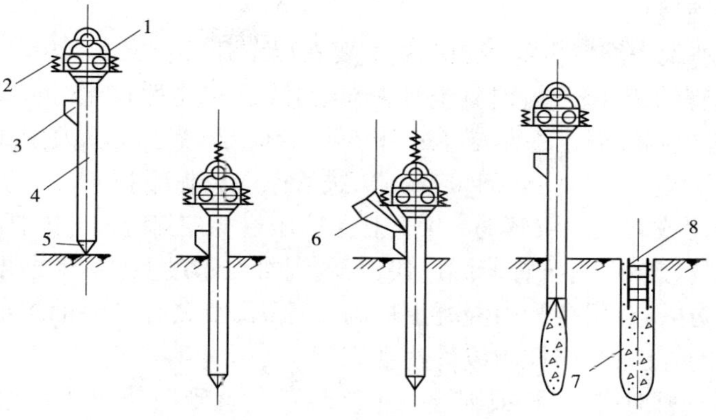

(a)就位　(b)沉管　(c)第一次浇混凝土　(d)边拔管、边振动、边灌注混凝土　(e)插入钢筋笼并灌满混凝土成柱

1—振动锤;2—加压减振弹簧;3—加料口;4—桩管;5—活瓣桩靴;6—料土;7—混凝土桩;8—钢筋笼

图 2-18　振动沉管灌注桩成桩施工程序

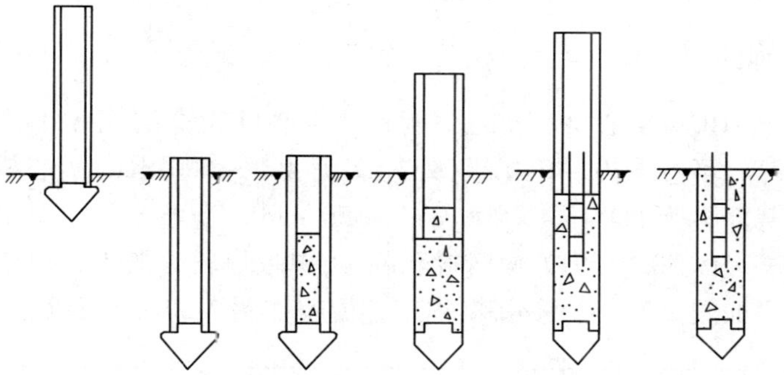

(a)就位　(b)沉入套管　(c)浇混凝土　(d)边锤击边拔管,继续浇混凝土　(e)下钢筋笼,浇混凝土　(f)成型

图 2-19　锤击灌注桩施工程序

沉管时必须将桩尖活瓣合拢。拔管速度,一般土层为 1.2～1.5 m/min,在软弱土层中不得大于 0.8～1.0 m/ min。每拔起 0.5 m 左右,应停 5～10 s,保持振动,如此反复进行直到将钢管拔离地面。拔管方法可采用单打法、复打法和翻插法。

1. 单打法

单打法即一次拔管法。拔管时每提升 0.5～1.0 m,振动 5～10 s,再拔起 0.5～1.0 m,如此反复进行直到全部拔出。

2. 复打法

复打法即在同一桩孔内进行两次单打,或根据要求进行局部复打。

3. 翻插法

将钢管每提升 0.5 m,再下沉 0.3 m(或提升 1 m,下沉 0.5 m,主要按承载力要求而定),如此反复进行,直至拔离地面。这种方法在淤泥层中可消除缩颈现象,但在坚硬土层中易损坏桩尖,不宜采用。

打管灌注桩在施工中易发生的质量事故主要有以下几种:

(1)隔层:由钢管的管径较小,混凝土骨料粒径较大、和易性较差,拔管速度过快等造成。预防措施:严格控制混凝土坍落度不小于5~7 cm,骨料粒径不大于30 mm;拔管速度不大于2 m/min(淤泥中不大于0.8 m/min),拔管时应密振慢拔。

(2)缩颈:在淤泥或软土中沉管时,由于土受挤压产生空隙水压,拔管后便挤向新灌的混凝土,造成缩颈。此外,当拔管速度过快,管内混凝土量过多,混凝土出管扩散性差时也会造成缩颈。预防措施:保持管内混凝土略高于地面,使之有足够的扩散压力;拔管时应采用复打或翻插的方法;严格控制拔管速度。

(3)断桩:打邻近桩时受挤压,或因混凝土终凝不久就受振动和外力作用所造成。预防措施:控制桩中心距不小于4倍桩径,或采用跳打法或间隔一段时间后再打邻近桩。

(4)吊脚桩:由于地下水量大、压力大,泥沙进入钢管内;或桩尖活瓣被土压实,拔管至一定高度才张开,混凝土虽下落,但不密实,形成空隙。预防措施:根据地下水量的大小,采用水下灌注混凝土;或灌第一槽混凝土时,酌量减水;为防止桩尖活瓣打不开,可采用密振慢拔的办法,开始拔管时先翻插几下,然后正常拔管。

三、预制桩施工

钢筋混凝土预制桩有实心桩和空心桩两种。空心桩为管桩,由预制厂用离心法生产而成,桩体强度较高,可达C30~C40级,外径多为400~500 mm;实心桩大多在现场预制,为方便预制,截面多为200 mm×200 mm~550 mm×550 mm的正方形。桩长不得大于桩断面边长或外径的50倍,为方便运输和施工,单根桩长一般不超过30 m。钢筋混凝土预制桩制作程序如图2-20(a)所示,操作工艺流程如图2-20(b)所示。

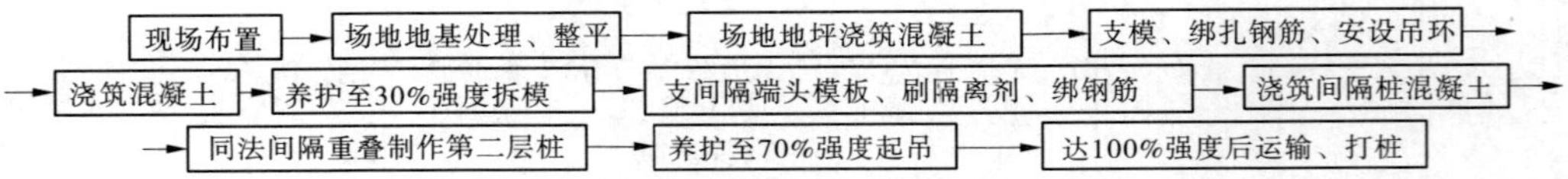

(a)预制桩制作程序

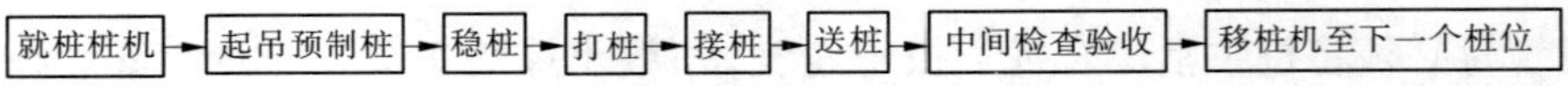

(b)预制桩操作工艺流程

图2-20 预制桩施工程序

(一)桩的预制

图2-21为钢筋混凝土桩的构造和断面形状。桩的预制场地应平整夯实,应有良好的排水设施。桩的钢筋骨架应严格按设计要求进行焊接、绑扎。预制时应根据打桩的顺序来确定桩尖的朝向,尽量减少打桩时桩的调头。预制桩的混凝土应由桩顶向桩尖连续浇筑,严禁中断。预制桩上应标明制作日期和编号,如不埋设吊钩,则应标明绑扎吊点位置。

(二)桩的起吊、运输和堆放

预制桩的混凝土强度达到设计强度的70%以上方可起吊,达到100%才能运输和打桩。起吊时吊点位置必须严格按设计位置绑扎。不同吊点数的吊点位置如图2-22所示。

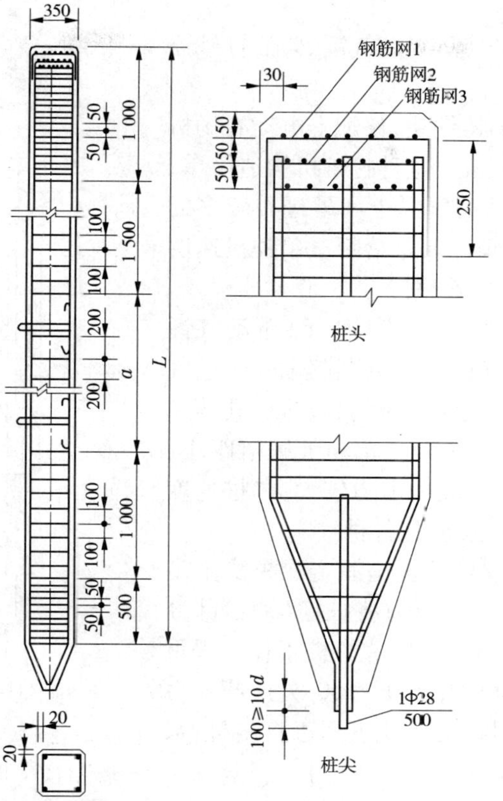

(a)配筋图　　(b)详图

图 2-21　钢筋混凝土预制桩的构造和断面形状　（单位：mm）

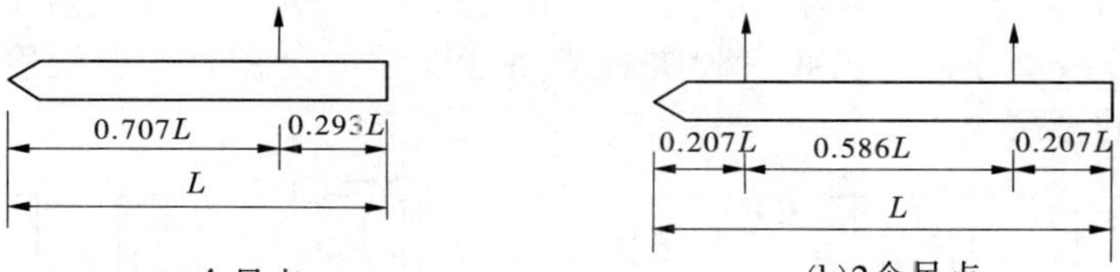

(a)1个吊点　　(b)2个吊点

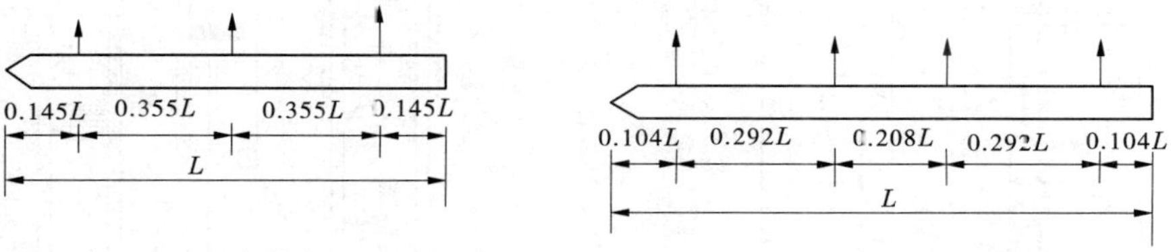

(c)3个吊点　　(d)4个吊点

图 2-22　吊点位置

（三）打桩

打桩就是利用机械设备将预制好的钢筋混凝土桩沉入地层中。常用的施工方法有桩锤打桩、静力压桩和振动沉桩等。

1. 桩锤的选择

桩锤有落锤、单动气锤、双动气锤、柴油打桩锤和振动桩锤等。

落锤为0.5～2 t的铸铁块，仅配上电动卷扬机和打桩架即可组成打桩机。这种打桩机构造简单，使用方便，冲击力大，适用于黏土和砂砾石较多的土中打桩，可根据土质情况调整落距。单锤机速度慢（每分钟仅6～12次），效率低。

单动气锤工作原理如图2-23所示，单动气锤是利用蒸汽或压缩空气的压力将桩锤提升（进气孔压入，活塞3固定）到要求高度，打开排气孔放掉压气，气锤自由落下夯击桩顶。单动气锤落距小，但落锤质量（3～15 t）大，故冲击力较大，打桩速度快（每分钟25～30次），适合打各种桩。

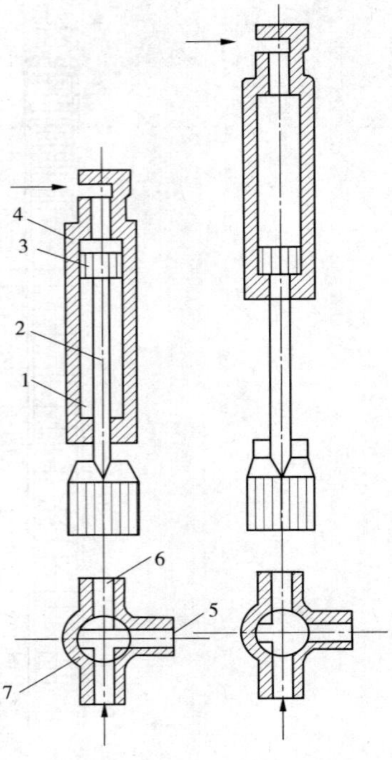

(a)气锤升起　(b)气锤下落

1—汽缸；2—活塞杆；3—活塞；4—活塞提升室；5—进气口；6—排气口；7—换向阀门

图2-23　单动气锤工作原理示意图

双动气锤（见图2-24）是桩锤固定在桩头上不动，利用蒸汽或压缩空气的压力将桩锤（冲击部分3）上举和压下，以此冲击桩头完成打桩工作。锤重1～7 t，冲击频率高（每分钟200～300次），冲击力大，效率高。能打各种桩，而且还可用于打斜桩、水下打桩和拔桩。

柴油打桩锤（见图2-25），分导杆式、筒式和活塞式三种。工作原理是利用柴油燃烧时气体体积突然膨胀产生的压力将汽缸或活塞上抛（杆式柴油锤为汽缸，筒式柴油锤为上活塞），然后自由下落，夯击桩帽使桩下沉。柴油打桩锤重0.3～7 t，桩锤每分钟锤击40～80次。柴油打桩锤适合在有一定硬度的土层中工作，不适用于过软的土层。

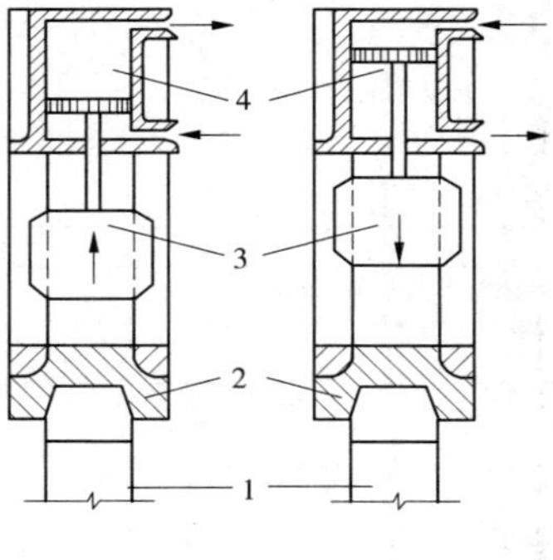

1—桩；2—垫座；3—冲击部分；4—蒸汽缸

图2-24　双动气锤

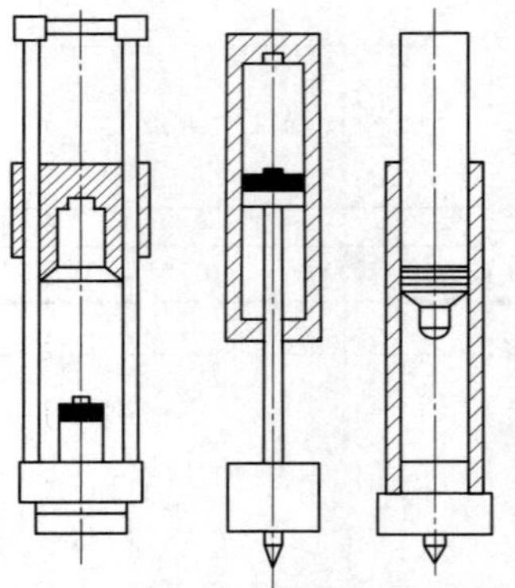

(a)导杆式　(b)活塞式　(c)筒式

图2-25　柴油打桩锤构造原理图

根据现场施工条件和机具设备选定桩锤类型后，还应参考表2-2选定桩锤重量。经验证明，锤重为桩重的1.5～2倍时，效果较好。但桩锤亦不能过重，过重易将桩头打坏。

表2-2　锤重与桩重的比值

桩的种类	单动气锤		双动气锤		柴油打桩锤		落锤	
	硬土	软土	硬土	软土	硬土	软土	硬土	软土
钢筋混凝土桩	1.4	0.4	1.8	0.6	1.5	1.0	1.5	0.35
木桩	3.0	2.0	2.5	1.5	3.5	2.5	4.0	2.0
钢板桩	2.0	0.7	2.5	1.5	2.5	2.0	2.0	1.0

注：桩长一般不大于20 m。

2. 打桩顺序

打桩顺序根据基础的设计标高，先深后浅；依桩的规格宜先大后小，先长后短。由于桩的密集程度不同，可由一侧向另一侧进行，自中部向四周对称进行（见图2-26）。由一侧向另一侧逐排打桩，桩架单向移动，移位迅速，但土壤向单方向挤压，地基受挤压不均匀，导致后打的桩入土深度减小，会引起建筑物的不均匀沉陷。自两边向中部打桩，中部土壤受挤严重，可用于桩距大于4倍桩径的情况。由自中部向四周打桩时，土壤由中央向两侧或四周挤压，易于保证施工质量，适用于桩距较小（桩距小于4倍桩径）的情况。夯位搭接如图2-27所示。

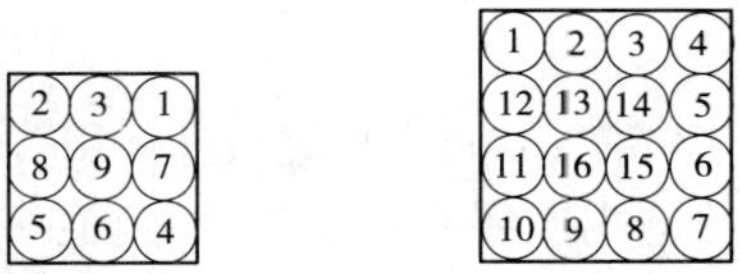

(a)先外后里跳打法　(b)先周边后中间打法

图2-26　夯打顺序

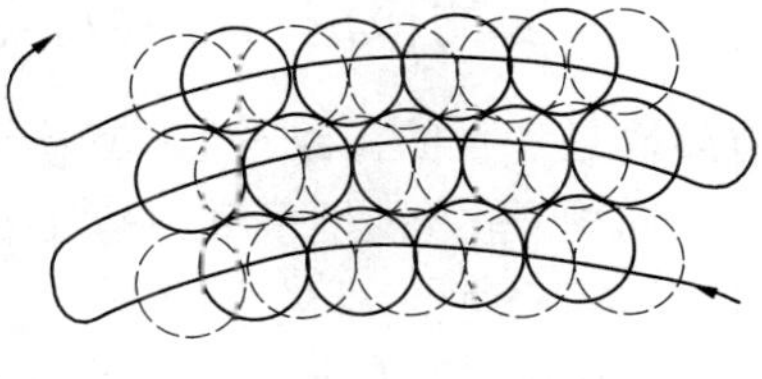

图2-27　夯位搭接示意图

3. 打桩施工

打桩前应先在桩侧或桩架上设置标尺，以便观测打桩时每次锤击后桩的下沉量。桩机就位时，桩架应平移，导杆中心线应与打桩方向一致，并检查桩位是否正确。然后将桩提升就位并缓缓放下插入土中，随即扣好桩帽、桩箍，校正好桩的垂直度，如桩顶不平应用硬木垫平后再扣桩帽，脱钩后用锤轻压且轻击数锤，使桩沉入土中一定深度，达到稳定位置，再次校正桩位及垂直度，然后开始打桩。打桩应尽量采用重锤低击。焊接接桩其预制桩表面的预埋件应清洁，上下节桩之间的间隙应用铁片垫实焊牢，焊缝应连续焊满。接桩时一般在距地面1 m左右进行，上下节桩的中心线偏差不得大于10 mm，节点折曲矢高不得大于1‰桩长。

4. 检查验收

每根桩打到贯入度要求，桩尖标高进入持力层，接近设计标高时，或打至设计标高时，应进行中间验收。在控制时，一般要求最后三次十锤的平均贯入度不大于规定的数值，或以桩尖打至设计标高来控制,符合设计要求后,填好施工记录。

5. 应注意的质量问题

(1)预制桩必须提前定货加工,打桩时预制桩强度必须达到设计强度的 100%,并应增加养护期 1 个月后方准施打。

(2)桩身断裂。由桩身弯曲过大、强度不足及地下有障碍物等,或桩在堆放、起吊、运输过程中产生断裂,没有发现而致。应及时检查。

(3)桩顶碎裂。由桩顶强度不够及钢筋网片不足、主筋距桩顶面太小,或桩顶不平、施工机具选择不当等所造成。应加强施工准备时的检查。

(4)桩身倾斜。由场地不平、打桩机底盘不水平或稳桩不垂直、桩尖在地下遇见硬物等所造成。应严格按工艺操作规定执行。

(5)接桩处拉脱开裂。由连接处表面不干净、连接铁件不平、焊接质量不符合要求、接桩上下中心线不在同一条线上等所造成。应保证接桩的质量。

任务三　防渗墙施工

防渗墙是一种修建在松散透水地层或土石坝(堰)中起防渗作用的地下连续墙。防渗墙技术在 20 世纪 50 年代起源于欧洲,其具有结构可靠、防渗效果好、适应各类地层条件、施工简便以及造价低等优点,在国内外得到了广泛的应用。

一、防渗墙的作用与结构特点

防渗墙是一种防渗结构,但其实际的应用已远远超出了防渗的范围,可用来解决防渗、防冲、加固、承重及地下截流等工程问题。具体的运用主要有如下几个方面:

(1)控制闸、坝基础的渗流。

(2)控制土石围堰及其基础的渗流。

(3)防止泄水建筑物下游基础的冲刷。

(4)加固一些有病害的土石坝及堤防工程。

(5)作为一般水工建筑物基础的承重结构。

(6)拦截地下潜流,抬高地下水位,形成地下水库。

防渗墙的厚度主要由防渗要求、抗渗耐久性、墙体的应力与强度及施工设备等因素确定。其中,防渗墙的耐久性是指抵抗渗流侵蚀和化学溶蚀的性能,这两种破坏作用均与水力梯度有关。目前,防渗墙厚度 δ(m)主要是根据水力梯度考虑确定的,即

$$\delta = H_p / J_p$$

$$J_p = J_{max} / K \tag{2-4}$$

式中:H_p 为防渗墙的工作水头;J_p 为防渗墙的允许水力梯度;J_{max} 为防渗墙破坏时的最大水力梯度;K 为安全系数。

不同的墙体材料具有不同的抗渗耐久性,其允许水力梯度 J_p 值也就不同。如普通混凝土防渗墙的 J_p 一般为 80 ~ 100,而塑性混凝土因其抗化学溶蚀性能较好,J_{max} 可达 300,J_p 一般为 50 ~ 60。

二、防渗墙的墙体材料

防渗墙的墙体材料,按其抗压强度和弹性模量,一般分为刚性材料和柔性材料。刚性材料包括普通混凝土、黏土混凝土和掺粉煤灰混凝土等,其抗压强度大于5 MPa,弹性模量大于10 000 MPa。柔性材料的抗压强度小于5 MPa,弹性模量小于10 000 MPa,包括塑性混凝土、自凝灰浆和固化灰浆等。另外,现在有些工程开始使用强度大于25 MPa的高强混凝土,以适应高坝深基础对防渗墙的技术要求。

(一)普通混凝土

普通混凝土是指其强度为7.5~20 MPa,不加其他掺合料的高流动性混凝土。由于防渗墙的混凝土是在泥浆下浇筑的,故要求混凝土能在自重下自行流动,并有抗离析与保持水分的性能。其坍落度一般为18~22 cm,扩散度为34~38 cm。

(二)黏土混凝土

在混凝土中掺入一定量的黏土(一般为总量的12%~20%),不仅可以节省水泥,还可以降低混凝土的弹性模量,改变其变形功能,增加其和易性,改善其易堵性。黏土混凝土的强度在10 MPa左右,抗渗性与普通混凝土相比要差。

(三)掺粉煤灰混凝土

在混凝土中掺加一定比例的粉煤灰,能够改善混凝土的和易性,降低混凝土发热量,提高混凝土的密实性和抗侵蚀性,并具有较高的后期强度。

(四)塑性混凝土

塑性混凝土指以黏土和(或)膨润土取代普通混凝土中的大部分水泥所形成的一种柔性墙体材料。其抗压强度一般为0.5~2 MPa,弹性模量为100~500 MPa,渗透系数为10^{-7}~10^{-6} cm/s。塑性混凝土与黏土混凝土有着本质的区别,因为后者的水泥用量降低并不多,掺黏土的主要目的是改善其和易性,并未过多改变其弹性模量。塑性混凝土的水泥用量仅为80~100 kg/m^3,使得其强度低,特别是弹性模量值低到与周围介质(基础)相接近,这时墙体适应变形的能力大大提高,几乎不产生拉应力,减少了墙体出现开裂现象的可能性。我国1990年首次在福建水口水电站的主围堰中成功运用塑性混凝土,其后在其他水电工程建设中迅速普及,十三陵抽蓄电站、小浪底工程、三峡工程等围堰防渗墙的墙体材料均采用了塑性混凝土。

(五)自凝灰浆

自凝灰浆指在固壁浆液(以膨润土为主)中加入水泥和缓凝剂所制成的一种灰浆。凝固前作为造孔用的固壁泥浆,槽孔造成后则自行凝固成墙。自凝灰浆是1969年由法国地基公司首先采用的。

自凝灰浆每立方米固化体需水泥200~300 kg、膨润土30~60 kg、水850 kg,采用糖蜜或木质素磺酸盐类材料作为缓凝剂。其强度为0.2~0.4 MPa,变形模量为40~300 MPa,与土层和砂砾石层比较接近,可以很好地适应墙后介质的变形,墙身不易开裂,简化了施工程序,使建造速度加快、成本降低。在水头不大的堤坝基础及围堰工程中使用较多。

（六）固化灰浆

在槽段造孔完成后，向固壁的泥浆中加入水泥等固化材料，砂子、粉煤灰等掺合料，水玻璃等外加剂，经机械搅拌或压缩空气搅拌后，凝固成墙体。其强度在0.5 MPa左右，弹性模量为100 MPa，渗透系数为$10^{-7} \sim 10^{-6}$ cm/s，一般能够满足中低水头对抗渗的要求，可省去导管法混凝土浇筑工序，提高造孔成孔工效，减少泥浆废弃，使劳动强度减轻，施工进度加快。在四川铜街子、汉江王甫洲等水电工程中，应用了此种方法。

三、施工工艺

（一）造孔准备

根据防渗墙的设计要求和槽孔长度的划分，做好槽孔的测量定位工作，设置导向槽。导向槽沿防渗墙轴线设在槽孔上方，用于控制造孔的方向，支撑上部孔壁。导向槽可用木料、条石、灰拌土或混凝土制成。导向槽的净宽一般等于或略大于防渗墙的设计厚度，高度以1.5～2.0 m为宜。为了维持槽孔的稳定，要求导向槽底部高出地下水位0.5 m以上。为了防止地表积水倒流和便于自流排浆，其顶部高程应比两侧地面略高。导向槽安设好后，在槽侧铺设造孔钻机的轨道，安装钻机，修筑运输道路，架设动力和照明路线以及供水供浆管路，做好排水排浆系统，并向槽内充灌泥浆，保持泥浆液面在槽顶以下30～50 cm。

（二）泥浆固壁和泥浆系统

泥浆固壁的原理：槽孔内的泥浆压力高于地层水压力，使泥浆渗入槽壁介质中，其中较细的颗粒进入空隙，较粗的颗粒附在孔壁上形成泥皮。泥皮对地下水的流动形成阻力，使槽孔内的泥浆与地层被泥皮隔开。泥浆所产生的侧压力通过泥皮作用在孔壁上，保证了槽壁的稳定。如图2-28所示，孔壁任一点土体P侧向稳定的极限平衡条件为

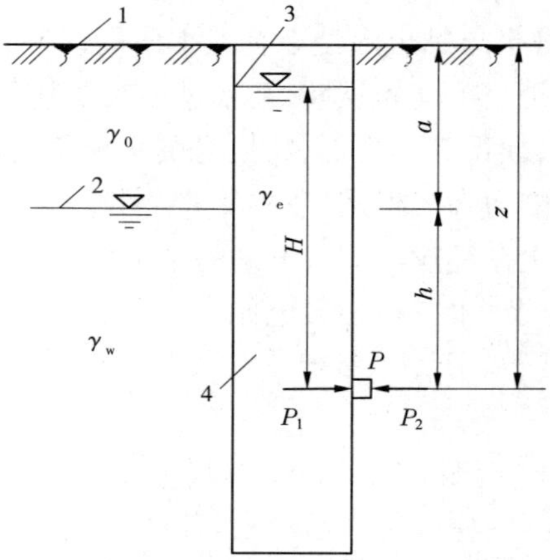

1—地面；2—地下水面；3—泥浆液面；4—泥浆

图2-28 泥浆固壁原理

$$P_1 = P_2 \tag{2-5}$$

$$\gamma_e H = \gamma h + [\gamma_0 a + (\gamma_w - \gamma) h] K \tag{2-6}$$

$$K = \tan^2(45° - \varphi/2) \tag{2-7}$$

式中：P_1 为泥浆压力，kN/cm²；P_2 为地下水压力和土压力之和，kN/cm²；γ_e 为泥浆的容重，kN/m³；γ 为水的容重，kN/m³；γ_0 为土的干容重，kN/m³；γ_w 为土的饱和容重，kN/m³；K 为土的侧压力系数；φ 为土的内摩擦角；其他符号含义见图 2-28。

泥浆除固壁作用外，在造孔过程中，尚有悬浮和挟带岩屑、冷却润滑钻头的作用；成墙以后，渗入孔壁的泥浆和胶结在孔壁的泥皮，还对防渗起辅助作用。泥浆的制浆材料主要有膨润土、黏土、水以及改善泥浆性能的掺合料。我国根据大量的工程实践，提出制浆材料的基本要求是：黏粒含量大于 50%，塑性指数大于 20，含沙量小于 5%，氧化硅与三氧化二铝含量的比值以 3～4 为宜。表 2-3 所示为新制黏土泥浆性能指标。

表 2-3　新制黏土泥浆性能指标

漏斗黏度 (Pa·s)	密度 (g/cm³)	含沙量 (%)	胶体率 (%)	稳定性 (g/(cm³·d))	失水量 (mL/30 min)	1 min 静切力 (Pa)	泥饼厚 (mm)	pH
18～25	1.1～1.2	≤5	≥96	≤0.03	<30	2.0～5.0	2～4	7～9

泥浆的造价一般可占防渗墙总造价的 15% 以上，故应尽量做到泥浆的再生净化和回收利用，以降低工程造价，同时也有利于对环境的保护。

（三）造孔成槽

造孔成槽工序约占防渗墙整个施工工期的一半。槽孔的精度直接影响防渗墙的质量。

1. 钻劈法

钻劈法又称"主孔钻进，副孔劈打"法，如图 2-29 所示。它是利用冲击式钻机的钻头自重，首先钻凿主孔，当主孔钻到一定深度后，就为劈打副孔创造了临空面。使用冲击钻劈打副孔产生的碎渣，有两种出渣方式：一是利用泵吸设备将泥浆连同碎渣一起吸出槽外，通过再生处理后，泥浆可以循环使用；二是用抽砂筒及接砂斗出渣，钻进与出渣间歇性作业。这种方法一般要求主孔先导 8～12 m，适用于砂砾石等地层。

2. 钻抓法

钻抓法又称"主孔钻进，副孔抓取"法，如图 2-30 所示。它是先用冲击钻或回转钻钻凿主孔，然后用抓斗抓挖副孔，副孔的宽度要求小于抓斗的有效作用宽度。这种方法可以充分发挥两种机具的优势，抓斗效率高，可钻进不同深度地层。钻抓法主要适用于粒径较小的松散地层。

3. 分层钻进法

常采用回转式钻机造孔，如图 2-31 所示。分层成槽时，槽孔两端应领先钻进导向孔。它是利用钻具的重量和钻头的回转切削作用，按一定程序分层下挖，用砂石泵经空心钻杆将土渣连同泥浆排出槽外，同时，不断地补充新鲜泥浆，维持泥浆液面的稳定。分层钻进法适于均质细颗粒的地层，使碎渣能从排渣管内顺利通过。

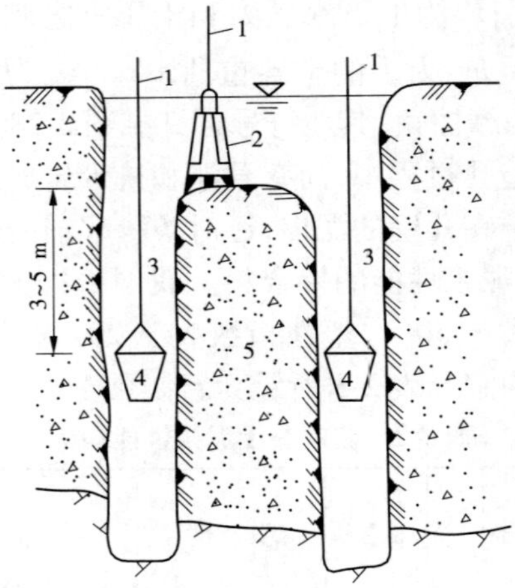

1—钢丝绳;2—钻头;3—主孔;4—接砂斗;5—副孔

图 2-29 钻劈法造孔成槽

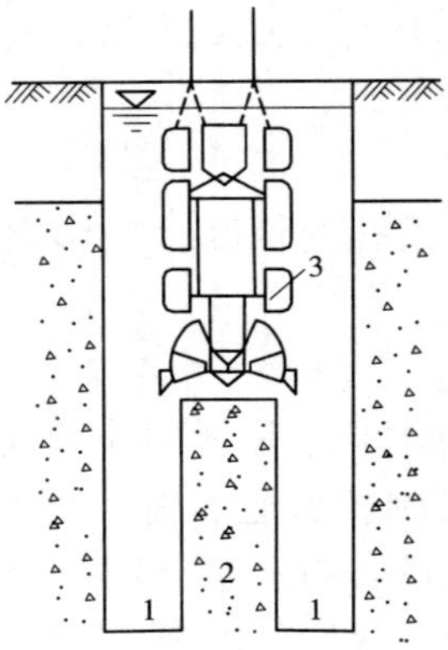

1—主孔;2—副孔;3—抓斗

图 2-30 钻抓法成槽过程

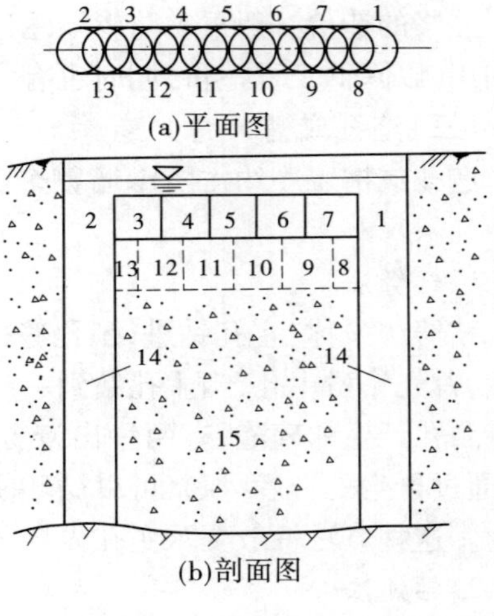

1～13—分层钻进顺序;14—编孔;15—分层平挖部分

图 2-31 分层钻进成槽法

4. 铣削法

采用液压双轮铣槽机,先从槽段一端开始铣削,然后逐层下挖成槽。液压双轮铣槽机是目前一种比较先进的防渗墙施工机械,它由两组相向旋转的铣切刀轮,对地层进行切削,这样可抵消地层的反作用力,保持设备的稳定。切削下来的碎屑集中在中心,由离心泥浆泵通过管道排出到地面。液压铣槽机的工艺流程见图 2-32。

(四)终孔验收和清孔换浆

终孔验收的项目和要求如表 2-4 所示。验收合格方可进行清孔换浆。清孔换浆的目的,是在混凝土浇筑前,对留在孔底的沉渣进行清除,换上新鲜泥浆,以保证混凝土和不透

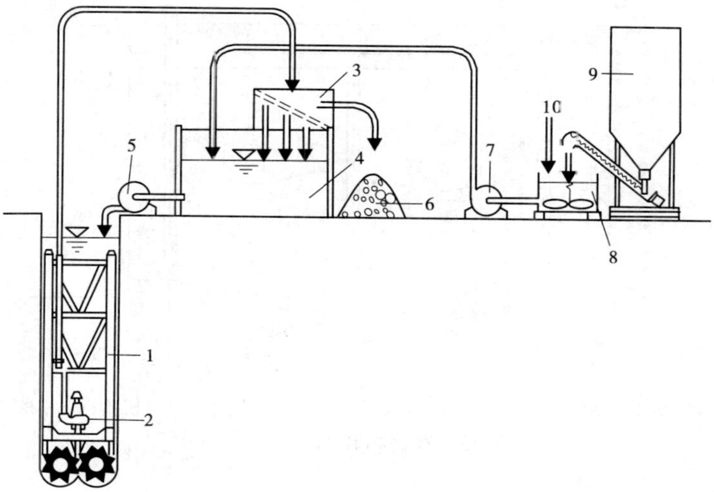

1—铣槽机;2—泥浆泵;3—除渣装置;4—泥浆罐;5—供浆泵;6—筛除的钻渣;
7—补浆泵;8—泥浆搅拌机;9—膨润土储料罐;10—水源

图 2-32 液压铣槽机的工艺流程

水地层连接的质量。清孔换浆应该达到的标准是经过 1 h 后,孔底淤积厚度不大于 10 cm,孔内泥浆密度不大于 1.3 g/cm^3,黏度不大于 30 Pa · s,含砂量不大于 10%。一般要求清孔换浆以后 4 h 内开始浇筑混凝土。如果不能按时浇筑,应采取措施,防止落淤,否则在浇筑前要重新清孔换浆。

表 2-4 终孔验收的项目和要求

终孔验收项目	终孔验收要求	终孔验收项目	终孔验收要求
槽位允许偏差	±3 cm	一、二槽孔搭接孔位中心偏差	≤1/3 设计墙厚
槽宽要求	>设计墙厚	槽孔水平断面上	没有梅花孔、小墙
槽孔孔料	≥4‰	槽孔嵌入基岩深度	满足设计要求

(五)墙体浇筑

防渗墙的混凝土浇筑和一般混凝土浇筑不同,是在泥浆液面下进行的。泥浆液面下浇筑混凝土的主要特点是:①不允许泥浆与混凝土掺混形成泥浆夹层;②确保混凝土与基础以及一、二期混凝土之间的结合;③连续浇筑,一气呵成。泥浆液面下浇筑混凝土常用直升导管法。导管间距不宜大于 3.5 m,一期槽孔两端的导管距端面以 1.0 ~ 1.5 m 为宜,开浇时导管口距孔底 10 ~ 25 cm。当孔底高差大于 25 cm 时,导管中心应布置在该导管控制范围的最低处。槽孔浇筑应严格遵循先深后浅的顺序,即从最深的导管开始,由深到浅依次开浇,待全槽混凝土面浇平以后,再全槽均衡上升。在浇筑过程中,保持导管埋入混凝土的深度不小于 1 m,但不超过 6 m,以防泥浆和混凝土掺混和埋管;维持全槽混凝土面均衡上升,上升速度不应小于 2 m/h,高差控制在 0.5 m 范围内,如图 2-33 所示。

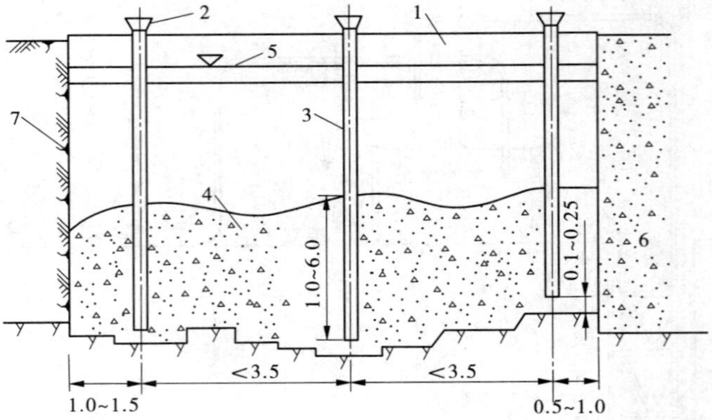

1—导向槽;2—受料斗;3—导管;4—混凝土;5—泥浆液面;6—已浇槽孔;7—未挖槽孔

图 2-33 导管布置图 (单位:m)

四、防渗墙的质量检查

对混凝土防渗墙的质量检查应按规范及设计要求进行,主要有如下几个方面:

(1)槽孔的检查,包括几何尺寸和位置、钻孔偏斜、入岩深度等。

(2)清孔检查,包括槽段接头、孔底淤积厚度、清孔质量等。

(3)混凝土质量的检查,包括原材料、新拌料的性能、硬化后的物理力学性质。

(4)墙体的质量检测,主要通过钻孔取芯、超声波及地震透射层析成像(CT)技术等方法全面检查墙体的质量。

【例 2-1】 三峡工程二期围堰防渗墙施工。

三峡工程二期横向土石围堰采用两侧石渣夹风化砂堰体垂直防渗的结构型式(见图 2-34),防渗型式为塑性混凝土防渗墙。

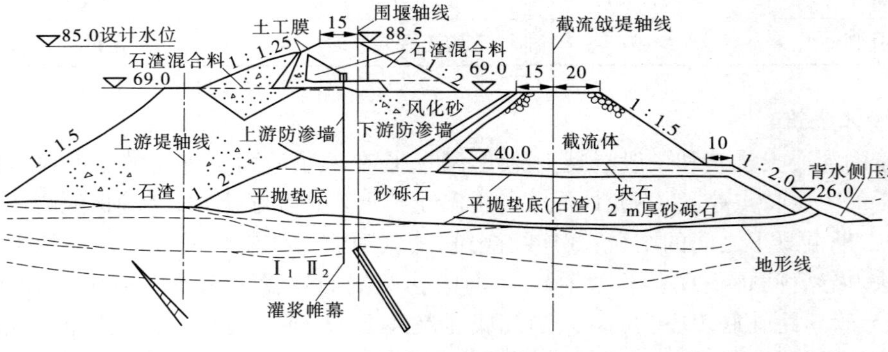

图 2-34 三峡工程二期上游围堰剖面图 (单位:m)

(一)防渗墙的施工过程

第一阶段:1996 年 9 月至 1997 年 4 月在墙体轴线右端头进行液压双轮铣槽机生产性试验,共进行了固壁泥浆、硬岩钻爆、灌浆管埋设、槽孔倾斜检测、预灌浓浆等 5 项专题工艺试验,为选定施工方案提供试验依据,为大规模施工而积累经验。

第二阶段:1997 年 5 ~9 月,于大江截流前在左、右岸预进占段堰体内进行。所用主要成槽设备为 BC－30 型铣槽机 1 台,GsD 型机械式抓斗 1 台,SM400 型全液压工程钻机 1 台,CZF1500 型冲击反循环钻机 9 台,CZF－1200 型冲击反循环钻机 6 台。

左进占段采用两钻一抓法成槽,墙段连接采用双反弧接头槽法,右进占段采用铣槽机与冲击钻配合铣钻结合法成槽。两进占段共完成工程量 75 060 m^2,两进占段最高月成槽孔 31 660 m^2,最高月成墙 23 450 m^2。

第三阶段:1997 年 11 月至 1998 年 4 月,进行左右漫滩和河床部位主要墙段的施工。左右漫滩采用两钻一抓法成槽,槽段连接采用双反弧接头槽法和钻凿法,深槽段采用铣抓钻结合法成槽,墙段连接采用钻凿法,对块球体采取各种爆破措施。该阶段总计完成工程量 309 980 m^2,最高月成槽孔 60 710 m^2。

(二)成槽方法及所用施工机械

该工程的成槽工艺主要有两钻一抓法、铣砸爆法、铣抓钻结合法。

铣砸爆法的工艺要点是:对风化砂、粉细砂、砂卵石和全风化岩直接铣削,对块石、块球体和强弱风化岩采用钻爆法爆裂或用 6 t 重锤冲击破碎后再进行铣削。

铣抓钻结合法的工艺要点是:在槽孔建造中,上部风化砂由铣槽机铣削;风化砂中所夹块石、平抛及覆盖层中的砂卵石由抓斗(配 10 t 重锤)抓取;下部基岩、混凝土接头部分砂卵石由冲击反循环钻机钻凿。实现了 12.3 m^2/d 的高工效。

(三)陡坡、块球体及硬岩处理

该工程的最大难题是花岗岩块球体以及左岸 70°陡坡段的钻凿,施工中除采用传统的槽内聚能爆破外,还大量采用钻孔预爆和槽内钻孔爆破。经钻爆后铣槽机在花岗岩硬岩中工效提高 2 ~3 倍,冲击反循环钻机工效提高 1 ~2 倍。

(四)平抛垫底等漏失层的处理

二期围堰深槽段墙轴线部位采用平抛砂卵石垫底,最厚达 20 余 m,此外在防渗墙轴线其他部分也可能存在块石架空或卵石漏失区。对于这些造孔时易造成严重漏浆的部位,可利用先导孔先查明漏失范围和漏失量,再采用全液压工程钻机及偏心打孔跟管钻具钻灌浆孔并灌注浓浆。灌浆孔距 1 ~1.5 m,灌浆段长 0.75 m,灌浆压力 0.15 ~0.2 MPa,使用的浆液有膨润土浆、水泥膨润土浆、水泥水玻璃膨润土浆、水泥砂浆等。

(五)固壁泥浆

工程中所用的膨润土主要为湖南澧县出产的钙膨润土,所配制的固壁泥浆配合比及性能如表 2-5 所示。

表 2-5 固壁泥浆配合比及性能

水(%)	膨润土(%)	Na_2CO_3(%)	密度(g/cm^3)	漏斗黏度(Pa·s)	失水量(mL/30 min)	泥皮厚(mm)	动切强度(Pa)	静切强度(Pa)	
								1 min	10 min
100	6	0.4	1.043	36.0	13.5	0.5	3.7	8.7	12.8

(六)泥浆的制备及处理

泥浆的制备采用 NJ－1500 型泥浆搅拌机,该搅拌机的生产能力为 15 m^3/h,搅拌时间不小于 15 min,浆液搅拌后经 24 h 的膨化,黏度提高了 10%。使用后的泥浆经与 BC－30 型铣槽机配套的 BE－500 型泥浆净化系统对泥浆进行筛分和旋流处理,除去粒径大于 0.075 mm 的颗粒后又重新回到储浆泥池中。

(七)混凝土拌和与运输系统

墙体混凝土材料有两类:槽孔深度小于 40 m 者采用塑性砂浆,槽孔深度大于 40 m 者采用塑性混凝土。两种混凝土材料配合比如表 2-6 所示。

表 2-6　围堰防渗混凝土配合比一览

材料种类	水泥	卵石	风化砂	天然砂	膨润土	水	粉煤灰	分散剂	外加剂
塑性砂浆	280		1 200		100	436		Na_2CO_3,按土料重 1.5%	木钙,按水泥重 8‰
塑性混凝土	240	230		898	100	350	60		RSF,按水泥重 0.15‰ FH－402,按水泥重 7‰

(八)工程质量检查与评价

在上游围堰深墙段孔形验收中,采用了先进的 KODEN 牌超声波测井仪。检查结果表明,上、下游防渗墙施工质量满足设计要求。三峡二期围堰防渗墙工程,施工强度大、技术难点高,由于采用先进的施工技术和有效的施工管理,按期高质量完成了施工任务。该防渗墙经过 1998 年及 1999 年两个汛期的考验,运用情况正常。

任务四　高压喷射灌浆施工

20 世纪 70 年代初,日本将高压水射流技术应用于软弱地层的灌浆处理,成为一种新的地基处理方法——高压喷射灌浆法。它是利用钻机造孔,然后将带有特制合金喷嘴的灌浆管下到地层预定位置,以高压把浆液或水、气高速喷射到周围地层;对地层介质产生冲切、搅拌和挤压等作用,同时被浆液置换、充填和混合,待浆液凝固后,就在地层中形成一定形状的凝结体。

一、高压喷射灌浆作用分析

高压喷射灌浆的浆液以水泥浆为主,其压力一般为 10～30 MPa,它对地层的作用和机制有如下几个方面。

(一)冲切掺搅作用

高压喷射流通过对原地层介质的冲击、切割和强烈扰动,使浆液扩散充填地层,并与土石颗粒掺混搅和,硬化后形成凝结体,从而改变原地层结构和组分,达到防渗加固的目的。

（二）升扬置换作用

随高压喷射流喷出的压缩空气，不仅对射流的能量有维持作用，而且造成孔内空气扬水的效果，使冲击切割下来的地层细颗粒和碎屑升扬至孔口，空余部分由浆液代替，起到了置换作用。

（三）挤压渗透作用

高压喷射流的强度随射流距离的增加而衰减，至末端虽不能冲切地层，但对地层仍能产生挤压作用；同时，喷射后的静压浆液对地层还产生渗透凝结层，有利于进一步提高抗渗性能。

（四）位移握裹作用

对于地层中的小块石，由于喷射能量大，以及升扬置换作月，浆液可填满块石四周空隙，并将其握裹；对大块石或块石集中区，如降低提升速度，提高喷射能量，可以使块石产生位移，浆液便深入到空（孔）隙中。总之，在高压喷射、挤压、余压渗透以及浆气升串的综合作用下，产生握裹凝结作用，从而形成连续和密实的凝结体。

二、高压喷射凝结体

凝结体的型式与高压喷射方式有关。常见的有3种：①喷嘴喷射时，边旋转边垂直提升，简称旋喷，可形成圆柱形凝结体；②喷嘴的喷射方向固定，则称定喷，可形成板状凝结体；③喷嘴喷射时，边提升边摆动，简称摆喷，可形成哑铃状或扇形凝结体，如图2-35所示。

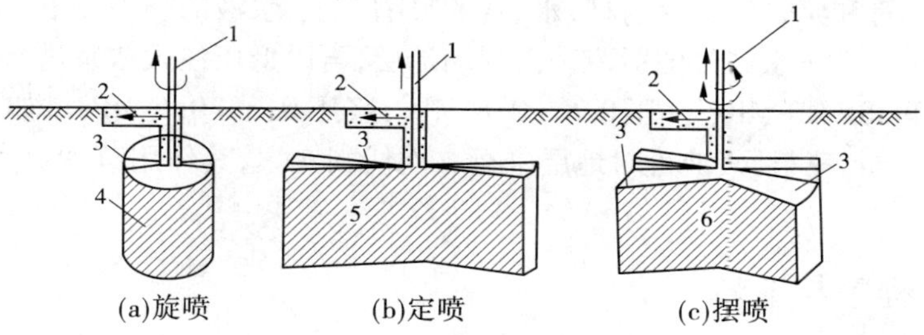

1—喷射注浆管；2—冒浆；3—射流；4—旋喷成桩；5—定喷成板；6—摆喷成墙

图2-35　高压喷射凝结体的3种方式

常用的结构布置型式如图2-36所示。其中柱摆结构和旋喷套接结构的防渗效果较好。

三、高压喷射灌浆的施工方法

目前，高压喷射灌浆的基本方法有单管法、双管法、三管法及多管法等几种，它们各有特点，应根据工程要求和地层条件选用。

（一）单管法

采用高压灌浆泵以大于20 MPa的高压将浆液从喷嘴喷出，冲击、切割周围地层，并产生搅和、充填作用，硬化后形成凝结体。该方法施工简易，但有效范围小。

（二）双管法

有两个管道，分别将浆液和压缩空气直接射入地层，浆压达45～50 MPa，气压1～1.5

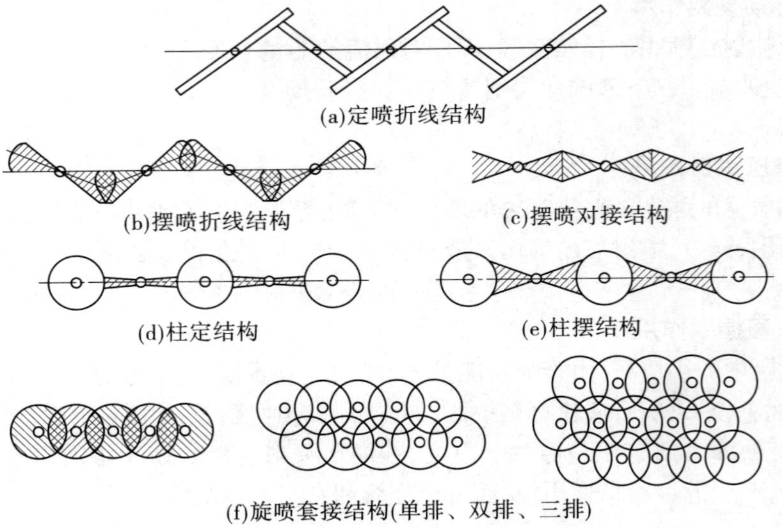

图 2-36　高压喷射凝结体的结构布置型式

MPa。由于射浆具有足够的射流强度和比能,易于将地层加压密实。这种方法工效高、效果好,尤其适合处理地下水丰富、含大粒径块石及孔隙率大的地层。

(三)三管法

用水管、气管和浆管组成喷射杆,水、气的喷嘴在上,浆液的喷嘴在下。随着喷射杆的旋转和提升,先由高压水和气的射流冲击扰动地层,再以低压注入浓浆进行掺混搅拌。常用参数为:水压 38～40 MPa,气压 0.6～0.8 MPa,浆压 0.3～0.5 MPa。如果将浆液改为高压(20～30 MPa)喷射,浆液可对地层进行二次切割充填,其作用范围更大,这种方法称为新三管法。

四、施工程序与工艺

高压喷射灌浆的施工程序主要有造孔、下喷射管、喷射提升(旋转或摆动)、成桩或成墙,如图 2-37 所示。

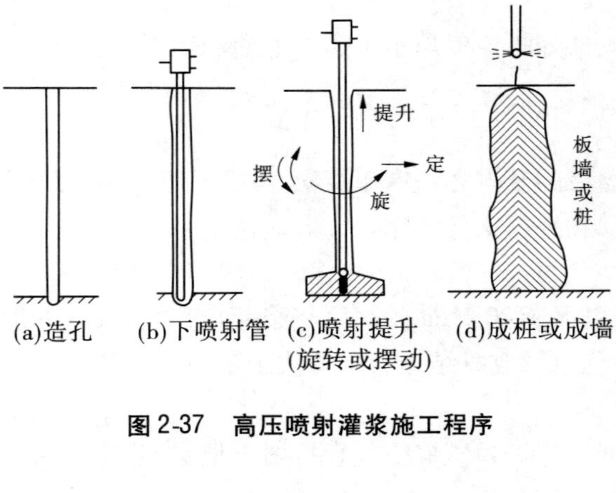

图 2-37　高压喷射灌浆施工程序

（1）造孔。在软弱透水的地层进行造孔，应采用泥浆固壁或跟管（套管法）的方法确保成孔。造孔机具有回转式钻机、冲击式钻机等。目前用得较多的是立轴式液压回转钻机。为保证钻孔质量，孔位偏差应不大于 1～2 cm，孔斜率小于 1%。

（2）下喷射管。用泥浆固壁的钻孔，将喷射管直接下入孔内，用跟管钻进的孔，可在拔管前向套管内注入密度大的塑性泥浆，边拔边注，并保持液面与孔口齐平，直至套管拔出，再将喷射管下到孔底。喷嘴不偏斜于设计喷射方向，是确保喷射灌浆成墙的关键。

（3）喷射灌浆。将水、气、浆送入喷射管，喷射 1～3 min；待注入的浆液冒出后，按预定的速度自上而下边喷射、边转动、边摆动，逐渐提升到设计高度。如图 2-38 所示为高压喷射灌浆系统示意图。

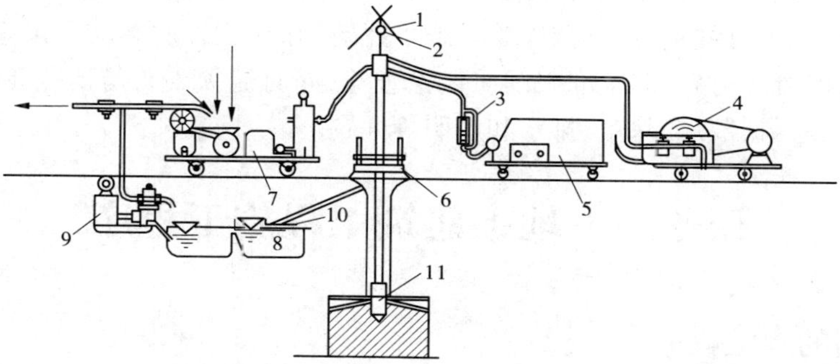

1—三脚架；2—卷扬机；3—流量计；4—高压水泵；5—空压机；6—孔口装置；
7—搅浆机；8—储浆池；9—回浆泵；10—筛；11—喷头

图 2-38 高压喷射灌浆系统示意图

复习思考题

2-1 简述基岩灌浆的目的和种类。

2-2 简述灌浆施工的主要工序与工艺要求。

2-3 简述几种钻灌的方法与特点。

2-4 化学灌浆有哪些特性？

2-5 砂砾石地基灌浆与基岩灌浆有什么异同？

2-6 防渗墙可运用在哪些方面？有哪些型式？

2-7 简述防渗墙的墙体材料及其适用条件。

2-8 说明泥浆固壁的原理及其主要作用。

2-9 防渗墙造孔成槽方法有哪些？简述泥浆下浇筑混凝土的主要特点。

2-10 什么是高压喷射灌浆法？其作用机制有哪些方面？

2-11 高压喷射灌浆有几种方式？有哪些基本施工方法？

项目三 地下建筑工程

水利水电工程中的地下建筑物,一般可分为过水和不过水两大类。前者包括引水隧洞、导流隧洞、泄洪隧洞、排沙隧洞、尾水洞及调压井等,后者包括交通运输洞、地下厂房、地下变压器室、地下母线室、地下洞库等。地下建筑物的施工,主要包括洞室岩石开挖、出渣、临时支护、混凝土衬砌、洞室灌浆及质量检查等,同时还须妥善解决施工动力供应、洞内外交通运输、通风、散烟、除尘、排水和照明等问题。

任务一 地下建筑工程施工程序

一、平洞的施工程序

开挖和衬砌(支护)是平洞施工的两个主要施工过程。平洞施工程序的选择,主要取决于地质条件、断面尺寸、平洞轴线长短以及施工机械化水平等因素;同时要处理好平洞开挖与临时支撑、平洞开挖与衬砌或支护的关系,以便各项工作在相对狭小的工作面上有条不紊地进行。

(一)平洞的施工工作面

平洞开挖至少有进口、出口两个工作面。如果洞线较浅,工期紧迫,仅靠进、出口两个工作面不能按期完工,则应考虑开挖施工支洞或竖井等来增加工作面。工作面的数目可按下式进行估算:

$$\left(\frac{L}{NV}+\frac{L_{\max}}{v}\right) \leqslant [T] \tag{3-1}$$

式中:$[T]$为平洞施工的限定工期,月;L 为平洞的全长, m;N 为工作面的数目; V 为平洞施工的综合进度指标, m/月;$L_{\max}$ 为施工支洞(或竖井)的最大长度(或高度), m;v 为施工支洞(或竖井)的综合进度指标, m/月。

(二)平洞的开挖程序

1. 全断面开挖

全断面开挖是将平洞整个断面一次开挖成洞,如图 3-1 所示。

全断面开挖一般适用于围岩坚固稳定,对应 $f \geqslant 8 \sim 10$,有大型开挖衬砌设备的情况。目前,国内外的全断面开挖高度一般为 8 ~ 10 m,主要由使用的多臂钻机或全断面掘进机的工作高度(直径)控制。采用全断面开挖,洞内工作场面比较大,施工组织因工作面宽而比较容易安排,施工干扰问题也较易解决,有利于提高平洞施工速度。

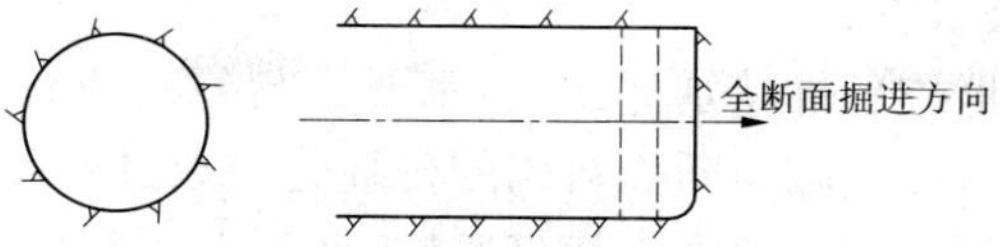

图 3-1 全断面开挖

2. 台阶法开挖

当洞径或洞高在 10 m 以上时,基本上都采用台阶法开挖。按开挖程序不同,台阶法开挖又分正台阶法和反台阶法。开挖程序为自上而下的正台阶法在大型平洞中使用普遍,其上层开挖高度一般为 6 ~8 m,如图 3-2 所示。上部断面掌子面钻爆布孔与全断面法基本相同,下部台阶的钻爆共有两个临空面,爆破效果较好。当隧洞的断面尺寸较大时,其下部台阶的开挖可以采用露天深孔梯段爆破方法,以提高施工效率。

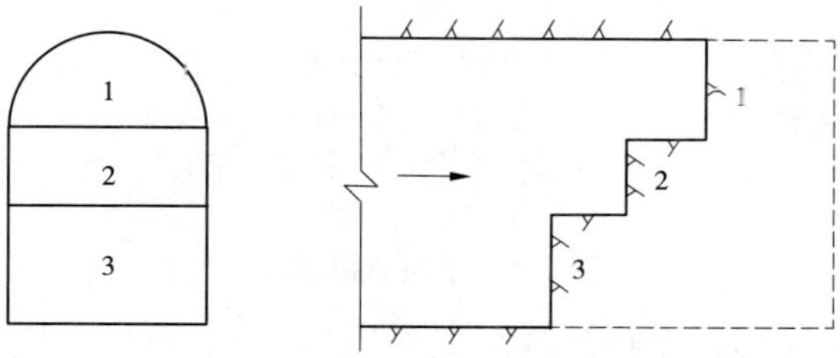

1,2,3—台阶序号

图 3-2 正台阶法开挖

3. 导洞法开挖

导洞法开挖是在隧洞断面中开挖一个导洞,然后在导洞的基础上扩大至整个断面的一种开挖方法。按照导洞在设计断面中的相对位置,导洞法开挖可分为上导洞、下导洞和上下导洞等不同方式,如图 3-3 所示。下导洞开挖法适用于围岩比较稳定的情况;围岩稳定性差时,多采用上导洞开挖法或上下导洞开挖法。对于大断面隧洞,若地下水丰富,又缺少大型开挖设备,常采用上下导洞开挖法,其中上导洞用来扩大,下导洞则用来出渣和排水,上下导洞用斜洞或直井连通。

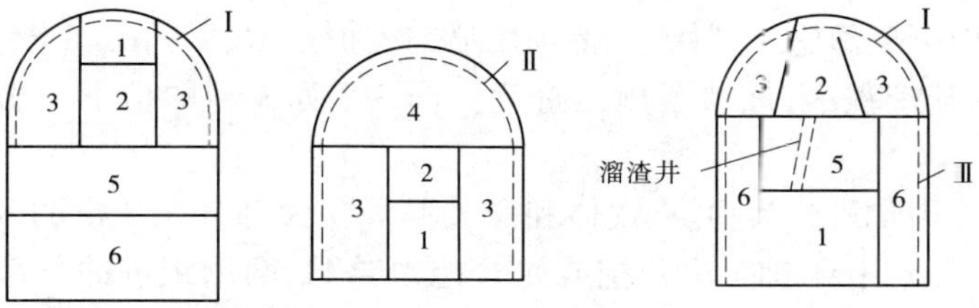

(a)上导洞开挖法 (b)下导洞开挖法 (c)上下导洞开挖法

1,2,…,6—开挖顺序; Ⅰ、Ⅱ、Ⅲ—衬砌顺序

图 3-3 导洞法开挖

(三)平洞的衬砌或支护施工

平洞开挖以后,除非地质条件特别好,一般都要进行衬砌或支护。就衬砌本身来说,若地质和设备条件允许,应尽量减少断面衬砌的分缝分块数目。断面衬砌的顺序,常见的有自下而上、自上而下两种方式。前者先衬砌底拱(底板),后衬砌边拱(边墙)、顶拱或边顶拱一次衬砌,如图3-4(a)、(b)所示;后者先衬砌顶拱,在顶拱保护下衬砌边拱(边墙)、底拱(底板),如图3-4(c)所示。

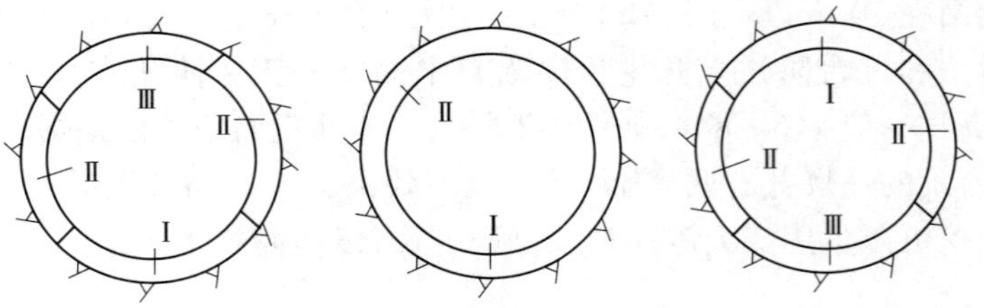

(a)自下而上边顶拱部衬砌　(b)自下而上边顶拱一次衬砌　(c)自上而下衬砌

Ⅰ、Ⅱ、Ⅲ—衬砌顺序

图3-4　断面衬砌顺序

自下而上衬砌多用于地质条件较好的场合,自上而下衬砌适用于围岩自承能力较差的情况。一般来说,当平洞沿线地质条件较好、断面不大、洞线不长时,多采用一次开挖或分部开挖成洞,然后进行衬砌支护的方式。如果开挖时遇到局部危岩,可用锚杆、挂网、喷混凝土或其他措施(如采用木支架)进行临时支撑。对于围岩较差的平洞,通常是按先拱后墙,先分部开挖拱部,随即在拱部断面中修筑拱圈,然后在拱圈的防护下开挖中部断面,修筑边拱(边墙)和底拱(底板)。

二、地下厂房的施工程序

大断面洞室的施工,一般都考虑变高洞为低洞,变大跨度为小跨度的原则,采取先拱部后底部,先外缘后核心,自上而下分部开挖与衬砌支护的施工方法,以保证施工过程中围岩的稳定。20世纪70年代以前,大断面地下厂房开挖多采取多导洞分层施工方法。自鲁布革水电站地下厂房施工开始,大都采用喷锚支护技术、岩锚吊车梁结构和大型施工机械,简化了分部开挖程序,加快了施工进度。图3-5为典型的地下厂房分层施工示意图。

地下厂房施工通常可分为顶拱、主体和交叉洞等3大部分。顶拱的开挖应根据围岩条件和断面大小,可采用全断面法开挖或先开挖中导洞、两侧跟进的分部开挖,如图3-6(a)所示。若围岩稳定性较差,则采取开挖两侧导洞,中间岩柱起支撑作用的先墙后拱法,如图3-6(b)所示。若围岩稳定性很差,则可采用肋墙肋拱法施工,即先开挖上下侧壁导洞,沿导洞跳格开挖并衬砌边墙(肋墙);然后利用上部侧壁导洞,跳格开挖并衬砌顶拱(肋拱);最后挖除拱肋墙之间的岩体,完成肋拱、肋墙之间的衬砌,如图3-6(c)所示。

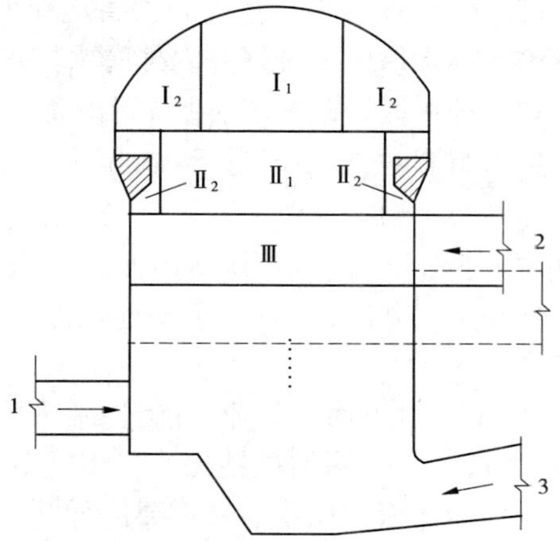

1—引水洞;2—运输洞;3—尾水洞

I_1, I_2, II_1, II_2, Ⅲ—开挖顺序

图 3-5　典型的地下厂房分层施工示意图

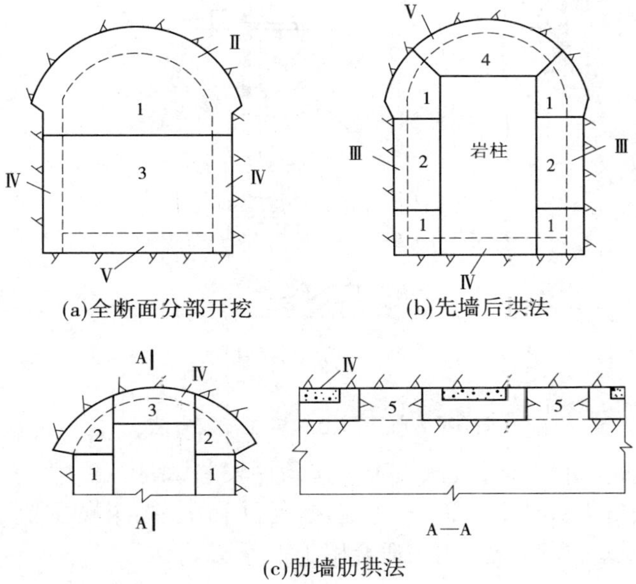

1,2,3,4,5—开挖顺序;Ⅱ,Ⅲ,Ⅳ,Ⅴ—衬砌顺序

图 3-6　地下厂房顶拱部分的施工程序

三、竖井和斜井的施工程序

(一)竖井

1. 全断面法

竖井的全断面施工方法一般按照自上而下的程序进行,该法施工程序简单,但施工时

要注意：①做好竖井锁口，确保井口稳定；②起重提升设备应有专门设计，确保人员、设备和石渣等的安全提升；③涌水和淋水地段要做好井内外防水排水设施；④围岩稳定性较差或在不良地层中修筑竖井，宜开挖一段衬砌一段，或采用预灌浆方法加固后再进行开挖、衬砌；⑤井壁有不利的节理裂隙组合时，要及时进行锚固。

2. 导井法

导井法施工是在竖井的中部先开挖导井，其断面面积一般为 4 ~ 5 m^2，然后扩大开挖。扩大开挖时的石渣，经导井落入井底，由井底水平通道运出洞外，以减轻出渣的工作量。

导井开挖亦可采用自上而下或自下而上作业。前者，常采用普通钻爆法、一次钻爆分段爆破法或大钻机钻进法；后者，常需要用钻机钻出一个贯通的小口径导孔，然后用爬罐法、反井钻机法或吊罐法开挖出断面面积满足溜渣需要的导井，如图 3-7 所示。

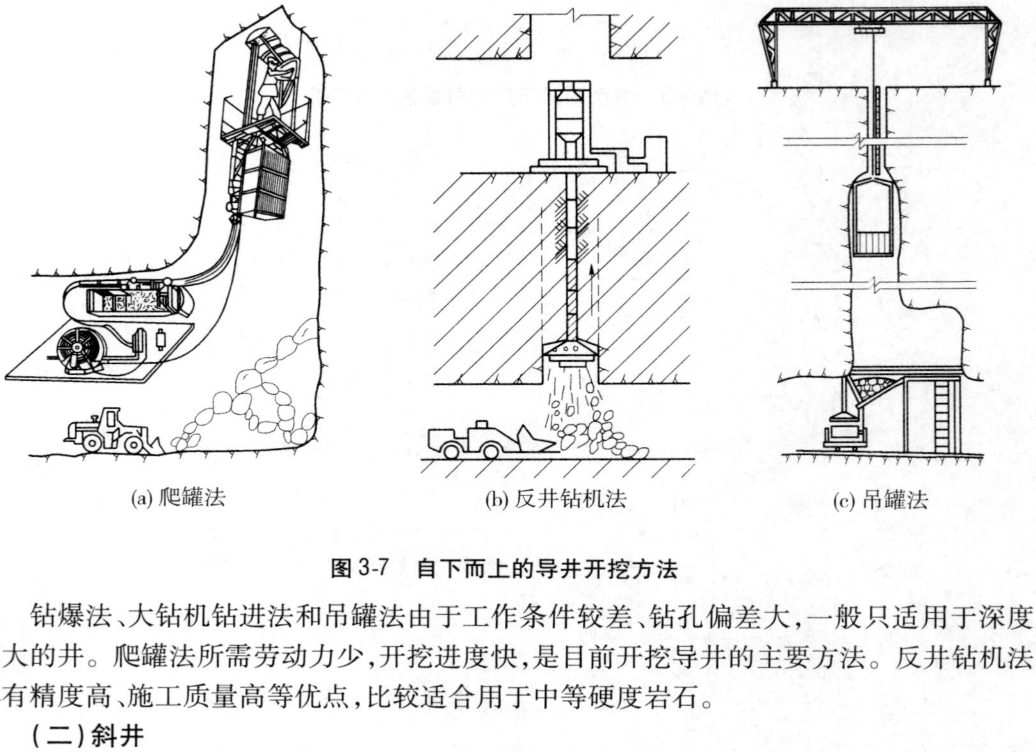

(a) 爬罐法　(b) 反井钻机法　(c) 吊罐法

图 3-7　自下而上的导井开挖方法

钻爆法、大钻机钻进法和吊罐法由于工作条件较差、钻孔偏差大，一般只适用于深度不大的井。爬罐法所需劳动力少，开挖进度快，是目前开挖导井的主要方法。反井钻机法具有精度高、施工质量高等优点，比较适合用于中等硬度岩石。

（二）斜井

斜井是指倾角为 6° ~ 48°的斜洞。倾角小于 6°的洞室按平洞的方法施工；倾角大于 48°的洞室按竖井的要求考虑。倾角为 6° ~ 35°的斜井，一般采用自上而下的全断面开挖法，用卷扬机提升出渣，挖通后再进行衬砌。倾角为 35° ~ 48°的斜井，可采用自下而上挖导井，自上而下扩大的开挖方法，尽可能利用重力溜渣，不能自动溜渣时，应辅以电动扒渣机扒渣，以减轻扩大出渣的劳动强度。

任务二 钻孔爆破法

钻孔爆破法一直是地下建筑物岩石开挖的主要施工方法。这种方法对岩层地质条件适应性强、开挖成本低,尤其适用于岩石坚硬、长度相对短的洞室施工。

一、炮孔类型及作用

掏槽孔通常布置在开挖断面的中下部,是整个断面炮孔中首先起爆的炮孔,由于其密集的布孔与装药,先在开挖面上炸出一个槽腔,为后续炮孔的爆破创造新的自由面。

周边孔是沿断面设计边线布置的炮孔,一般在断面炮孔中最后起爆。其作用是爆出较为平整的洞室开挖轮廓。

崩落孔布置在掏槽孔与周边孔之间。在掏槽孔起爆后,崩落孔由中心往周边逐层顺序起爆。其作用是扩大掏槽孔炸出的槽腔,崩落开挖面上的岩石,同时为周边孔创造自由面。

这三类炮孔可以通过微差网路实现毫秒延迟间隔的顺序起爆,先起爆的炮孔为后起爆的炮孔减小岩石的夹持作用,并增大自由面。图 3-8 为导流洞全断面爆破开挖的炮孔布置。

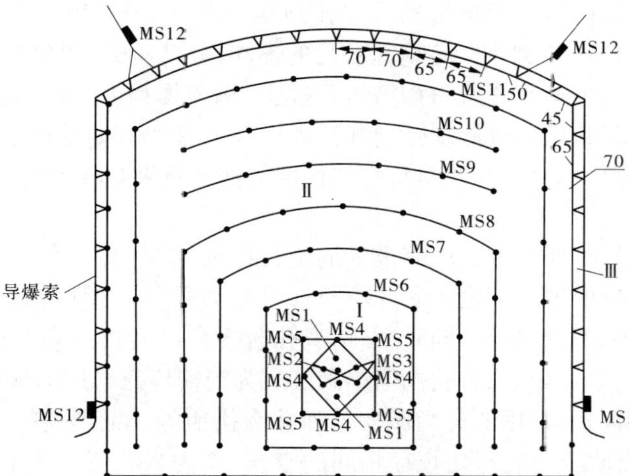

Ⅰ—掏槽孔(1~5);Ⅱ—崩落孔(6~11);Ⅲ—周边孔(12);MS1,MS2,…,MS12—毫秒雷管段别

图 3-8 炮孔布置与起爆顺序 (单位:cm)

二、掏槽爆破的形式

掏槽孔的爆破效果是影响隧洞开挖循环进尺的关键。按布孔形式,一般可分为楔形掏槽、锥形掏槽和直孔掏槽等 3 类。楔形掏槽与锥形掏槽的钻孔方向与开挖断面是斜交的,故又称为斜孔掏槽;直孔掏槽的钻孔方向则与开挖断面正交,如图 3-9 所示。

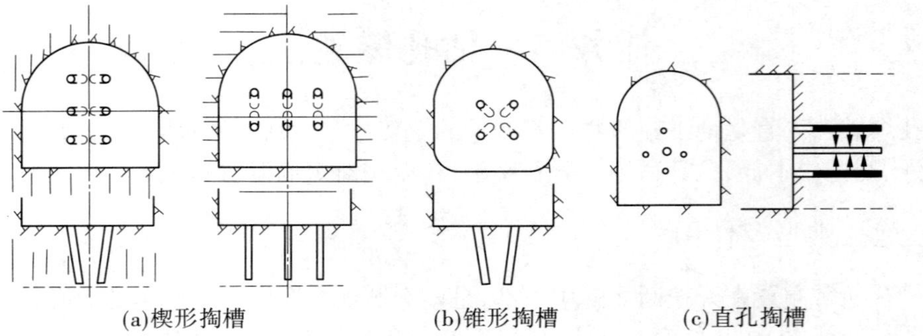

图 3-9 常见掏槽孔布置简图

(一)楔形掏槽

由 2 ~ 4 对对称的相向倾斜的掏槽孔组成,爆破后能形成楔形槽。楔形掏槽孔的孔底夹角一般在 60°左右。对于层理大致垂直或倾斜的岩层,往往采用垂直楔形掏槽。水平楔形掏槽比较适用于岩层层理接近于水平的围岩或整体均匀的围岩,但因向上倾斜钻孔作业较困难,所以运用较少。

(二)锥形掏槽

锥形掏槽由数个掏槽炮孔呈角锥形布置,各孔以大体相同角度向中心轴线倾斜,孔底趋于集中,但不贯通,爆破后形成锥形槽。炮孔倾斜角度(与开挖断面的最小夹角)一般为 60° ~ 70°,岩质越硬,倾角越小。按炮孔数目的不同,分三角锥、四角锥、五角锥等。

楔形掏槽与锥形掏槽均具有所需掏槽炮孔较少、掏槽体积大、容易将爆渣抛出、炸药耗量低等优点。但由于掏槽有效深度受到开挖断面尺寸大小和岩层硬度的限制,难以提高每一循环的实际进尺,同时钻孔倾斜角度的精度对掏槽效果有较大的影响。

(三)直孔掏槽

由若干个垂直于开挖面的彼此距离很近的炮孔组成,有时其中有一个或几个不装药的空孔。由于直孔掏槽的炮孔深度不受开挖断面尺寸的限制,较斜孔掏槽可以获得更深的槽腔,可提高单循环的开挖进尺;同时,在钻直孔时多台凿岩机可同时作业而相互干扰小,有利于提高钻机效率。因此,直孔掏槽爆破已成为当前广泛采用的掏槽方式。

直孔掏槽的形式较多,常用的有桶形掏槽和螺旋掏槽等。桶形掏槽充分利用大直径(75 ~ 100 mm)空孔或数个与装药孔直径相同的空孔,作为岩石爆破后的膨胀空间,爆破后形成桶状槽腔。由桶形掏槽发展而来的螺旋掏槽,其特点是各装药孔至中心空孔的距离依次递增,其装药孔连线呈螺旋状,并按螺旋线顺序微差起爆,这种方法能够充分利用临空面,提高掏槽效果。后来又发展了按螺旋装药孔成对布置,至空孔距离逐渐加大的双螺旋掏槽法,如图 3-10 所示。许多工程实践表明,采用双螺旋掏槽法掏槽效果好,对于提高炮孔利用率及洞室循环掘进的有效进尺具有明显效果。

直孔掏槽适用于各种岩层的隧洞爆破开挖,一般来说,直孔掏槽所需的炮孔数量及装药消耗量更大,而且对钻孔的位置与方向要求更精确。

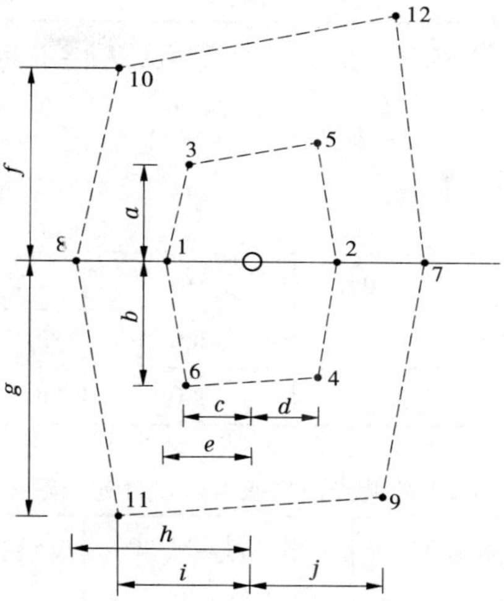

$a \sim j$—孔距参数;1～12—起爆顺序

图 3-10　双螺旋掏槽示意图

三、周边孔光面爆破

光面爆破是一种能够有效控制洞室开挖轮廓的爆破技术。其基本原理是:在断面设计开挖线上布置间距较小的周边孔,采用特定的减弱装药结构(不耦合装药与间隔装药)等一系列施工工艺,于崩落孔爆破后起爆周边孔内的装药,炸除沿洞周留下的厚度为周边孔爆破最小抵抗线的岩体(光爆层),从而获得较为平整的开挖轮廓。

光面爆破与锚喷支护相结合,能节省大量混凝土,降低工程造价,加快施工进度。光面爆破已成为"新奥法"施工的三大支柱之一。

光面爆破的主要参数包括:周边炮孔的间距 a、光爆层厚度(或最小抵抗线)W、周边孔密集系数 m、炮孔线装药密度 Q_x、炮孔装药不耦合系数 k 等。表 3-1 为国内部分水工隧洞开挖的光面爆破参数。表 3-2 给出了隧洞光面爆破参数设计的一般参考值。

表 3-1　国内部分水工隧洞开挖的光面爆破参数

工程名称	岩性	不耦合系数 k	线装药密度 Q_x (g/m)	炮孔间距 a (cm)	最小抵抗线 W (cm)	密集系数 m
隔河岩引水隧洞	石灰岩 页岩	2.25	150～200 50～100	40～50	60～70	0.65～0.75
天生桥一级引水隧洞	泥岩 砂岩	1.56	250～300	40～50	50～60	0.67～0.83
广东抽水蓄能引水隧洞	花岗岩 片麻岩	1.92	289	60	70	0.86

续表 3-1

工程名称	岩性	不耦合系数 k	线装药密度 Q_x (g/m)	炮孔间距 a (cm)	最小抵抗线 W (cm)	密集系数 m
鲁布革水电站引水隧洞	石灰岩 白云岩	2.0	425	60	100	0.6
东江水电站导流洞	花岗岩	2.0	485	56	70	0.8
太平驿水电站引水隧洞	中硬岩		360	50~60	50~60	1.0
查尔森水库输水洞	软岩		300	40~50	50~60	0.8~1.0

表 3-2 隧洞光面爆破参数设计的一般参考值

围岩条件	炮孔间距 a (cm)	最小抵抗线 W (cm)	线装药密度 Q_x (g/m)	适用条件
坚硬岩	55~70	60~80	300~350	炮孔直径 D 为 40~50 mm，药卷直径为 20~25 mm，炮孔深为 1.0~3.5 m
中硬岩	45~65	60~80	200~300	
软岩	35~50	40~60	80~120	

四、光面爆破的技术措施

(1)钻孔精度对获得良好光面爆破效果具有关键作用。在施工中，要采取适当措施确保周边孔达到准、正、平、直、齐的设计要求。

(2)采用不耦合装药结构。光面爆破的不耦合系数 k 一般在 1.25~2.50 范围内。水工隧洞光面爆破的不耦合系数在 2.0 左右比较合适。

(3)严格控制装药集中度。装药过于集中或炮孔全长均匀装药都将影响光面爆破质量。在有条件时，应优先考虑选用光面爆破专用炸药卷进行连续装药，并在孔底部位适当加强装药；或者选用导爆索加自制小药卷，用竹片加工成串状装药结构。

(4)在不耦合系数较大并用光面爆破专用炸药连续装药情况下，应在炮孔内装入一根导爆索，以免管道效应而引起熄爆现象。同时，周边孔应尽量同时起爆；若同时起爆引起的爆破地震效应过大，可适当分段起爆。

五、隧洞的钻爆参数设计

(一)炮孔直径

炮孔直径对凿岩生产率、炮孔数目、单位体积耗药量和洞壁的平整程度均有影响。必须对岩性、凿岩设备和工具、炸药性能等进行综合分析，合理选用孔径。一般隧洞掘进开挖爆破的炮孔直径为 32~50 mm。

(二)炮孔深度

炮孔深度是指炮孔底至开挖面的垂直距离。一般可根据经验和工程类比法确定钻孔深度。对于大中断面水工隧洞的开挖，Ⅰ～Ⅱ类围岩，钻孔深度为 3～4.5 m；Ⅲ～Ⅳ类围岩，钻孔深度为 2～3 m；对于小断面隧洞，钻孔深度一般为 1.2～2.0 m。

(三)单位体积耗药量

单位体积耗药量 q 取决于岩性、断面大小、炮孔直径和炮孔深度等多种因素，一般可根据工程类比法进行初步估算。表 3-3 给出了隧洞开挖爆破所需的单位耗药量 q 一般参考值。

表 3-3　隧洞开挖爆破所需的单位体积耗药量 q 一般参考值　（单位：kg/m^3）

开挖断面面积(m^2)	围岩类别				开挖断面面积(m^2)	围岩类别			
	Ⅰ	Ⅱ～Ⅲ	Ⅲ～Ⅳ	Ⅳ～Ⅴ		Ⅰ	Ⅱ～Ⅲ	Ⅲ～Ⅳ	Ⅳ～Ⅴ
4～6	2.9	2.3	1.7	1.6	13～15	2.1	1.7	1.4	1.2
7～9	2.5	3.0	1.6	1.3	16～20	2.0	1.6	1.3	1.1
10～12	2.25	1.8	1.5	1.2	40～43	1.4	1.1		

$$Q = qLS \tag{3-2}$$

式中：Q 为一个循环的总装药量，kg；q 为爆破每立方米岩石所需的炸药量，kg/m^3；L 为炮孔深度或设计循环进尺，m；S 为开挖断面面积，m^2。

(四)总装药量的分配

根据工程类比法或工程经验及各类炮孔的不同要求，初步确定各类炮孔数目，然后根据用药平衡的原则，将上述每一循环总的装药量 Q 分配到各个炮孔中去，并在爆破开挖过程中加以检验和修正。各类炮孔的装药量可根据表 3-4 炮孔装药系数（装药长度与炮孔全长的比值）进行分配。当采用直孔掏槽时，掏槽孔可适当增加 10%～20%，以保证掏槽效果。

表 3-4　炮孔装药系数值

炮孔名称	Ⅰ	Ⅱ	Ⅲ	Ⅳ
掏槽孔	0.65～0.8	0.60	0.55	0.5
崩落孔	0.55～0.7	0.50	0.45	0.4
周边孔	0.60～0.75	0.55	0.45	0.4

六、隧洞开挖爆破施工

(一)钻孔

钻孔是隧洞爆破开挖中的主要工序，工作强度较大，所花时间占循环时间的 1/4～1/2。目前，广泛采用的钻孔设备为凿岩机和钻孔台车。为保证达到良好的爆破效果，施钻前应由专门人员标出掏槽孔、崩落孔和周边孔的设计位置，最好采用激光系统定位，严格按照标定的炮孔位置及设计钻孔深度、角度和孔径进行钻孔。国外在钻凿掏槽孔时，通常使用带轻便金属模板的掏槽钻孔夹具来保证掏槽孔钻孔的准确性。

(二)装药

装药前应对炮孔参数进行检查验收,测量炮孔位置、炮孔深度是否符合设计要求。然后对钻好的炮孔进行清孔,可用风管通入孔底,利用风压将孔内的岩渣和水分吹出。

确认炮孔合格后,即可进行装药及起爆网路联线工作。应严格按照预先计算好的每孔装药量和装药结构进行装药,如炮孔中有水或潮湿,应采取防水措施或改用防水炸药。

(三)堵塞

良好的堵塞能阻止爆炸气体产物过早地从孔口冲出,提高爆炸能量的利用率。常用堵塞材料有砂子、黏土、岩粉等。而小直径炮孔则常用炮泥,它是用砂子和黏土混合配制而成的,其质量比是3:1,再加上20%的水,混合均匀后再揉成直径稍小于炮孔直径的炮泥段。堵塞时将炮泥段送入炮孔,用炮棍适当挤压捣实。

(四)起爆

爆破指挥人员要确认周围安全警戒工作完成,在发布放炮信号后,方可发出起爆命令;警戒人员在未确认撤除警戒前不得擅离职守;要有专人核对装药、起爆炮孔数,并检查起爆网路、起爆电源开关及起爆主线;起爆后,确认炮孔全部起爆,经检查后方可发出解除警戒信号,撤除警戒人员。如发现盲炮,要采取安全防范措施后,才能解除警戒信号。

(五)通风、散烟

参见本项目任务七。

(六)安全检查与处理

在通风、散烟后,应检查隧洞周围特别是拱顶是否有粘连在围岩母体上的危石。条件许可时,可以采用轻型的长臂挖掘机进行危石的安全处理。

(七)初期支护

当围岩质量或自稳性较差时,为预防塌方或松动掉块,必须对暴露围岩进行临时支撑或支护。临时支撑的形式很多,有木支撑、钢支撑、预制混凝土或钢筋混凝土支撑、喷混凝土和锚杆支撑等,可根据地质条件、材料来源及安全、经济等要求来选择。喷混凝土和锚杆是一种临时性和永久性结合起来的支护形式,在有条件时,应优先采用。这对于有效控制围岩的松弛变形,发挥围岩的自承能力,具有很好的效果。在本项目任务六中有专门介绍。

(八)出渣运输

出渣运输是隧洞开挖中费力费时的工作,所花时间占循环时间的1/3~1/2。它是控制掘进速度的关键工序,在大断面洞室中尤其突出。因此,必须制定切实可行的施工组织措施,规划好洞内外运输线路和弃渣场地,通过计算选择配套的运输设备,拟定装渣运输设备的调度运行方式和安全运行措施。

任务三 掘进机开挖

全断面隧道掘进机(Tunnel Boring Machine,TBM)是一种专用的开挖设备。它利用机械破碎岩石的原理,完成开挖、出渣及混凝土(钢)管片安装的联合作业,连续不断地进行掘进。

掘进机从20世纪50年代开始在世界范围内得到应用,我国从60年代开始,先后在西洱河一级水电站、引滦工程新三庄隧洞、天生桥二级引水隧洞、甘肃引大入秦隧洞、山西引黄入晋隧洞、万家寨引水工程和秦岭铁道Ⅱ线等工程中应用,四川锦屏二级水电站4条引水隧洞中2条选用直径为12.4 m的开敞式TBM开挖,施工排水洞选用一台直径为7.2 m的开敞式TBM开挖,带式输送系统出渣,为我国TBM施工积累了宝贵的经验。

一、掘进机的类型和工作原理

根据破碎岩石的方法,掘进机大致可分为挤压式和切削式两种类型。挤压式主要是通过水平推进油缸,使刀盘上的滚刀强行压入岩体,并在刀盘旋转推进过程中,用挤压和剪切的联合作用破碎岩体。切削式利用岩石抗弯、抗剪强度低的特点(仅为抗压强度的1/20～1/10),靠铣削(剪切)加弯断破碎岩体。

按作业面是否封闭可分为开敞式掘进机、单护盾掘进机和双护盾掘进机。开敞式掘进机适用于围岩稳定性好的场合,护盾式掘进机适用于围岩较软弱、需进行混凝土(钢)管片安装的场合。

图3-11为掘进机的工作循环图。其中,图3-11(a)为机器用支撑板撑住,前后下支撑回缩,推进缸推压刀盘钻掘开始;图3-11(b)为掘进一个行程,钻掘终止;图3-11(c)为前后下支撑伸出到洞底部、支撑板回缩;图3-11(d)为外机体前移,用后下支撑调整机器方位;图3-11(e)为支撑板撑住洞壁,前后下支撑回缩,为下一个工作循环做好准备。

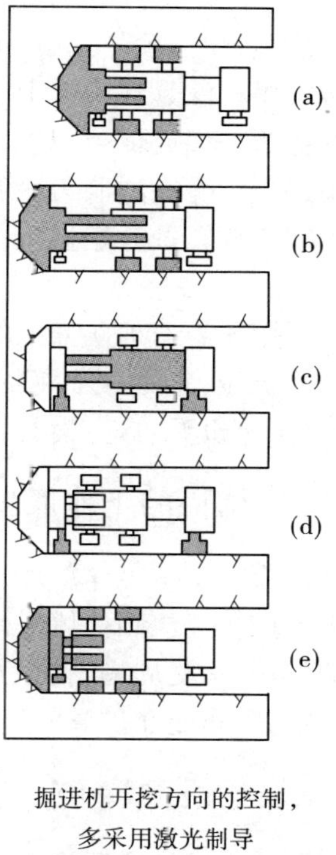

掘进机开挖方向的控制,
多采用激光制导

图3-11　掘进机的工作循环图

二、掘进机的应用及其优缺点

目前已生产的掘进机大多适用于圆形断面、地质条件良好、岩石硬度适中、岩性变化不大的隧洞。对于非圆形断面隧洞的开挖,通常通过调整刀盘倾角来实现。掘进机一般多用于平洞的全断面开挖。对大型隧洞的开挖,也可先采用掘进机开挖导洞,而后采用传统的钻爆方法扩挖。掘进机开挖与传统钻爆法比较,具有以下优点:

(1)利用机械切割、挤压破碎,能使掘进、出渣、衬砌支护等作业平行连续地进行,工作条件比较安全,节省劳力,整个施工过程能较好地实现机械化和自动控制。

(2)在地质条件单一、岩石硬度适宜的情况下,可以提高掘进速度;掘进机挖掘的洞壁比较平整,断面均匀,超欠挖量少,围岩扰动少,对衬砌支护有利。

掘进机开挖的主要缺点有:

(1)设备复杂、昂贵,安装费工费时。当隧洞尺度较短时,采用掘进机并不经济。实践经验表明，当洞径为 3～4 m 时，使用掘进机的洞长不宜小于 2～3 km；当洞径为 4～7 m 时，洞长则不宜小于 4～5 km。

(2)掘进机不能灵活适应洞径、洞轴线走向、地质条件与岩性等方面的变化。不同于选定的掘进机，其允许的洞径变化不能超过 ±10%。由于掘进机机身长度的限制，隧洞的转弯半径不能小于 150～450 m。由于断层、破碎带等不良地质条件，掘进机的掘进速度将大大降低。对坚硬岩石，刀具磨损很快。

(3)刀具更换、风管送进、电缆延伸、机器调整等辅助工作占用时间较长。若掘进机发生故障，会影响全部工程的施工。

(4)掘进机掘进时释放大量热量，工作面上环境温度较高，因此要求有较大的通风设备。由此可见，选择掘进机掘进方案，必须结合具体工程条件，通过技术、经济比较后确定。

任务四　盾构机开挖

一、盾构施工法

盾构施工法是在土体中暗挖隧洞的一种施工方法，它使用盾构机在地下掘进，在防止软基开挖面崩塌或保持开挖面稳定的同时，在机内安全地进行隧洞的开挖和衬砌作业。其施工过程需先在隧洞某段的一端开挖竖井或基坑，将盾构机吊入安装，盾构机从竖井或基坑的墙壁开孔处开始掘进，并沿设计洞线推进直至到达洞线中的另一竖井或隧洞的端点。

与专用于岩石地层开挖的 TMB 掘进机不同，盾构机是一种适合于软岩或土层开挖的专用工程机械，它是一个横断面外形与隧道横断面外形相同、尺寸稍大、利用回旋刀具开挖、内藏排土机具、自身设有保护外壳，用于暗挖隧道的机械。

二、盾构机的工作原理

盾构机的基本工作原理，就是一个圆柱体的钢结构组件沿隧洞轴线边向前推进边对土壤进行挖掘。该圆柱体组件的壳体即护盾，它对挖掘出的还未衬砌的隧洞段起着临时支撑的作用，承受周围土层的压力，有时还承受地下水压以及将地下水挡在外面。挖掘、排土、衬砌等作业在护盾的掩护下进行。

三、盾构机的特点

用盾构机进行隧洞施工具有自动化程度高、节省人力、施工速度快、一次成洞、不受气候影响、开挖时可控制地面沉降、减少对地面建筑物的影响和在水下开挖时不影响水面交通等特点，在隧洞洞线较长、埋深较大的情况下，用盾构机施工更为经济合理。现代盾构机集光、机、电、液、传感、信息技术于一体，具有开挖切削土体、输送土渣、拼装隧道衬砌、测量导向纠偏等功能，而且可按照不同的地质进行“量体裁衣”式的设计制造，可靠性要求极高，其广泛应用于地铁、铁路、公路、市政、水电等隧道工程。

四、盾构机的种类

（一）全敞开式盾构机

全敞开式盾构机的特点是掘削面敞露，故挖掘状态是干态状，所以出土效率高。适用于掘削面稳定性好的地层，对于自身稳定性差的冲击地层应辅以压气、降水、注浆加固等措施。

1. 手掘式盾构机

手掘式盾构机（手工掘削盾构机）的前面是敞开的，所以盾构的顶部装有防止掘削面顶端坍塌的活动前檐和使其伸缩的千斤顶。在支撑环柱上安装有正面支撑千斤顶。掘削面从上往下，掘削时按顺序调换正面支撑千斤顶，掘削下来的沙土从下部通过皮带传输机输给出土台车。掘削工具多用鹤嘴锄、风镐、铁锹等。

2. 半机械式盾构机

半机械式盾构机是在手掘式盾构机的基础上安装掘土机械和出土装置，以代替人工作业。掘土装置有铲斗、掘削头及两者兼备三种形式。具体装备形式有：①铲斗、掘削头等装置设在掘削面的下部；②铲斗装在掘削面的上半部，掘削头装在下半部；③掘削头装在掘削面的中心；④铲斗装在掘削面的中心。

3. 机械式盾构机

机械式盾构机前部装有旋转刀盘，故掘削能力大增。掘削下来的沙土由装在掘削刀盘上的旋转铲斗经过斜槽送到输送机。由于掘削和排土连续进行，故工期缩短，作业人员减少。

（二）部分开放式盾构机

部分开放式盾构机即挤压式盾构机，构造简单、造价低。挤压式盾构机适用于流塑性高、无自立性的软黏土层和粉砂层。

1. 半挤压式盾构机

半挤压式盾构机（局部挤压式盾构机），在盾构的前端用胸板封闭以挡住土体，不致发生地层坍塌和水土涌入盾构内部的危险。盾构向前推进时，胸板挤压土层，土体从胸板上的局部开口处挤入盾构内，因此可不必开挖，使掘进效率提高，劳动条件改善。

2. 全挤压式盾构机

在特殊条件下，可将胸板全部封闭而不开口放土，构成全挤压式盾构机。

3. 网格式盾构机

在挤压式盾构机的基础上加以改进，形成一种胸板为网格的网格式盾构机。其构造是在盾构切口环的前端设置网格梁，与隔板组成许多小格子的胸板，借土的凝聚力，用网格胸板对开挖面土体起支撑作用。当盾构推进时，土体克服网格阻力从网格内挤入，把土体切成许多条状土块，在网格的后面设有提土转盘，将土块提升到盾构中心的刮板运输机上并运出盾构，然后装箱外运。

（三）封闭式盾构机

1. 泥水式盾构机

泥水式盾构机是通过加压泥水或泥浆（通常为膨润土悬浮液）来稳定开挖面，其刀盘后面有一个密封隔板，与开挖面之间形成泥水室，里面充满了泥浆，开挖土料与泥浆混合由泥浆泵输送到洞外分离厂，经分离后泥浆重复使用。

2. 土压式盾构机

土压式盾构机是把土料（必要时添加泡沫等对土壤进行改良）作为稳定开挖面的介质，刀盘后隔板与开挖面之间形成泥土室，刀盘旋转开挖使泥土料增加，再由螺旋输料器旋转将土料运出，泥土室内土压可由刀盘旋转开挖速度和螺旋输料器出土量（旋转速度）进行调节。它又可细分为削土加压盾构、加水土压盾构、加泥土压盾构和复合土压盾构。

五、盾构机的发展历程

盾构机问世至今已有近 180 年的历史，始于英国，发展于日本、德国。近 30 年来，通过对泥水式、土压式盾构机中的关键技术，如盾构机的有效密封，确保开挖面的稳定、控制地表隆起及塌陷在规定范围之内，刀具的使用寿命以及在密封条件下的刀具更换，一些恶劣地质如高水压条件的处理技术等方面的研究，使盾构机有了很快的发展。现在的盾构机几乎全是针对具体项目规范和地质条件而量身定做的。希望在不久的将来，能够实现全球通用的盾构机，功能强大足以应付任何项目，这将从两个方面大大地降低费用：一是设计制造的标准化，二是推进二手机市场。材料科学的发展将能够制造功能更强、缺陷更少的切割刀具，使得机器可以运行数千米而无需更换刀具。最后，已经实现的对机器的地面遥控将普及在一些小型隧道上，从而节省为保证隧道内人员安全而采取的各种措施的费用。

任务五　衬砌施工

隧洞混凝土和钢筋混凝土衬砌的施工，有现浇、预填骨料压浆和预制安装等方法。现浇衬砌施工与一般混凝土及钢筋混凝土施工的方法基本相同。

一、平洞衬砌的分缝分块及浇筑顺序

平洞衬砌在纵向要分段进行浇筑。当结构上设有永久伸缩缝时，可以利用永久伸缩缝分段。当永久伸缩缝间距过大或无永久伸缩缝时，则应设施工缝分段，分段长度一般为 4 ~ 18 m。

分段浇筑的顺序有：①跳仓浇筑；②分段流水浇筑；③分段留空当浇筑等不同方式，如图 3-12（a）、（b）、（c）所示。当地质条件较差时，采用肋拱肋墙法施工，这是一种开挖与衬砌交替进行的跳仓浇筑法。对于无压平洞，结构上按允许开裂设计，也可采用滑动模板连续施工方法进行浇筑，以加快衬砌施工，但必须严格控制施工工艺。

衬砌施工在横断面上也常分块进行。一般分成底拱（底板）、边拱（边墙）和顶拱 3 块，如图 3-12（d）和（e）所示。横断面上浇筑顺序一般是先底拱（底板），后边拱（边墙）和顶拱，其中边拱（边墙）和顶拱可以连续浇筑，也可以分块浇筑。在地质条件较差时，可以先浇筑顶拱，再浇筑边拱（边墙）和底拱（底板）；有时为了满足开挖与衬砌平行作业的要求，隧洞底板还未清理成型以前，先浇好边拱（边墙）和顶拱，最后浇筑底拱（底板）。

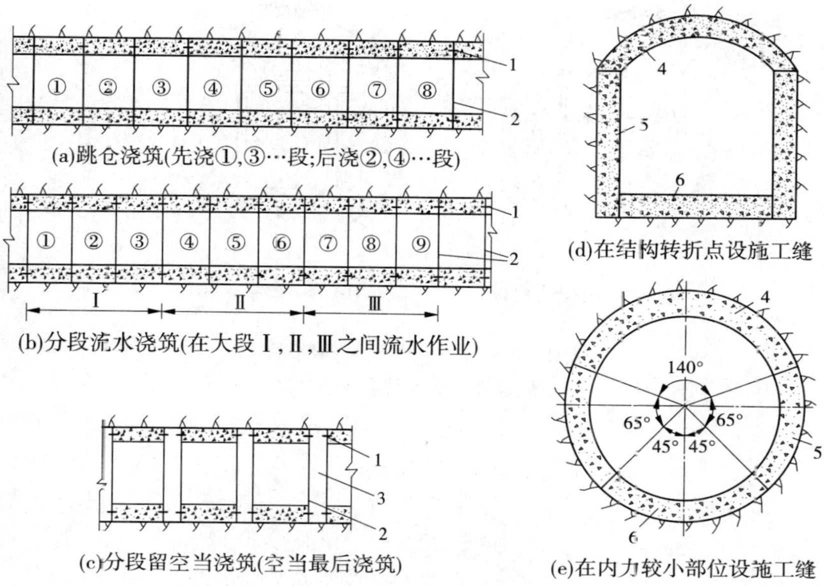

(a)跳仓浇筑(先浇①,③…段;后浇②,④…段)

(b)分段流水浇筑(在大段Ⅰ,Ⅱ,Ⅲ之间流水作业)

(c)分段留空当浇筑(空当最后浇筑)

(d)在结构转折点设施工缝

(e)在内力较小部位设施工缝

1—止水;2—分缝;3—空当;4—顶拱;5—边拱(边墙);6—底拱(底板)

①,②,…,⑨—分段序号;Ⅰ,Ⅱ,Ⅲ—流水段号

图 3-12 平洞衬砌施工中的分缝分块

二、平洞衬砌模板

平洞衬砌模板对底拱而言,当中心角较小时,可以像底板浇筑那样不用表面模板,只立端部挡板,混凝土浇筑后用型板将混凝土表面刮成弧形即可。当中心角较大时,一般采用悬挂式弧形模板,如图 3-13 所示。目前,使用牵引式拖模连续浇筑或底拱模板台车分段浇筑底拱也获得了广泛应用。

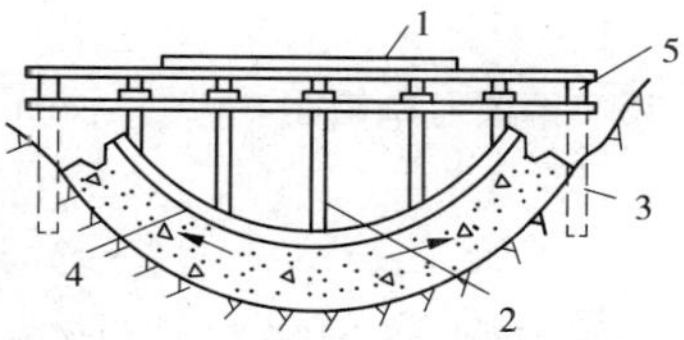

1—仓面板;2—模板桁架;3—桁架支柱;4—弧形模板;5—纵梁(架在仓面板支撑上)

图 3-13 底拱模板

桁架式模板由桁架和面板组成,如图 3-14 所示。通常是在洞外先将桁架拼装好,运入洞内就位后,再随着混凝土浇筑面的上升,逐次安设模板。

钢模台车是一种可移动的多功能隧洞衬砌模板车。根据需要,它可作为顶拱钢模、边拱(边墙)钢模以及全断面模板使用,如图 3-15 所示。

圆形隧洞衬砌的全断面一次浇筑,可采用针梁式钢模台车。其施工特点是不需要铺设轨道,模板的支撑、收缩和移动均依靠一个伸出的针梁,如图 3-16 所示。

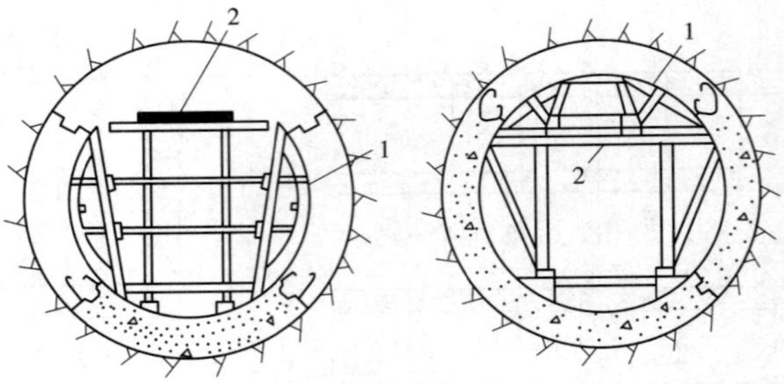

(a)边拱桁架式模板　　(b)顶拱桁架式模板

1—桁架式模板;2—工作平台或脚手架

图 3-14　桁架式模板

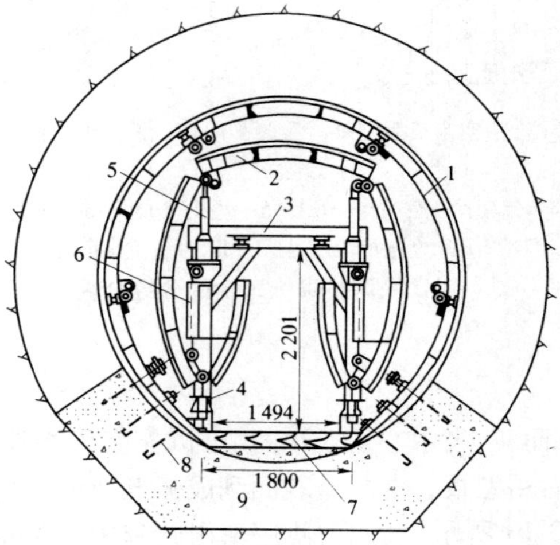

1—架好的钢模;2—移动时的钢模;3—工作平台;4—台车底梁;5—垂直千斤顶;
6—台车车架;7—枕木;8—拉筋;9—已浇底拱

图 3-15　钢模台车简图　(单位:mm)

三、衬砌浇筑

隧洞衬砌多采用二级配混凝土。对中小型隧洞,混凝土一般采用斗车或轨式混凝土搅拌运输车,由电瓶车牵引运至浇筑部位;对大中型隧洞,则多采用 3 ~ 6 m^3 轮式混凝土搅拌运输车运输。在浇筑部位,通常用混凝土泵将混凝土压送并浇入仓内。常用的混凝土泵有柱塞式、风动式和挤压式等工作方式。泵送混凝土的配合比,应保证有良好的和易性和流动性,其坍落度一般为 8 ~ 16 cm。

四、衬砌封拱

封拱多采用封拱盒法和混凝土泵封拱法。封拱盒封拱如图 3-17 所示。封拱前先在

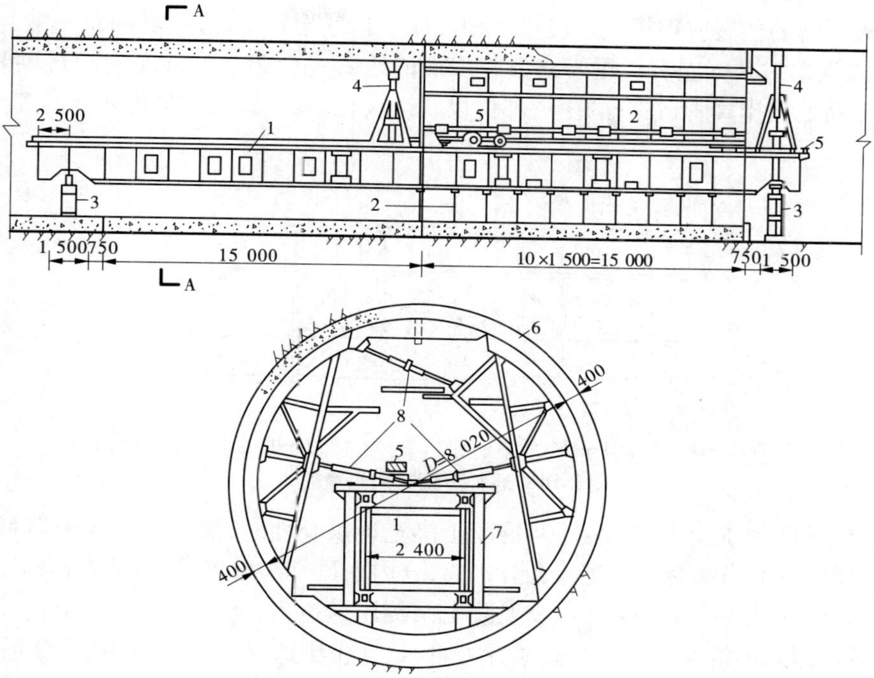

A—A剖视图

1—针梁；2—钢模；3—支座液压千斤顶；4—抗浮液压千斤顶；5—行走系统；6—混凝土衬砌；7—行走梁框；8—手动螺栓千斤顶

图 3-16 针梁式钢模台车简图 （单位：mm）

拱顶预留一小窗口，尽量把能浇筑的四周部分浇好，然后从窗口退出人和机具，并在窗口四周立侧模，待混凝土达到规定强度后拆除侧模，凿毛后安装封拱盒。封堵时，先将混凝土料从盒侧活门送入，再用千斤顶顶起活动封门板，将盒内混凝土压入待封部位即告完成。

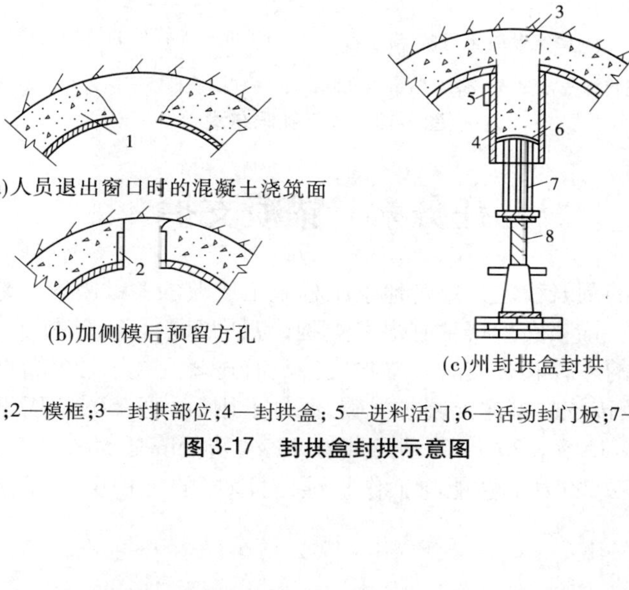

(a)人员退出窗口时的混凝土浇筑面

(b)加侧模后预留方孔

(c)州封拱盒封拱

1—已浇混凝土；2—模框；3—封拱部位；4—封拱盒；5—进料活门；6—活动封门板；7—顶架；8—千斤顶

图 3-17 封拱盒封拱示意图

混凝土泵封拱如图 3-18 所示。通常在导管的末端接上冲天尾管，垂直穿过模板伸入仓内。冲天尾管的位置应根据浇筑段长度和混凝土扩散半径来确定，其间距一般为 4 ~ 6 m，离浇筑段端部 1.5 m 左右。尾管出口与岩面的距离一般为 20 cm 左右。封拱时应在仓内岩面最高处设排气管，在仓的中央部位设置进人孔，以便施工人员进入仓内工作。

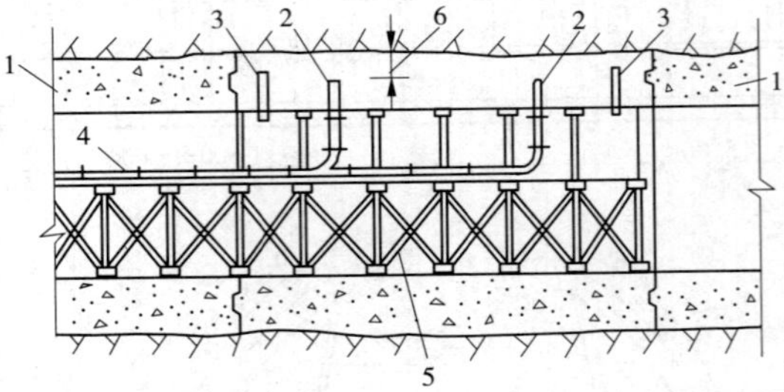

1—已浇段；2—冲天尾管；3—排气管；4—导管；5—脚手架；6—尾管出口与岩面的距离

图 3-18 混凝土泵封拱示意图

混凝土泵封拱的施工程序是：①当混凝土浇至顶拱仓面时，撤出仓内各种器材，尽量筑高两端混凝土；②当混凝土与进人孔齐平时，仓内人员全部撤离，封闭进人孔，同时增大混凝土的坍落度（达 14 ~ 16 cm），加快混凝土泵的压送速度，连续压送混凝土；③当排气管开始漏浆或压入的混凝土量已超过预计方量时，停止压送混凝土；④去掉尾管上包住预留孔眼的铁箍，从孔眼中插入防止混凝土坍落的钢筋；⑤拆除导管；⑥待顶拱混凝土凝固后，将外伸的尾管割除，并用灰浆抹平，如图 3-19 所示。

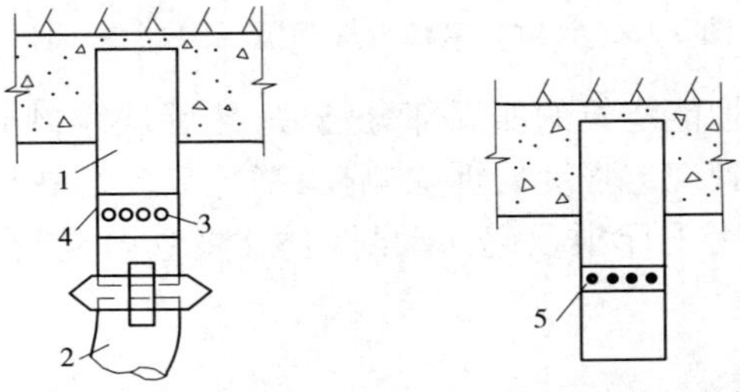

(a)浇筑混凝土时的情况　　(b)拆除导管后的情况

1—尾管；2—导管；3—ϕ2 ~ 3 cm 的孔眼；4—薄铁皮铁箍；5—插入孔眼的钢筋

图 3-19 尾管孔眼布置

任务六　锚喷支护

地下洞室开挖的围岩稳定是决定地下工程施工成败的关键因素。地下工程施工中应优先采用锚喷支护。锚喷支护技术有很多类型，包括喷混凝土、锚杆（索）、钢筋网、钢拱架等分别组合而成的多种联合支护。锚喷支护具有显著的技术、经济优势，根据大量工程的统计，锚喷支护较传统的模注混凝土衬砌，混凝土用量减少 50%，用于支承及模板可全部节省，出渣量减少 15% ~25%，劳动力节省 50%，造价降低 50% 左右，施工速度加快 1 倍以上，同时因其良好的力学性能与工作特性，对围岩的支护更合理、有效。20 世纪 50

年代开始发展起来的新奥地利隧道工程法(新奥法),特别强调锚喷支护措施的应用。现代意义的锚喷支护技术就是建立在新奥法核心思想或理论基础上的。

一、新奥法与锚喷支护的原理

新奥法的核心思想是“在弹性变形结束,塑性变形尚未开始时封闭衬砌,最大化考虑围岩自身承载力”。它强调运用光面爆破(或其他破坏围岩最小的开挖方法)、锚喷支护和施工过程围岩稳定监测,此亦称为新奥法的三大支柱。

新奥法运用锚喷支护,是基于如下支护原理:把围岩视为具有弹性、塑性及黏性的连续介质,利用岩体开挖中洞室变形的时间效应与空间效应,适时采用既有一定刚度又有一定柔性的支护结构主动加固近壁围岩,使围岩的变形受到抑制,同时与围岩共同形成具有抵抗外力作用的承载拱圈或称广义的复合支护系统,从而有效地增加洞室围岩的稳定性。

锚喷支护特别强调合适的支护时机。过早支护结构要承担围岩向着洞室变形而产生的形变压力;过迟围岩会因过度松弛而使岩体强度大幅度下降,甚至导致洞室破坏。锚喷支护特别重视支护结构、支护构筑时机、围岩应力状态及围岩变形过程四者的相互关系(如图 3-20 所示)。

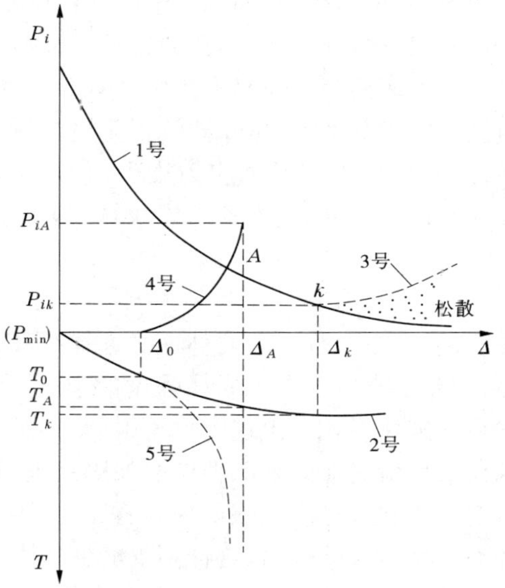

图 3-20 支护与围岩变形的关系曲线

图 3-20 中的 1 号线,反映了围岩变形量 Δ 与约束力 P_i 的关系。若围岩支护过迟或支护的约束力不够,围岩的变形就会继续发展,达到 Δ_k 时,围岩将出现坍塌失稳,岩体松塌所形成的压力作用在支护结构上(3 号线)。由图 3-20 可知,变形超过 Δ_k 后,所需的支护力将越来越大。因此,支护结构的施作,应该在围岩出现 Δ_k 或相应时间 T_k 之前完成并发挥作用。理论上,在 Δ_k 时提供的支护反力 P_{ik} 是最小的,即支护是最经济的。由于支护结构的强度增长有一个发展过程(4 号线为强度增长曲线),因此支护结构宜在 T_k 之前施作并发挥作用。于是,要提前在 T_0 开始进行支护,T_A 就是新奥法强调的“适时支护”的时刻。

图 3-20 中 2 号线表示未进行支护时洞室围岩变形率随时间的发展过程。成洞初期围岩变形率最大，其后变形率逐渐减小。对于一般情况的围岩，其绝大部分的变形均在 3 ~ 7 d内完成。因此，在 T_A时开始施作支护结构，便可有效地抑制围岩的变形，使围岩变形按 5 号线的规律发展，并控制在设计允许的变形 Δ_k 以内（小于 Δ_k），其支护力达到 P_{iA}。

新奥法施工中，锚喷支护一般分两期进行：①初期支护，在洞室开挖后，适时采用薄层的喷混凝土支护，建立起一个柔性的“外层支护”，必要时可加锚杆或钢筋网、钢拱架等。初期支护是保证施工早期洞室安全稳定的关键。②二期支护，待初期支护后且围岩变形达到基本稳定时，进行二期支护，如复喷混凝土、锚杆加密，也可采用模注混凝土，进一步提高其耐久性、防水性、安全系数及表面平整度等。

二、锚喷支护的作用与选型

由于围岩条件复杂多变，其变形、破坏的形式与过程多有不同，各类支护措施及其作用特点也就不相同。但总体来看，可以归纳为局部性破坏和整体性破坏两大类。

（一）局部性破坏

局部性破坏的表现形式包括开裂、错动、崩塌等，多发生在受到地质结构面切割的坚硬岩体中。这种破坏，有时是非扩展性的，即到一定限度不再发展；有时是扩展性的，即个别岩块首先塌落，然后由此引起连锁反应而导致邻近较大范围甚至是整个断面的坍塌。

锚喷支护是处理局部性破坏的一种简易有效的手段。利用锚杆的抗剪力与抗拉力，可以提高围岩的 c、φ 值及对不稳定块体进行悬吊。而喷混凝土支护，其作用则表现在：①填平凸凹不平的壁面，以避免过大的局部应力集中；②封闭岩面，以防止岩体的风化；③堵塞岩体结构面的渗水通道、胶结已经松动的岩块，以提高岩层的整体性；④提供一定的抗剪力。

（二）整体性破坏

整体性破坏也称强度破坏，是大范围内岩体应力超限所引起的一种破坏现象。常见的形式为压剪破坏，多发生在围岩应力大于岩体强度的场合，表现为大范围塌落、边墙挤出、底鼓、断面大幅度缩小等破坏形式。出现应力超限后，再任围岩变形自由发展，将导致岩体强度大幅度下降。在这种情况下应采取整体性加固措施，对隧洞整个断面进行支护，而且某些部位的加固措施还要到达稳定岩层的一定深度。为达到这一目的，常采用初复式喷混凝土与系统锚杆支护相结合的方法，这样不仅能够加固围岩，而且可以调整围岩的受力分布。另外，喷混凝土锚杆钢筋网支护和喷混凝土锚杆钢拱架支护等不同支护复合型式，对处理整体性破坏也有很好的效果。表 3-5 给出了不同类别围岩条件下的支护类型与设计参数供参考。

三、锚杆支护及其施工工艺

在工程中，按锚杆与围岩的锚固方式，基本上可分为集中锚固和全长锚固两类。楔缝式锚杆和胀壳式锚杆是属于集中锚固的两种锚杆，如图 3-21（a）、（b）所示。它们是由锚杆端部的楔瓣或胀圈扩开以后所提供的嵌固力而得到锚固的。

全长锚固的锚杆有砂浆锚杆和树脂锚杆等，如图 3-21（c）·~（g）所示，它们是由水泥砂浆或树脂在杆体和锚孔间所提供的摩擦力和黏结力而得到锚固的。全长锚固的锚杆由于锚固可靠耐久(这在松软岩体中效果尤为显著),工程建设中运用较多。其中,由水泥砂浆胶结的螺纹钢筋锚杆,由于施工简便,经济可靠,使用更为普遍。

表 3-5　地下洞室锚喷支护的型式和设计参数

围岩类别	围岩特征	毛洞跨度(m)	支护型式和设计参数
Ⅰ	稳定 围岩坚硬,致密完整,不易风化的岩层	2~5	不支护;
		5~10	不支护或拱部 5 cm 厚喷混凝土;
		10~15	5~8 cm 厚喷混凝土,2.0~2.5 m 锚杆;
		15~20	8~15 cm 厚喷混凝土,2.5~4.0 m 锚杆
Ⅱ	稳定性较好 坚硬、有轻微裂隙的岩层	2~5	2~5 cm 厚喷混凝土;
		5~10	5~7 cm 厚喷混凝土,1.5~2.0 m 锚杆;
		10~15	5~12 cm 厚喷混凝土,2.0~2.5 m 锚杆;
		15~20	12~20 cm 厚喷混凝土,2.5~4.0 m 锚杆
Ⅲ	中等稳定 节理裂隙中等发育,易引起小块掉落的火成岩、变质岩;中等坚硬的沉积岩	2~5	5 cm 厚喷混凝土,1.5~2.0 m 锚杆;
		5~10	8~10 cm 厚喷混凝土,2.0~2.5 m 锚杆,必要时配置钢筋网;
		10~15	10~15 cm 厚钢筋网喷混凝土,2.5~3.0 m 锚杆;
		15~20	15~20 cm 厚钢筋网喷混凝土,3.0~4.0 m 锚杆
Ⅳ	稳定性较差 节理裂隙发育的强迫碎岩层,裂隙明显张开、夹杂较多黏土质充填物的岩层或其他稳定性较差的岩层	2~5	8~10 cm 厚喷混凝土,1.5~2.0 m 锚杆;
		5~10	10~15 cm 厚钢筋网喷混凝土,2.0~2.5 m 锚杆;
		10~15	15~20 cm 厚钢筋网喷混凝土,2.5~3.5 m 锚杆
Ⅴ	不稳定 严重的结构软弱带、大断层,易风化解体剥落的松软岩层或其他不稳定岩层	2~5	12~15 cm 厚钢筋网喷混凝土,1.5~2.0 m 锚杆,必要时加仰拱;
		5~10	15~20 cm 厚钢筋网喷混凝土,2.0~3.0 m 锚杆,加仰拱,必要时采用钢拱架

根据围岩变形与破坏的特性,从发挥锚杆不同作用的角度考虑,锚杆在洞室的布置有局部(随机)锚杆和系统锚杆。

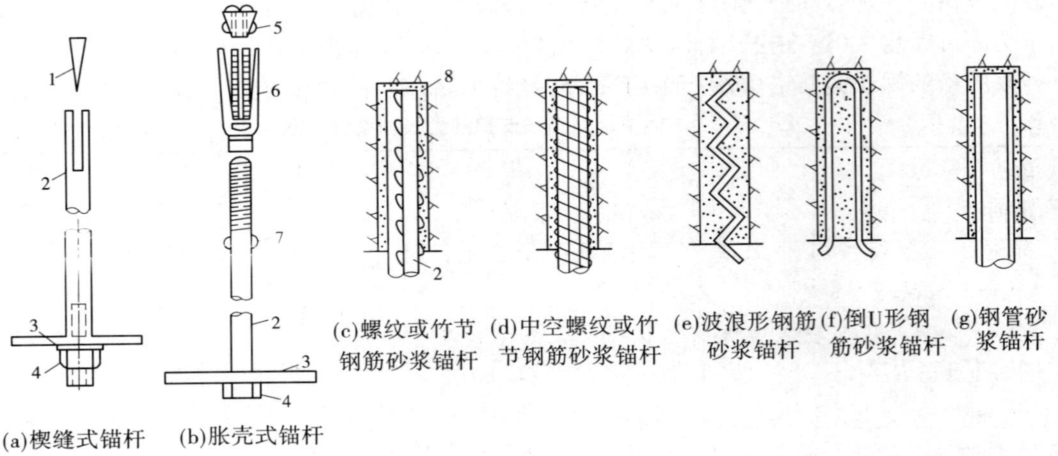

1—楔块;2—锚杆;3—垫板;4—螺帽;5—锥形螺帽;6—胀圈;7—突头;8—水泥砂浆或树脂

图 3-21 锚杆的类型

(一)局部(随机)锚杆

局部(随机)锚杆主要用来加固危石,防止掉块。锚杆参数按悬吊理论计算。悬吊理论认为不稳定岩体的重量(或滑动力)应全部由锚杆承担,即

$$nR_g\pi d^2/4 \geqslant \gamma Vg \tag{3-3}$$

式中:n 为锚杆根数;d 为锚杆的计算直径, cm;R_g 为锚杆的设计抗拉强度,N/cm^2;γ 为危岩密度, kg/m^3;V 为危岩的体积, m^3;g 为重力加速度, m/s^2。

对于洞室侧壁有滑动倾向的危岩,式(3-3)右边项应为危岩的滑动力和抗滑力的代数和。为了保证围岩的有效锚固,锚杆应锚入稳定岩体,锚入深度应满足下式要求:

$$L_1 \geqslant dR_g/4\tau \tag{3-4}$$

式中:L_1 为锚杆锚入稳定岩体的深度, cm;τ 为砂浆与锚杆的黏结强度,N/cm^2。

因此,加固围岩的锚杆总长度应为

$$L = L_1 + L_2 + L_3 \tag{3-5}$$

式中:L 为锚杆的总长度, cm;L_1为锚杆锚入稳定岩体的长度, cm;L_2为锚杆穿过围岩的长度, cm;L_3为锚杆外露的长度,一般取 5 ~ 15 cm。

(二)系统锚杆

系统锚杆一般按梅花形排列,连续锚固在洞壁内。它们将被结构面切割的岩块串联起来,保持和加强岩块的联锁、咬合和嵌固效应,使分割的围岩组成一体,形成一连续加固拱,提高围岩的承载能力。系统锚杆如水泥砂浆锚杆的施工,可以先压注砂浆后安设锚杆,也可以先安设锚杆后压注砂浆。其施工顺序为:钻孔、钻孔清洗、压注砂浆和安设锚杆等。孔向尽可能垂直岩层的结构面,孔径比锚杆直径大 10 mm 左右,孔深误差不大于 5 cm。钻孔清洗要彻底,以保证砂浆与孔壁的黏结强度。压注砂浆要密实饱满,不允许有气泡残留。砂浆应搅拌均匀,随拌随用,砂浆配合比应符合设计要求,一般水泥和砂的重量比为 1:1 ~ 1:2,水灰比为 0.38 ~ 0.45。砂子要洁净过筛,控制粒径不大于 3 mm,以防堵管。安设锚杆应徐徐插入,插至孔底后,立即在孔口楔紧,待砂浆凝固再拆除楔块。

四、喷混凝土施工

喷混凝土是将水泥、砂、石和外加剂(速凝剂)等材料,按一定配比搅拌后,装入喷射机中,用压缩空气将混合料压送到喷头处,与水混合后高速喷到作业面上,快速凝固在被支护的洞室壁面,形成一种薄层支护结构。支护结构在凝固初期能适应围岩的松弛变形。喷混凝土不但与围岩表面有一定黏结力,而且能充填围岩的缝隙,将分离的岩面黏结成整体,增强围岩抵抗位移和松动的能力;喷混凝土还能封闭围岩,防止风化,缓和应力集中。

(一)喷混凝土材料

(1)水泥。喷混凝土的水泥以选用普通硅酸盐水泥为好,标号应不低于42.5号,以使喷射混凝土在速凝剂的作用下,早期强度增长快,干硬收缩小,保水性能好。

(2)砂子。一般采用坚硬洁净的中、粗砂,平均粒径为0.35~0.5 cm。砂子过粗,容易产生回弹;过细,不仅会增加水泥用量,而且会增加混凝土的收缩,降低混凝土的强度。砂子的含水率对喷射工艺有很大影响。含水率过低,混合料在管路中容易分离,造成堵管,喷射时粉尘较大;含水量过高,骨料有可能发生胶结,含水率以4%~6%为宜。

(3)石料。碎石、卵石都可以用作喷混凝土的粗骨料。石料粒径为5~20 mm,其中直径大于15 mm的颗粒宜控制在20%以下,以减少回弹,保证输料管路的畅通。

(4)水。喷混凝土用水与一般混凝土对水的要求相同。地下洞室中的混浊水和一切含酸、碱的侵蚀水不能使用。

(5)速凝剂。为了加快喷混凝土的凝结硬化过程,提高早期强度,增加一次喷射的厚度,提高喷混凝土在潮湿含水地段的适应能力,需在喷混凝土中掺加速凝剂。速凝剂应符合国家标准,其初凝时间不大于5 min,终凝时间不大于10 min。

(二)主要施工工艺

1. 干喷法

将水泥、砂、石和速凝剂加微量水干拌后,用压缩空气输送到喷嘴处,再与适量水混合,喷射到岩石表面。也可以将干混合料压送到喷嘴处,再加液体速凝剂和水进行喷射。这种施工方法,便于调节加水量,控制水灰比,但喷射时粉尘较大。

2. 湿喷法

将骨料和水拌匀后送到喷嘴处,再添加液体速凝剂,并用压缩空气补给能量进行喷射。改善了喷射时粉尘较大的缺点。图3-22为干喷法、湿喷法及水泥裹砂法的工艺流程。

(三)施工技术要求

(1)风压。正常作业时喷射机工作室内的风压,一般为0.2 MPa。风压过大,喷射速度高,混凝土回弹量大,粉尘多,水泥耗量大;风压过小,则混凝土不密实。

(2)水压。喷头处的水压必须大于该处风压,并要求水压稳定,保证喷射水具有较强的穿透骨料的能力。水压不足时可设专用水箱,用压缩空气加压,以保证骨料能充分湿润。

(3)喷射方向和喷射距离。喷头与受喷面应尽量垂直,偏角宜控制在20°以内,利用喷射料束抑阻骨料的回弹,以减少回弹量。喷头与受喷面的距离为1.0 m左右时比较理想。

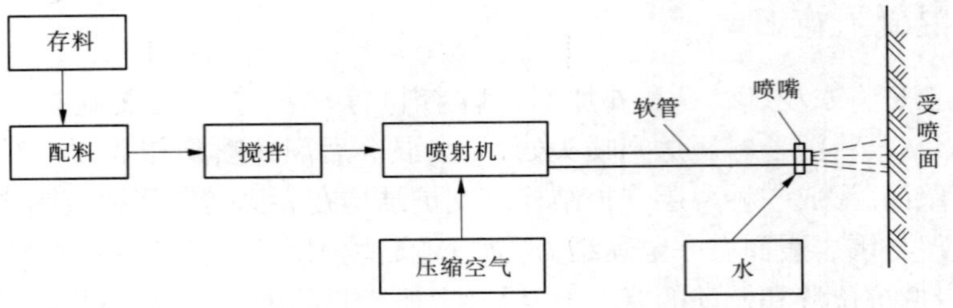

(a)干喷法

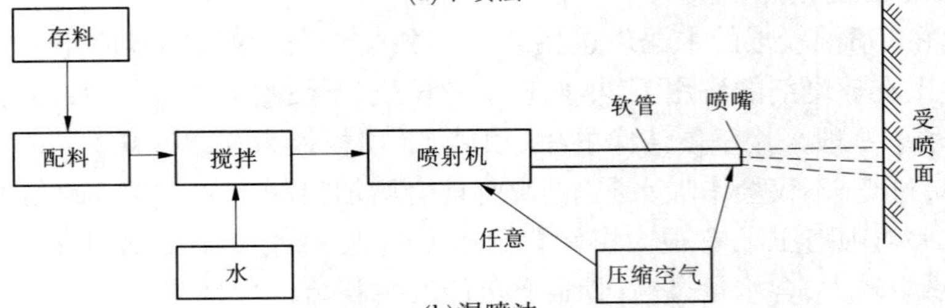

(b)湿喷法

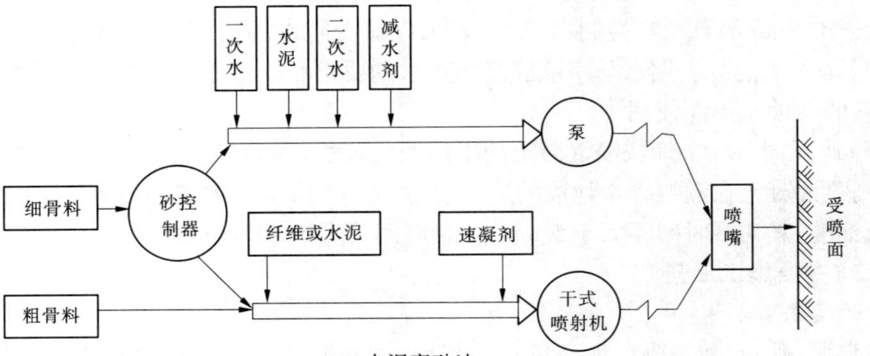

(c)水泥裹砂法

图 3-22 不同喷射方式的工艺流程

(4)喷射区段和喷射顺序。喷射作业应分区段进行，区段长度一般为 4 ~6 m。喷射时，通常先墙后拱，自下而上，先凹后凸，顺序进行。

(5)喷射分层和间歇时间。当喷混凝土设计厚度大于 10 cm 时，一般应分层喷射。一次喷射厚度，边墙控制在 6 ~10 cm，顶拱为 3 ~6 cm。一次喷射太厚，容易因自重而引起分层脱落或与岩面脱开；一次喷射太薄，若喷射厚度小于最大骨料粒径，则回弹率又会迅速提高。

分层喷射时，后一层喷射应在前一层混凝土终凝后进行，但也不宜间隔过久，若终凝 1 ~2 h 后再进行喷射，应用风、水清洗混凝土表面，以利层间结合。

(6)喷混凝土的养护。喷混凝土单位体积的水泥用量比较大，凝结硬化快，为使混凝土强度均匀增长，减少或防止不正常的收缩，必须加强养护。一般喷完后 2 ~4 h 开始洒水养护，并保持混凝土的湿润状态，养护时间不少于 14 d。

任务七　地下工程辅助作业及施工安全

一、通风、散烟及除尘

通风、散烟及除尘的目的是控制因凿岩、爆破、装渣、喷射混凝土和内燃机运行等而产生的有害气体和岩石粉尘含量，及时供给工作面充足的新鲜空气，改善洞内的温度、湿度和气流速度等状况，创造满足卫生标准的洞内工作环境。这在长隧洞施工中尤为重要。

（一）卫生标准

洞内空气质量应符合洞内作业的卫生标准，如表3-6所示。同时，要求洞内的气温不超过28 ℃，洞内风速满足表3-7的规定。此外，要求工作面附近的最小风速不得低于0.25 m/s；最大风速：平洞、竖井、斜井工作面不得超过4 m/s，在运输洞与通风洞内不得超过6 m/s。

表3-6　洞内空气卫生标准

气体名称	要求（允许）浓度		有害气体最高容许浓度与对应的作业时间	
	体积（%）	重量（mg/m^3）	最高容许浓度（mg/m^3）	对应的作业时间
氧气（O_2）	≥20			
二氧化碳（CO_2）	≤0.5			
甲烷（CH_4）	≤1		50	≤1 h
一氧化碳（CO）	≤0.002 4	≤30	100	≤0.5 h
氮氧化合物换算成二氧化氮（NO_2）	≤0.000 25	≤5	200	15～20 min
二氧化硫（SO_2）	≤0.000 50	≤15		作业间隔时间≥2 h
硫化氢（H_2S）	≤0.000 66	≤10		
醛类（丙烯醛）		≤0.3		
含有10%以上游离二氧化硅的粉尘		≤2	含有80%以上游离SiO_2的生产粉尘不宜超过1 mg/m^3	
含有10%以下游离二氧化硅的水泥粉尘		≤6		
含有10%以上游离二氧化硅的其他粉尘		≤10		

表3-7　洞内温度与风速的关系

温度（℃）	<15	15～20	20～22	22～24	24～28
风速（m/s）	<0.5	0.5～1.0	1.0～1.5	1.5～2.0	>2.0

(二)通风方式

洞内通风方式有自然通风和机械通风两种。自然通风只适用于长度不超过 40 m 的短洞。实际工程中多采用机械通风。机械通风的基本形式有压入式、吸出式和混合式 3 种。

(1)压入式通风。通过风管将新鲜空气直接送到工作面附近,使污浊空气冲淡,并经由洞身排至洞外,如图 3-23(a)所示,图中 S 为开挖面面积。此法的优点是施工人员比较集中的工作面附近能够很快地获得新鲜空气;缺点是污浊气体容易扩散到整个洞室。

(2)吸出式通风。吸出式通风是通过风管将工作面前的污浊空气吸走并排至洞外,新鲜空气则由洞口流入洞内,如图 3-23(b)所示。此法的优点是工作面处的污浊空气能在较短时间内经由管路吸出,避免了其沿整个洞室流通扩散;缺点是新鲜空气流到工作面比较缓慢,且易造成污染,对较长的平洞尤为明显。

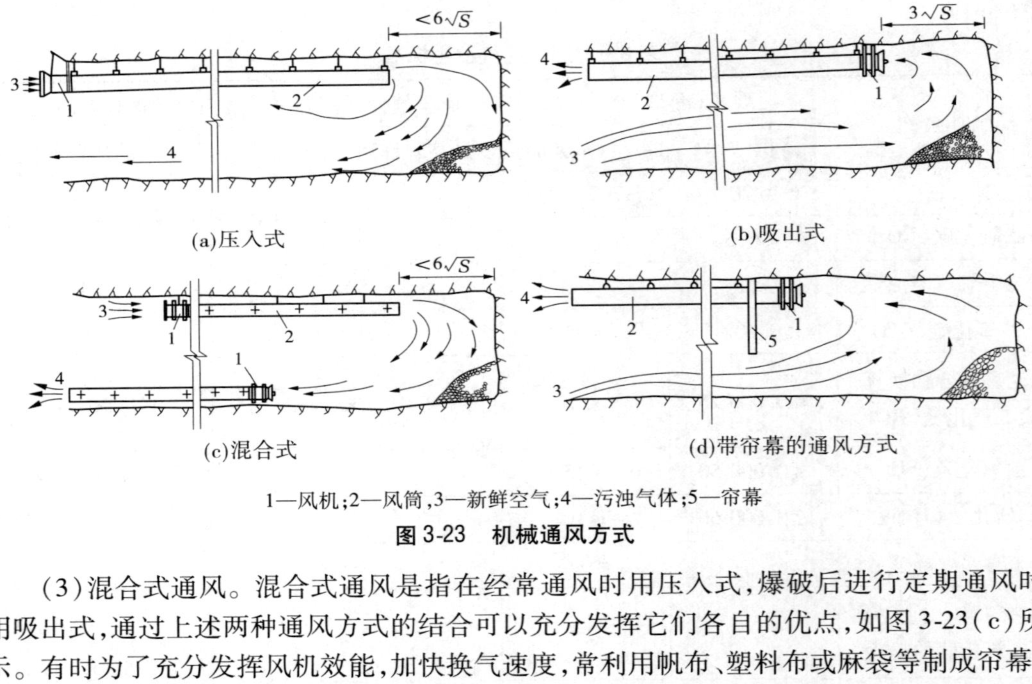

1—风机;2—风筒,3—新鲜空气;4—污浊气体;5—帘幕

图 3-23 机械通风方式

(3)混合式通风。混合式通风是指在经常通风时用压入式,爆破后进行定期通风时用吸出式,通过上述两种通风方式的结合可以充分发挥它们各自的优点,如图 3-23(c)所示。有时为了充分发挥风机效能,加快换气速度,常利用帆布、塑料布或麻袋等制成帘幕,防止炮烟扩散,使排除污浊气体的范围缩小。帘幕设在靠近工作面处,但要有 12 ~ 15 m 的防爆距离。有条件时也可以设置水幕或压气水幕来代替帆布一类的帘幕,如图 3-23(d)所示。

竖井、斜井和短洞开挖,可采用压入式通风;小断面长洞开挖时,宜采用吸出式通风;大断面长洞开挖时,宜采用混合式通风。

(三)通风量计算

通风量可根据下列 3 种情况分别计算,取其中最大者,并应根据通风方式和长度考虑漏风增加值,漏风系数一般取 1.2 ~ 1.5。

施工人员所需的通风量:

$$Q = mq \tag{3-6}$$

式中：Q 为通风量，m^3/min；m 为同时在洞内工作的最多人数；q 为每人所需的通风量，取 $q = 3\ m^3/min$。

冲淡有害气体的通风量：

$$Q = \frac{AB}{(1\,000 \times 0.02\%)t} = \frac{5AB}{t} = 10A \tag{3-7}$$

式中：A 为工作面上同时爆破的最大炸药量，kg；B 为每千克炸药所产生的一氧化碳气体量，按 $B = 40$ L/kg 计算；t 为通风时间，可取 20 min；1 000 表示 1 m^3 等于 1 000 L；0.02% 表示爆破后连续通风使一氧化碳浓度降至 0.02% 时，施工人员可进入工作面工作。此外，在开挖过程中若有其他有害气体，应保证将其冲淡至表 3-6 规定的浓度。

洞内使用柴油机械施工时的通风量按每马力❶ 3 m^3/min 的风量，并与同时工作人员所需风量相加计算。计算的通风量应按最大、最小容许风速和洞室温度所需的风速进行校核。

二、风、水、电供应及排水

在洞室开挖过程中，对于供风（压缩空气）、供水、供电、照明及排水等辅助作业，对保证钻爆和运输作业的正常进行有较大影响，必须统筹考虑。对所有必要的辅助作业，不仅在循环作业图表中要安排一定的时间，使风、水、电管线的延长或拆移有切实的保证，而且在制订开挖施工技术规程和措施计划时，对于各项辅助作业都要提出相应的技术标准和要求。

输送到工作面的压缩空气，不仅风量要充足，而且风压不应低于 0.5 MPa。施工用水应满足钻孔、喷水、喷锚作业、灌浆、消防和生活等方面的要求。洞内供电线路宜按动力、照明、电力起爆的不同需要分开架设，并注意防水和绝缘要求。洞内照明应采用 36 V 或 24 V 低压电。洞内排水系统必须畅通，保证工作面和路面没有积水。

三、常见安全事故及预防措施

（1）塌方。当隧洞通过断层破碎带、节理裂隙密集带、溶洞以及地下水活动的不良岩层时，容易产生塌方事故。特别是当洞室入口处地质条件较差时，更容易产生塌方现象。防止塌方的主要措施是：详细了解地质情况，加强开挖过程中的检查，及时进行支撑、支护或衬砌。

（2）滑坡。滑坡主要发生在洞外明挖部分。一般由地质条件不良所造成。防止滑坡的主要措施是：详细了解地质情况，加强开挖过程中的检查，及时进行支撑、支护或衬砌。

（3）涌砂涌水。当隧洞通过地下水发育的软弱地层和一些有高压含水层的不良岩层时，容易产生涌水现象。防止涌水的措施是：详细了解涌水的地质原因，采取封堵和导排相结合的措施处理，必要时利用灌浆进行处理。

（4）瓦斯中毒与爆炸。瓦斯类有害气体多产生于深层，特别是含煤的矿层中。防止

---

❶ 1 马力≈735 W，下同。

瓦斯中毒与爆炸的措施为加强洞内通风和安全检查，严格控制烟火。

(5)小块坠石。爆炸后及拆除支撑时都有可能产生小块坠石。防止小块坠石的措施是：爆破后应做好安全检查工作，将松动的石块清除干净；进洞人员必须戴安全帽。

(6)爆破安全事故。因操作不当或未严格执行操作规程和安全规程而发生事故。防止爆破安全事故的措施是：必须严格执行操作规程和安全规程，加强安全检查，完善爆破报警系统，妥善处理瞎炮。

(7)用电安全事故。洞内施工，动力、照明线路多，洞内潮湿，导致漏电或其他用电事故。防止用电安全事故的措施是：选用绝缘良好的动力、照明供电电线，线路的接头处应采取预防漏电的有效措施，加强用电安全检查。

(8)临时支撑失效。因临时支撑的布置、维护不当而发生坍塌事故。防止临时支撑失效的措施是：重视临时支撑的结构设计和施工，加强临时支撑的维护和管理。

四、洞口段施工与塌方处理

(一)洞口段施工

隧洞的洞口地段，往往是比较破碎的覆盖层，而且在降雨时有地面水流下，很容易发生塌方。洞口又是工作人员必经之地，必须做到安全可靠。应先将洞口边坡、仰坡及地表排水系统做好，然后才能进洞。常用的进洞方式是导洞进洞，即在洞脸成型后，先架好5～6排明挖支撑，其上铺以装砂土的草袋，厚1～2 m，并用斜撑顶牢，然后就放炮开挖导洞，边挖边架立临时支撑，支撑排架间距0.5～0.8 m，最后进行扩大部分开挖和衬砌。

(二)塌方处理

在不稳定的岩层中开挖隧洞，常会遇到塌方。塌方一旦发生，首先应突击加固未塌方地段，防止塌方扩大，并为抢险工作提供比较安全的基础。尽快查明塌方的性质和范围，根据具体情况，采取有效措施进行处理。

(1)小塌方，先支后清。在清除之前，须先将塌方的顶部支撑牢固。对于规模不大的塌方，可在渣堆上架设木支撑，将塌穴全面支护，边清边倒换成洞底支撑。

(2)大塌方，先棚后穿。当塌方量很大，且已将洞口堵塞，或塌方继续不停地扩展时，可将塌方体视为松软破碎的地层，先用硬质圆木向上倾斜打入塌方体中，并架立木支撑，再进行出渣，然后向前打入新的圆木并架立支撑，如此逐步向前推进。

复习思考题

3-1 地下建筑工程施工与地面工程施工相比较有哪些特点？

3-2 平洞施工工作面是如何规划与确定的？

3-3 平洞开挖方式有哪些？各有什么特点？

3-4 简述上导洞开挖与下导洞开挖、全断面开挖与分部开挖的优缺点和使用条件。

3-5 简述大断面地下洞室施工的特点。

3-6 简述竖井开挖和斜井开挖的特点及施工方法。

3-7 简述钻爆法开挖洞室时的炮孔类型、各类炮孔的作用和布置要求。

3-8 简述掘进机应用的范围及其优缺点。

3-9 什么叫封拱？如何进行封拱？

3-10 锚喷支护与混凝土衬砌所依据的原理有什么不同？

3-11 简述砂浆锚杆的施工方法。

3-12 喷混凝土的方法有哪些？它们的优缺点是什么？

3-13 简述影响喷混凝土质量的主要因素。

3-14 地下建筑工程施工时的辅助作业包括哪些内容？

项目四 土石坝工程

土石坝包括各种碾压式土坝、堆石坝和土石混合坝,是一种充分利用当地材料的坝型。当坝体材料以土和砂砾为主时,称为土坝;当坝体材料以石渣、卵石、爆破石料为主时,称为堆石坝;当两类当地材料均占相当比例时,称为土石混合坝。

土石坝的特点有:筑坝材料来源直接、方便,能就地取材;适应地基变形的能力强;构造简单,施工技术容易掌握,便于组织机械化施工;运用管理方便,工作可靠,寿命长。碾压式土石坝的施工,包括准备作业、基本作业、辅助作业和附加作业。

准备作业包括:平整场地、通车、通水、通电,架设通信线路,修建生产、生活、行政办公用房以及排水清基等项工作。

基本作业包括:料场土石料开采,挖、装、运、卸以及坝面铺平、压实、质检等项作业。

辅助作业是保证准备作业及基本作业顺利进行、创造良好工作条件的作业,包括清除施工场地及料场的覆盖,从上坝土料中剔除超径石块、杂物,坝面排水、层间刨毛和加水等。

附加作业是保证坝体长期安全运行的防护及修整工作,包括坝坡修整、铺砌护面块石及铺植草皮等。

任务一 坝体材料与料场规划

一、土石坝筑坝材料及其要求

土石坝最大的特点是对材料的适应性,能够根据近坝材料的特性,设计坝体断面,因此土石坝又被称作当地材料坝。

(一)防渗料

作为防渗的土料最基本的要求是渗透系数不大于 10^{-5} cm/s,同时还具有一定的抗剪强度,具有较好的渗流稳定性,具有适应坝体变形的塑性,良好的施工性、低压缩性,不存在影响坝体稳定的膨胀性或收缩性,无过量的可溶盐(5%)和有机物(2%)含量等。在施工方面,一般要求土料的天然含水量在最优含水量附近,无影响压实的超径材料,压实后的坝面具有较高的承载力,以便于施工机械正常作业。只要渗透系数满足要求,做好反滤保护,无塑性的粉质砂土也可以作为高坝的防渗材料。严格反滤、放宽材料是现代心墙用料的工程趋向。

细粒土是我国采用最多的防渗材料,在 20 世纪 80 年代以前开工建设的高土石坝的心墙都采用纯细粒土,其最大粒径不超过 0.005 mm。黄河小浪底斜心墙堆石坝(坝高

154 m)也采用细粒土作为心墙料。只要坝址附近有数量足够、天然含水量适中的细粒土,则采用细粒土作为防渗材料经常是较好的选择。

砾质土有很高的承载力,可以采用中型机械进行碾压,在级配良好情况下,亦可作为防渗材料。如建设中的大渡河瀑布沟心墙堆石坝(坝高 186 m)即采用砾质土作为防渗材料。

采用黏土与砂砾石掺合料作防渗材料,可以改善防渗体的施工性,减小其压缩性,并增强其抗冲蚀能力。如糯扎渡水电站黏土心墙堆石坝最大坝高 261.5 m,坝体中下部心墙采用掺砾石土料,砾石掺加比例为 35%,砾石和土料采用分层铺筑、立采混掺的掺砾方法。我国援外项目阿尔巴尼亚的菲尔泽垂直心墙坝(坝高 165.5 m)即采用掺合料作防渗材料。

(二)坝壳料

堆石、砂砾石及风化料等均可作为坝壳料。堆石按施工方式可分为抛填、分层碾压、手工干砌石、机械干砌石等;按其材料及来源可分为采石场玄武岩、变质安山岩、砂岩、砾岩、采石场花岗岩、片麻岩、石灰岩、冲积漂卵石、石渣料等。堆石是最好的筑坝材料,现广泛用作高土石坝的坝壳料。风化料属于抗压强度小于 30 MPa 的软岩类,往往存在湿陷问题。因此,其填筑含水量必须大于湿陷含水量,压实到最大密度,以改善其工程性质。

(三)反滤料

反滤料一般要满足坚固度要求,要求级配严格,一般采用混凝土砂石料生产系统生产,但不要求冲洗,也可采用天然冲积层砂砾石经筛分生产。

二、料场规划的原则

土石坝用料量很大,料场的合理规划与使用,是土石坝施工中的关键问题之一,它不仅关系到坝体的施工质量、工期和工程投资,而且还会影响到工程的生态环境和国民经济其他部门。同时,料源选择要依据工程需求,以地质勘察和材料试验为基础,以料源的分布、储量、质量及开采运输条件等要素进行综合分析与料物平衡,按优质、经济、就近取材的原则,经比较选定料源。

空间规划,指对料场位置、高程的恰当选择、合理布置。土石料的上坝运距尽可能短些,在高程上有利于重车下坡,减少运输机械功率消耗。近料场不应因取料影响坝的防渗、稳定和上坝运输,也不应使道路坡度过陡。用料时原则上应低料低用、高料高用。

时间规划,就是要考虑施工强度和坝体填筑随着季节及坝前蓄水情况的变化,在用料规划上应力求做到上坝强度高时用近料场,低时用较远的料场。对近料和上游易淹的料场应先用,远料和下游不易淹的料场后用;含水量高的料场旱季用,含水量低的料场雨季用。在料场使用规划中,还应保留一部分近料场供合龙段填筑和拦洪度汛高峰强度时使用。

料场质与量的规划,是料场规划最基本的要求,也是决定料场取舍的重要因素。在选择和规划使用料场时,应对料场的地质成因、产状、埋深、储量以及各种物理力学指标进行全面勘探和试验。勘探精度应随设计深度的加深而提高。不仅应使料场的总储量满足坝体总方量的要求,而且应满足施工各个阶段最大上坝强度的要求。

在规划料场实际可开采总量时，应考虑料场查勘的精度、料场天然密度与坝体压实密度的差异，以及开挖运输、坝面清理、返工削坡等损失。实际可开采总量与坝体填筑量之比一般为：土料 2 ~ 2.5，砂砾料 1.5 ~ 2，水下砂砾料 2 ~ 3，石料 1.5 ~ 2；反滤料应根据筛后有效方量确定，一般不宜小于 3。

三、料场优化的基本方法

料场优化的基本方法是土石方平衡，根据建筑物开挖料和料场开采料的料种与品质，安排采、供、弃规划，优料优用，劣料劣用。在划分标段时，溢洪道等拟作坝料的大方量建筑物开挖工程，宜与大坝填筑划归同一标段。与填筑不同期的开挖体、与填筑不是同一标段的开挖工程，不宜直接上坝；同期同一标段的开挖工程，也应设置足够容量的调节料场，作为挖填不能同期施工时调节之用。拟作坝料的大方量建筑物开挖工程，应尽量和坝体填筑进度协调施工，避免或减少因料场转运增加费用和物料损耗。

（一）填挖料平衡计算

根据建筑物设计填筑工程量统计各料种填筑方量。根据建筑物设计开挖工程量、地质资料、建筑物开挖料分选标准，并进行经济比较，确定并计算可用料和不可用料数量；根据施工进度计划和渣料存储规划，确定可用料的直接上坝数量和需要存储的数量；根据折方系数、损耗系数，计算各建筑物开挖料的设计使用数量（含直接上坝数量和堆存数量）、舍弃数量和由料场开采料的数量，进行挖、填、堆、弃综合平衡。

（二）土石方调度优化

土石方调度优化的目的，是找出总运输量最小的调度方案，从而使运输费用最低，降低工程造价。对于大型土石坝，可进行土石方平衡及坝体填筑施工动态仿真，优化土石方调配，论证调度方案的经济性、合理性和可行性。

任务二　土石料的开采

一、土料的开采

土料开采一般有立采和平采两种。当土层较厚，天然含水量接近填筑含水量，土料层次较多，各层土质差异较大时，宜采用立面开采方法。规划中应确定开采方向、掌子面尺寸、先锋槽位置、采料条带布置和开采顺序。在土层较薄，土料层次少且相对均质、天然含水量偏高需翻晒减水的情况下，宜采用平面开采方法。

二、土料的加工

土料的加工包括调整土料含水量、掺合、超径料处理和某些特殊的处理要求。降低土料含水量的方法有挖装运卸中的自然蒸发、翻晒、掺料、烘烤等。提高土料含水量的方法有在料场加水，在料堆加水，在开挖、装料、运输过程中加水。

在进行反滤料、垫层料、过渡料等分区料的开采和加工时，若级配合适，可用砂砾石料直接开采上坝或经简易破碎筛分后上坝。若无砂砾石料可供使用，则可用开采碎石加工制备。对于粗粒径较大的过渡料宜直接采用控制爆破技术开采，对于较细且质量要求高的反滤料、垫层料，则可用破碎、筛分、掺合工艺加工。

三、砂砾石料和堆石料的开采

砂砾石料开采主要有陆上开采和水下开采两种方式。陆上开采用一般挖运设备即可。水下开采一般采用采砂船和索铲开采。当水下开采砂砾石料含水量高时，需加以堆放排水。

主堆石料方量大，开采强度高，是土石坝工程施工进度控制的关键，必须详细研究其开采规划和开采工艺。块石料的开采一般结合建筑物开挖或由石料场开采，开采的布置要形成多工作面流水作业。一般采用深孔梯段爆破，除非为了特定的目的才使用洞室爆破。

任务三 挖运机械

一、挖掘机械

挖掘机械的种类繁多，就其构造及工作特点，有循环单斗式和连续多斗式之分。就其传动系统又有索式、链式和液压传动式之分。液压传动具有突出的优点，现代工程机械多采用液压传动。

(一)单斗式挖掘机

以正向铲挖掘机为代表的单斗式挖掘机，有柴油和电力驱动两类，后者又称电铲。挖掘机有回转、行使和挖掘3个装置。如图4-1所示为液压正向铲挖掘机。

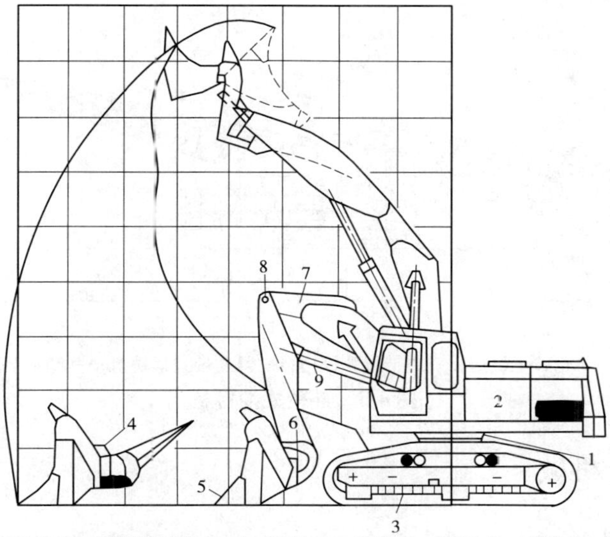

1—底座齿轮；2—发动机；3—履带行驶机构；4—挖斗；5—斗齿；6—斗柄；7—动臂；8—铰；9—斗柄液压缸

图4-1 液压正向铲挖掘机

挖掘装置主要有挖斗4,斗沿有切土的斗齿5,挖斗和斗柄6相连,而斗柄与动臂7通过铰8和斗柄液压缸9相连。正向铲挖掘机有强力的推力装置,能挖掘Ⅰ~Ⅳ级土和破碎后的岩石。这种挖掘机主要挖掘停机地面以上的土石方,也可以挖掘停机地面以下不深的地方,但不能用于水下开挖。挖掘停机地面以下,可用由它改装的土斗向内、向下挖掘的反向铲,如图4-2所示。

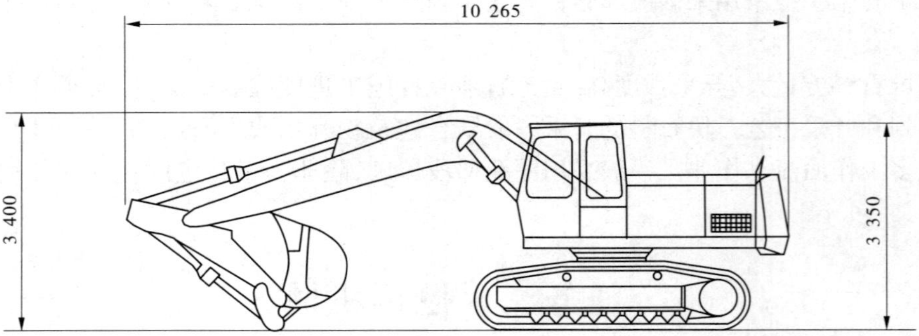

图4-2 液压反向铲挖掘机 (单位:mm)

若要挖掘停机地面以下深处和进行水下开挖,还可将正向铲挖掘机的工作机构改装成用索具操作铲斗的索铲和合瓣式抓斗的抓铲。

(二)多斗式挖掘机

斗轮式挖掘机是使用较普遍的一种多斗连续式挖掘机,如图4-3所示。其生产率很高。美国在建造圣路易·沃洛维尔高土坝时,仅用了一台斗轮式挖掘机承担了该工程66%的采料任务,其生产率达2 300 m^3/h。该机装有多个挖斗,开挖料先卸入输送皮带,再卸入卸料皮带导向卸料口装车。

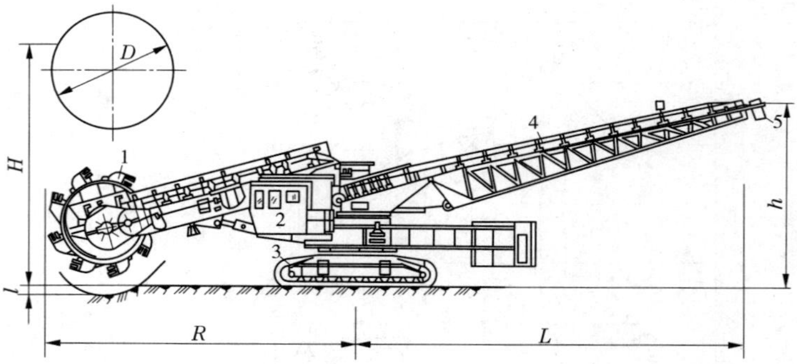

1—斗轮;2—机房;3—履带行驶机构;4—臂式带式运输机;5—卸料装置

图4-3 斗轮式挖掘机

二、挖运组合机械

(一)推土机

以拖拉机为原动机械,另加切土片的推土器,既可薄层切土又能短距离推运。按推土器在平面能否转动又分为固定式和万能式，前者结构简单且牢固，应用普遍，多用液压操作。如图4-4所示为国产移山－120型推土机。推土机的经济运距为60～100 m。若长距离推土，土料从推土器两侧散失较多，为了减少推土过程中土料的散失，可在推土器两侧加挡板，或先推成槽，然后在槽中推土，或多台并列推土。

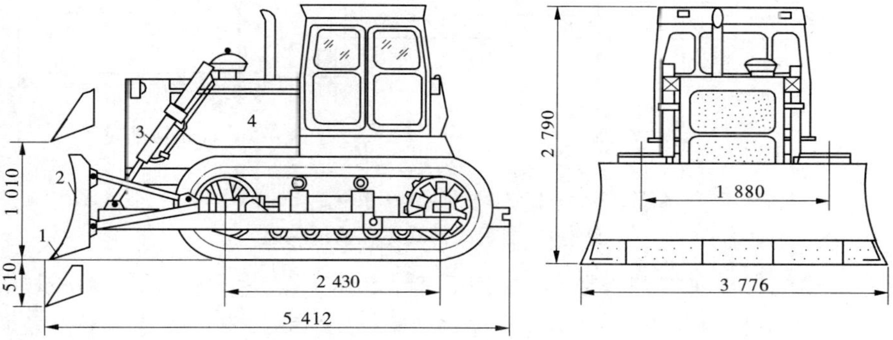

1—刀片；2—推土器；3—切土液压装置；4—拖拉机

图4-4　国产移山－120型推土机　（单位：mm）

（二）铲运机

按行驶方式，铲运机分为牵引式和自行式。前者用拖拉机牵引铲斗，后者自身有行驶动力装置。目前多用自行式，因其结构简单，可带较大的铲斗，行驶速度快，有较好的越野性能。如图4-5所示为铲斗容量为7 m^3的国产CL7型自行式铲运机。

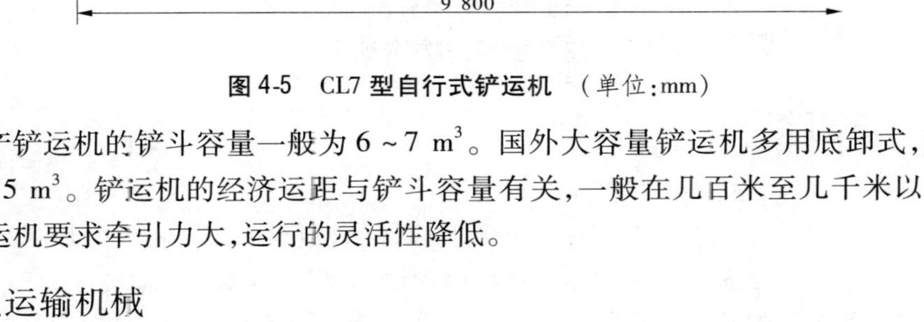

图4-5　CL7型自行式铲运机　（单位：mm）

国产铲运机的铲斗容量一般为6～7 m^3。国外大容量铲运机多用底卸式，其斗容量高达57.5 m^3。铲运机的经济运距与铲斗容量有关，一般在几百米至几千米以内。大容量的铲运机要求牵引力大，运行的灵活性降低。

三、运输机械

运输机械有循环式和连续式两种。前者有有轨机车和机动灵活的汽车，一般工程自卸汽车的吨位是10～35 t。最常用的连续运输机械是带式运输机，根据有无行驶装置，分为移动式和固定式两种。前者多用于短距离运输和散体材料的装卸堆存，后者多用于长距离运输。美国沃洛维尔土坝采用带式运输机,运距长达 19.7 km。固定式常采用分段布置,每段一般在 200 m 以内,如图 4-6 所示为固定式带式运输机的构造。

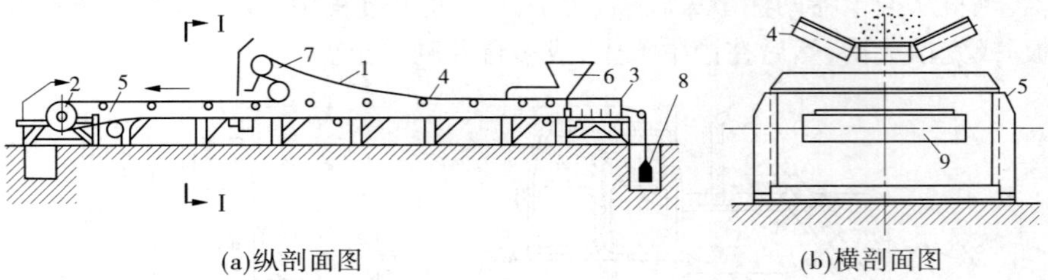

1—皮带;2—驱动鼓轮;3—张紧鼓轮;4—托辊;5—机架;6—喂料器;7—卸料小车;8—张紧重锤;9—下托辊

图 4-6　固定式带式运输机的构造

带式运输机有金属带和橡胶带,常用后者。带宽一般为 800 ~ 1 200 mm,最大带宽 1 800 mm,最大运行速度 240 m/min,最大生产率达 12 000 t/h。这种运输设备不受地形限制,结构简单,运行方便灵活,生产率高。使用时应防止和减轻带的磨损、老化、断裂。

装载机是一种短程装运结合的机械。常用的斗容量为 1 ~ 3 m^3,运行灵活方便。如图 4-7所示为斗容量为 2 m^3的国产 ZL40 型装载机的外形尺寸。

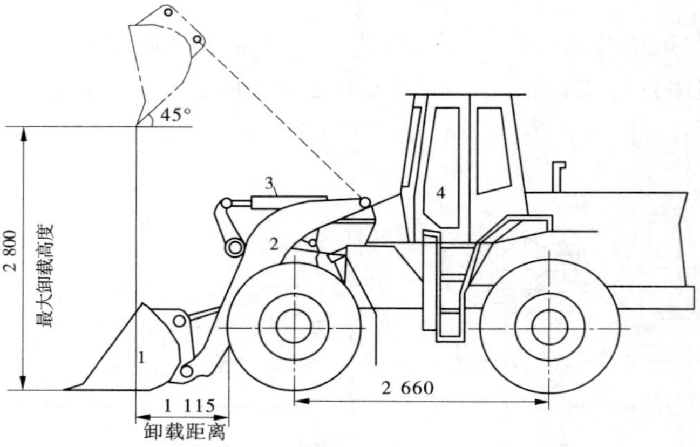

1—装载斗;2—活动臂;3—臂杆油缸;4—操作台

图 4-7　国产 ZL40 型装载机的外形尺寸　(单位:mm)

四、土石料开挖

(一)正向铲开挖,自卸汽车运输上坝

正向铲开挖、装载,自卸汽车运输直接上坝,通常运距小于 10 km。自卸汽车可运各种坝料,运输能力强,设备通用,能直接铺料,机动灵活,转弯半径小,爬坡能力较强,管理方便,设备易于获得,在国内外的高土石坝施工中,获得了广泛的应用,且挖运机械朝着大斗容量、大吨位方向发展。在施工布置上,正向铲一般都采用立面开挖,汽车运输道路可布置成循环路线,装料时停在挖掘机一侧的同一平面上,即汽车鱼贯式地装料与行驶,如图 4-8 所示。这种布置形式,可避免或减少汽车的倒车时间,正向铲采用 60° ~90°的转角

侧向卸料，回转角度小，生产率高，能充分发挥正向铲与汽车的效率。

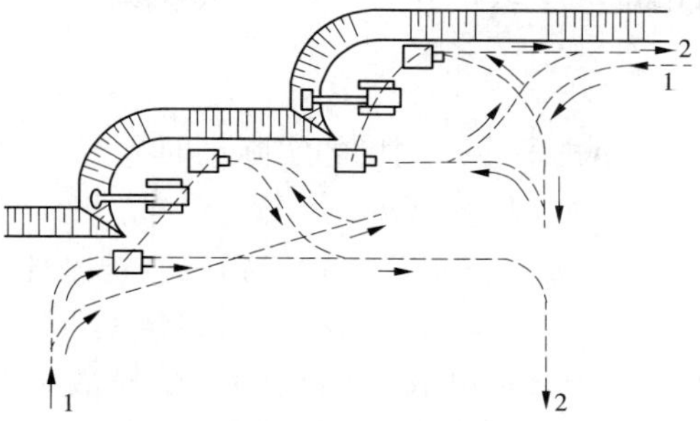

1—空车线路;2—重车线路

图 4-8 汽车在正向铲机侧、机后装料平面布置

（二）正向铲开挖，带式运输机运输上坝

带式运输机的爬坡能力强，架设简易，运输费用较低，与自卸汽车相比，可降低运输费用 1/3 ~ 1/2，运输能力也较强。带式运输机可直接从料场运输上坝，也可与自卸汽车配合做长距离运输，在坝前经漏斗由汽车转运上坝；或与有轨机车配合，用带式运输机转运上坝做短距离运输。

（三）斗轮式挖掘机开挖，带式运输机运输，自卸汽车上坝

对于填筑方量大、上坝强度高的土石坝，若料场储量大而集中，可采用斗轮式挖掘机开挖，其生产率高，具有连续挖掘、装料的特点。斗轮式挖掘机将料转入移动式带式运输机，其后接长距离的固定式带式运输机至坝面或坝面附近，经自卸汽车运至填筑面。这种方案可使挖、装、运连续进行，简化了施工工艺，提高了机械化水平和生产率。

（四）采砂船开挖，有轨机车运输，自卸汽车上坝

国内一些大中型水利水电工程施工中，广泛采用采砂船开采水下的砂石料，配合有轨机车运输。在我国大型载重汽车尚不能满足要求的情况下，有轨机车仍是一种效率较高的运输工具，它具有机械结构简单、修配容易的优点。当料场集中、运输量大、运距较远（大于 10 km）时，可用有轨机车进行水平运输。有轨机车运输的临建工程量大，设备投资较高，对线路坡度、转弯半径等的要求也较高。有轨机车不能直接上坝，可在坝脚经卸料装置卸至带式运输机或自卸汽车转运上坝。

五、土石料运输

土石料主要采用自卸汽车运输和带式输送机运输。自卸汽车运送坝料具有较好的适应性，具有运输能力强、设备通用、能直接铺料、机动灵活、设备易于获得等优点。

带式输送机的爬坡能力强，道路修筑比较简易，运输费用较低，也能达到较高的运输能力。主要针对坝址两岸地形陡峻或运输距离较长，汽车运输道路布置困难，运输道路工程量大，造价高、运费高、工期长的情况，从目前国内外带式输送机使用情况，对粒径较小的坝体填筑材料可研究采用带式输送机运输方案。

六、挖运机械设备的生产能力

（一）挖掘机械

循环式单斗挖掘机和连续式多斗挖掘机的实际小时生产率P（m^3/h）可按下式确定：

$$P = 60qnK_HK'_pK_BK_t \tag{4-1}$$

式中：q为土斗的几何容积，m^3；n对于单斗挖掘机指每分钟循环工作次数，对于多斗挖掘机指每分钟倾倒的土斗数量；K_H为土斗的充盈系数，表示实际装料容积与土斗几何容积的比值，对于正向铲可取1，对于索铲可取0.9；K'_p为土的松散影响系数，指挖土前的实土与挖后松土体积的比值，其大小与土料的等级有关，对于Ⅰ级土为0.91～0.83，Ⅱ级土为0.88～0.78，Ⅲ级土为0.81～0.71，Ⅳ级土为0.79～0.73；K_B为土的时间利用系数，表示挖掘机工作时间利用程度，可取0.8～0.9；K_t为联合作业延误系数，考虑运输工具影响挖掘的工作时间。有运输工具配合时，可取0.9，无运输工具配合时，可取1。

（二）运输机械

（1）循环式运输机械数量n的确定。

$$n = \frac{Q_Tt}{q(T_1 - T_2)} \tag{4-2}$$

式中：Q_T为运输强度（一昼夜或一班运载的总方量），m^3；q为运输工具装载的有效方量，m^3；T_1为一昼夜或一班的时间，min；T_2为一昼夜或一班内运输工具的非工作时间，min；t为运输工具周转一次的循环时间，min。

对于工地常用的汽车、拖拉机，t值为

$$t = t_1 + t_2 + \frac{2L}{v} \times 60 \tag{4-3}$$

式中：t_1为装车时间，min；t_2为卸车时间，min；L为运距，km；v为平均行驶速度，km/h，拖拉机取3.5～5 km/h，在一般工地道路上开行的汽车取15～20 km/h，在经改善路面后的道路上开行的汽车可取25～35 km/h。

每班运输循环次数

$$m = \frac{T_1 - T_2}{t} \tag{4-4}$$

生产能力P_t为

$$P_t = \frac{q(T_1 - T_2)}{t} \tag{4-5}$$

（2）连续带式运输机。带式运输机的生产率取决于带宽、带速及带上物料的装满程度。若以实方计，带式运输机的实际小时生产率P_T（m^3/h）可按下式计算

$$P_T = KvB^2K_BK_HK'_pK_dK_a \tag{4-6}$$

式中：K为带形系数，对于平面带$K=200$，对于槽形带，$K=400$；B为带宽，m；v为带的运行速度，m/s，通常可取1～2 m/s；K_B为时间利用系数，可取0.75～0.8；K_H为充盈系数，与装料特性和运载情况有关，沙土取0.85，岩石取0.70，K'_p为土的松散影响系数，参见式（4-1）说明；K_d为土石粒径系数，粒径为带宽10%～30%者，K_d = 0 75，粒径为带宽

5%~9%者，$K_d=0.9$，对细粒径材料，$K_d=1$；K_a为倾角影响系数，当$\alpha=11°\sim15°$时，$K_a=0.95$，当$\alpha=16°\sim18°$时，$K_a=0.9$，当$\alpha=19°\sim22°$时，$K_a=0.85$。

七、挖运强度和挖运机械数量的确定

（一）挖运强度的确定

土石坝施工的挖运强度取决于土石坝的上坝强度，上坝强度又取决于施工中的气象水文条件、施工导流方式、施工分期、工作面大小、劳动力、机械设备、燃料动力供应等因素。对于大中型工程，平均日上坝强度通常为1万~3万m^3，高的达10万m^3左右。合理的施工组织管理应有利于实现均衡生产，避免生产大起大落造成不必要的浪费。

（1）上坝强度Q_D（m^3/d）按下式计算

$$Q_D=\frac{V'}{T}\frac{K_s}{K_1}K_i \quad (4\text{-}7)$$

式中：V'为分期完成的设计方量，以压实方计，m^3；K_s为沉陷影响系数，可取1.03~1.05；K_i为施工不均衡系数，可取1.2~1.3；K_1为坝面作业土料损失系数，可取0.90~0.95；T为施工分期时段的有效工作日数，等于总日数扣除法定节假日及因故停工日数。

（2）运输强度Q_T（m^3/d）根据上坝强度Q_D确定

$$Q_T=\frac{Q_D}{K_2}K_c \quad (4\text{-}8)$$

式中：K_c为压实影响系数，$K_c=\gamma_0/\gamma_T$，γ_0为坝体设计干表观密度，γ_T为土料运输的松散表观密度；K_2为运输损失系数，可取0.95~0.99，因土料性质及运输方式而异。

（3）开挖强度Q_c（m^3/d）仍根据上坝强度Q_D确定

$$Q_c=\frac{Q_D}{K_2K_3}K'_c \quad (4\text{-}9)$$

式中：K'_c为压实系数，为坝体设计干表观密度γ_0与料场土料天然表观密度γ_c的比值；K_3为土料开挖损失系数，随土料特性和开挖方式而异，一般取0.92~0.97。

（二）挖运机械数量的确定

国内外土石坝工程施工中，采用正向铲与自卸汽车配合是最普遍的挖运方案。挖掘机的斗容量与自卸汽车的载重量有合理的匹配关系，计算所选挖掘机的装车斗数：

$$m=\frac{Q}{\gamma_c qK_HK'_p} \quad (4\text{-}10)$$

式中：Q为自卸汽车的载重量，t；q为所选挖掘机的斗容量，m^3；γ_c为料场土料的天然表观密度，t/m^3；K_H为挖掘机的土斗充盈系数；K'_p为土料的松散影响系数。

挖掘机装一车所需斗数要适当。若m过大，说明所选挖掘机的斗容量偏小，要求挖掘机的数量太多，汽车装车时间过长，影响汽车运输能力的发挥，也影响挖掘机作用的发挥，这时宜增大挖掘机的斗容量；反之，若m过小，说明汽车的载重量偏小，需要汽车的数量过多，由于换车频繁，候车时间过长，既影响挖掘机，也影响汽车运输能力的发挥，这时应适当增大汽车的载重量。m合适的范围为3~5。通常应使一台挖掘机所需的汽车数量n所对应的生产能力略大于此挖掘机的生产率，以充分发挥挖掘机的生产潜力，故有：

$$P_a \geqslant \frac{P_c}{n} \tag{4-11}$$

式中:P_a为一辆汽车的生产率, m^3/h;P_c为每台挖掘机的生产率, m^3/h。

满足高峰施工期上坝强度的挖掘机的数量应为

$$N_c = \frac{Q_{cmax}}{P_c} \tag{4-12}$$

满足高峰施工期上坝强度的汽车总数应为

$$N_a = \frac{Q_{Tmax}}{P_a} \tag{4-13}$$

式(4-12)、式(4-13)中,Q_{cmax}、Q_{Tmax}分别为高峰施工期开挖及运输土料的最大小时强度,m^3/h。

任务四　坝体填筑与压实

当基础开挖和基础处理基本完成后,就可进行坝体的铺筑、压实施工。

一、坝面作业的施工组织规划

土石坝坝面作业施工工序包括卸料、铺料、洒水、压实、质量检查等。坝面作业工作面狭窄、工种多、工序多、机械设备多,施工时需有妥善的施工组织规划。为避免坝面施工中的干扰,延误施工进度,土石坝坝面作业宜采用分段流水作业施工。

卸料和铺料有 3 种方法,即进占法、后退法和综合法。一般采用进占法,厚层填筑也可采用混合法铺料,以减小铺料工作量。进占法铺料层厚易控制,表面容易平整,压实设备工作条件较好。按设计厚度铺料平料是保证压实质量的关键,国内不少工地采取“算方上料、定点卸料、随卸随平、定机定人、铺平把关、插杆检查”的措施,使平料工作取得良好的效果。铺填中不应使坝面起伏不平,避免降雨积水。在坝面各料区的边界处,铺料会越界,通常规定其他材料不准进入防渗区边界线的内侧,边界外侧铺土距边界线的距离不能超过 50 cm。为配合碾压施工,防渗体土料铺筑应平行于坝轴线方向进行。

坝体压实是填筑的最关键工序,压实设备应根据砂石土料性质选择,碾压遍数和碾压速度应根据碾压试验确定,避免或减少欠碾和超碾,一般采用进退错距法和圈转套压法。进退错距法操作简便,碾压、铺土和质检等工序协调,便于分段流水作业,压实质量容易保证,其开行方式如图 4-9 (a)所示。圈转套压法要求开行的工作面较大,适合多碾滚组合碾压,其优点是生产效率较高,但碾压中转弯套压交接处重压过多,易发生超压。当转弯半径小时,容易引起土层扭曲,产生剪力破坏,在转弯的四角容易漏压,质量难以保证,其开行方式如图 4-9(b)所示。国内多采用进退错距法。错距宽度 b(m)按下式计算

$$b = \frac{B}{n} \tag{4-14}$$

式中:B 为碾滚净宽,m;n 为设计碾压遍数。

坝壳靠近岸坡部位施工,用汽车卸料及推土机平料时,大粒径料容易集中,碾压机械

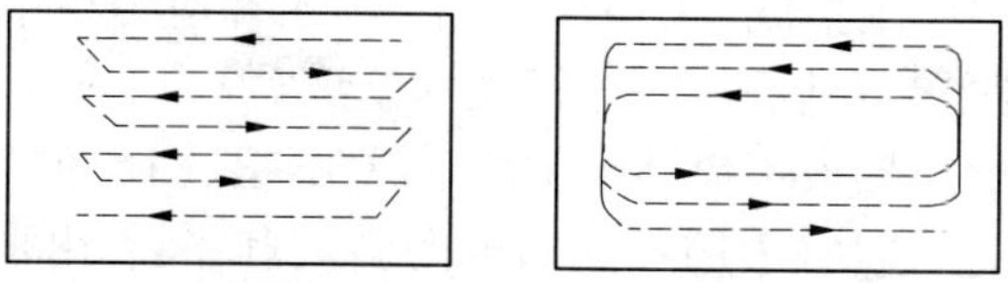

(a)进退错距法 (b)圈转套压法

图 4-9 碾压机械开行方式

压实时,碾滚不能靠近岸坡,因此需采取一定措施保证施工质量。坝壳与岸坡结合填筑带的质量保证措施一般有限制铺料层厚,限制粒径,充填细料,采用夯击式机械夯实。

对于汽车上坝或光面压实机具压实的土层,应刨毛处理,以利于层间结合。通常刨毛深度为 3 ~5 cm,可用推土机改装的刨毛机刨毛,工效高、质量好。

二、结合部位施工

土石坝施工中,坝体的防渗土料不可避免地要与地基、岸坡、周围其他建筑的边界相结合;由于施工导流、施工方法、分期分段分层填筑等的要求,还必须设置纵横向的接坡、接缝。所有这些结合部位,都是影响坝体整体性和质量的关键部位,也是施工中的薄弱环节,因此必须采取可靠的措施,加强质量控制和管理,确保坝体的填筑质量满足设计要求。

(一)坝基结合面

对于基础部位的填土,一般用薄层、轻碾的方法,不允许用重型碾或重型夯,以免破坏基础,造成渗漏。对黏性土、砾质土坝基,应将其表层含水量调节至施工含水量上限范围,用与防渗体土料相同的碾压参数压实,然后刨毛深 3 ~5 cm,再铺土压实;非黏性土地基应先压实,再铺第一层土料,含水量为施工含水量的上限,采用轻型机械压实,压实干表观密度可略低于设计要求。

与岩基接触面,应首先把局部凹凸不平的岩石修理平整,封闭岩基表面节理裂隙。若岩基干燥可适当洒水,并使用含水量略高的土料,以便岩基或混凝土紧密结合。碾压前对岩基凹陷处人工填土夯实。不论何种坝基当填筑厚度达到 2 m 时,才可使用重型压实机械。

(二)与岸坡混凝土建筑物结合

填土前,先将结合面的污物冲洗干净,清除松动岩石,在结合面上洒水湿润,涂刷一层厚约 5 mm 的浓黏土浆或浓水泥黏土浆或水泥砂浆,防止产生危险的接触冲刷和渗透。涂刷浆体时,应边涂刷、边铺土、边碾压,涂刷高度与铺土厚度一致,注意涂刷层之间的搭接,避免漏涂。要严格防止泥浆干固(或凝固)后再铺土,否则对结合非常不利。

防渗体与岸坡结合处,宽度 1.5 ~2.0 m 范围内或边角处,不得使用羊角碾、夯板等重型机具,并保证与坝体碾压搭接宽度 1 m 以上。混凝土齿墙或坝下埋管两侧及顶部 0.5 m 范围内填土,必须用小型机具压实,其两侧填土应保持均衡上升。岸坡、混凝土建筑物与砾质土、掺合土结合处,应填筑 1 ~2 m 宽塑性较高而透水性低的土料,避免直接与粗料接触。

(三)坝体纵横向接坡及其接缝

土石坝施工的实践经验证明,几乎在任何部位都可以适当设置纵横向接坡,关键在于有无必要和采取什么样的施工措施。一般情况下,填筑面应力争平起,斜墙及窄心墙不应留有纵向接缝,如临时度汛需要设置,应进行技术论证。

防渗体及均质坝的横向接坡不应陡于1:3,高差不超过15 m。均质坝(不包括高压缩性地基上的土坝)的纵向接缝,宜采用不同高度的斜坡和平台相间形式,坡度及平台宽度根据施工要求确定,并满足稳定要求,平台高差不大于15 m。

坝体接坡面可用推土机自上而下削坡,适当留有保护层,配合填筑上升,逐层清至合格层,结合面削坡合格后,要控制其含水量为施工含水量范围的上限。坝体施工临时设置的接缝相对接坡来讲,其高差较小,停置时间短,没有稳定问题,通常高差以不超过铺土厚度的1~2倍为宜,分缝在高程上应适当错开。

三、反滤料、垫层料、过渡料的施工

反滤料、垫层料、过渡料一般方量不大,但其要求较高,铺料不能分离,一般与防渗体和一定宽度的大体积坝壳石料平起上升,压实标准高,分区线的误差有一定的控制范围。当铺填料宽度较宽时,铺料可采用装载机辅以人工进行。

先土后砂法如图4-10(a)所示,先填2~3层土料,压实时边缘留30~50 cm宽松土带,一次铺反滤料与黏土齐平,压实反滤料,并用气胎碾压实土砂接缝带。此法容易排除坝面积水;因填土料时无侧面限制,施工中有超坡,且接缝处土料不便压实。当反滤料上坝强度赶不上土料填筑时,可采用此法。

先砂后土法如图4-10(b)所示,先在反滤料设计线内用反滤料筑一个小堤,再填筑2~3层土料与反滤料齐平,然后压实反滤料及土料接缝带。此法填土料时由反滤料作侧面限制,便于控制防渗土体边线,接缝处土料便于压实,宜优先采用此法。

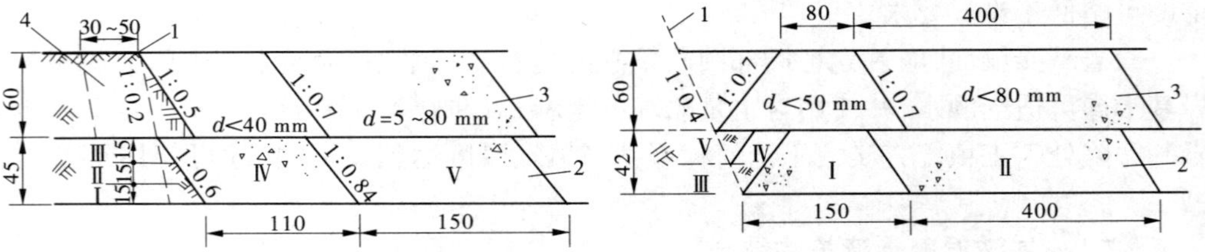

(a)先土后砂法(碧口坝)　　(b)先砂后土法(石头河坝)

1—心墙设计线;2—已压实层;3—未压实层;4—松土带

Ⅰ、Ⅱ、Ⅲ、Ⅳ、Ⅴ—填料次序

图4-10　土、砂平起施工示意图　(单位:cm)

反滤料的压实,应包括接触带土料与反滤料的压实。当防渗体土料用气胎碾碾压时,反滤料铺土厚度可与黏土铺土厚度相同,并同时用气胎碾碾压,这是施工中压实接触带最好的方法。若防渗体土料采用羊角碾碾压,对于土压砂的情况,两者应同时平起,羊角碾压到距土砂结合边0.3~0.5 m,以免羊角碾将土下的砂翻出来。然后用气胎碾碾压反滤层,其碾迹与羊角碾碾迹至少应重叠0.5 m,如图4-11(a)所示。若砂压土,土、砂亦同时平起,同样先用羊角碾碾压土料,且羊角碾压到反滤料上至少0.5 m宽,以便把反滤料之下的土料压实，然后用气胎碾碾压反滤料，并压实到土料上的宽度至少为0.5 m，如图4-11(b)所示。

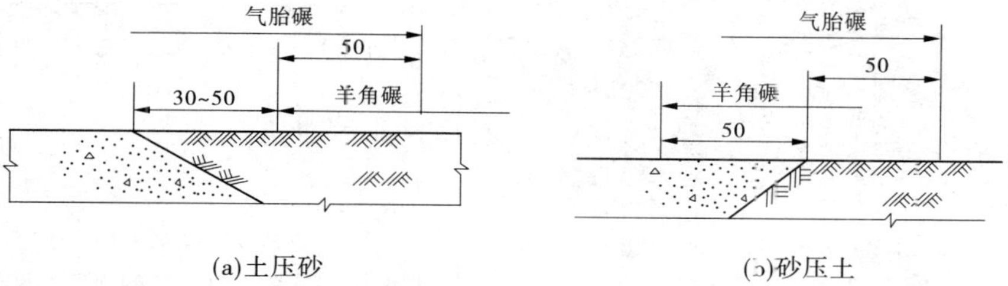

图4-11 土、砂结合带的压实 (单位:cm)

无论是先土后砂法或是先砂后土法，土砂之间必然出现犬牙交错的现象。反滤料的设计厚度，不应将犬牙厚度计算在内，不允许过多削弱防渗体的有效断面。反滤料一般不应伸入心墙内，犬牙交错带不得大于其每层铺土厚度的1.5～2.0倍。

四、压实机械

黏性土料要求压实作用外力能克服黏结力；非黏性土料(砂性土料、石渣料、砾石料)内摩擦力是主要的，要求压实作用外力能克服颗粒间的内摩擦力。不同的压实机械产生的压实作用外力不同，大体可分为碾压、夯击和振动3种基本类型。碾压的作用力是静压力，其大小不随作用时间变化，如图4-12(a)所示。夯击的作用力为瞬时动力，有瞬时脉冲作用，如图4-12(b)所示。振动的作用力为周期性的重复动力，其大小随时间呈周期性变化，振动周期的长短，随振动频率的大小而变化，如图4-12(c)所示。

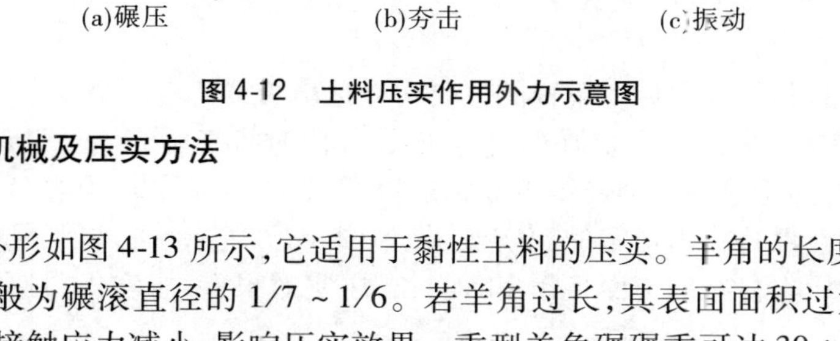

图4-12 土料压实作用外力示意图

(一)压实机械及压实方法

1. 羊角碾

羊角碾的外形如图4-13所示，它适用于黏性土料的压实。羊角的长度随碾滚的质量增加而增加，一般为碾滚直径的1/7～1/6。若羊角过长，其表面面积过大，压实阻力增加，羊角端部的接触应力减小，影响压实效果。重型羊角碾碾重可达30 t，羊角相应长40 cm。拖拉机的牵引力随碾重的增加而增加。羊角碾的羊角插入土中，不仅使羊角端部的土料被压实，而且使侧向土料受到挤压，从而达到均匀压实的效果，如图4-14所示。在压实过程中，羊角对表层的土有翻松作用，无需刨毛就能保证土料良好的层间结合。

1—羊角;2—加载孔;3—碾滚筒;4—杠辕框架

图 4-13　羊角碾外形

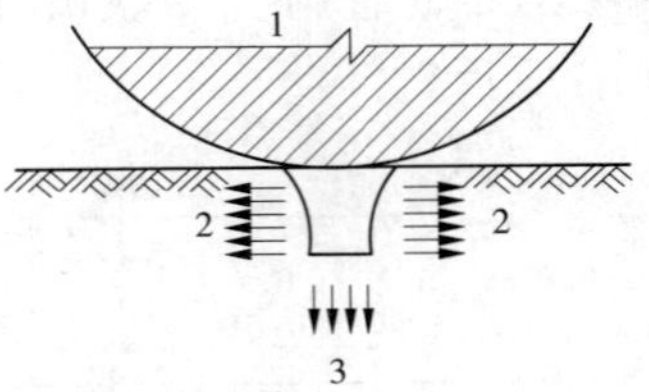

1—碾滚;2—侧压力;3—正压力

图 4-14　羊角碾对土料的正压力和侧压力

2. 振动碾

这是一种振动和碾压相结合的压实机械,如图 4-15 所示。它是由柴油机带动与机身相连的附有偏心块的轴旋转,迫使碾滚产生高频振动,非黏性土料在振动作用下,土粒间的内摩擦力迅速降低,同时由于颗粒大小不均匀,从而产生相对位移,使细颗粒填入粗颗粒间的空隙而达到密实。然而,黏性土颗粒间的黏结力是主要的,在振动作用下,不能取得像非黏性土那样的压实效果。由于振动作用,振动碾的压实影响深度比一般碾压机械大 1 ~3 倍,达 1 m 以上。对有防震要求的土工建筑物必须用振动碾压实。振动碾结构简单,制作方便,成本低廉,生产率高,是压实非黏性土石料的高效压实机械。

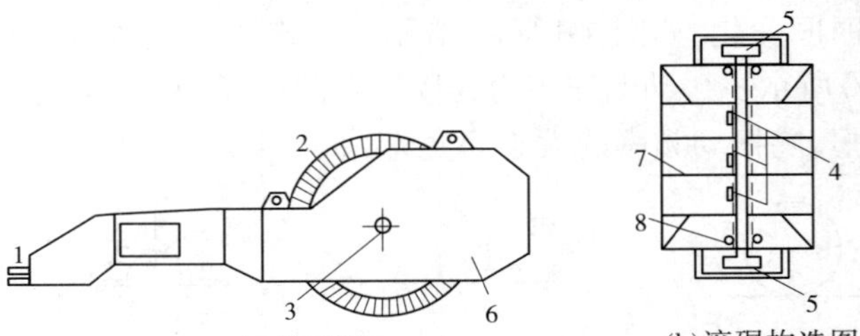

1—牵引挂钩;2—滚碾; 3—轴;4—偏心块;5—皮带轮;6—车架侧壁;7—隔板;8—弹簧悬架

图 4-15　SD8013.5 型振动碾示意图

3. 气胎碾

气胎碾有单轴和双轴之分。单轴的主要构造是由装载荷重的金属车箱和装在轴上的 4 ~6 个气胎组成的。碾压时在金属车箱内加载,并同时将气胎充气至设计压力。为防止气胎损坏,停工时用千斤顶将金属箱支托起来,并把胎内的气放掉,如图 4-16 所示。

气胎碾始终能保持较为均匀的压实效果,如图 4-17 所示。它与刚性碾比较,气胎不仅对土体的接触压力分布均匀而且作用时间长,压实效果好,压实土料厚度大,生产效率高。

气胎碾可根据压实土料的特性调整其内压力,使气胎对土体的压力始终保持在土料的极限强度内。通常气胎的内压力,对黏性土以 0.5 ~0.6 MPa、非黏性土以 0.2 ~0.4 MPa 最好。平碾碾滚是刚性的,不能适应土体的变形,荷载过大就会使碾滚的接触应力超过土体极限强度,这就限制了这类碾朝重型方向发展。气胎碾却不然,随着荷载的增加,

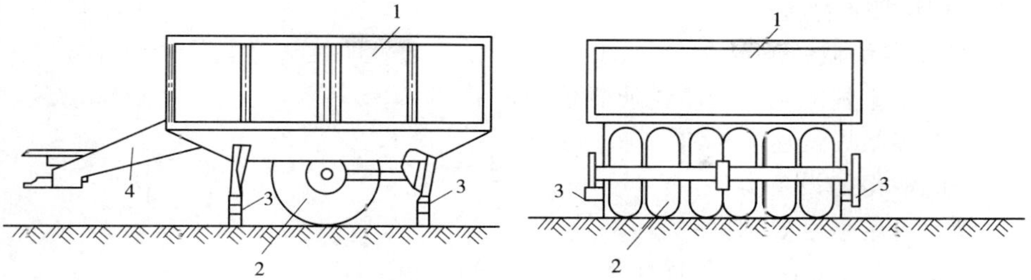

1—金属车厢;2—充气轮胎;3—千斤顶;4—牵挂杠辕

图 4-16 拖行单轴式气胎碾

气胎与土体的接触面增大,接触应力仍不致超过土体的极限强度。所以,只要牵引力能满足要求,就不妨碍气胎碾朝重型、高效方向发展。早在 20 世纪 60 年代,国外就生产了重 200 t 的超重型气胎碾。由于气胎碾既适用于压实黏性土料,又适用于压实非黏性土料,能做到一机多用,有利于防渗土料与坝壳土料平起同时上升,用途很广泛。

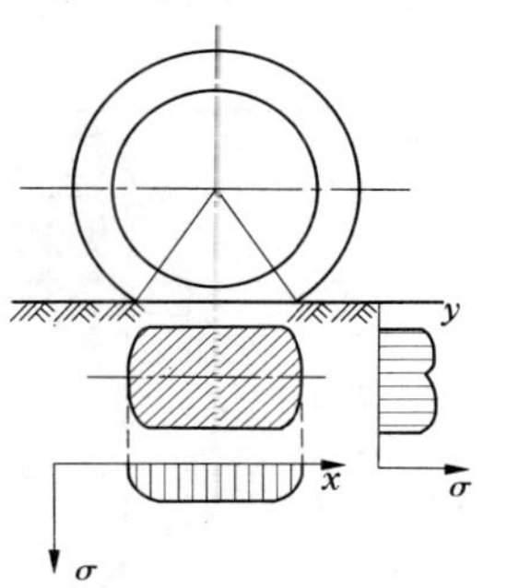

图 4-17 气胎碾压实应力分布图

4. 夯板

夯板夯实土料,其压实铺土厚度可达 1 m,生产效率较高。对于大颗粒填料可用夯板夯实,其破碎率比用碾压机械压实大得多。为提高夯实效果,在夯击黏性土料或略受冰冻的土料时,尚可将夯板装上羊角,即成羊角夯。夯板工作时,机身在压实地段中部后退移动,随夯板臂杆的回转,土料被夯实的夯迹呈扇形。为避免漏夯,夯迹与夯迹之间要重叠,其重叠宽度为 10 ~ 15 cm,夯迹排与排之间也要搭接相同的宽度。为充分发挥夯板的工作效率,避免前后排套压过多,夯板的工作转角以不大于 80° ~ 90°为宜,如图 4-18 所示。

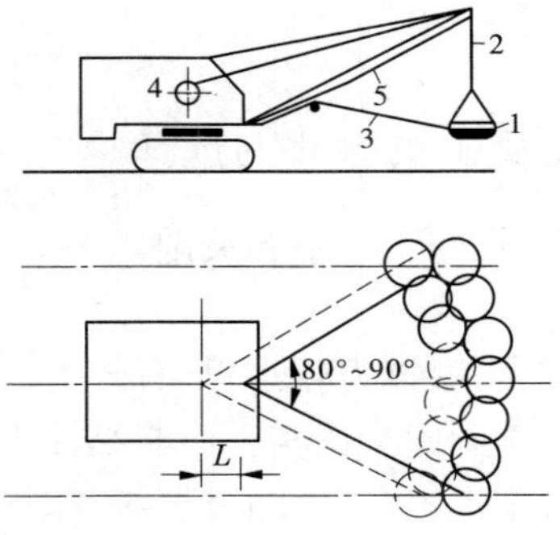

1—夯板;2—提升索;3—操纵索;4—机房;5—支杆

图 4-18 夯板及其工作示意图

(二)压实机械的选择

1. 选择压实机械的原则

(1)与压实土料的物理力学性质相适应。

(2)能够满足设计压实标准。

(3)可能取得的设备类型。

(4)满足施工强度要求。

(5)设备类型、规格与工作面的大小、压实部位相适应。

(6)施工队伍现有装备和施工经验等。

2. 各种压实机械的适用情况

各种碾压机械的适用情况可归纳为表4-1。

表4-1 各种碾压机械的适用情况

碾压设备	堆石	砂、砂砾料		砾质土	黏性土	黏土		软弱风化土石混合料
		优良级配	均匀级配			低、中强度黏土	高强度黏土	
5~10 t 振动平碾	△	○	○	○	△	△	△	
10~15 t 振动平碾	○	○	○	○	△	△	△	
振动凸块碾			△	△	○	○	△	
振动羊角碾				△	△	○	△	
气胎碾		○	○	○	○	○	○	
羊角碾				△	○	○	○	
夯板		○	○	○	○	△	△	
尖齿碾								○

注:○表示适用,△表示可用。

五、土石料的压实标准及压实参数的选择

土石料的压实,是保证土石坝施工质量的关键。

(一)土石料的压实特性

一般黏性土料的黏结力较大,摩擦力较小,具有较大的压缩性,但由于其透水性小,排水困难,压缩过程慢,所以很难达到固结压实。而非黏性土料黏结力小,摩擦力大,具有较小的压缩性,但由于透水性大,排水容易,压缩过程快,能很快达到密实。土料的含水量是影响压实效果的重要因素之一,用击实仪(原南京水利实验处提出,简称南实仪)对黏性土的击实试验,得到一组击实次数、干表观密度与含水量的关系曲线,如图4-19所示,图中 n 为击实次数,G 为饱和度。

黏性土在某一击实次数下,干表观密度达到最大值时的含水量为最优含水量;对每一种土料,在一定的压实功能下,只有在最优含水量范围内,才能获得最大的干表观密度,且

压实也较经济。非黏性土料的透水性大，排水容易，压缩过程快，能够很快达到压实，不存在最优含水量。这是非黏性土料与黏性土料压实特性的根本区别。

压实功能的大小，也影响着土料干表观密度的大小，从图 4-19 可以看出，击实次数增加，干表观密度也随之增大，而最优含水量则随之减小。这说明同一种土料的最优含水量和最大干表观密度并不是一个恒定值。一般来讲，增加压实功能可增加干表观密度。这种特性，对于含水量小于最优含水量的土料比对于含水量大于最优含水量的土料更为显著。

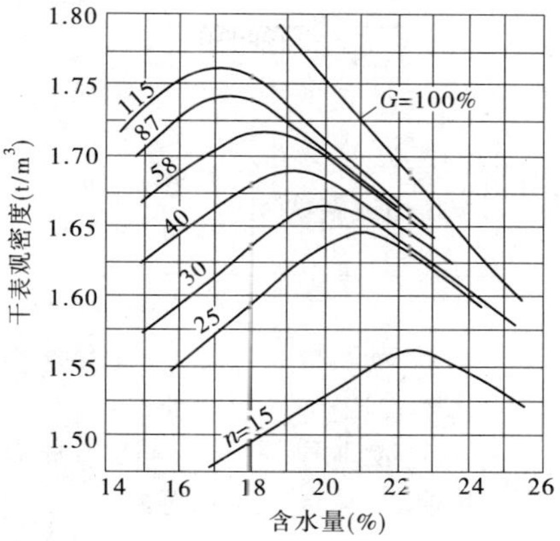

图 4-19　某工程粉质黏土的击实曲线

（二）土石料的压实标准

土石料压实得越好，物理力学性能指标就越高，坝体填筑质量就越有保证。但土石料的过分压实，不仅提高了压实费用，而且会产生剪切破坏，反而达不到预期效果。

黏性土的压实标准，主要以压实干表观密度 γ_d 和施工含水量这两个指标来控制，非黏性土料（如沙土及砂砾石）以相对密度 D 来控制，而石渣或堆石体则可用孔隙率作为压实指标。在现场用相对密度来控制施工质量不太方便，通常将相对密度转换成对应的干表观密度 γ_d 来控制，其大小按非黏性土不同砾石含量，分别确定不同标准。其换算公式为

$$\gamma_d = \frac{\gamma_1\gamma_2}{\gamma_2(1-D)+\gamma_1 D} \tag{4-15}$$

式中：γ_1、γ_2 分别为土料极松散和极紧密时的干表观密度，t/m^3。

（三）压实参数的确定

当所选料场土性差异较大时，应分别进行碾压试验。压实试验前，先通过理论计算并参照已建类似工程的经验，初选几种碾压机械和拟订几组碾压参数，采用逐步收敛法进行试验。所谓逐步收敛法，是指固定其他参数，变动一个参数，通过试验得到该参数的最优值。将优选的此参数和其他参数固定，再变动另一个参数，用试验确定其最优值。以此类推，得到每个参数的最优值。试验中，碾压参数组合可参照表 4-2 确定。

黏性土料压实含水量可取 $\omega_1=\omega_P+2\%$、$\omega_2=\omega_P$、$\omega_3=\omega_P-2\%$ 三种进行试验。ω_P 为土料的塑限。

试验的铺土厚度和碾压遍数应根据所选用的碾压设备型号确定。试验测定相应的含水量和干表观密度，作出对应的关系曲线，如图 4-20 所示。根据上述关系，再作出铺土厚度、压实遍数与最大干表观密度、最优含水量关系曲线，如图 4-21 所示。

表 4-2 现场碾压试验设备及碾压参数组合

压实参数	平碾	羊角碾	气胎碾	夯板	振动碾
机械参数	选择 3 种单宽压力或碾重	选择 3 种羊角接触压力或碾重	气胎的内压力和碾重各选择 3 种	夯板的自重和直径各选择 3 种	对确定的一种机械碾重为定值
施工参数	1. 选 3 种铺土厚度； 2. 选 3 种碾压遍数； 3. 选 3 种含水量	1. 选 3 种铺土厚度； 2. 选 3 种碾压遍数； 3. 选 3 种含水量	1. 选 3 种铺土厚度； 2. 选 3 种碾压遍数； 3. 选 3 种含水量	1. 选 3 种铺土厚度； 2. 选 3 种碾压遍数； 3. 选 3 种夯板落差； 4. 选 3 种含水量	1. 选 3 种铺土厚度； 2. 选 3 种碾压遍数； 3. 充分洒水
复核试验参数	按最优参数试验	按最优参数试验	按最优参数试验	按最优参数试验	按最优参数试验
全部试验组数	13	13	16	19(16)*	10(7)**
每个参数试验场地大小(m^2)	3×10	6×10	6×10	8×8	10×20

注：堆石的洒水量为其体积的 30% ~50%，砂砾料为 20% ~40%。通过固定夯板直径，此时只试验 16 组。通常固定碾重，此时只试验 7 组。

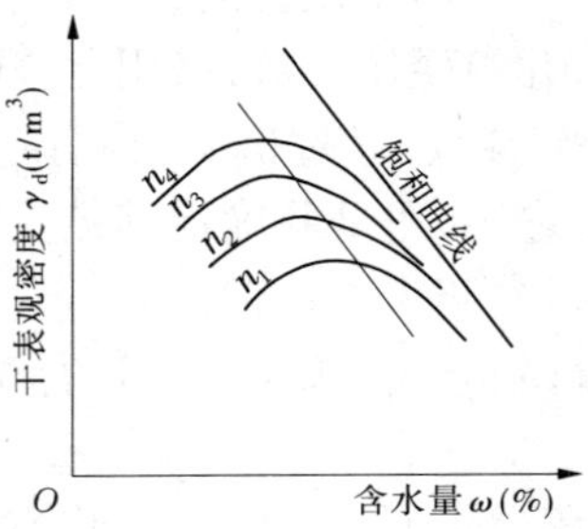

图 4-20 不同铺土厚度、不同压实遍数与土料含水量和干表观密度的关系曲线

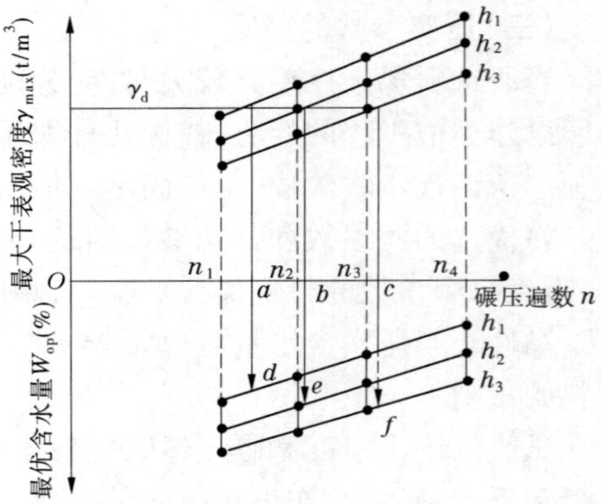

图 4-21 铺土厚度、压实遍数与最优含水量和最大干表观密度的关系曲线

非黏性土料含水量的影响不如黏性土显著，试验中可充分洒水，只作铺土厚度、相对

密度(或干表观密度)与压实遍数的关系曲线,如图4-22所示。

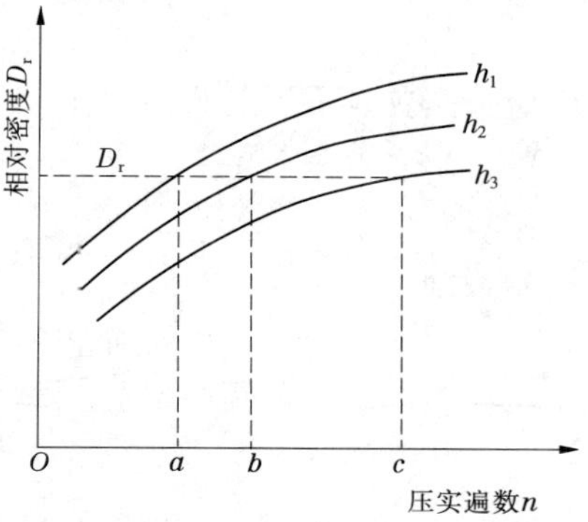

图4-22 非黏性土的铺土厚度、相对密度与压实遍数关系曲线

清江水布垭面板堆石坝坝料填筑中各料区均碾压8遍,碾压参数取值如表4-3所示。

表4-3 水布垭面板堆石坝坝料填筑碾压施工参数

分区	名称	干密度(g/cm^3)	压实层厚(cm)	最大粒径(cm)	铺料方法	碾重(t)	行走速度(m/s)	推荐洒水量
ⅡA	垫层区	2.25	40	8	后退法	18	≤0.28	5%或适量
ⅢA	过渡区	2.20	40	30	进占法	25	≤0.28	10%
ⅢB	主堆石区	2.18	80	80	进占法	25	≤0.28	15%
ⅢC	次堆石区	2.15	80	80	进占法	25	≤0.28	5%
ⅢD	下游堆石区	2.15	120	120	进占法	25	≤0.28	15%

注:洒水量在实际施工中由于天气和环境变化相对较难控制,ⅡA区为细粒料对含水量较敏感,应控制碾压含水量;其他料区可适当放宽。碾压遍数相对易于控制,应作为质量控制的主要施工碾压参数。

任务五 面板堆石坝施工

我国第一座混凝土面板堆石坝是抛填式的贵州百花水电站大坝(坝高47.8 m),于1966年建成。现代混凝土面板堆石坝的建设始于1985年,首先开工的为95 m高的湖北西北口坝(1985年开工),首先建成的为58.5 m高的辽宁关门山坝(1988年建成)。此后面板堆石坝的建设如雨后春笋,湖北水布垭面板堆石坝最大坝高233.0 m,是目前世界上最高的面板堆石坝。

一、混凝土面板坝坝体分区与分期

面板堆石坝上游面有薄层面板,面板可以是刚性钢筋混凝土,也可以是柔性沥青混凝土。坝身主要是堆石结构。良好的堆石材料,尽量减少堆石体的变形,为面板正常工作创造条件,是坝体安全运行的基础。坝体部位不同,受力状况不同,对填筑材料的要求也不同,所以应对坝体进行分区。如图 4-23 所示为关门山水库混凝土面板堆石坝的坝体分区剖面图。

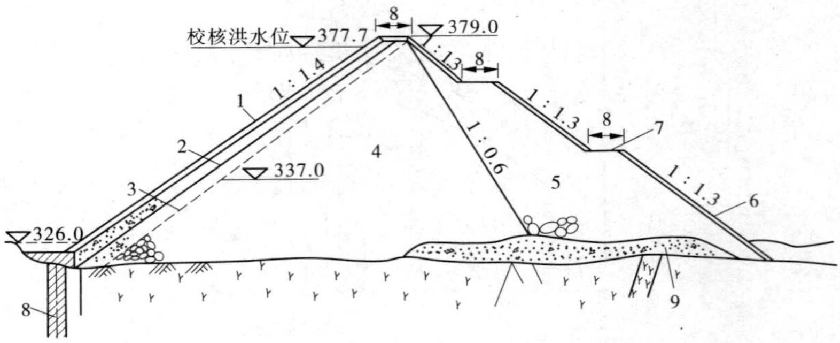

1—混凝土面板;2—垫层斜区;3—过渡斜区;4—主堆石区;5—下游堆石区;
6—干砌石护坡;7—上坝公路;8—灌浆帷幕;9—砂砾石

图 4-23 混凝土面板堆石坝的坝体分区剖面图 (单位:m)

一般面板堆石坝的施工程序为:岸坡坝基开挖清理,趾板基础及坝基开挖,趾板混凝土浇筑,基础灌浆,分期分块填筑主堆石料,垫层料必须与部分主堆石料平起上升,填至分期高度时用滑模浇筑面板,同时填筑下期坝体。再浇混凝土面板,直到坝顶。堆石坝填筑的施工设备、工艺和压实参数的确定,和常规土石坝非黏性料施工没有本质区别。

【例 4-1】 湖北水布垭电站最大坝高为 233.0 m,坝顶长为 660.0 m,坝顶高程为 409.0 m,面板分 3 期施工。为保证 2004 年汛期的度汛安全,2004 年 5 月中旬临时断面形成,受填筑强度的限制,坝顶高程为 288.0 m,Ⅰ期面板顶高程为 278.0 m,在 2004 年 12 月中旬开始浇筑,坝体碾压填筑和填料自重的滞后沉降完成较充分;Ⅱ期面板顶高程为 340.0 m,临时断面坝顶高程为 360.0 m,于 2005 年 11 月中旬填筑到位,2006 年 1 月中旬开始面板浇筑,坝体填筑于 2006 年 10 月上旬全部完成;Ⅲ期面板于 2007 年 1 月上旬开始浇筑。如图 4-24 所示为水布垭电站混凝土板堆石坝剖面图。

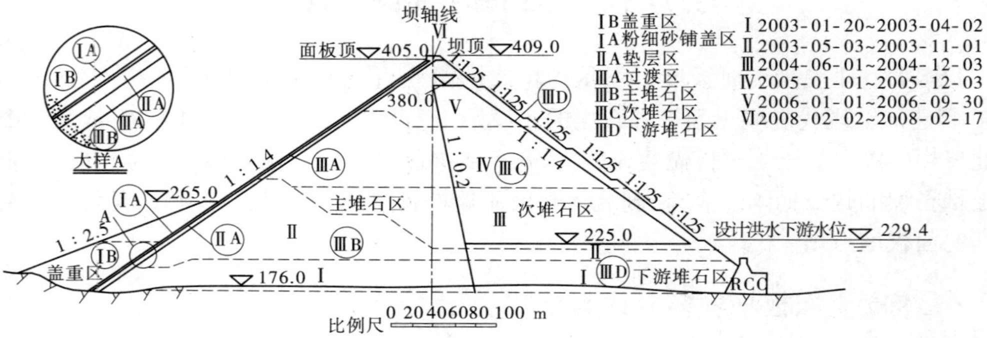

图 4-24 水布垭面板堆石坝剖面图 (高程单位:m)

二、垫层料施工

垫层为堆石体坡面最上游部分,可用人工碎石料或级配良好的砂砾料填筑。为减少面板混凝土超浇量、改善面板的应力条件,对上游垫层坡面必须修整和压实。一般水平填筑时向外超填15~30 cm,斜坡长度达到10~15 m时修整、压实一次。在坡面修整后即进行斜坡碾压。一般可利用为填筑坝顶布置的索吊牵引振动碾上下往返运行。也可使用平板式振动压实器进行斜坡压实。未浇筑面板之前的上游坡面,其抗冲蚀和抗人为因素破坏的性能很差,需进行垫层坡面的防护处理,一般采用喷洒乳化沥青保护,喷射混凝土或摊铺和碾压水泥砂浆防护。混凝土面板或面板浇筑前的垫层料,施工期不允许承受反向水压力。

三、趾板施工

趾板施工程序为:河床段趾板应在基岩开挖完毕后立即进行浇筑,在大坝填筑之前浇筑完毕。岸坡部位的趾板必须在填筑之前一个月内完成。为减少工序干扰和加快施工进度,可随趾板基岩开挖出一段之后,立即由顶部自上而下分段进行施工。如工期和工序不受约束,也可在趾板基岩全部开挖完以后,再进行趾板施工。趾板施工的步骤是:清理工作面、测量与放线、锚杆施工、立模安装止水片、架设钢筋、预埋件埋设、冲洗仓面、开仓检查、浇筑混凝土、养护。混凝土浇筑可采用滑模或常规模板进行。

四、钢筋混凝土面板施工

面板浇筑一般在堆石坝体填筑完成或至某一高度后,气温适当的季节内集中进行。面板由起始板及主面板组成。起始板可以采用固定模板或翻转模板浇筑,也可用滑模浇筑。当起始板不采用滑模浇筑时,应尽量在坝体填筑时创造条件提前浇筑。中等高度以下的坝,面板混凝土不宜设置水平期浇筑。垂直缝分缝宽度一般为12~15 m。钢筋混凝土面板一般采用滑模法施工,滑模分有轨滑模和无轨滑模两种。无轨滑模是近几年来在面板坝施工实践中提出来的,它克服了有轨滑模的缺点,减轻了滑动模板自身重量,提高了工效,节约了投资,在国内被广泛使用。滑模上升速度一般为1~2.5 m/h,最高可达6 m/h。

混凝土场外运输主要采用混凝土搅拌运输车、自卸汽车等。坝面输送主要采用溜槽和混凝土泵。钢筋的架设一般采用现场绑扎和焊接或预制钢筋网片和现场拼接的方法。金属止水片的成型主要有冷挤压成型、热加工成型或手工成型,一般成型后应进行退火处理。现场拼接方式有搭接、咬接、对接;对接一般用在止水接头异型处,应在加工厂内施焊。

五、沥青混凝土面板施工

沥青混凝土施工,温度控制十分严格,各道工序的温度控制范围如图4-25所示。

沥青在泵送、拌和、喷射、浇筑和压实过程中对其运动黏度值应加以控制。沥青的运动黏度值与温度存在一定关系,因此控制沥青运动黏度的过程也是控制温度的过程,两者

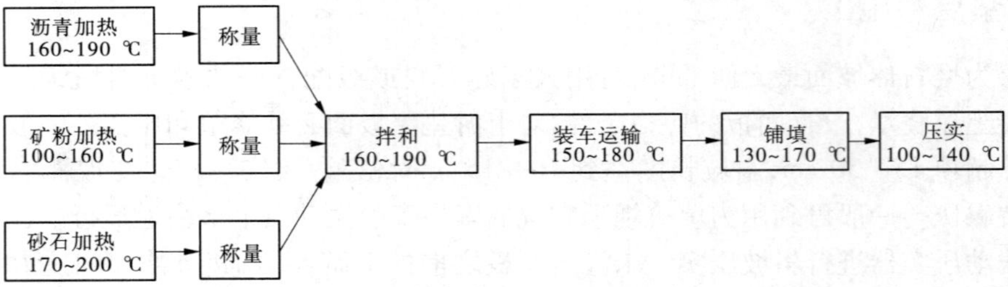

图 4-25 沥青混凝土施工过程温度控制范围

应协调一致。

沥青混凝土面板的施工特点在于铺填及压实层薄，通常板厚 10 ~ 30 cm，施工压实层厚仅 5 ~ 10 cm，且铺填及压实均在坡面上进行。沥青混凝土的铺填和压实如图 4-26 所示。沥青混凝土热料由汽车或装有料罐的平车经堆石体上的工作平台运至坝顶门式绞车前，由门式绞车的工作臂杆吊运料罐卸料入给料车的料斗内。给料车供给铺料车沥青混凝土。铺料车在门式绞车的牵引下，沿平整后的堆石坡面自下而上地铺料，铺料宽度一般

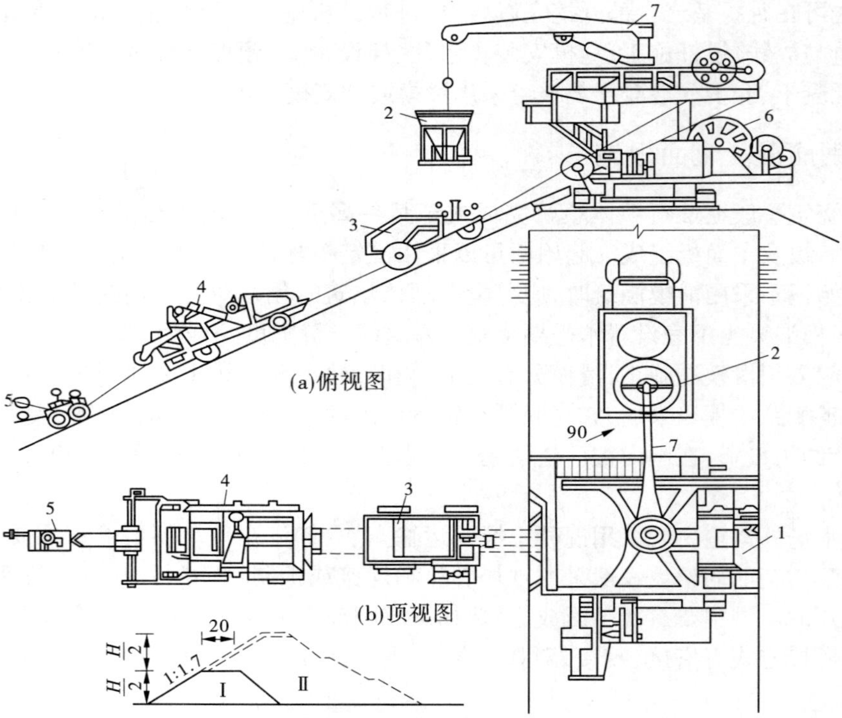

1—履带门式绞车;2—料罐;3—给料车;4—铺料车;5—振动碾;6—绞车;7—回转支杆

图 4-26 沥青混凝土面板机械施工联合作业 （单位:m）

为 3 ~ 4 m。特制的斜坡振动碾压机械，在门式绞车的牵引下，尾随铺料车将铺好的沥青混凝土压实。采用这些机械施工的最大坡长达 150 m。当坡长超过范围时，需将堆石体分成两期或多期进行，每期堆石体顶部均须留出宽 20 ~ 30 m 的工作平台，如图 4-26(c)所示。

沥青混凝土面板有复式断面和简式断面两种，如图 4-27、图 4-28 所示。防渗要求高的宜采用复式断面，其作用和要求如下：封闭层是为了封闭沥青混凝土防渗面层表面缺陷，提高面板的防渗性，延缓沥青混凝土老化等。使用的材料为沥青胶或橡胶沥青胶等。

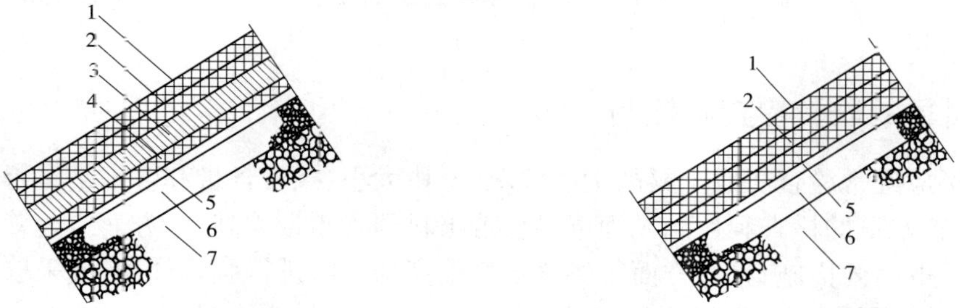

(a)复式断面　　(b)简式断面

1—封闭层；2—防渗面层；3—排水层；4—防渗底层；5—整平胶结层；6—垫层；7—填筑体

图 4-27　沥青混凝土面板断面的形式

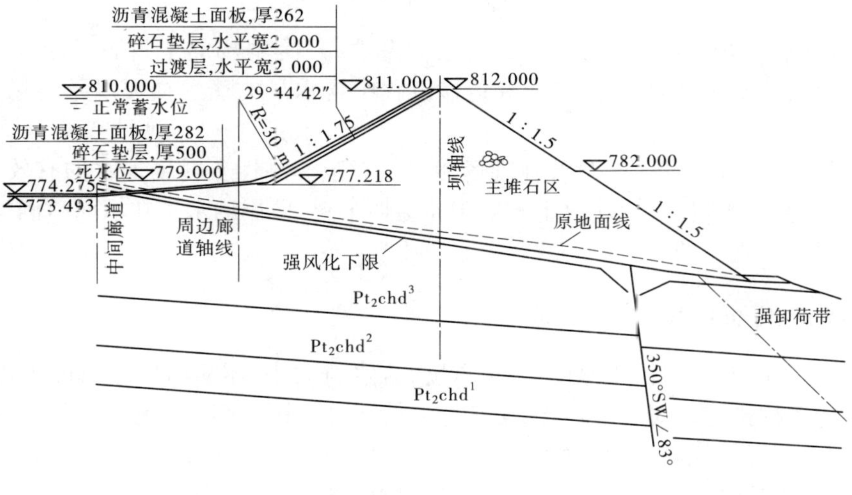

图 4-28　张河湾抽水蓄能电站上水库沥青混凝土面板坝典型剖面图　（单位：高程，m；尺寸，mm）

防渗面层是面板的主防渗层，其厚度一般为 8 ~ 12 cm，分两层或三层铺压。分层铺压时层间要喷涂乳化沥青或稀释沥青结合层以提高防渗面层的整体性。排水层是汇集防渗面层的渗水，将其引入廊道或排水管沟排出填筑体外。排水层厚度一般为 8 ~ 12 cm，沿坝轴线方向每隔 10 ~ 15 m，用防渗沥青混凝土设一个隔水带，将排水层分区以便分区观测渗水，隔水带宽度可为 1 m 或摊铺机一次摊铺的宽度。防渗底层是隔断防渗面层的渗水由排水层引走，并将面板后渗水隔断，其厚度一般为 5 ~ 10 cm，分一层或两层铺压。

整平胶结层是使面板与垫层结合良好，并为铺筑防渗层创造良好条件，其厚度一般为5～10 cm，分一层或两层铺压。

简式断面的分层除无排水层和防渗底层外，其余与复式断面相同。土石坝工程中多采用简式断面。

任务六　土石坝施工质量控制

施工质量的检查与控制是土石坝安全的重要保证，它贯穿于土石坝施工的各个环节和施工全过程。

一、料场的质量检查和控制

对料场应经常检查所取土料的土质情况、土块大小、杂质含量和含水量是否符合规范规定，其中含水量的检查和控制尤为重要。若土料的含水量偏高，一方面应改善料场的排水条件和采取防雨措施；另一方面需将含水量偏高的土料进行翻晒处理，或采取轮换掌子面的办法，使土料含水量降低到规定范围再开挖。当土料含水量不均匀时，应考虑堆筑"土牛"（大土堆），使含水量均匀后再外运。当含水量偏低时，对于黏性土料应考虑在料场加水。料场加水量 Q_0 可按下式计算：

$$Q_0 = \frac{Q_D}{K_p}\gamma_e(\omega_0 + \omega - \omega_e) \tag{4-16}$$

式中：Q_D 为土料上坝强度；K_p 为土料的可松性系数；γ_e 为料场的土料表观密度；ω_0、ω、ω_e 分别为坝面碾压要求的含水量、装车和运输过程中含水量的蒸发损失以及料场土料的天然含水量。

ω 值通常取0.02～0.03，最好在现场测定。对于非黏性土料场加水的有效方法是采用分块筑畦埂，灌水浸渍，轮换取土。对于非黏性土料，可用洒水车在坝面喷洒加水，避免运输时从料场至坝上的水量损失。

二、坝面的质量检查与控制

在坝面作业中，应对铺土厚度、填土重度、含水量大小、压实后的干密度等进行检查，并提出质量控制措施。对于黏性土，含水量的检测是关键。简单办法是"手检"即手握土料能成团，手指撮可成碎块，则含水量合适。手试法靠经验估计，不十分可靠，工地多用取样烘干法，如酒精灯燃烧法、红外线烘干法、高频电炉烘干法、微波含水量测定仪等；采用核子水分密度仪能够迅速准确地测定压实土料的含水量及表观密度。

对于Ⅰ、Ⅱ级坝的心、斜墙，测定土料干密度的合格率应不小于90%；Ⅲ、Ⅳ级坝的心、斜墙或Ⅰ、Ⅱ级均质坝应达到80%～90%。不合格干密度不得低于设计干密度的98%，且不合格样不得集中。压实密度的测定，黏性土一般可用体积为200～500 cm^3 的环刀测定；砂可用体积为500 cm^3 的环刀测定；砾质土、砂砾料、反滤料用灌水法或灌砂法测定。堆石因其空隙大，一般用灌水法测定。当砂砾料因缺乏细料而架空时，常用灌水法测定。

选定一些固定取样断面时沿坝高 5 ~ 10 m,取代表性试样(总数不宜少于 30 个)进行室内物理力学性能试验。此外,还要对坝面、坝基、削坡、坝肩结合部、与刚性建筑物连接处以及各种土料的过渡带进行检查。对施工中发现的可疑问题,如上坝土料的土质、含水量不合要求,漏压或碾压遍数不够,超压或碾压遍数过多,铺土厚度不均匀及坑洼部位等应进行重点抽查,不合格者返工。

对于反滤层、过渡层、坝壳等非黏性土的填筑,主要应控制压实参数。在填筑排水反滤层过程中,每层在 25 m×25 m 的面积内取样 1 ~ 2 个;对于条形反滤层,每隔 50 m 设一取样断面,每个取样断面每层取样不得少于 4 个,均匀分布在断面的不同部位,且层间取样位置应彼此对应。对于反滤层铺填的厚度、是否混有杂物、填料的质量及颗粒级配等应全面检查,查明反滤层的层间系数(D_{50}/d_{50})和每层的颗粒不均匀系数(d_{60}/d_{10})是否符合设计要求。

土坝的堆石棱体与堆石体的质量检查大体相同。主要应检查上坝石料的质量、风化程度,石块的质量、尺寸、形状、堆筑过程有无离析架空现象发生等。对于堆石的级配、孔隙率大小,应分层分段取样,检查是否符合规范要求。对于填筑土料、反滤料、堆石等的质量检查记录,应及时整理,分别编号存档,编制数据库,既作为施工过程全面质量管理的依据,也作为坝体运行后进行长期观测和事故分析的佐证。

任务七　土石坝的冬季和雨季施工

一、土石坝的冬季施工

寒冬土料冻结会给施工造成极大困难,因此当日平均气温低于 0 ℃时,黏性土料应按低温季节施工;当日平均气温低于 -10 ℃时,一般不宜填筑土料,否则应进行技术论证。

冬季施工的主要问题在于:土的冻结使强度增高,不易压实;而冻土的融化却使土体的强度和土坡的稳定性降低;处理不好,将使土体产生渗漏或塑流滑动。因此,土石坝冬季施工,要采取适当的技术措施,防止土料冻结,降低土料含水量和减少冻融影响。

(一)负温下的土料填筑

负温下填筑要求黏性土含水量略低于塑限,防渗体土料含水量不应大于塑限的 90%。不得加水和夹有冰雪,在未冻结的黏土中,允许含有少量粒径小于 5 cm 的冻块,但需均匀分布,其允许含量与土温、土料性质、压实机具和压实标准有关,需通过试验确定。

铺料、碾压、取样等应快速作业,土料填筑应加大压实功能,宜采用重型碾压机械。严禁在坝体分段结合处有冻土层、冰块存在,应将已填好的土层按规定削成斜坡相接,接坡处应做成梳齿形样槽,用不含冻土的暖料填筑。

(二)负温下的砂砾料填筑

砂砾料的含水量应小于 4%,不得加水。最好采用地下水位以上或较高气温季节堆存的砂砾料填筑。填筑时应基本上保持正温,冻料含量应在 10% 以下,冻块粒径不超过 10 cm,且分布均匀。利用重型振动碾和夯板压实,采用夯板时,每层铺料厚度可减薄 1/4 左右;采用重型振动碾,一般可不减薄。

（三）暖棚法施工

当日最低气温低于 -10 ℃时，多采用暖棚和保温材料，将需要坝面临时封闭起来。在暖棚内采取蒸汽或火炉等升温措施，使之在正温条件下施工。负温下土石坝施工，对料场也应采取防冻保温措施，如在料场采取覆盖隔热材料或积雪、冰层保温及松土保温等。一般来说，只要采料温度不低于 5～10 ℃，碾压时温度不低于 2 ℃，就能保证土料的压实效果。

二、土石坝的雨季施工

对雨季施工总的原则是"避开、适应和防护"。选择对含水量不敏感的非黏性土料以适应雨季施工，争取小雨日施工，以增加施工天数；在雨日不太多，降雨强度大，花费不大的情况下，采取一般性的防护措施也常能奏效。如采用如图 4-29(a)所示的施工程序，在雨季中的晴天，心墙两侧仅填筑部分足以维持心墙稳定的护坡坝壳，其外坡一般不陡于 1∶1.5～1∶2.0，当下雨不能填土时，则集中力量填筑坝壳部分。对于斜墙坝，应在晴天抢填土料，雨天或雨后填筑坝壳部分，彼此减少干扰，施工程序协调，如图 4-29(b)所示。

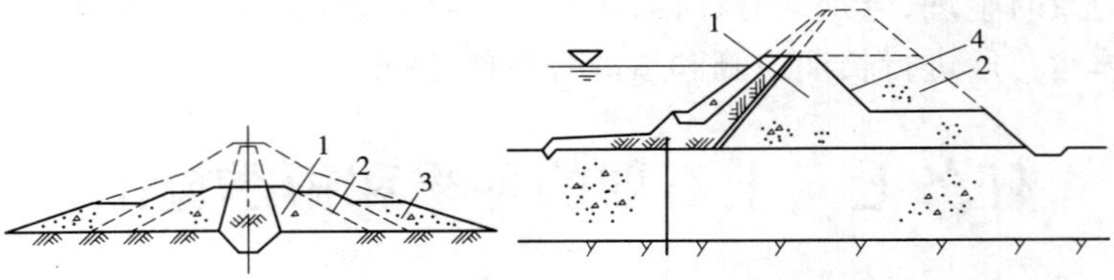

(a)心墙与坝壳雨季填筑平衡上升　　(b)斜墙坝临时拦洪断面

1—心、斜墙及坝壳平衡上升部分；2—第二次填筑坝壳部分；3—最后填筑坝壳部分；4—临时拦洪断面

图 4-29　心、斜墙与坝壳雨季施工平衡上升图

雨季施工中，还应采取以下有效施工技术及防护措施：

(1)快速压实表层松土，防止松土时小雨渗入，这是雨季施工中最有效的措施，具有省工、省费用、施工方便等优点。

(2)坝面填筑力争平起，保持填筑面平整，使填筑面微向上下游倾斜 2% 左右的坡度，以利于排水。对于砂砾料坝壳，需注意防止暴雨冲刷坝坡，可在距坝坡 2～3 m 处，用砂砾料筑起临时小埂，不使坝面雨水沿坡面下流，而使雨水下渗。

(3)雨前将施工机械撤出填筑面，停放在坝壳区，做好填土面的保护。下雨或雨后，尽量不要踩踏坝面，禁止机械通行，防止坝面形成稀泥。

(4)在坝面设防雨棚，用防雨设备覆盖坝面，避免雨水渗入，缩短雨后停工时间。

(5)加强土料场的排水措施，及时排除雨水，土料场停工或下雨时，原则上不得留有松土。如必须储存一部分松土，可堆成"土牛"并加以覆盖，其四周做好排水。

(6)运输道路也是雨季施工的关键之一。一般的泥结碎石路面，当遇雨水浸泡时，路面容易被破坏，即使天晴坝面可复工，但因道路问题影响了运输而不能及时复工，所以应加强雨季路面维护和排水措施，在多雨地区的主要运输道路，可考虑采用混凝土路面。

复习思考题

4-1　土石坝工程施工主要有哪些施工准备工作?

4-2　碾压式土石坝施工的基本作业包括哪些?

4-3　如何进行土石坝施工的料场规划?

4-4　组织土石坝综合机械化施工的基本原则是什么?

4-5　常用的土石坝施工挖运方案有哪些?

4-6　土石坝施工坝面如何组织流水作业?

4-7　土石坝施工坝面铺土有哪些要求?

4-8　在土石坝施工中,为什么黏性土料对含水量特别敏感,而非黏性土料则不然?这两种土料的不同特性对施工组织安排及施工设备选择有何影响?

4-9　土料的压实参数有哪些?它们之间有何关系?如何确定这些参数?合理选择参数的经济意义何在?

4-10　面板堆石坝的施工特点有哪些?

4-11　土石坝施工中的质量控制包括哪些内容?黏性土料与非黏性土料主要质量控制指标有哪些?它们应如何进行控制?

项目五 混凝土坝工程

混凝土工程施工,在水利水电建设中占有重要的地位,特别是以混凝土坝为主体的枢纽工程,其施工速度直接影响整个工程的建设工期;施工质量直接关系到工程的安危,关系着国家和人民生命财产的安全。在混凝土坝(闸)枢纽工程中,用于混凝土工程施工的各种费用占工程总投资比例较大,为60% ~70%,明显影响工程投资规模。

混凝土坝绝大多数为现场浇筑施工,预制装配法应用极少。现场分仓浇筑又可分为传统的分层分块常态混凝土浇筑和薄层碾压混凝土浇筑。在混凝土坝施工中,大量砂石骨料的采集、加工,水泥和各种掺合料、外加剂的供应是基础,混凝土制备、运输和浇筑是施工的主体,模板、钢筋作业是必要的辅助。混凝土坝的施工工艺流程如图5-1所示。

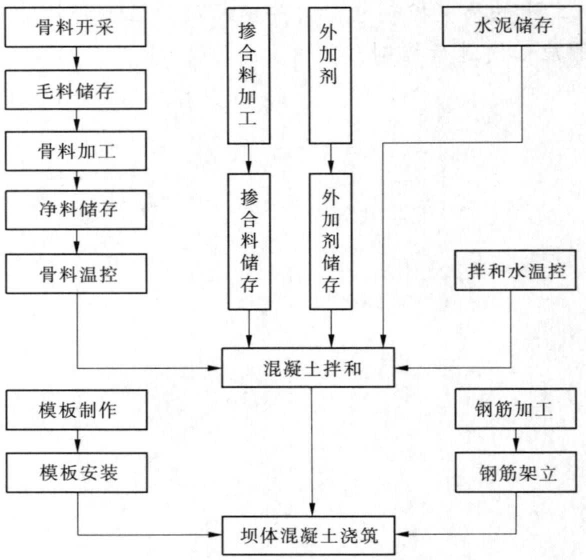

图5-1 混凝土坝的施工工艺流程

任务一 骨料料场规划与生产

砂石骨料是混凝土最基本的组成成分。通常1 m^3 混凝土需要1.3 ~1.5 m^3 松散砂石骨料。骨料质量的好坏直接影响混凝土强度、水泥用量和温控要求,从而影响大坝的质量和造价。

一、骨料的料场规划

砂石骨料的质量是料场选择的首要前提。骨料的质量要求包括强度、抗冻、化学成分、颗粒形状、级配和杂质含量等。水工现浇混凝土粗骨料多用四级配，即 5 ~ 20 mm、20 ~ 40 mm、40 ~ 80 mm、80 ~ 120（或 150）mm。砂子为细骨料，通常分为粗砂和细砂两级，其大小级配由细度模数控制，合理取值为 2.4 ~ 3.2。增大骨料颗粒尺寸及改善级配，对于减少水泥用量，提高混凝土质量，特别是对大体积混凝土的控温防裂具有积极意义，但骨料的天然级配和设计级配要求总有差异，各种级配的储量往往不能同时满足要求。这就需要多采或通过加工来调节级配及其相应的产量。骨料来源有 3 种：①天然骨料，天然砂砾料经筛分分级，将多余部分作为弃料；天然混合料中含砂不足时，用山砂即风化砂补足。②人工骨科，用爆破开采块石，通过人工破碎筛分成碎石，磨细成砂。③组合骨料，以天然骨料为主，人工骨料为辅。人工骨料可以从天然骨料筛分出的超径料加工而得，也可以由爆破开采块石经加工而成。

料场开采规划应遵循下列原则：

(1) 骨料要机械化集中开采，合理配置采、挖、运设备，满足施工强度要求。

(2) 提高料场开采率，合理规划使用料场，对坝址上游的料场，应考虑施工期洪水对料场开采和运输的影响。受洪水或冰冻影响的料场应有备料、防洪或冬季开采等措施。

(3) 符合环境保护和水土保持要求。

现今，人工骨料的成本接近甚至低于天然骨料。采用人工骨料有许多天然骨料生产不具备的优点，如级配可按需调整、质量稳定、管理相对集中、受自然因素影响小、有利于均衡生产、减少设备用量、减少堆料场地，同时尚可利用有效开挖料。

二、骨料的生产

（一）骨料的开采过程

天然骨料需要筛分分级，人工骨料需要破碎、筛分加工。骨料加工的生产工艺流程如图 5-2 所示。

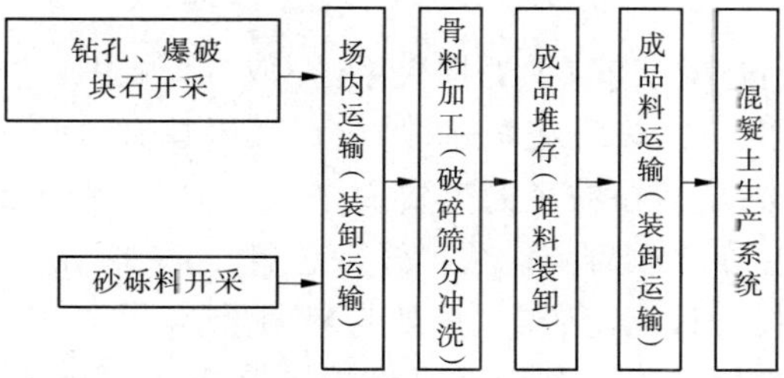

图 5-2　骨料加工的生产工艺流程

按照砂石料开采条件，天然砂砾料有陆地和水下两种开采方式，陆地开采与土料开采类似。水下开采，水深较大时可采用采砂船或铲扬船，浅水或河漫滩多用索铲或液压反铲采挖。索铲开采较反铲开采定位难以准确，装车不便，常卸料至岸边集成料堆再由反铲或正铲装车。为提高反铲采挖效率，在挖斗下部加钻排水孔，并将挖出的砂石料就地暂存脱水。

对于人工骨料开采宜采用深孔微差挤压爆破,控制其块度大小。骨料运输多用大吨位自卸汽车,在骨料用量大且建筑道路投资高的情况下,采用皮带机运料最理想。骨料加工厂应尽可能接近料源,且附近有足够的毛料和净料堆放场地。破碎和筛分设备的基础应稳固,高程设置应根据地形和运输要求通盘考虑确定;尽量减少垂直提升运料,免受洪水威胁。

(二)骨料开采量的确定

骨料开采量取决于混凝土中各种粒径料的需求量。若第 i 组骨料所需的净料量为 q_i,则要求开采天然骨料的总量 Q_i 可按下式计算:

$$Q_i = (1 + k)\frac{q_i}{p_i} \tag{5-1}$$

式中:k 为骨料生产过程的损失系数,为各生产环节损失系数的总和,即 $k = k_1 + k_2 + k_3 + k_4$,其中 k_1、k_2、k_3、k_4 取值见表 5-1;p_i 为天然骨料中第 i 种骨料粒径含量的百分数。

表 5-1 骨料生产过程损失系数

骨料损失的生产环节		系数	损失系数值		
			砂	小石	大、中石
开挖作业	水上	k_1	0.03	0.02	0.02
	水下		0.07	0.05	0.03
加工过程		k_2	0.07	0.02	0.01
运输堆存		k_3	0.05	0.03	0.02
混凝土生产		k_4	0.03	0.02	0.02

第 i 种骨料净料需要量 q_i 与第 j 种强度等级混凝土的工程量 V_j 有关,也与该强度等级混凝土中第 i 种粒径骨料的单位用量 e_{ij} 有关。于是,第 i 组骨料所需的净料量 q_i 可表示为

$$q_i = (1 + k_e)\sum_i e_{ij}V_j \tag{5-2}$$

式中:k_e 为混凝土出机后运输、浇筑中的损失系数,取 1% ~2%。

由于天然级配与混凝土的设计级配难以吻合,其中总有一些粒径的骨料含量较多,另一些粒径短缺。若为了满足短缺粒径的需要而增大开采量,将导致其余各粒径的弃料增加,造成浪费。为避免浪费,减少弃料,减少开采总量,可采取如下措施:

(1)调整混凝土骨料设计级配,减少短缺骨料用量,但注意可能会使水泥用量增加。

(2)用人工骨料搭配短缺料。利用破碎机的排矿特性,调整破碎机的出料口,使出料中短缺骨料达到最多,减少二次破碎和新的弃料,以降低加工费用。

如需要利用开采石料作为人工骨料料源,则石料开采量 V_r 可按下式计算:

$$V_r = \frac{(1 + k)eV_0}{\beta\gamma} \tag{5-3}$$

式中:k 为人工骨料损失系数,对碎石,加工损失为 2% ~4%,对人工砂,加工损失为 8% ~

20%,运输储存损失为 2% ~6%;e 为每立方米混凝土的骨料用量,t/m³; V_0 为混凝土的总需用量,m³;β 为块石开采成品获得率,取 80% ~95%;γ 为块石密度,t/m³。

在采用或部分采用人工骨料方案时,若有有效开挖石料可供利用,应将利用部分扣除,确定实际开采石料量。

(三)骨料生产能力的确定

骨料生产能力由其需求量来确定,实际需求量与浇筑强度和储存量有关。可用供需累计过程线确定各阶段要求的骨料生产能力,如图 5-3 所示。最大存储量不大于成品最大料堆量,最小存储量不小于保证连续生产的最小安全储量,储量应满足 10 ~ 15 d 的用料要求。

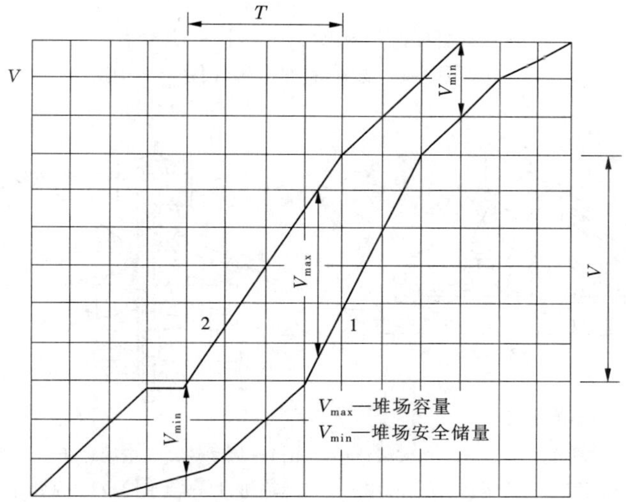

1—需求量累计曲线;2—生产量累计曲线

图 5-3 骨料生产量和需求量累计曲线

骨料生产累计过程线的斜率就是加工厂的生产强度,斜率最大的时段就是骨料的高峰生产时段。据此可确定骨料加工的生产能力 p(m³/h)为

$$p = \frac{K_1 V}{K_2 mnT} \tag{5-4}$$

式中:V 为骨料生产高峰期的总产量,m³;T 为骨料生产高峰时段的月数;K_1 为高峰时段骨料生产的不均匀系数,可取 1.0 ~ 1.4;K_2 为时间利用系数,可取 0.8 ~0.9;m 为每日有效工作时数,可取 20 h;n 为每月有效工作日数,可取 25 ~28 d。

(四)天然骨料的开采设备

天然骨料开采,在河漫滩多采用索铲,如图 5-4 所示。采料时将铲斗抛出,斗齿下切砂砾层,然后由牵引索牵拉土斗,让土斗装满,卸料时,牵引索放松,土斗垂直向下,土料卸出。整个操作循环要求司机操作技术熟练。

采砂船是在一定水深中采掘砂砾石的机械。它是将斗链式挖掘机的工作机构装在特制的船上进行工作的,如图 5-5 所示。采砂船采挖黏性土时,砂斗易装满却不易卸尽,挖砂砾料则刚好相反。因此,挖黏性土时宜用口大身浅的砂斗,挖砂砾料时宜用口小身深的砂斗。

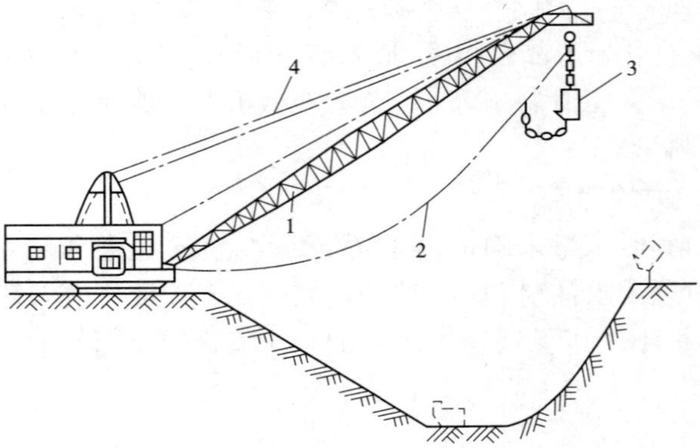

1—工作臂杆;2—牵引索;3—土斗;4—操作索

图 5-4 索铲挖掘机工作图

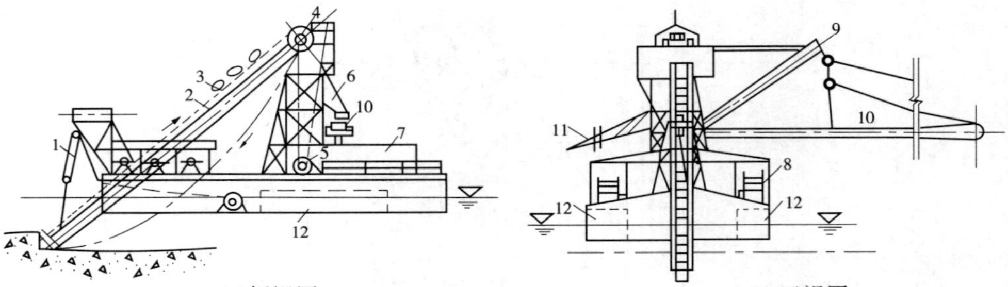

(a)侧视图 (b)正视图

1—工作大梁提升索;2—工作大梁;3—砂斗;4—从动轮;5—主动轮;6—接砂斗;

7—主机房,8—绞车;9—吊杆;10—皮带运输机;11—泄水槽;12—平衡水箱

图 5-5 多斗式采砂船构造图

铲扬式单斗挖泥船是一种大型可在深水作业的自行式采砂船,它的小时生产率可达 750 m^3/h,能在水深 15 m 的流水中作业。

三、骨料加工及加工设备

(一)骨料的破碎

1. 颚板式碎石机

颚板式碎石机如图 5-6(a)所示,破碎槽进口是由固定颚板和活动颚板形成的。颚板由齿状钢合金板镶嵌而成。在偏心轮 2 和撑杆 5 的作用下,活动颚板左右摆动,破碎槽一开一合,合时进入装料口的料石受挤压而破碎;开时被破碎的碎石经出料口下落。这种碎石机用进料口通常为 250 mm×400 mm～1 200 mm×1 500 mm。可通过楔形滑块 6 调整出料口的宽度,从而调整进、出料的破碎率。进行二次破碎比弃料更经济,可形成二次破碎闭路循环生产。

2. 反击式碎石机

由转子 8 和固定在上机体 9 上的反击板 10 和下机体 11 组成,如图 5-6(b)所示。它是利用马达带动高速回转的转子冲击物料,使物料沿切线以较高的速度抛向反击板进行撞击，而后又反弹回到转子旋转的空间内反复碰撞，从而使石料碎裂。被破碎的小粒径物料由转子和反击板间的间隙中排出。其适用于中细碎，结构简单，安装方便，运行安全可靠。

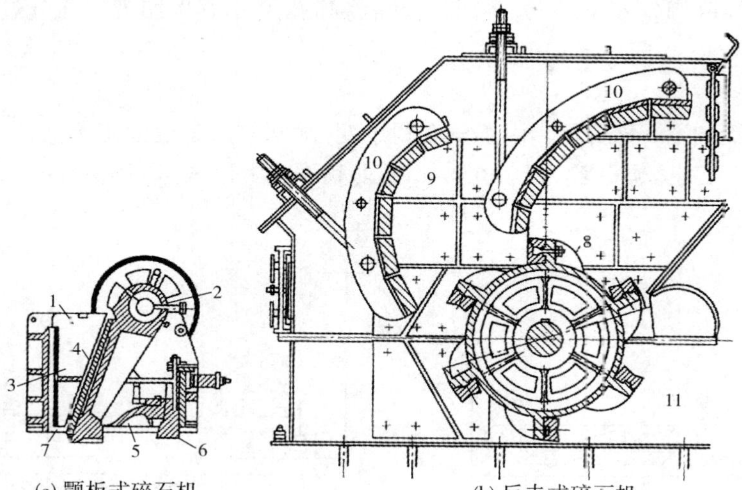

(a) 颚板式碎石机　　(b) 反击式碎石机

1—破碎槽进口；2—偏心轮；3—固定颚板；4—活动颚板；5—撑杆；6—楔形滑块；7—出料口；8—转子；9—上机体；10—反击板；11—下机体

图 5-6　颚板式和反击式破碎机械

3. 锥式碎石机

由活动的内锥体与同定的锥形机壳构成破碎室，内锥体装在偏心主轴上，此轴顶端为可动的球形铰，通过散齿传动，使偏心轴带动内锥体做偏心转动，从而使内锥体与外机壳间的距离忽大忽小，大时石料经出料口下落，小时将骨料挤压破碎，如图 5-7 所示。这种破碎机破碎的石料扁平状较少，能耗低，生产率高；但结构复杂，体形和自重大，安装和维修不易。

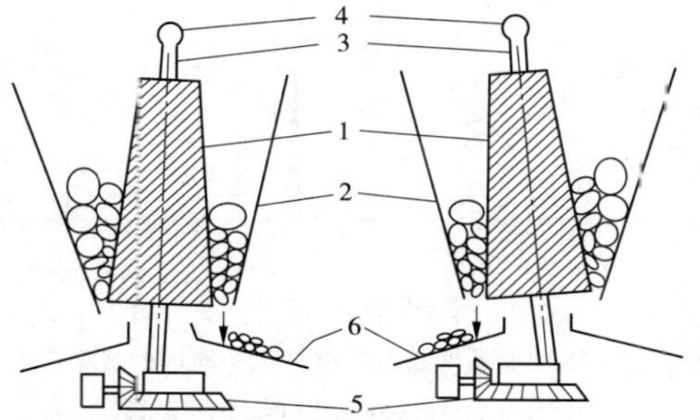

1—内锥体；2—破碎室机壳；3—偏心主轴；4—球形铰；5—伞齿及传动装置；6—出料滑板

图 5-7　锥式碎石机工作原理图

(二) 骨料的筛分

骨料分级的方法有水力筛分和机械筛分两种。前者利用骨料颗粒的大小不同，水力粗度各异的特点进行分级，适用于细骨料；后者利用机械力作用经不同孔眼尺寸的筛网对骨料进行分级，适用于粗骨料。机械筛网多用高碳钢条焊接成方筛孔，筛孔边长分别为 112 mm、75 mm、38 mm、19 mm、5 mm，用于筛分 120 mm、80 mm、40 mm、20 mm、5 mm 的各级粗骨料。当筛网倾斜安装时，为保证粒径需将筛孔尺寸适当加大。筛分过程一般也是清洗去污的过程。

1. 偏心振动筛

偏心振动筛如图 5-8 所示。由于偏心距不变，筛网的振幅也固定不变，不受筛网面上料石多少的影响，其振幅一般为 3 ~6 mm，振动频率为 840 ~1 200 次/min。这种筛适宜筛分大、中骨料。

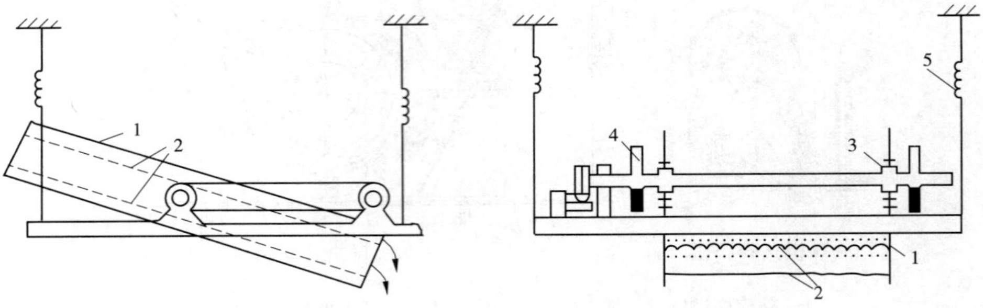

(a)侧视图　　(b)横剖面图

1—筛架；2—筛网；3—偏心部位；4—平衡重；5—消振弹簧

图 5-8 偏心振动筛示意图

2. 惯性振动筛

这种机械振动筛是利用电动机带动旋转主轴上飞轮的偏心重，产生离心力而引起筛网振动，如图 5-9 所示。由于筛网上的物料对飞轮偏心重离心力有平衡抵消作用，故其振幅大小随消振弹簧的变形而异。筛网进料过多会使筛网的振幅锐减，容易引起筛孔堵塞，使骨料得不到充分筛分，故这种筛应进料适度、均匀，适用于中、细颗粒骨料的筛分。

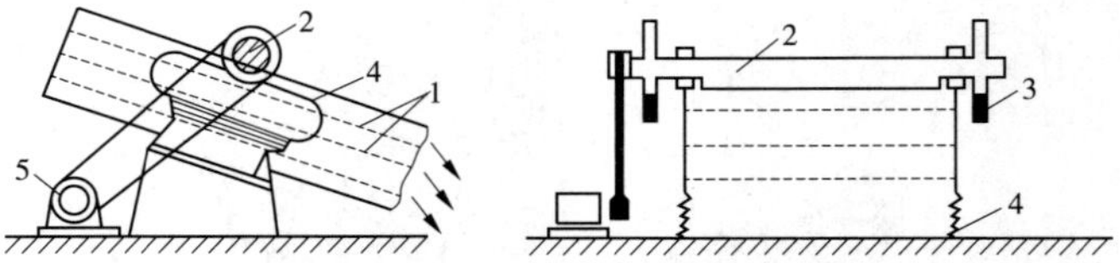

(a)侧视图　　(b)横剖面图

1—筛网；2—单轴振动器；3—配重盘；4—消振弹簧；5—电动机

图 5-9 惯性振动筛结构示意图

筛分中的主要质量问题是逊径和超径。当骨料受筛时间太短，筛网孔偏小，使应过筛的下一级骨料由筛面分入大一级骨料中称为逊径；反之，若筛网孔眼变形偏大，大一级骨料漏入小一级骨料中称为超径。筛分作业中，常以超、逊径的质量百分率，即分精度作为质量控制标准。超径多因筛网磨损、变形、破裂所致；而逊径则多因筛网面上喂料过多，网孔堵塞或网孔偏小，筛网面倾角过大所致。要求超径不大于 5%、逊径不大于 10%。

（三）洗砂机

无论是天然砂还是人工砂通常多用水力分级，这时分级和冲洗同时进行。也有用沉砂箱承纳筛分后流出的污水砂浆，经初洗和排污后再送入洗砂机清洗。洗砂机多为螺旋式，其结构如图5-10所示。运行中螺旋叶片推动砂料淘洗，清水由注口流入，未清洗的砂由加料口加入，由下而上清洗后的砂由出料口卸入运料皮带机上，洗砂后的浑水由下方溢出口排出。

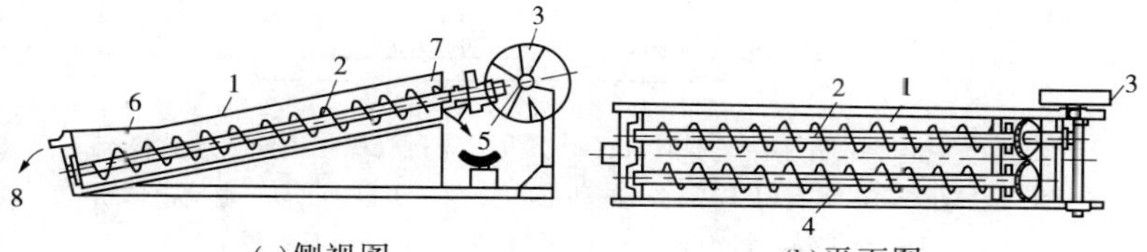

1—洗砂槽；2—螺旋轴；3—驱动机构；4—叶片；5—皮带机；
6—加料口；7—清水注入口；8—浑水溢出口

图5-10　螺旋式洗砂机示意图

（四）骨料加工厂

骨料加工厂应充分利用地形，减少基建工程量，减少弃料。成品获得率通常要求达到85%～90%，当成品获得率低时，应考虑利用弃料二次破碎。在粗碎时多为开路，在中、细碎时采用闭路循环。骨料加工厂振动噪声特别大，减小噪声是改善劳动条件的关键。筛分楼布置如图5-11所示。骨料加工厂宜尽可能靠近混凝土系统，以便共用成品堆料场。

如图5-12所示为人工骨料制砂的三级破碎和棒磨制砂流程，由颚板式碎石机或锥式碎石机粗碎，反击式碎石机或锥式碎石机中碎，经筛分后细碎，用棒磨机制砂，最后送至料堆。

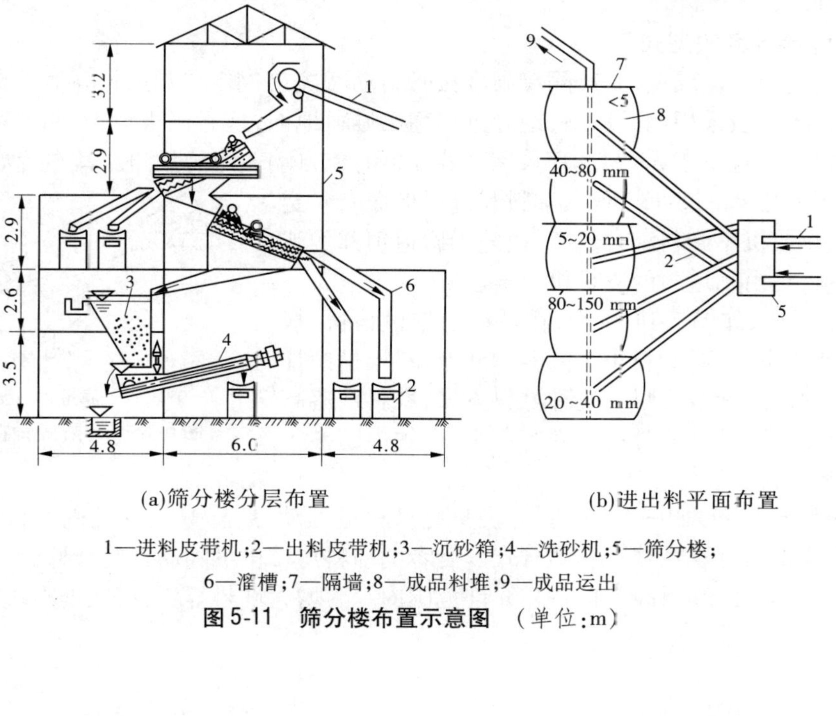

1—进料皮带机；2—出料皮带机；3—沉砂箱；4—洗砂机；5—筛分楼；
6—溜槽；7—隔墙；8—成品料堆；9—成品运出

图5-11　筛分楼布置示意图（单位：m）

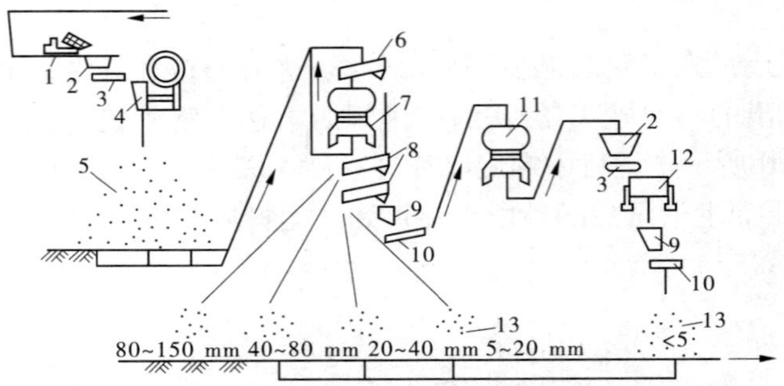

1—进料汽车;2—受料斗;3—喂料机;4—颚板式碎石机粗碎;5—半成品料堆;
6—预筛分;7—锥式碎石机中碎;8—振动筛筛分;9—沉砂箱;10—螺旋洗砂机;
11—锥式碎石机细碎;12—棒磨机制砂;13—成品料堆

图 5-12 人工骨料制砂的三级破碎和棒磨制砂流程

四、骨料的堆存

骨料储量可按高峰时段月平均值的 50% ~80% 考虑,汛期、冰冻期需外加 20% 裕度。

(一)骨料堆存的质量要求

防止跌碎和分离是骨料堆存质量控制的首要任务。因此,应控制卸料的跌落高度,避免转运过多,堆料过高。堆料时应分层堆料,逐层上升,或采用动臂堆料机,使卸料跌差保持在 3 m 以内。在进入拌和机前,砂料的含水量应控制在 5% 以内,但又需要保持一定的湿度。堆存中骨料的混级是引起骨料超、逊径的重要原因之一,应予防止。堆料场应设排污系统和排水系统,保持骨料的洁净,砂料堆场的排水尤应良好,应有 3 d 以上的堆存时间,以利于脱水。

(二)骨料堆场的型式

堆料料仓通常用隔墙划分,隔墙高度按骨料动摩擦角 34° ~37°加超高值 0.5 m 确定。大中型堆料场一般采用地弄取料,地弄进口高出堆料地面,地弄底板设大于 5‰的纵坡以排水。取料口不宜少于 3 个,且宜采用事故停电时能自动关闭的弧门。其布置如下:

(1)台阶式,如图 5-13 所示,堆料和进料地面有一定高差,由汽车或机车卸料至台阶下,由地弄廊道顶部的弧门控制给料,再由廊道内的皮带机送料。

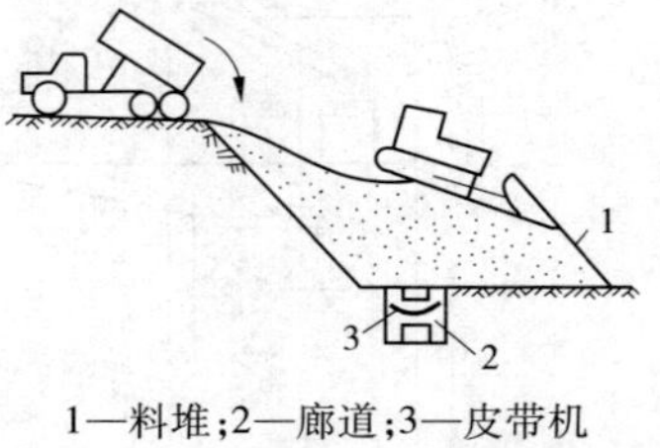

1—料堆;2—廊道;3—皮带机

图 5-13 台阶式骨料堆

(2)栈桥式,如图 5-14 所示,在平地上架设栈桥,栈桥桥面安装皮带机,经卸料小车向两侧卸料,料堆呈棱柱体,由廊道内的皮带机出料。这种堆料方式,堆料跌落高度大,在自然休止角外的骨料自卸容积小,必须借助推土机扩大堆料容积和卸料容积。

(3)堆料机堆料,如图 5-15 所示,机身可沿轨道移动,用悬臂式皮带机送料以扩大堆料范围,该装置又分双悬臂式和动臂式。后者的卸料皮带机可随动臂旋转仰俯,随堆料的高度和位置变化,使卸料高度保持在允许范围内。为增大堆料容积,可在堆料机轨道下修筑路堤。

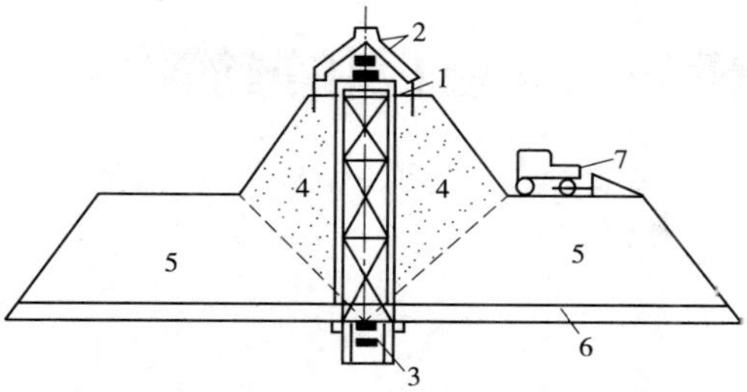

1—进料皮带机栈桥；2—卸料小车；3—出料皮带机；4—自卸容积；
5—死容积；6—垫底损失容积；7—推土机

图 5-14　栈桥式骨料堆

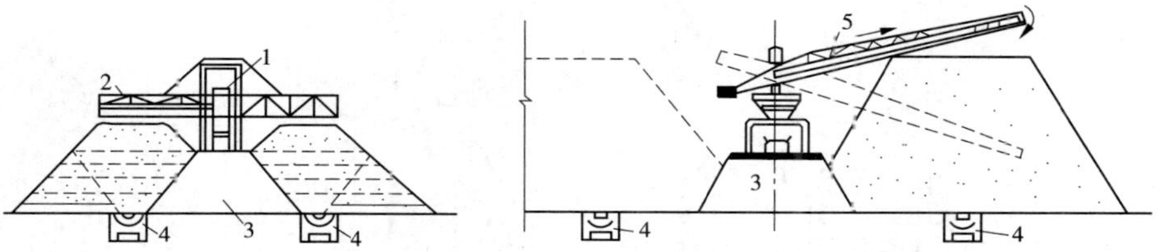

(a)双悬臂式　　(b)动臂式

1—进料皮带机；2—可两侧移动的棱式皮带机；3—路堤；4—出料皮带机廊道；5—动臂式皮带机

图 5-15　堆料机堆料

为充分利用地形，采用台阶式堆料布置，如图 5-16 所示。美国德沃切克坝，由于地处陡峻河谷，将碎石场布置在采石场地下，开凿容积为 4 000 m^3 的竖井作为临时料仓，从而节约了占地和堆料的能源。我国丹江口工程和葛洲坝工程地形开阔，采用动臂式堆料机堆料，减少了死容积，减少辅助的骨料措施，节省了费用，还有利于保证出料的级配和避免污染。

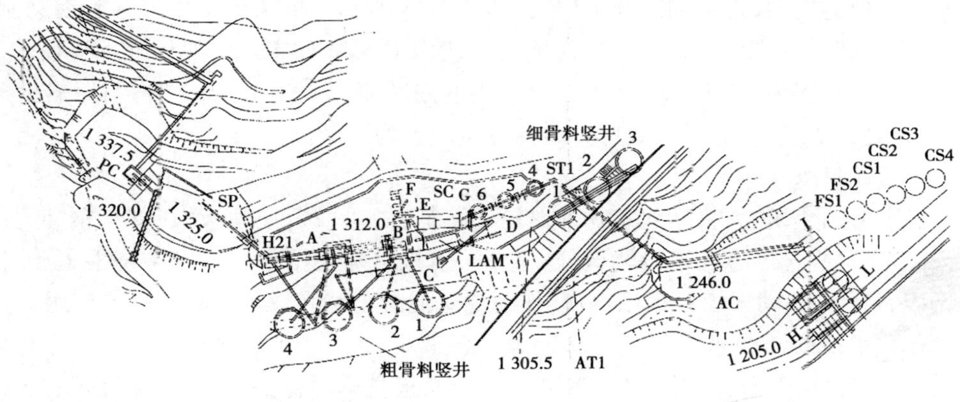

PC—粗碎厂；SP—半成料堆；A—二次破碎筛分塔；B—三次筛分塔；C—四次破碎塔；D—筛分塔；
E—砂处理塔；F—棒磨机；G—粗砂塔；SC—粗砂冷却厂；H21—上喂料厂；LAM—LAMAX 干砂机；AC—骨料冷却厂；
H—制冰楼；I—后筛分楼；L—拌和楼；FS1—1 号粉煤灰储料罐；FS2—2 号粉煤灰储料罐；CS1—1 号水泥储料罐；
CS2—2 号水泥储料罐；CS3—3 号水泥储料罐；CS4—4 号水泥储料罐；AT1—骨料预冷平洞；ST1—砂输送洞

图 5-16　二滩工程混凝土骨料生产系统

任务二　模板和钢筋作业

一、模板作业

(一)模板的基本类型

1. 拆移式模板

拆移式模板适用于浇筑块表面为平面的情况,可做成定型标准模板。其标准尺寸,大型的为 100 cm × 325 cm ~ 100 cm × 525 cm,小型的为 75 cm × 150 cm ~ 100 cm × 150 cm。前者适用于 3 ~ 5 m 高的浇筑块,需小型机具吊装;后者适用于薄层浇筑,可人力搬运,如图 5-17所示。

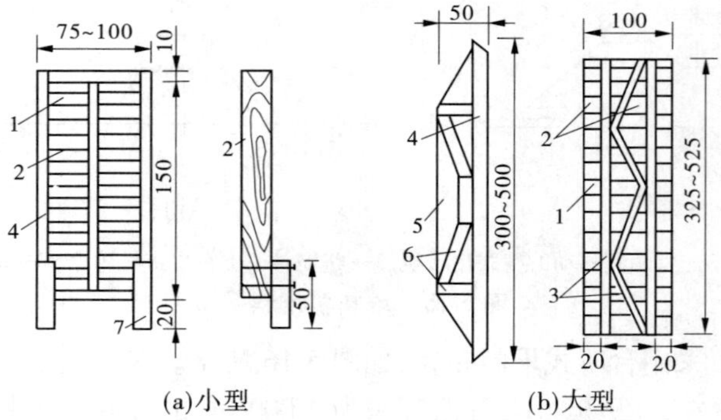

1—面板;2—肋木;3—加劲肋;4—方木; 5—拉条;6—桁架木;7—支撑木

图 5-17　平面标准模板　(单位:cm)

架立模板的支架,常用围囹和桁架梁,如图 5-18 所示。桁架梁多用方木和钢筋制作。立模时,将桁架梁下端插入预埋在下层混凝土块内 U 形埋件中。一般标准木模板的重复利用次数即周转率为 5 ~ 10 次,钢木混合模板的周转率为 30 ~ 50 次,木材消耗减少 90% 以上,由于是大块组装和拆卸,故劳力、材料、费用大为降低。

2. 移动式模板

对于定型的建筑物,根据建筑物外形轮廓特征,做一段定型模板,在支承钢架上装上行驶轮,沿建筑物长度方向铺设轨道分段移动,模板可随同钢架移动到拟浇混凝土部位,如图 5-19 所示。移动式模板多用钢模,作为浇筑混凝土墙和隧洞混凝土衬砌使用。

3. 自升式模板

三桁架自升模板总体结构如图 5-20 所示。模板自升过程如图 5-21 所示,(a) 为模板在浇筑部位;(b) 为模板面板后退约 50 m;(c) 为上升爬杆到位后固定爬杆;(d) 为拆除模板的固定锚栓,升模板,固定支架;(e) 为模板面板前移,使下口紧贴混凝土面,调整垂直调杆至模板上口,准备浇筑混凝土。这种模板的优点是自重轻,运行安全可靠,简单实用,定位准,拆装快。

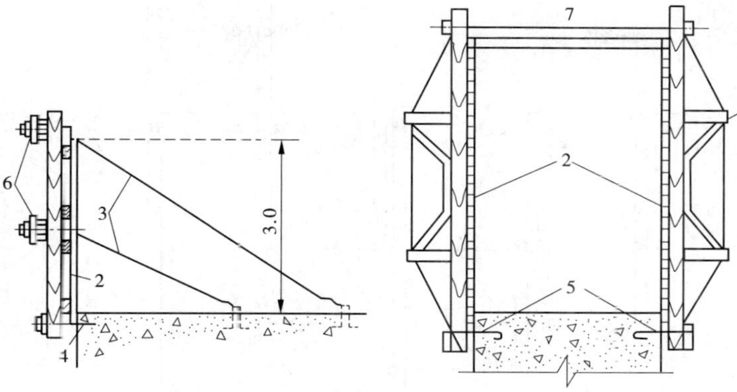

(a)围囹斜拉条架立　　(b)桁架梁架立

1—钢木桁架;2—木面板;3—斜拉条;4—预埋锚筋;5—U 形埋件;6—横向围囹;7—对拉条

图 5-18　拆移式模板的架立图　(单位:m)

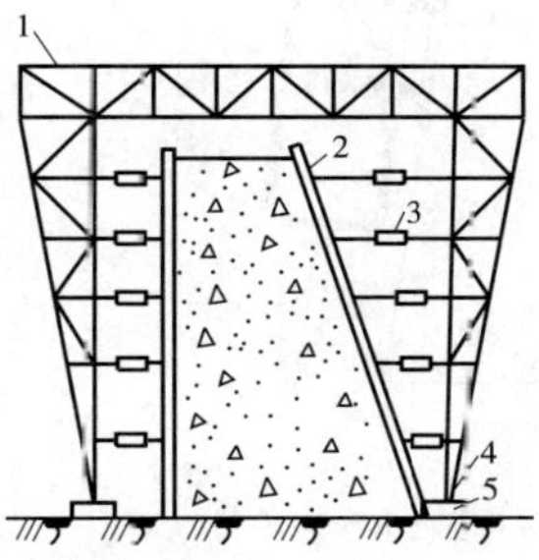

1—支承钢架;2—钢模板;3—法兰螺丝;
4—行驶轮;5—轨道

图 5-19　移动式模板浇筑混凝土墙

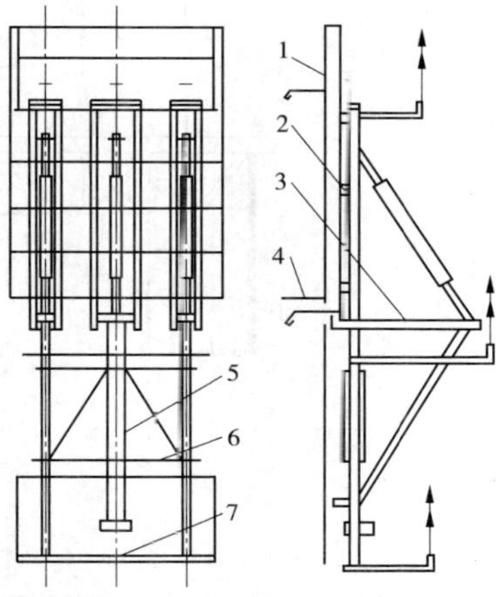

1—面板;2—围囹;3—支承桁架;4—锚件;
5—爬杆(设在中部平台);6—连接杆;7—工作平台

图 5-20　三桁架自升模板总体结构示意图

4. 滑升模板

双面滑模结构如图 5-22 所示,在浇筑过程中模板面板紧贴混凝土面滑动,以适应混凝土连续浇筑的要求,避免了立模、拆模工作,提高了模板利用率,省去了接缝处理工作,使混凝土表面平整光洁,增加建筑物的整体性。新浇混凝土要达到初凝,并具有 150 kPa 强度模板才能上滑。滑升速度受气温影响,当气温为 20 ~ 25 ℃时,平均滑升速度为 20 ~ 30 cm/h。

5. 混凝土及钢筋混凝土模板

混凝土及钢筋混凝土模板既是模板,也是建筑物的护面结构,浇筑后作为建筑物外壳,不予拆除。素混凝土模板靠自重稳定,可作直臂模板,如图 5-23(a)所示,也可作倒悬模板,如图 5-23(b)所示。直臂模板除面板外,还靠两肢等厚的肋墙维持其稳定,若反向

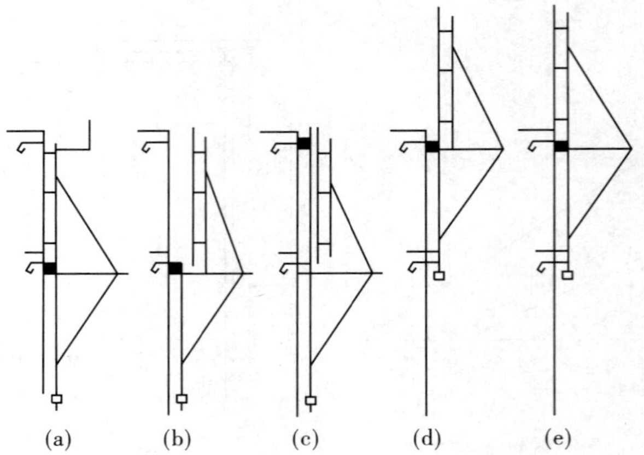

图 5-21 模板自升过程

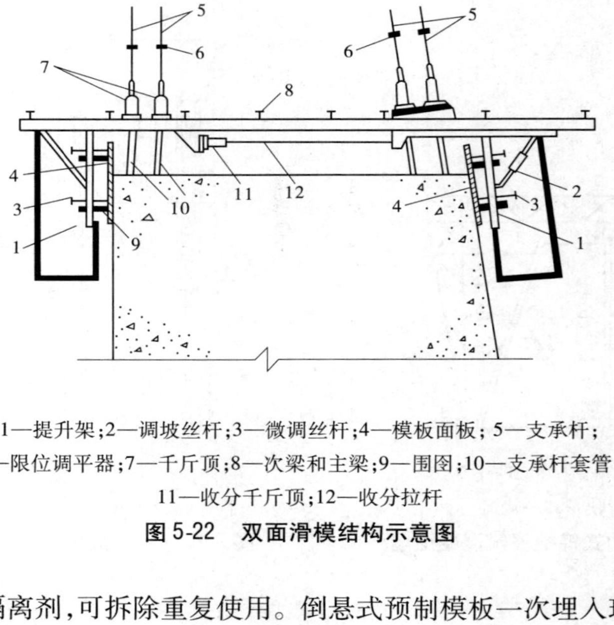

1—提升架;2—调坡丝杆;3—微调丝杆;4—模板面板; 5—支承杆;
6—限位调平器;7—千斤顶;8—次梁和主梁;9—围图;10—支承杆套管;
11—收分千斤顶;12—收分拉杆

图 5-22 双面滑模结构示意图

安装,在面板上涂隔离剂,可拆除重复使用。倒悬式预制模板一次埋入现浇混凝土内不再拆除,既省工又省木材。

钢筋混凝土模板既可作为建筑物表面的镶面板,也可作为厂房、空腹坝空腹和廊道顶拱的承重模板,如图 5-24 所示。预制模板与新浇混凝土结合面需进行凿毛处理。

(二)模板的基本要求、选型及设计荷载

1. 模板的基本要求

模板要求拼装严密准确,不漏浆,表面平整,不产生过大的变形,强度足够,结构坚固,能支撑各种设计荷载,寒冷地区有利于保温,高速水流作用部位能抗冲耐磨,并防止气蚀破坏,同时结构简单,制作、安装和拆除方便,尽量标准化、系列化,提高周转率。

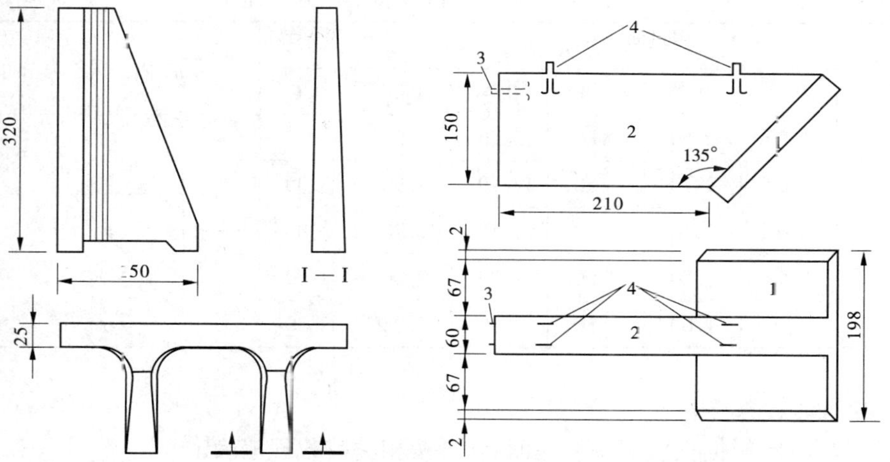

(a)直臂式　　(b)倒悬式

1—面板;2—肋墙;3—连接预埋环;4—预埋吊环

图 5-23　混凝土预制模板（单位:cm）

(a)廊道顶拱　(b)廊道拱墙　(c)空腹坝顶拱

图 5-24　钢筋混凝土承重模板

2. 模板的选型

拆移式小型标准模板制作简单,重量较轻,运输、安装方便,对机械化程度要求低,在以人力施工为主的工地仍在使用,这种模板材料消耗指标高,固定拉条和支撑多,有碍施工。条件许可应优先选用滑升模板和悬臂式模板。除了特殊部位如基础岩面起伏部位,厂房进口、蜗壳、肘管等处用木模板,其他部位宜优先采用钢模板,提高模板的周转率。

3. 模板的基本荷载

(1)模板及其支架的自重,根据设计图确定。木材的容重,针叶类按 600 kg/m^3 计算,阔叶类按 800 kg/m^3 计算。

(2)新浇混凝土重量可按 2.4 ~2.5 t/m^3 计算,钢筋混凝土重量可按 2.5 t/m^3 计算。

(3)人员及设备、工具等荷载可按均布活荷载 2.5 kN/m^2 验算。计算支承楞木的构件时,可按 1.5 kN/m^2 计,计算支架立柱时,按 1 kN/m^2 计。

(4)振捣混凝土产生的荷载,可按 1 kN/m^2 计。

(5)初浇混凝土的侧压力,包括振动影响范围内混凝土液化的侧压力。新浇大体积混凝土最大侧压力值可参考表 5-2 选用。

表 5-2　混凝土的最大的侧压力 P_m 值　　（单位：$\times 10^4$ Pa）

温度（℃）	平均浇筑速度（m/h）						混凝土侧压力分布图
	0.1	0.2	0.3	0.4	0.5	0.6	
5	2.30	2.60	2.80	3.00	3.20	3.30	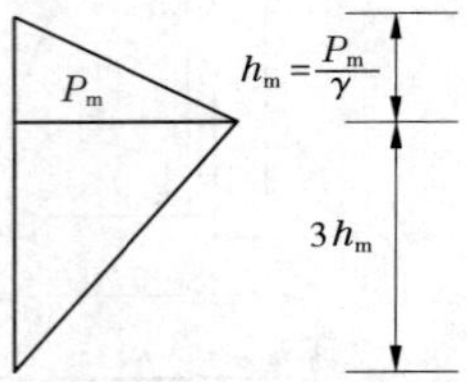
10	2.00	2.30	2.50	2.70	2.90	3.00	
15	1.80	2.10	2.30	2.50	2.70	2.80	
20	1.50	1.80	2.00	2.20	2.40	2.50	
25	1.30	1.60	1.80	2.00	2.20	2.30	

4. 模板的特殊荷载

（1）风荷载，根据立模部位离地面高度，按相关荷载规范确定。

（2）上述荷载以外的其他荷载，如地震等。

在计算模板及支架的强度和刚度时，应根据模板的种类，选择表 5-3 中的基本荷载组合。承重模板及支架的抗倾稳定性应该核算倾覆力矩、稳定力矩和抗倾稳定系数。稳定系数应大于 1.4。当承重模板的跨度大于 4 m 时，其设计起拱值通常取跨度的 0.3% 左右。

表 5-3　各种模板结构的基本荷载组合

项次	模板种类		基本荷载组合	
			计算强度用	计算刚度用
1	承重模板	板、薄壳的底模板及支架	（1）+（2）+（3）	（1）+（2）
		梁、其他混凝土结构（厚度大于 0.4 m）的底模板及支架	（1）+（2）+（4）	（1）+（2）
2	竖向模板		（4）+（5）	（5）

（三）模板的制作、安装和拆除

1. 模板的制作

加工时模板的允许偏差应符合如表 5-4 所示的规定要求。

表 5-4　模板制作的允许偏差　　（单位：mm）

模板类型	偏差名称	允许偏差	模板类型	偏差名称	允许偏差
木模	小型模板，长和宽	±3	钢模	模板，长和宽	±2
	大型模板（长、宽大于 3 m），长和宽	±5		模板面局部不平（用 2 m 直尺检查）	2
	模板面平整度（未经刨光）	1		连接配件的孔眼位置	±1
	相邻面板面高差	1			
	局部不平（用 2 m 直尺检查）	5			
	面板缝隙	2			

2. 模板的安装

按设计图纸测量放样，对主要结构多设控制点，以利于检查校正。支架立柱必须用两个相互垂直的撑拉杆固定。浇筑成型后偏差不应超过允许偏差的50% ~100%，如表 5-5 所示。

表 5-5 大体积混凝土木模安装的允许偏差 （单位：mm）

<table>
<tr><th rowspan="2">项次</th><th rowspan="2" colspan="2">偏差项目</th><th colspan="2">混凝土结构的部位</th><th rowspan="2">项次</th><th rowspan="2">偏差项目</th><th colspan="2">混凝土结构的部位</th></tr>
<tr><th>外露表面</th><th>隐蔽内面</th><th>外露表面</th><th>隐蔽内面</th></tr>
<tr><td>1</td><td rowspan="2">平板平整度</td><td>相邻两面板高差</td><td>3</td><td>5</td><td>4</td><td>结构物水平截面内部尺寸</td><td colspan="2">±20</td></tr>
<tr><td>2</td><td>局部不平
（用 2 m 直尺检查）</td><td>5</td><td>10</td><td>5</td><td>承重模板标高</td><td colspan="2">±5</td></tr>
<tr><td>3</td><td colspan="2">结构物边线与设计线</td><td>10</td><td>15</td><td>6</td><td>预留孔洞尺寸及位置</td><td colspan="2">0</td></tr>
</table>

3. 模板的拆除

对非承重模板，混凝土强度应达到 2. 5 MPa 以上，其表面和棱角不因拆模而损坏方可拆除。对于承重板，要求达到表 5-6 所规定的混凝土设计强度等级的百分率后才能拆模。

表 5-6 承重模板拆模时混凝土的强度要求

悬臂板、梁		其他梁、板、拱		
跨度不大于 2 m	跨度大于 2 m	跨度不大于 2 m	跨度 2 ~8 m	跨度大于 8 m
70%	100%	50%	70%	100%

二、钢筋的加工和安装

（一）钢筋的加工

运至加工厂的钢筋应有出厂证明和试验报告单，验收合格方可入库。加工前，应做抗拉试验和冷弯试验；使用时，按设计要求进行调直、除锈、画线、下料和弯由等工序。钢筋应根据规格、型号分别储存。钢筋按其直径大小可分为两大类，直径不大于 12 mm 卷成盘条的叫轻筋，大于 12 mm 呈棒状的叫重筋。两者加工工艺特点有所不同，如图 5-25 所示。

钢筋加工，首先通过冷轧或冷拉调直，轻筋可用自动调直剪切机调直切断；重筋可用弯筋机、调直机或手动工具调直。调直过程有除锈作用，对锈蚀严重者应用风砂枪和除锈机除锈。画线时应计算下料长度，减少断头。对 40 mm 以下的钢筋可在钢筋弯切机上下料，40 mm 以上的则用电弧或氧气割。一般弯筋工作在弯筋机上进行，但对大弧度环形钢筋的弯制可用弧形样板制作。样板弯曲直径应比环形钢筋弯曲直径小 20% ~40%；使弯制的钢筋回弹后恰好符合要求。钢筋弯曲的偏差控制在表 5-7 规定的允许范围内。

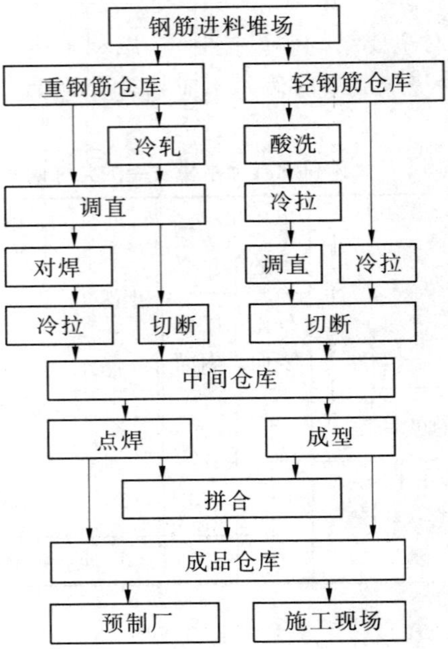

图 5-25　钢筋加工工艺流程

表 5-7　加工后钢筋的允许偏差　　（单位:mm）

项次	偏差名称		允许偏差
1	受力钢筋全长度尺寸的偏差		±10
2	箍筋各部分长度的偏差		±5
3	钢筋弯起点位置的偏差	厂房构件	±20
		大体积混凝土	±30
4	钢筋转角的偏差		3

(二)钢筋的安装

钢筋的安装可采用散装和整装两种方式。散装是将加工成型的单根钢筋运到工作面,按设计图纸绑扎或电焊成型,其对运输要求相对较低,不受设备条件限制,但工效低,高空作业安全性差,且质量不易保证。整装是将加工成型的钢筋,在焊接车间用点焊焊接交叉结点,用对焊接长,形成钢筋网或钢筋骨架,整装件成批运至现场,用起重机具吊运入仓就位。实践证明:整装不仅有利于提高安装质量,而且有利于节约材料,提高工效,加快进度,降低成本。无论是整装还是散装,钢筋应避免油污,安装的位置、间距、保护层及各个部位的型号、规格均应符合设计要求,安装的偏差不超过表 5-8 的规定。

表 5-8　钢筋安装的允许偏差

项次	偏差名称		允许偏差
1	钢筋长度方向的偏差		±1/2 净保护层厚
2	同一排中受力钢筋间距的局部偏差	柱及梁中	±0.5d
		板、墙中	±0.1 间距
3	同一排中分布钢筋间距的偏差		±0.1 间距
4	双排钢筋,其排与排间的局部偏差		±0.1 排距
5	梁与柱中钢筋间距的偏差		0.1 箍筋间距
6	保护层厚度的局部偏差		±1/4 净保护层厚

注:d 为受力钢筋直径。

任务三　混凝土的制备

一、混凝土的拌和设备及其生产能力的确定

混凝土制备是保证混凝土工程质量的关键作业,而拌和设备又是保证混凝土拌制质量的主要手段。拌和机是制备混凝土的主要设备。拌和机拌制混凝土有两种方式:一种是利用可旋转的拌和筒上的固定叶片,将混凝土料带至筒顶自由跌落拌制;另一种是装料鼓筒不旋转,固定在轴上的叶片旋转带动混凝土料进行拌和。前者应用较广泛,多用来拌制具有一定坍落度的混凝土;后者用来拌制干硬性混凝土。

自由跌落式拌和机有鼓筒式和双锥式两种。前者为圆柱形鼓筒,两端开口,一端进料,一端出料,筒内壁装有固定叶片,随筒旋转而后自由跌落,如此循环拌和,最后由可倾出料槽出料,如图 5-26 所示。双锥式拌和机,鼓筒为双锥形,筒内壁固定叶片,拌和混凝土的原理与鼓筒式相同。由于叶片固定在两个锥形体内壁,能使拌和料交叉翻动,增强了拌和效果。出料时由汽缸活塞推动拌和鼓筒倾斜出料,如图 5-27 所示。

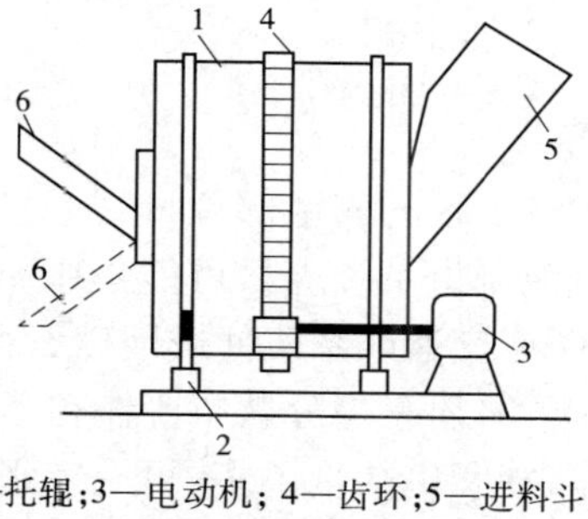

1—鼓筒;2—托辊;3—电动机;4—齿环;5—进料斗;6—出料槽

图 5-26　鼓筒式拌和机

拌和机的主要性能指标是其工作容量,以 L 或 m^3 为单位。如 800 L 的拌和机,每一个工作循环出料 0.8 m^3,相应要求进料约 1.2 m^3。为了有足够的拌制空间,鼓筒容积应

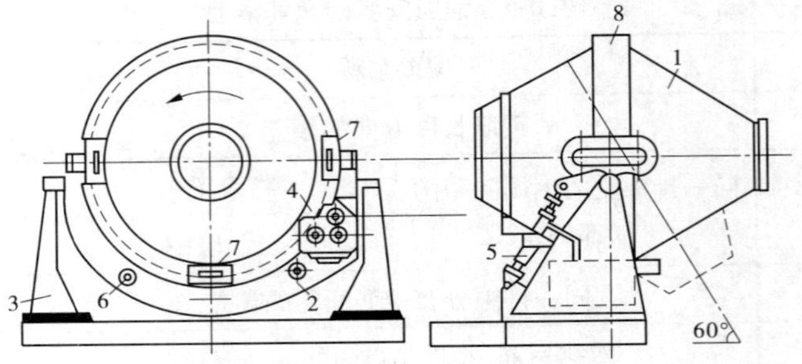

1—拌和鼓筒;2—曲梁;3—机架;4—电动机和减速装置;5—汽缸;
6—支承滚轮;7—夹持滚轮;8—齿环及轮箍

图 5-27 双锥式拌和机

为进料体积的 2.5 ~3.0 倍。有些国家拌和机的铭牌容量是指进料体积,在计算出料体积时应乘以出料系数 0.6 ~0.7。拌和机小时生产率 P 可按下式计算:

$$P = NV = K_t \frac{3\,600V}{t_1 + t_2 + t_3 + t_4} \tag{5-5}$$

式中:P 为每台拌和机每小时产料量,m^3;N 为每台拌和机每小时平均拌和次数;V 为拌和机出料容量,m^3;t_1 为进料时间,自动化配料为 10 ~15 s,半自动化配料为 15 ~30 s;t_2 为拌和时间,随拌和机容量、坍落度、气温而变化(如表 5-9 所示,表列数值是常温取值,在冬季应增大 50%);t_3 为出料时间,一般倾翻式为 15 s,非倾翻式为 25 ~30 s;t_4 为必要的技术间歇时间,对双锥式为 3 ~5 s;K_t 为时间利用系数。

表 5-9 拌和机容量与骨料最大粒径和拌和时间(min)的关系

拌和机的进料容量(m^3)	最大骨料粒径(mm)	坍落度(cm)			拌和机的退料容量(m^3)	最大骨料粒径(mm)	坍落度(cm)		
		2 ~5	5 ~8	>8			2 ~5	5 ~8	>8
1.0	80		2.5	2.0	2.4	150	2.5	2.0	2.0
1.6	150 或 120	2.5	2.0	2.0	5.0	150	3.5	3.0	2.5

二、拌和站、拌和楼及其设备容量

(一)拌和站、拌和楼的布置

中小型工程、分散工程或大型工程的零星部位,通常设置拌和站,而对于用料集中的大中型工程,则多设置拌和楼。混凝土系统应尽可能集中布置,只有在建筑物分散、高程相差太大、集中布置运距过远、两岸交通联系不便或因砂石料场分散、混凝土系统集中,导致骨料运距太远或不方便的情况下,才采用分散布置拌和楼、拌和站。

拌和站的布置,对台阶地形,拌和机数量不多,可一字形排列;沟槽路堑地形,拌和机数量多,可采用双排相向布置,如图 5-28 所示。拌和楼是集中布置的混凝土工厂,常按工艺流程分层布置,分为进料、储料、配料、拌和及出料共 5 层,如图 5-29 所示。

由于拌和楼的生产率高、设备配套、管理方便、运行可靠、占地少,故在大中型混凝土工程中应用较普遍。为了控制骨料超、逊径引起的质量问题,可以运送混合骨料至拌和楼

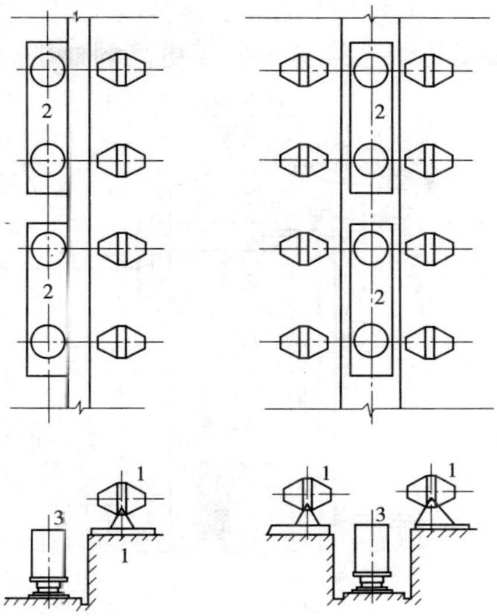

(a)一字形排列布置　　(b)双排相向布置

1—拌和机；2—运输平车；3—装料立罐

图 5-28　拌和站布置

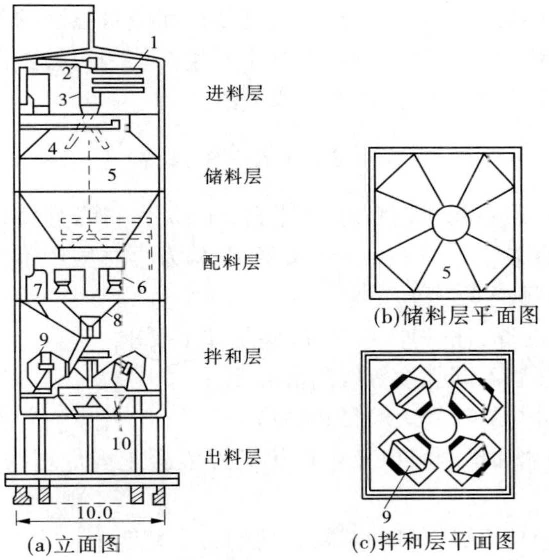

(a)立面图　　(b)储料层平面图　　(c)拌和层平面图

1—进料皮带机；2—水泥螺旋运输机；3—受料斗；4—分料器；5—储料仓；6—配料斗；7—量水器；8—骨料斗；9—拌和机；10—混凝土出料斗

图 5-29　混凝土拌和楼

顶进行二次筛分。如图 5-30 所示为贵州乌江东风水电站楼顶二次筛分拌和楼。它是在传统拌和楼料仓层上加了一层筛分层。采用这种生产工艺，能够在切实控制骨料超、逊径的同时，解决远距离、分级轮换供料不能保证生产需要等方面的许多问题。它的主要缺点是增加了顶层二次筛分以后：①噪声加剧，工作环境恶化；②拌和楼的动、静荷载均有增加，对楼身和基础结构、电子称量系统等提出了更高的要求。

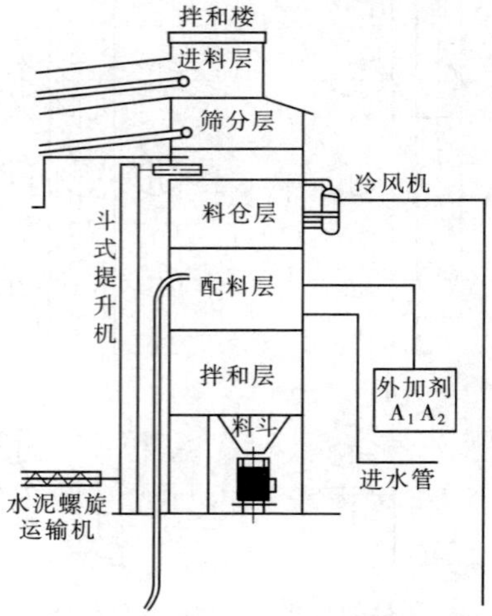

图 5-30 贵州乌江东风水电站楼顶二次筛分拌和楼

（二）拌和设备容量的确定

拌和设备的生产能力应能满足混凝土质量品种和浇筑强度的要求。《水利水电工程施工组织设计规范》（SL 303—2004）规定，其小时生产能力可按混凝土月高峰强度计算。混凝土拌和设备需要满足的小时生产能力如下：

$$P_0 = K\frac{Q_{max}}{nm} \tag{5-6}$$

式中：P_0 为混凝土拌和设备每小时的生产能力，m^3；n 为高峰月每日平均工作时数，一般取 20 h；m 为高峰月有效工作日数，一般取 25 d；K 为小时生产不均匀系数，可按 1.5 考虑；Q_{max} 为混凝土月高峰浇筑强度，m^3。

确定混凝土拌和设备容量和台数，还应满足如下要求：

（1）能满足同时拌制不同强度等级的混凝土。

（2）拌和机的容量与骨料最大粒径相适应。

（3）考虑拌和、加冰和掺合料以及生产干硬性混凝土或低坍落度混凝土对生产能力的影响。

（4）拌和机的容量与运载重量和装料容器的大小相匹配。

（5）适应施工进度，有利于分批安装、分批投产、分批拆除转移。

放置在平台车上的混凝土盛料容器常用立罐，如图 5-31 所示。罐壳为钢制品，装料口大，出料口小，并设弧门控制，用人力或压气启闭，如图 5-32 所示。

汽车运输有用自卸车直接盛装混凝土，运送并卸入与起重机不脱钩的卧罐内，再将卧罐吊运入仓卸料；也有将卧罐直接放在车厢内到拌和楼。卧罐的外形及放置如图 5-33 所示。

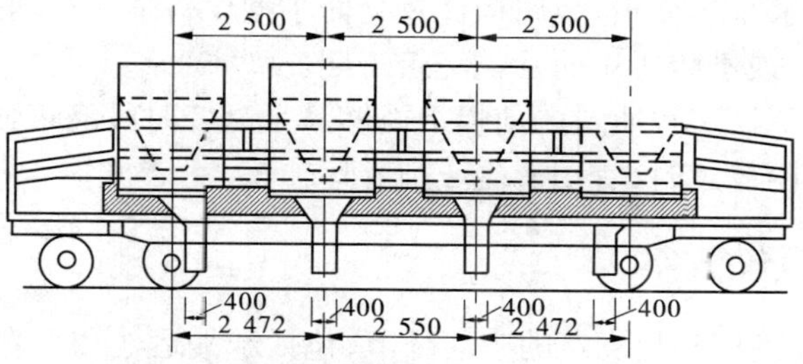

图5-31　大型平板车载运混凝土立罐　（单位：mm）

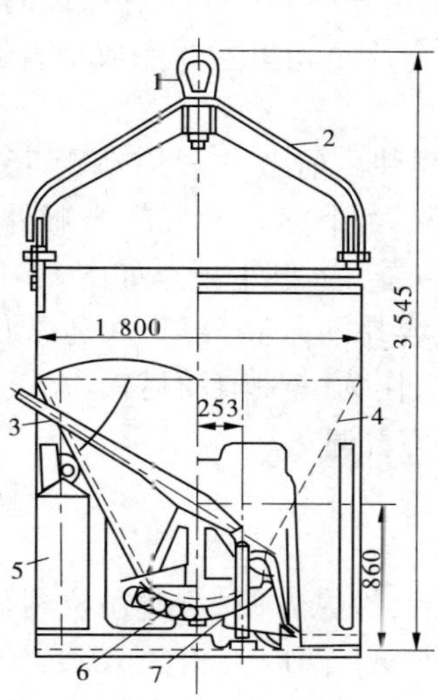

1—吊环；2—吊梁；3—操作杆；4—罐壁；
5—储气罐；6—斗门；7—支架

图5-32　混凝土立罐结构　（单位：mm）

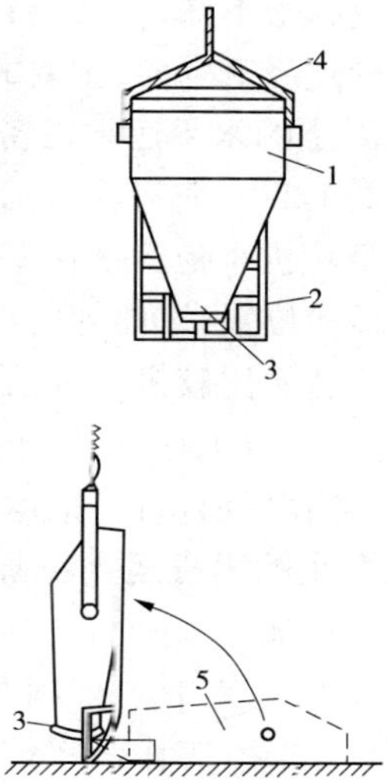

1—盛料斗；2—滑架；3—斗门；
4—吊梁；5—平卧状态

图5-33　混凝土卧罐

任务四　常态混凝土施工

一、混凝土施工方案选择原则

(1)混凝土生产、运输、浇筑、防裂及温度控制等各施工环节衔接合理。
(2)施工机械化程度符合工程实际,保证工程质量,加快工程进度和节约工程投资。
(3)施工工艺先进,设备配套合理,综合生产效率高。
(4)能够连续生产混凝土,运输过程的中转环节少、运距短,温度控制措施简易、可靠。
(5)初、中、后期浇筑强度协调平衡。
(6)混凝土施工与机电安装之间干扰少。
在选择混凝土浇筑设备时,要解决好以下问题:
(1)起吊设备能够控制整个平面和高程上的浇筑部位。
(2)主要设备型号单一,配套设备有利于主要设备生产能力的发挥。
(3)在固定的工作范围内能够连续工作,设备利用率高。

(4)浇筑间歇能够承担模板、金属构件及仓面小型设备吊运等辅助工作。

(5)不压浇筑块,或不因压块而延长浇筑工期。

(6)生产能力在保证工程质量的前提下能够满足高峰时段浇筑强度要求。

(7)当混凝土运距较远时,宜用混凝土搅拌运输车。

二、混凝土的运输方案

混凝土运输是连接拌和与浇筑的中间环节,包括水平运输和垂直运输,运输过程中混凝土的自由跌落高度不得大于 2 m,否则应加设缓降器以防止骨料分离。水平运输盛料容器和车厢应严密不漏,从装料到入仓卸料过程宜控制在 30 ~60 min 以内,以防止初凝。从混凝土出机到浇筑仓前,主要完成水平运输,从浇筑仓前至仓里主要完成垂直运输。

(一)混凝土的水平运输设备

通常混凝土的水平运输有有轨运输和无轨运输两种。前者一般用轨距 762 mm 或 1 000 mm的窄轨机车拖运平台车完成,平台车上除放 3 ~4 个盛料的混凝土罐外,还应留出一个放空罐的位置,以便卸料后起吊设备可以放置空罐。大型平板车如图 5-31 所示。

尽管汽车运输比较机动灵活,但成本较高,混凝土容易漏浆和分离,故通常仅用于建筑物基础部位、分散工程,或机车运输难以到达的部位,作为一种辅助运输方式。大量混凝土的水平运输以有轨机车拖运装载料罐的平台车更为普遍。

(二)混凝土的垂直运输设备

1. 门式起重机

门式起重机又称门机,如图 5-34 所示。它运行灵活,操纵方便,可起吊物料做径向和环向移动,定位准确,工作效率较高,有利于提高浇筑速度。国内常用的 10/20 t 门机,最

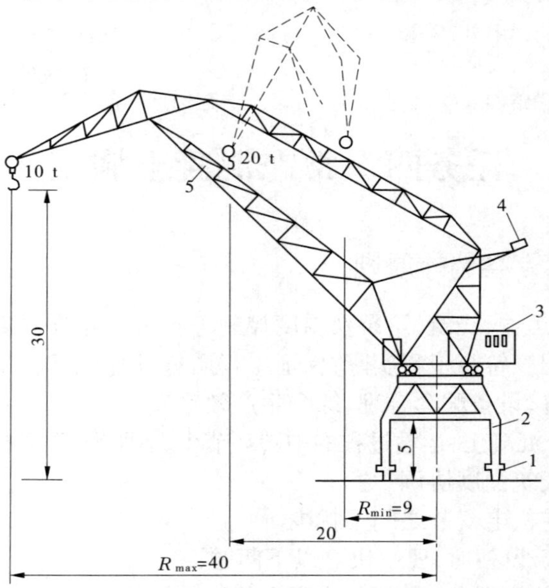

1—行驶装置;2—门架;3—机房;4—活动平衡重;5—起重臂

图 5-34 10/20 t 门式起重机 (单位:m)

大起重幅度40/20 m,轨上起重高度30 m,轨下下放深度35 m。国内新产20/60 t的高架门机,其轨上高度可达70 m,既有利于高坝施工,也适宜于中低坝降低或取消起重机行驶的工作栈桥,如图5-35所示。

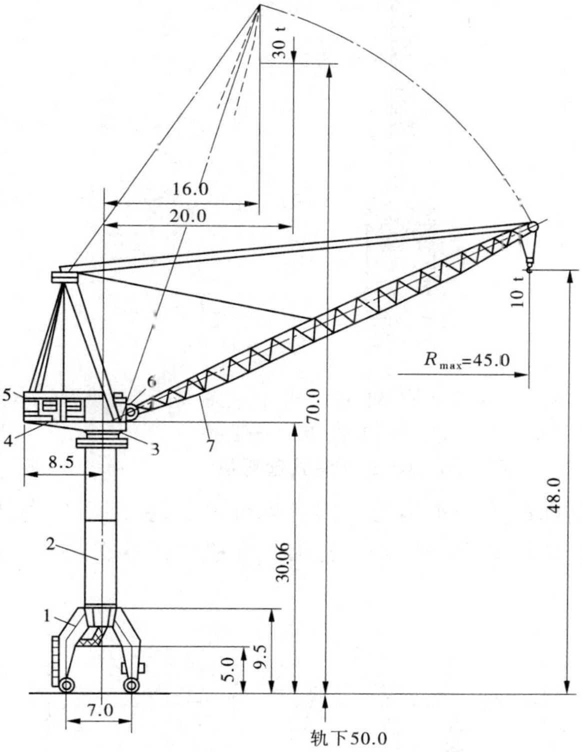

1—门架;2—高架塔身;3—回转盘;4—机房;5—平衡重;6—操纵台;7—起重臂

图5-35 10/30 t高架门机 (单位:m)

2. 塔式起重机

塔式起重机又称塔机或塔吊,如图5-36所示。塔机的工作空间比门机大,由于机身高,其灵活性比门机差。在行驶轮旁设有夹具,操作时夹具夹住钢轨保持稳定。当有6级以上大风时,必须停止行驶工作。因塔顶是借助钢丝绳的牵引旋转,所以它只能向一个方向旋转180°或360°后再反方向旋转,而门机却可随意旋转,故相邻塔机运行的安全距离要求较严。由于塔机运行的灵活性较门机差,其起重能力、生产率都较门机低。

为了扩大工作范围,门机和塔机多安设在栈桥上。栈桥跨度为20~40 m。上铺枕木、轨道和桥面板。桥面中部为运输轨道,两侧为起重机轨道,如图5-37所示。

3. 缆式起重机

平移式缆索起重机具有首尾两个可移动的钢塔架,在首尾塔架顶部凌空架设承重缆索。行驶于承重索上的起重小车靠牵引索牵引移动,另用起重索起吊重物。机房和操纵室均设在首塔内,用工业电视监控操纵。尾塔固定、首塔沿弧形轨道移动者,称为辐射式缆机;两端固定者,称为固定式缆机,俗名“走线”。平移式缆机工作控制面积为一个矩

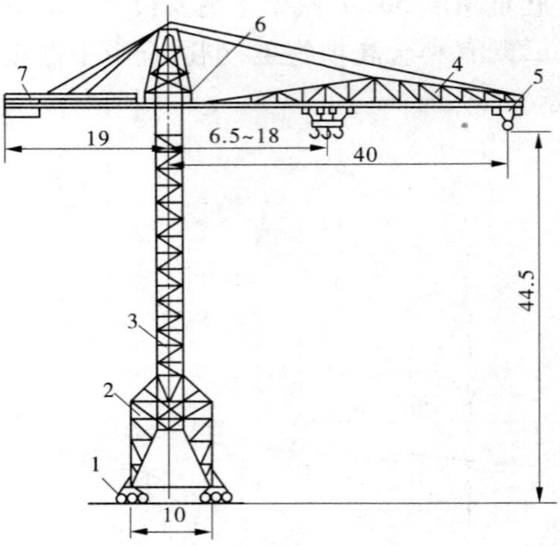

1—行驶装置;2—门架;3—塔身;4—起重臂; 5—起重小车;
6—回转塔架; 7—平衡重

图 5-36 10/25 t 塔式起重机 (单位:m)

形,辐射式缆机的控制面积为一个扇形。前者运行灵活,控制面积大,但设备投资、基建工程量、能源消耗和运行费用都大于后者。辐射式缆机的优缺点恰与之相反,其高程计算如图 5-38 所示。

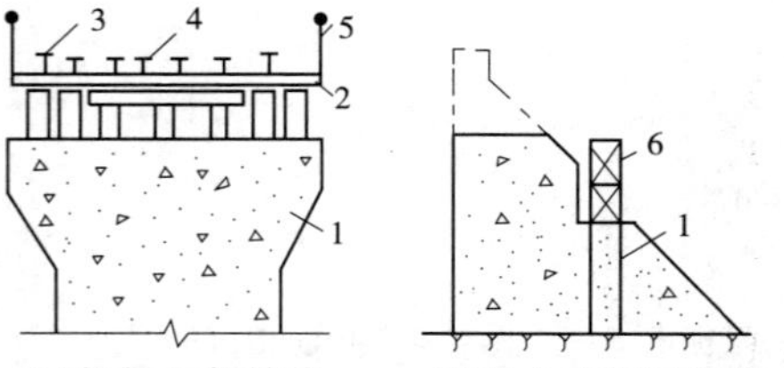

(a)栈桥上部结构 (b)混合式桥墩结构

1—钢筋混凝土桥墩;2—桥面;3—起重机轨道;
4—运输轨道;5—栏杆;6—可拆除的钢架

图 5-37 门机和塔机的工作栈桥示意图

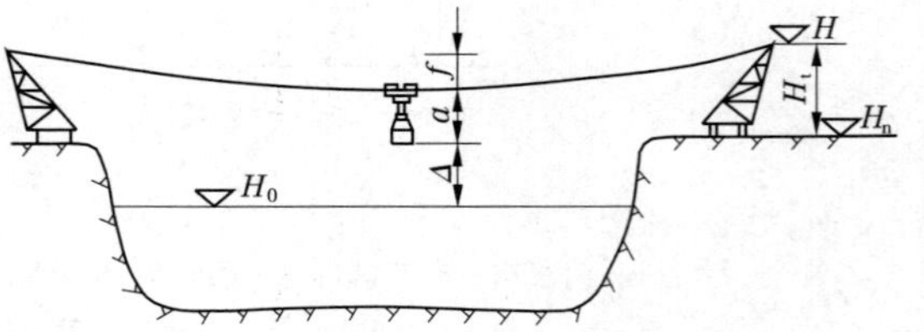

图 5-38 缆机控制高程计算图

塔架高度: $$H_t = H - H_n \tag{5-7}$$

塔顶控制高度: $$H = H_0 + \Delta + a + f \tag{5-8}$$

式中:H_0 为缆机浇筑部位的最大高程,m;Δ 为吊物最低安全裕度,不小于 1 m;a 为吊罐底至承重索的最小距离,可取 6 ~ 10 m;f 为满载时承重索的垂度,一般取跨度 L 的 5%;H_n 为轨道顶面高程,m。

缆机质量要求最高的部件是承受载重小车移动的承重索,它要求用光滑、耐磨、抗拉强度很高的高强钢丝制成,价格高昂。通常,缆机吊运混凝土每小时 8 ~ 12 罐。20 t 缆机月浇筑强度可达 5 万 ~8 万 m^3。为提高其生产率,当今多采用高速缆机,仓面无线控制操作,定位准确,卸料迅速。为缩短吊运循环时间,应尽可能将混凝土拌和楼布置靠近缆机,以便料罐不脱钩，直接从拌和楼接料；若拌和楼不在缆机控制范围内，可采用特制的运料小车，向不脱钩的料罐供料。运料小车从拌和楼接混凝土料后，由机车拖运至缆机控制范围内，对准不脱钩的料罐，将混凝土经倾斜滑槽卸入料罐，如图5-39所示。

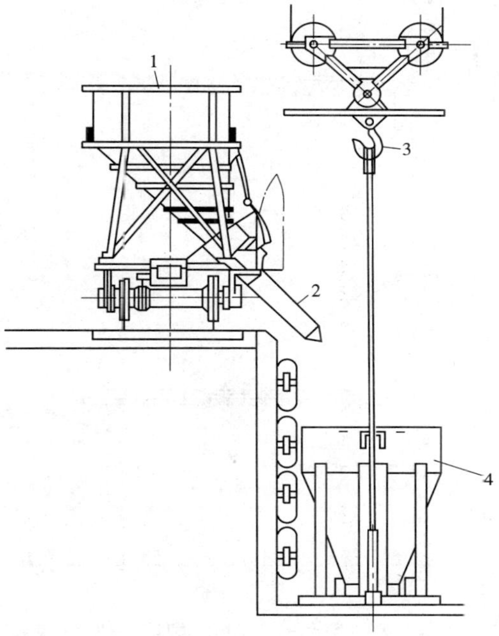

1—运料小车；2—卸料滑槽；3—起重钩；4—装料料罐

图5-39 东风电站卸料小车

4. 履带式起重机

将履带式挖掘机的工作机构改装，即成为履带式起重机。这种起重机起吊高度不大，但机动灵活，常与自卸汽车配合浇筑混凝土墩、墙或基础、护坦、护坡等。

5. 塔带机

塔带机是集水平运输和垂直运输于一体，将塔机和皮带运输机有机结合的专用皮带机，要求混凝土拌和、水平供料、垂直运输及仓面作业一条龙配套。输送系统直接从拌和厂受料，拌和机兼作给料机，全线自动连续作业。机身可沿立柱自升，施工中无需搬迁，不必修建多层、多条上坝公路，汽车可不出仓面。在简化施工设施、节省运输费用、提高浇筑速度、保证仓面清洁等方面，充分反映了这种浇筑方式的优越性。

墨西哥惠特斯（Huites）大坝第一次成功地用3台罗泰克（ROTEC）塔带机为主要设备浇筑混凝土，用2年多时间浇筑了280万m^3混凝土，高峰年浇筑强度达210万m^3，高峰月浇筑强度达24.8万m^3，创造了混凝土筑坝技术的新纪录。长江三峡工程用6台塔（顶）带机，1999～2000年共浇筑了330万m^3混凝土，单台最高月产量5.1万m^3，最高日产量3 270 m^3。三峡工程采用的美国罗泰克（ROTEC）公司制造的TC2400型塔带机如图5-40所示。

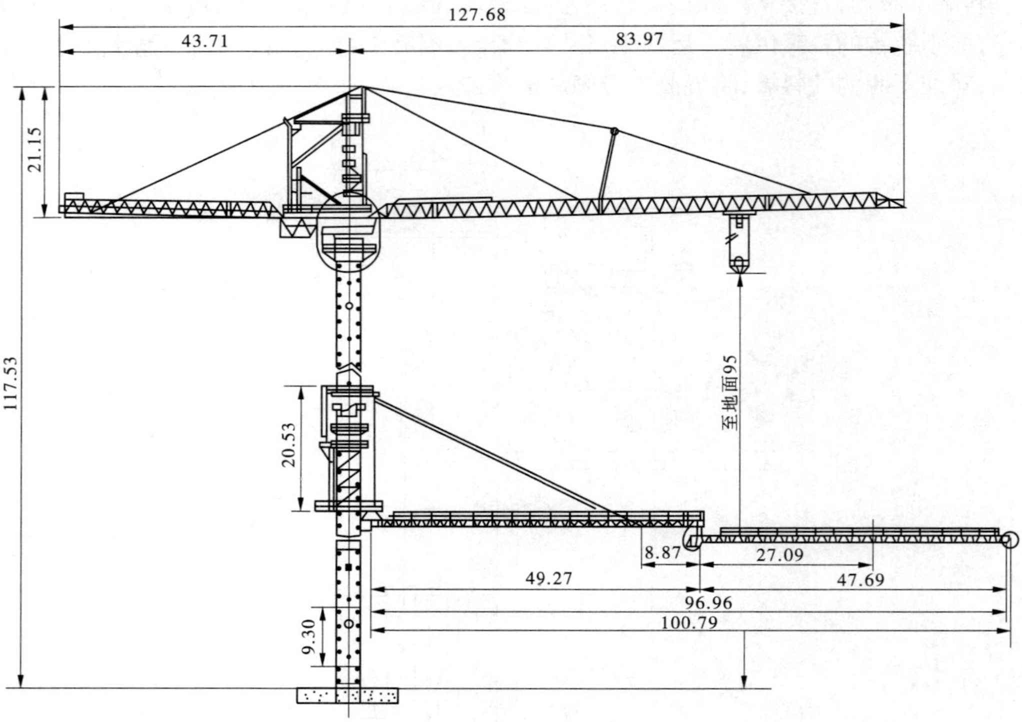

图 5-40　罗泰克公司制造的 TC2400 型塔带机　(单位:m)

6. 混凝土泵

混凝土泵可进行水平运输和垂直运输,能将混凝土输送到难以浇筑的部位,运输过程中混凝土拌和物受周围环境因素的影响较小,运输浇筑的辅助设施及劳力消耗较少。但它对于混凝土坍落度和最大骨料粒径有比较严格的要求,限制了它在大坝施工中的应用。

三、混凝土的运输浇筑方案

(一)门、塔机运输浇筑方案

1. 门、塔机栈桥运输浇筑方案

设栈桥的目的在于扩大起重机的工作范围,增加浇筑高度,为机械提供行驶线路,避免干扰,以利于安全高效施工。栈桥可以平行坝轴线布置一条、二条或三条;栈桥可以贯通两岸的全线栈桥,也可以是只通一岸的栈桥。栈桥布置有如下几种方式:

(1)单线栈桥。对宽度不太大的建筑物,将栈桥布置在建筑物轮廓中部,控制大部分浇筑部位,边角部位由辅助浇筑机械完成。单线栈桥可一次到顶,也可分层加高。后者有利于简化桥墩结构,使栈桥及早投入运行,避免料罐下放过深,有利于提高起重机的生产率。但分层加高时,要移动运输路线,对施工进度有一定影响(如图 5-41 所示)。

(2)双线栈桥。通常是一主一辅,主栈桥承担主要的浇筑任务,辅助栈桥主要承担水平运输任务,故应与拌和楼的出料高程协调一致。辅助栈桥也可布置少量起重机,配合主栈桥全面控制较宽的浇筑部位。如图 5-42 所示为重力坝坝后式厂房双线栈桥布置情况。

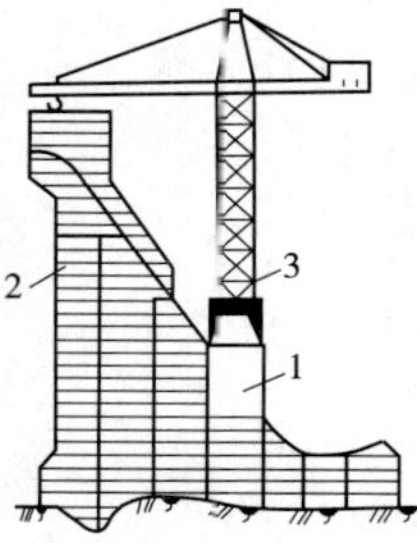

1—栈桥墩；2—浇筑坝体；3—塔机

图 5-41 单线栈桥布置图

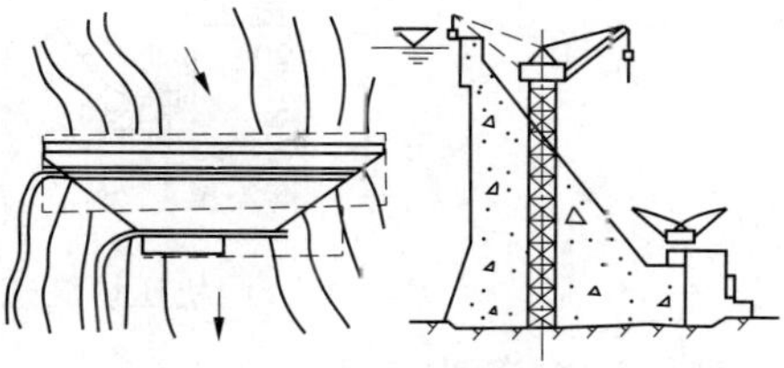
图 5-42 双线栈桥布置图

(3)多线多高程栈桥。对于高坝，轮廓尺寸特大的建筑物，采用门、塔机浇筑方案时，常需设多高程栈桥才能完成任务，其布置如图 5-43 所示。显然，这样布置栈桥工作量很大，必然会对运输浇筑造成一定影响。利用高架门机和巨型塔机可减少栈桥的层次和条数。

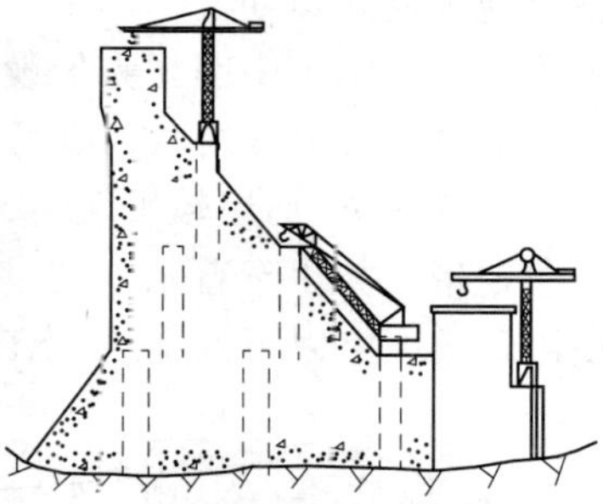
图 5-43 多线多高程栈桥布置图

2. 门、塔机无栈桥方案

这种方案不仅可以节约栈桥，还可使门、塔机及早投产，及早浇筑混凝土。对于中低水头工程，其布置情况有：放在围堰顶上，如图 5-44 (a)所示；放在基坑内的地面上，如图 5-44(b)所示；放在已浇好的部分建筑物上，如图 5-44(c)、(d)所示；放在已浇好的浇筑块上，如图 5-44(e)和图 5-45所示。这种布置的特点是省去了栈桥，机械随浇筑块的上升而上升，故增多了设备搬迁次数。门机拆迁一次至少要花 3 d 时间，塔机则更长。下层起重机所压浇筑块，可由上层起重机浇筑。

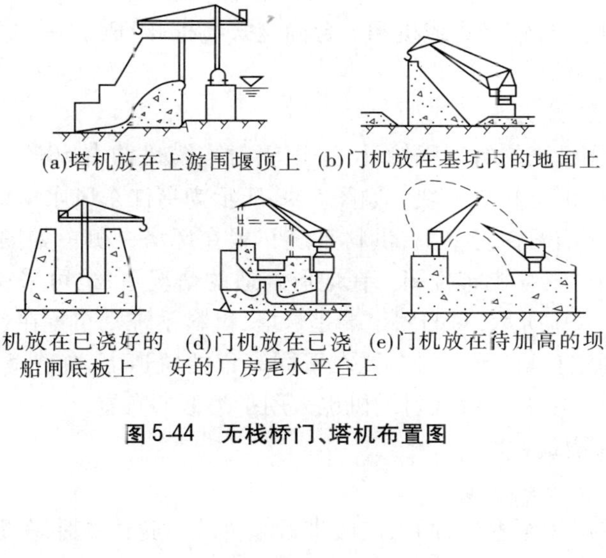
(a)塔机放在上游围堰顶上 (b)门机放在基坑内的地面上

(c)塔机放在已浇好的船闸底板上 (d)门机放在已浇好的厂房尾水平台上 (e)门机放在待加高的坝块上

图 5-44 无栈桥门、塔机布置图

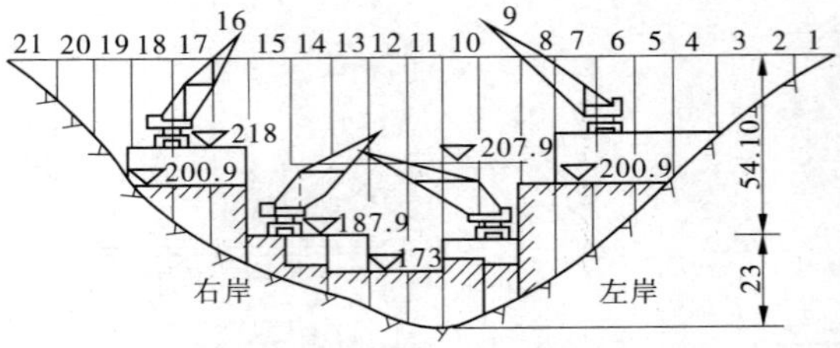

图 5-45 门机压块浇筑下游立视图 （单位：m）

（二）缆机运输浇筑方案

缆机的塔架常安设于河谷两岸，通常布置在所浇建筑物外，故可提前安装，一次架设，在整个施工期间长期发挥作用。有时为了缩小跨度，可将坝肩岸边块提前浇好，然后敷设缆机轨道。在施工中因无需架设栈桥，缆机运输浇筑布置有如下几种情况。

1. 缆机同其他起重机组合的浇筑系统

当河谷较宽、河岸较平缓时，可用缆机控制建筑物的主要部位，用辅助机械浇筑坝顶和边角地带。如伊泰普水电站，坝高 180 m，采用 7 台跨度 1 300 多 m 起重量 20 t 缆机，完成坝体 2/3 高度以下的浇筑，上部则用 12 台 20 t 的塔机浇筑，其布置如图 5-46 所示。

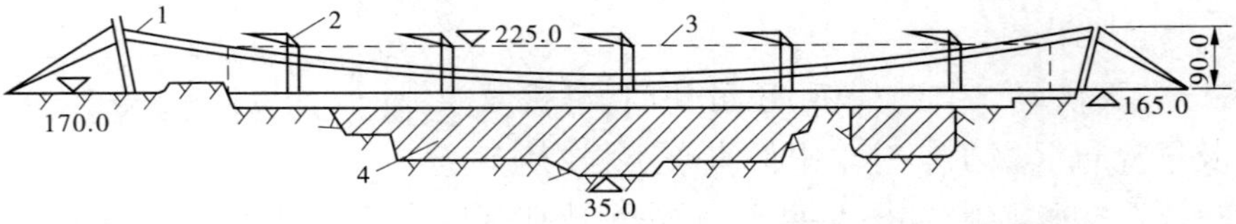

1—快速缆机；2—塔机；3—塔机浇筑部位；4—缆机浇筑部位

图 5-46 伊泰普大坝缆机和塔机组合浇筑方案 （单位：m）

2. 立体交叉缆机浇筑系统

在深山峡谷筑高坝，且要求兼顾枢纽的其他工程，则可分高程设置缆机轨道，组成立体交叉浇筑系统。如图 5-47 所示为美国鲍尔德坝的施工。该坝高 226 m，在不同高程分设 4 台平移式缆机、2 台辐射式缆机和 1 台固定式缆机，组成了一个立体交叉缆机浇筑系统。

3. 辐射式缆机浇筑系统

据国外 50 个缆机浇筑的工程统计，采用辐射式缆机约占 60%。国内也有不少工程采用辐射式缆机，特别是修筑拱坝。如图 5-48 所示为乌江东风水电站拱坝的辐射式缆机布置图，它的固定端锚固在岩壁上，供料系统布置在尾塔一侧。如图 5-49 所示为雅砻江二滩水电站拱坝辐射式缆机布置图。在地形合适的情况下，也可采用辐射式缆机进行重力坝的浇筑，如图 5-50 所示，它的固定端是首塔，供料系统则布置在首塔一侧。

也有共用一固定首塔，尾塔则布置在不同高程的轨道上，如图 5-51 所示。国内贵州乌江渡浇筑拱形重力坝有 2 台辐射缆机也采用了类似的布置。

（三）辅助运输浇筑方案

1. 履带式起重机浇筑方案

用自卸汽车装料运至仓前，卸入由履带机起吊的不脱钩的卧罐里，再吊运入仓。一般

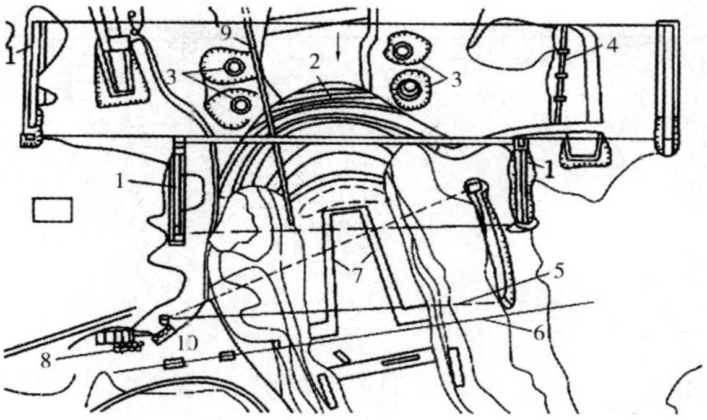

1—平移式缆机轨道;2—重力拱坝;3—进水塔;4—溢流堰;5—辐射式缆机;
6—固定式缆机;7—水电站厂房;8—水泥仓库;9—供料栈桥;10—混凝土拌和楼

图 5-47　鲍尔德坝综合缆机方案布置图

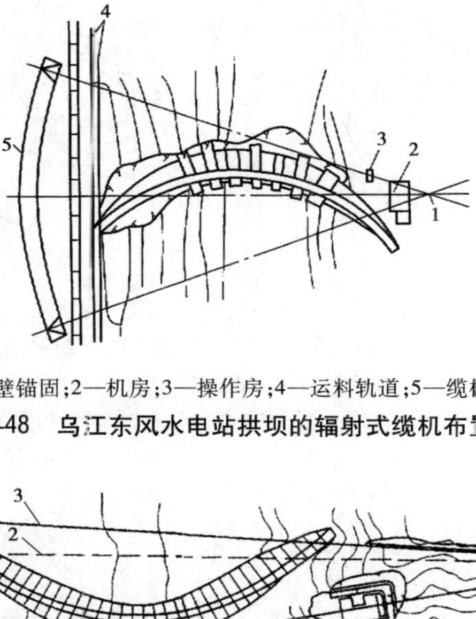

1—岩壁锚固;2—机房;3—操作房;4—运料轨道;5—缆机轨道

图 5-48　乌江东风水电站拱坝的辐射式缆机布置图

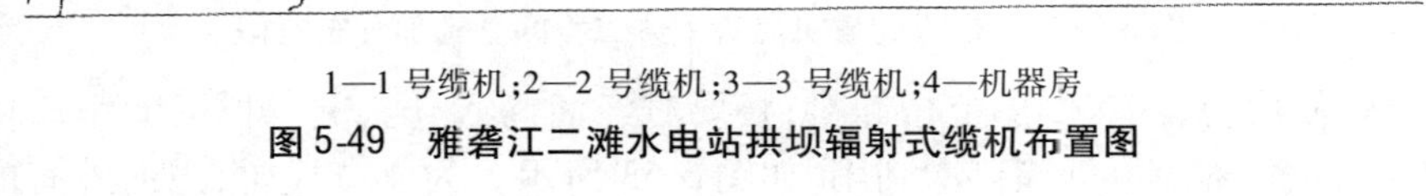

1—1 号缆机;2—2 号缆机;3—3 号缆机;4—机器房

图 5-49　雅砻江二滩水电站拱坝辐射式缆机布置图

用于浇筑较低的建筑物,如水闸、厂房、船闸、护坦和消能工等,如图 5-52 所示。这种浇筑方案准备工作量少,方便灵活。

2. 汽车运输浇筑方案

装料后的自卸汽车直接入仓卸料,避免了中途转运。为使自卸汽车直接进入浇筑部

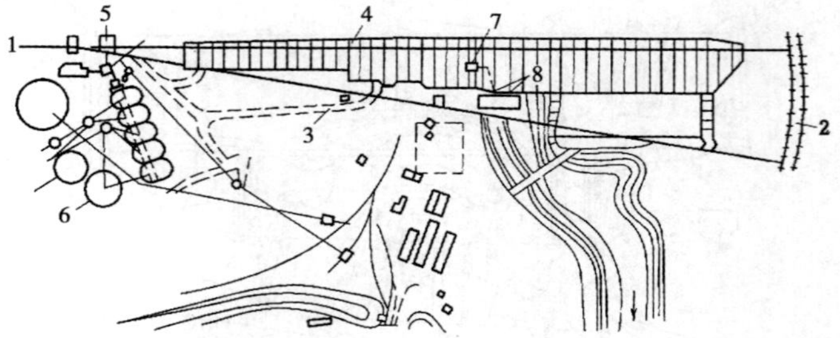

1—固定首塔架;2—尾塔轨道;3—运输线路;4—重力坝;5—拌和楼;
6—堆料;7—移动料斗;8—分料装置

图 5-50 辐射式缆机浇筑重力坝的布置图

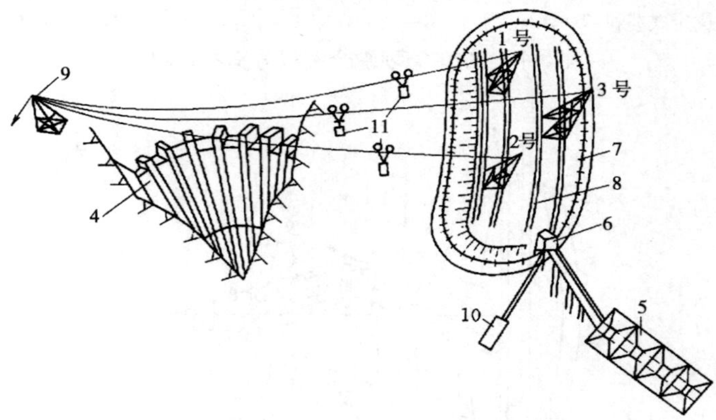

1～3 号—辐射式缆机机器编号;4—拱坝;5—骨料堆;6—拌和楼;7—混凝土运输环形线路;
8—缆机轨道;9—共用一固定端塔架;10—水泥料仓;11—移动起重小车和料罐

图 5-51 共用一塔架的多台辐射式缆机布置图

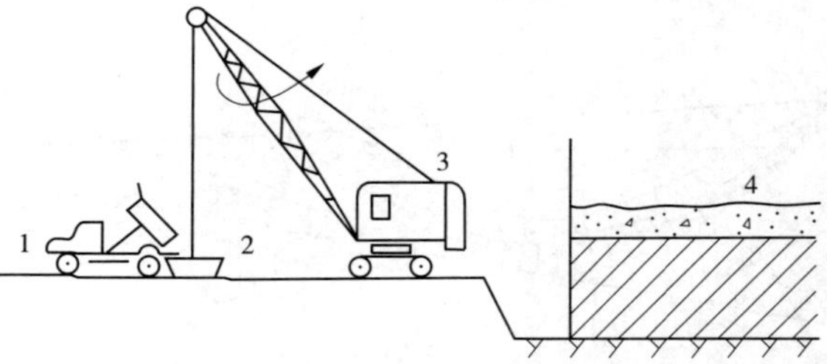

1—自卸汽车;2—卧罐;3—履带式起重机;4—浇筑仓位

图 5-52 履带式起重机浇筑主体工程的基础部分布置图

位,常架设轻便栈桥,汽车倒退上桥卸料,必要时经溜筒入仓。支承桥面的钢筋柱埋入混凝土中不再拆除,桥面可拆除再次利用,如图 5-53 所示。为节省栈桥,国内外有的工程采用自卸汽车由已浇混凝土面上倒退入仓卸料。此时,要求行驶汽车的混凝土,龄期在 12 h 以上,在覆盖上层混凝土前需冲毛,每层铺厚约 0. 7 m。汽车入仓前应将车轮上的污泥洗净。

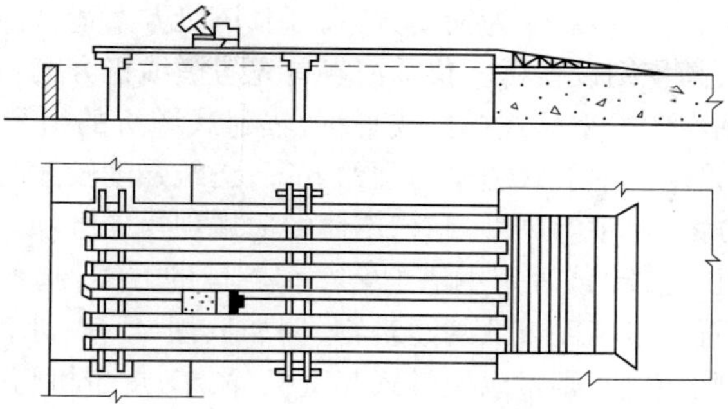

图 5-53　汽车栈桥浇筑混凝土

3. 皮带运输机浇筑方案

当浇筑部位距拌和楼(站)不远、地形平缓时,可用皮带运输混凝土直接入仓。皮带机架设在轻便栈桥上,其支柱可用钢筋或钢筋混凝土。散料的横向皮带机可设在栈桥上,也可以置于分料小车两侧,形成双悬臂式,如图 5-54 所示。皮带机运输浇筑混凝土,设备简单,管理方便,能耗较小,浇筑强度高,但运输中容易漏浆、分离,且受气温影响大。为此,应控制皮带机倾角向上不大于 20°,向下不大于 10°,运行速度不大于 1.2 m/s。机架上应加盖,防雨、防晒、防风、保温。

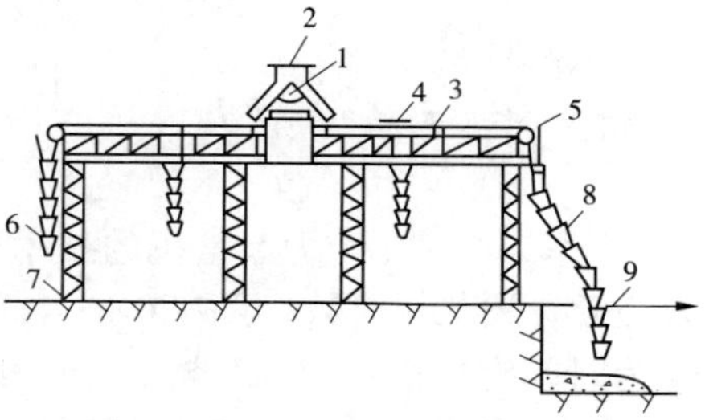

1—进料皮带;2—分料小车;3—横向分料皮带;4—卸料刮板;
5—挡板;6—卸料溜筒;7—钢筋骨架柱;8—溜管;9—拉绳

图 5-54　皮带运输机浇筑方案

四、运输浇筑方案的选择及起重机械数量的确定

(一)混凝土运输浇筑方案的选择

混凝土运输浇筑方案的选择通常应考虑如下原则:

(1)运输效率高,成本低,转运次数少,不易分离,质量容易保证。

(2)起重设备能够控制整个建筑物的浇筑部位。

(3)主要设备型号单一,性能良好,配套设备能使主要设备的生产能力充分发挥。

(4)在保证工程质量前提下能满足高峰浇筑强度的要求。

(5)除满足混凝土浇筑要求外,同时能最大限度地承担模板、钢筋、金属结构及仓面小型机具的吊运工作。

(6)能连续工作,设备利用率高,不压浇筑块,不因压块而延误浇筑工期。

对于高大建筑物,垂直运输应以门、塔机栈桥方案和缆机方案作为主要的比较方案,以履带式起重机、汽车、皮带机运输为辅助方案。门、塔机方案适合河谷较宽的坝址;中偏低或低坝可不设栈桥;高坝则设栈桥。狭窄河谷首先考虑缆机方案;若顺流向建筑物尺寸大或有多个建筑物,则应考虑平移式缆机或平移、辐射式缆机的组合方案;若结构物尺寸单薄,例如拱坝,则多采用以辐射式缆机为主的方案;浇筑强度较大时,可采用一个固定塔架、多台辐射式缆机方案;对中等高度、结构单薄的薄拱坝与支墩坝,在缺乏大型起重机械时,可采用固定式缆机(走线)或固定钢塔配合小车转运的方案,起重钢塔可竖直架立,也可沿支墩斜面倾斜布置。对高度较低的建筑物,例如低坝、厂房、水闸、船闸、护坦及各种墩、墙零星分散的小型建筑物,则常以履带式起重机、汽车、皮带机为主要浇筑手段。

如图5-55所示,将坝体浇筑划分为Ⅰ、Ⅱ、Ⅲ、Ⅳ四个阶段,Ⅰ、Ⅱ阶段为浇筑前期,Ⅲ阶段为浇筑中期,Ⅳ阶段为浇筑后期。

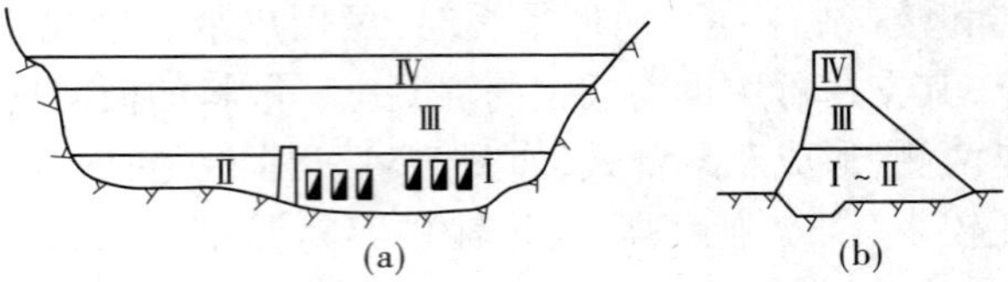

图5-55 分期导流混凝土坝浇筑段的划分

(二)混凝土浇筑设备数量及其生产率

(1)月实际生产率 P_m 可按下式计算:

$$P_m = P_t mnk_1k_2k_3 \tag{5-9}$$

$$P = N_0 q \tag{5-10}$$

式中:P_m 为起重机的月实际生产率,m^3/月;P_t 为起重机的技术生产率,m^3/h;m 为每月有效工作天数,可取25 d; n 为每天有效工作时数,可取20 h;k_1 为吊罐有效容积利用系数,考虑混凝土损耗,取0.98;k_2 为时间利用系数,与起重机台数、供料方式、班内时间利用情况有关,在0.62~0.80范围内选择;k_3 为综合利用系数,视完成吊运钢筋构架、大型模板、金属结构等辅助工作量而定,可取0.60~0.85,对于缆机,若只浇混凝土则取1;N_0 为每小时吊运罐数;q 为每罐的有效容积,m^3。

(2)小时浇筑强度 Q_h(m^3/h)按下式计算:

$$Q_h = \frac{Q_m}{nm} K_m K_d K_h \tag{5-11}$$

式中:Q_m 为浇筑高峰年或高峰时段的月平均强度,m^3/月;K_m 为月不均衡系数,按高峰年计算时参照表5-10取值,按高峰时段计算时则一般取1.1~1.2;K_d 为浇筑的日不均匀系数,按表5-10取值;K_h 为浇筑的小时不均匀系数,视工程规模、施工组织、机械配套等情况而定,一般取1.2~1.6。

表5-10 混凝土浇筑高峰年的月、日不均匀系数

坝型	重力坝	轻型坝	河床式闸坝	坝型	重力坝	轻型坝	河床式闸坝
月不均衡系数 K_m	1.2~1.5	1.3~1.7	1.5~1.8	日不均匀系数 K_d	1.1~1.3	1.2~1.4	1.3~1.5

(3)起重机需用数量 N 按式(5-12)计算后取整。

$$N = \frac{Q_m}{P_m}K_0 \tag{5-12}$$

式中:Q_m 为施工进度要求的月浇筑强度,可依据式(5-11)中 Q_m 并考虑相应不均衡系数而定,m^3/月;P_m 为起重机月实际生产率,m^3/月,见式(5-9);K_0 为备用系数,对于大型专用机械,因时间利用系数或年工作台班定额中已考虑了多种影响因素,故取 $K_0 = 1.0$。

五、混凝土的浇筑方式

混凝土坝的分缝分块,首先沿坝轴线方向,将坝的全长划分为 5 ~ 20 m 的若干坝段,坝段之间的缝统称为横缝。重力坝的横缝一般与伸缩沉陷缝结合,是不需要接缝灌浆处理的结构缝,又称为永久缝。拱坝的横缝由于有传递应力的要求,需要进行接缝灌浆处理,称为临时缝。常见的坝段分缝分块类型如图 5-56 所示。

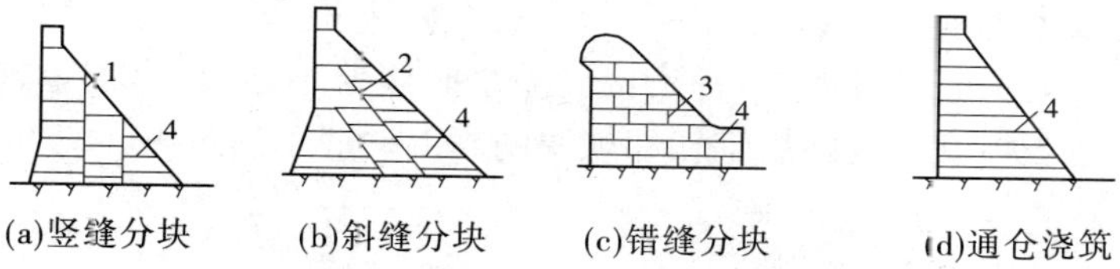

1—竖缝;2—斜缝,3—错缝;4—水平施工缝

图 5-56　分缝分块型式

(一)竖缝分块

竖缝分块是用平行于坝轴线的铅直缝把坝段分成为若干柱状体,所以又称为柱状分块。这种分缝分块型式始于 20 世纪 30 年代末美国胡佛坝的施工,因而被称为传统的分缝分块型式,也是我国使用最广泛的一种分缝分块型式。

为了恢复因竖缝而破坏的坝体整体性,需进行接缝灌浆处理,或用膨胀混凝土回填宽缝。预留的宽缝又称预留宽槽,槽宽一般 1 m 左右,如图 5-57 所示。键槽的形式有两种:不等边直角三角形和不等边梯形。为了施工方便,各条竖缝的键槽往往做成统一的形式。

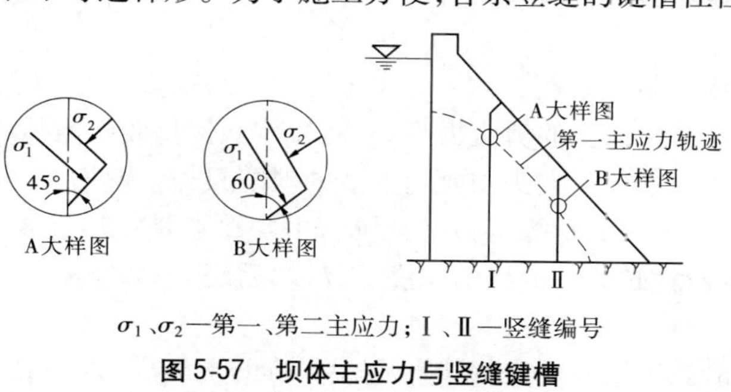

σ_1、σ_2—第一、第二主应力;Ⅰ、Ⅱ—竖缝编号

图 5-57　坝体主应力与竖缝键槽

如图 5-58 所示,为了便于键槽模板安装并使先浇块拆模后不形成易受损的突出尖角,三角形键槽模板总是安装在先浇块的铅直模板内侧面上,直角的对边是铅直的。为了使键槽面与主应力垂直,若上游块先浇,则应使键槽直角的短边在上、长边在下。反之,下游块先浇,则应长边在上、短边在下。施工中应注意这种键槽长、短边随浇筑顺序而变化

的关系。

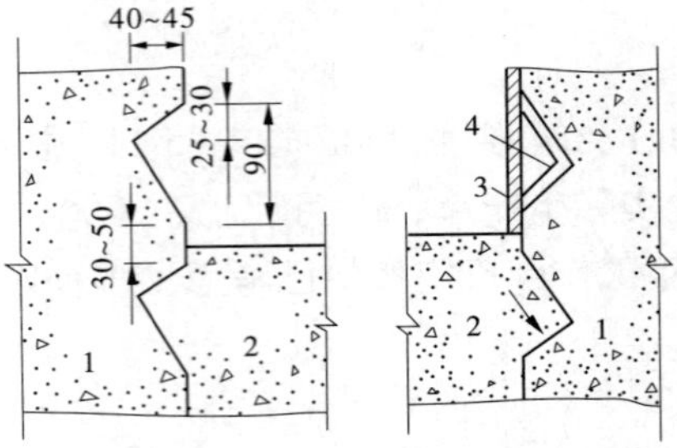

(a)上游块先浇　(b)下游块先浇

1—先浇块;2—后浇块;3—铅直模板;4—键槽模板

图 5-58　键槽模板　(单位:mm)

如果相邻块高差过大,当先浇块的变形已大部分完成而后浇块的变形才刚开始,于是相邻块之间出现较大的变形差,使得键槽突缘及上斜边拉开,下斜边挤压,如图 5-59 所示。键槽面挤压可能引起两种恶果:一是接缝灌浆时浆路不通;二是键槽被剪断。所以,相邻块高差要做适当控制。我国规定相邻坝块的高差一般不超过 10 ~12 m。

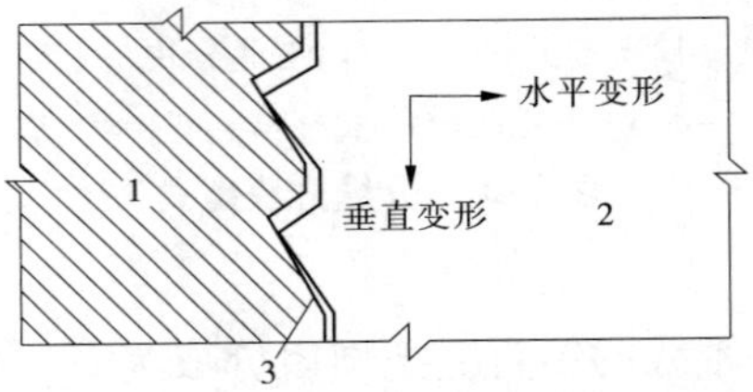

1—先浇块;2—后浇块;3—键槽挤压面

图 5-59　键槽面的挤压

关于浇筑块高度,我国和加拿大曾经采用过高块浇筑,块高达到 10 m 甚至 20 m 以上。高块浇筑的优点是减少了水平施工缝及其处理工作量。但立模困难,对温控不利,所以没有推广应用。目前浇筑块高度多在 3 m 以下。

(二)斜缝分块

斜缝分块是大致沿两组主应力之一的轨迹面设置斜缝,缝是向上游或下游倾斜的。斜缝分块的主要优点是缝面上的剪应力很小,使坝体能保持较好的整体性。按常理,斜缝可以不进行接缝灌浆。如柘溪大头坝倾向上游的斜缝只作了键槽,加插筋和凿毛处理;但也有灌浆的,如桓仁大头坝的斜缝。斜缝分块的主要缺点是坝块浇筑的先后顺序受到限制,如倾向上游的斜缝就必须是上游块先浇、下游块后浇,不如竖缝分块那样灵活。

(三)错缝分块

错缝分块是用沿高度错开的竖缝进行分块,又叫砌砖法。浇筑块不大(通常块长 20 m 左右,块高 1.5 ~4 m),对浇筑设备及温控的要求相应较低。因竖缝不贯通,也不需要接缝灌浆。然而施工时各块相互干扰,影响施工速度;浇筑块之间相互约束,容易产生温度裂缝,尤其容易使原来错开的竖缝变为相互贯通。目前这种分块方式已很少被采用。

(四)通仓浇筑

通仓浇筑是不设纵缝,一个坝段只有一个仓。由于不设纵缝,纵缝模板、纵缝灌浆系统以及为达到灌浆温度而设置的坝体冷却设施都可以取消,是一种先进的分缝分块方式。由于浇筑块尺寸大,对于浇筑设备能力,尤其对温度控调的水平提出了更高的要求。第一个通仓浇筑坝是美国的布尔肖斯坝,该坝高度为 87 m,建成于 1952 年,它首次采用骨料预冷技术来降低混凝土浇筑温度。迄今采用此种方法建成的规模最大的是美国德沃歇克坝(1972 年建成),该坝高 219 m,最大坝底宽 153 m。我国已有铜街子坝(高 82 m)和五强溪坝(高 87.5 m)采用了通仓浇筑。随着施工水平的提高,今后会有更多的通仓浇筑坝出现。

六、混凝土浇筑的施工过程

(一)浇筑前的准备作业

1. 基础面处理

对于砂砾地基,应清除杂物,整平建基面,再浇 10 ~ 20 cm 低强度等级混凝土作为垫层,以防漏浆;对于土基应先铺碎石,盖上湿砂,压实后,再浇混凝土;对于岩基,用高压水枪冲洗直至洁净,最后,再用压风吹至岩面无积水,经质检合格,才能开仓浇筑。

2. 施工缝处理

施工缝是指浇筑块间临时的水平结合缝和垂直结合缝,也是新老混凝土的结合面,在新混凝土浇筑前,必须采用高压水枪或风砂枪将老混凝土表面含游离石灰的水泥膜(乳皮)清除,并使表层石子半露,形成有利于层间结合的麻面。对纵缝表面可不凿毛,但应冲洗干净,使其表面无渣、无尘,才能浇筑混凝土。

3. 模板、钢筋和预埋件的安设

这道工序应做到规格、数量无误,定位准确,连接牢靠。前面钢筋、模板作业中已有讨论,这里不再赘述。

4. 开仓前全面检查

仓面准备就绪,风、水、电及照明布置妥当后,经质检部门全面检查,发给准浇证后,才允许开仓浇筑。一经开仓则应连续浇筑,避免因中断而出现冷缝。

(二)入仓铺料

混凝土入仓铺料多用平浇法。它是沿仓面某一边逐条逐层有序地连续铺填,如图 5-60 所示。铺料层厚一般为 30 ~ 60 cm,当采用振捣器组振捣时,层厚可达 70 ~ 80 cm。

层间间歇超过混凝土初凝时间,会出现冷缝,使层间的抗渗、抗剪和抗拉能力明显降低。换言之,当允许层间间隔时间 t(h)已定后,为不出现冷缝,应满足以下条件:

$$KP(t - t_1) \geq BLh \quad \text{或} \quad P \geq \frac{BLh}{K(t - t_1)} \tag{5-13}$$

式中:K 为运输延误系数,取 0.8 ~ 0.85;P 为浇筑仓要求的混凝土运浇能力,m^3;t_1 为混凝土从出机到入仓的时间,h;B、L 分别为浇筑块的宽度和长度,m;h 为铺料层厚度,m。

显然,分块尺寸和铺料层厚度受混凝土运浇能力的限制。若分块尺寸和铺料层厚度

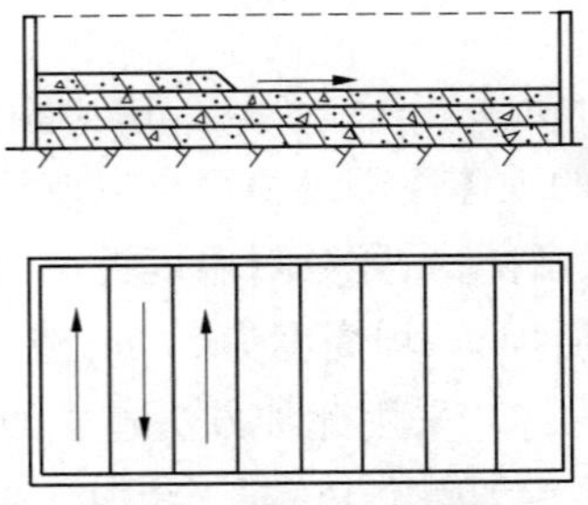

图 5-60　平浇法示意图

已定，要使层间不出现冷缝，应采取措施增大运浇能力。若设备能力难以增加，则应考虑改变浇筑方法，将平浇法改变为斜层浇筑或阶梯浇筑，如图 5-61 所示，以避免出现冷缝。阶梯浇筑法的前提是薄层浇筑。根据吊运混凝土设备能力和散热的需要，浇筑块高宜在 1.5 m 以内，阶梯宽不小于 1.0 m，斜面坡度不小于 1∶2。对斜层浇筑，层面坡度不宜大于 10°。以上两种浇筑法，为避免砂浆流失，骨料分离，宜采用低坍落度混凝土。

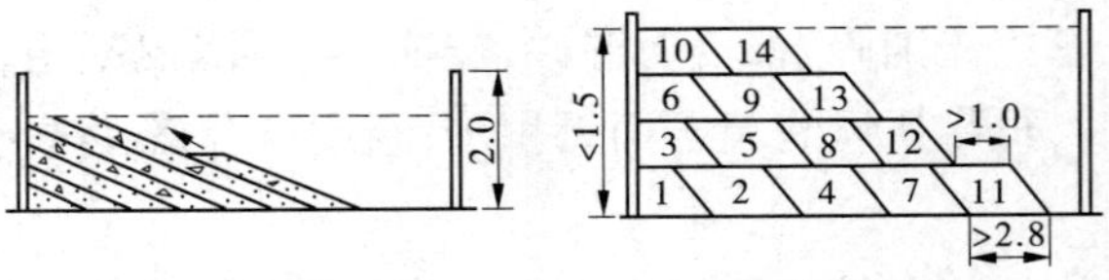

(a)斜层浇筑法　　(b)阶梯浇筑法

1,2,3,…,14—阶梯浇筑顺序

图 5-61　斜层浇筑法和阶梯浇筑法　（单位:m）

(三)平仓与振捣

卸入仓内成堆的混凝土料，按规定要求均匀铺平称为平仓。平仓可用插入式振捣器插入料堆顶部振动，使混凝土液化后自行摊平，也可用平仓振捣机进行，如图 5-62 所示。它适用于仓面大、钢筋和埋件少的仓内，振捣干硬性混凝土效率更高。振捣是保证混凝土密实的关键。振捣器能够产生高频率、低振幅的振动，可使塑性混凝土液化，骨料相互滑移，砂浆充填骨料间的空隙，排出其中的空气，使混凝土达到密实。

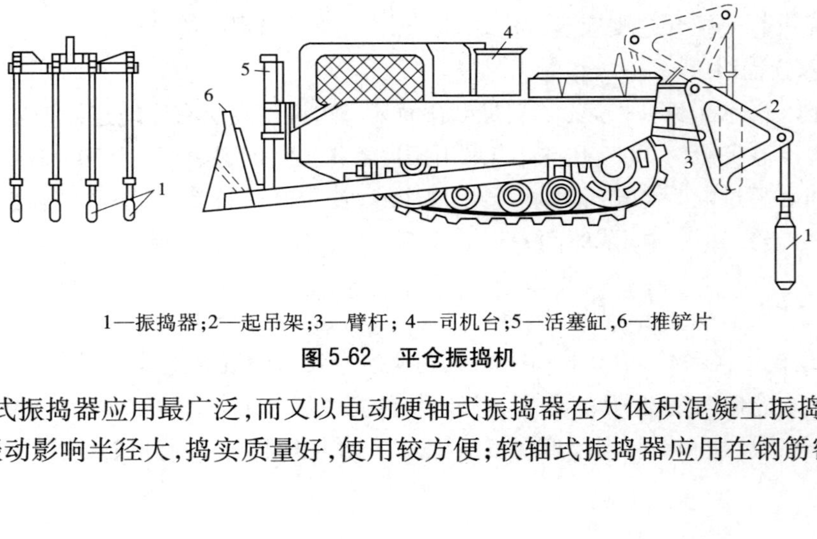

1—振捣器;2—起吊架;3—臂杆; 4—司机台;5—活塞缸,6—推铲片

图 5-62　平仓振捣机

插入式振捣器应用最广泛，而又以电动硬轴式振捣器在大体积混凝土振捣中应用较普遍，其振动影响半径大，捣实质量好，使用较方便；软轴式振捣器应用在钢筋密集、结构

单薄的部位，有 B50 型、ϕ63 型等，频率分别为 6 000 次/min 和 11 560 次/min 两种。风动式振捣器是借助高压风驱动带有偏心块的主轴旋转而产生偏心振动，国产有 HZ5X80 型、CFZ10 型，其振动频率为 8 400 ~ 17 400 次/min，耗风量为 1.1 ~ 1.3 m^3/min，风压 0.6 MPa。由 0.8 ~ 1.2 kW 的电动机驱动的电动硬轴插入式振捣器，国产有 HZ6P80D 型、HZ6X30 型，自重分别为 11 kg 和 26.4 kg，前者使用 42 V 电压，安全灵活，其结构如图 5-63 所示。

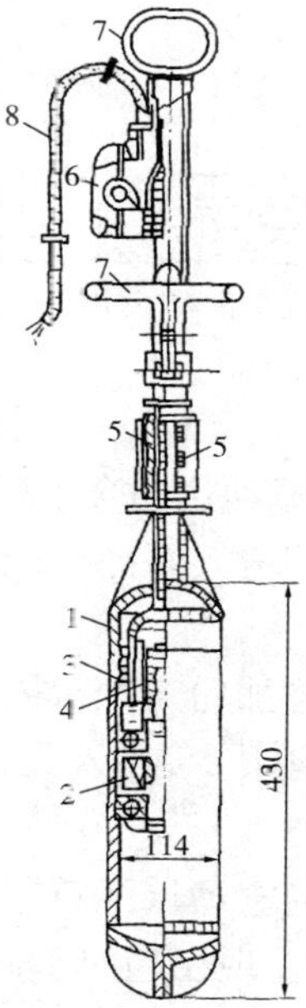

1—振动棒外壳；2—偏心块；3—电动机定子；
4—电动机转子；5—橡皮弹性连接器；
6—开关；7—把手；8—外接电缆

图 5-63 电动硬轴插入式振捣器 （单位：mm）

七、混凝土的养护

养护是保证混凝土强度增长、不发生开裂的必要措施。通常采用洒水养护或安管喷雾，效果更好。正常养护时间为 2 ~ 3 周，有时更长。对于已经拆模的混凝土表面，应用草垫或锯末覆盖。近些年来，国外有在混凝土表面喷洒一层化学防护膜进行养护，效果很好。混凝土的冬夏季作业，还应制订专门的养护措施计划。

任务五 碾压混凝土施工

采用碾压土坝的施工方法修建混凝土坝，是混凝土坝施工技术的重大变革。1974 年，巴基斯坦塔贝拉首先用碾压混凝土进行消力池的修复，共浇筑了 34.4 万 m^3。1978 年，日本岛地川应用碾压混凝土开始修建高 89 m 的拦河坝，在总量 32 万 m^3 中，碾压混凝土量占 50%。美国柳溪坝坝高 58 m，混凝土总量 30.7 万 m^3，从 1982 年 5 月开始浇筑，用 5 个月完成了大坝混凝土的碾压工作。我国 1978 年开始碾压混凝土筑坝技术的研究，1986 年 5 月建成了我国第一座碾压混凝土坝——福建坑口重力坝（坝高 58.6 m）。2007 年红水河龙滩碾压混凝土重力坝投产发电（坝高 216.5 m）。

一、碾压混凝土的施工特点

碾压混凝土坝通常的施工程序是先在下层块铺砂浆，汽车运输入仓，平仓机平仓，振动压实机压实，在拟切缝位置拉线，机械对位，在振动切缝机的刀片上装铁皮并切缝至设计深度，拔出刀片，铁皮则留在混凝土中，切完缝再沿缝无振碾压两遍。这种施工工艺在国内具有普遍性，其主要过程如图 5-64 所示。

碾压混凝土施工的主要特点如下：

（1）采用 *VC* 值为 10 ~ 30 s 的干贫混凝土。振动压实指标 *VC* 值是在规定的振动台上

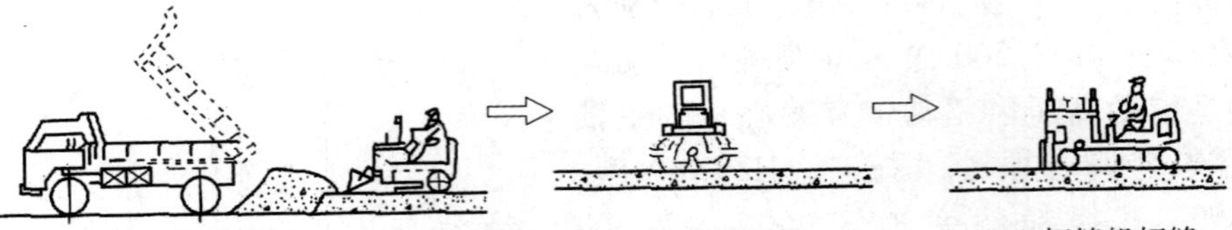

图 5-64　碾压混凝土坝施工工艺流程图

将碾压混凝土振动达到合乎标准的时间(以 s 计)。当 *VC* 值小于 40 s 时,碾压混凝土的强度随 *VC* 值的增大而提高;当 *VC* 值大于 40 s 时,碾压混凝土的强度则随 *VC* 值的增大而降低。

(2)大量掺加粉煤灰,减少水泥用量。由于碾压混凝土是干贫混凝土,要求掺水量少,水泥用量也很少,掺入大量粉煤灰,碾压混凝土的单价较常态混凝土可降低 15% ~ 30%。

(3)采用通仓薄层浇筑。可增加散热效果,减少模板工程量,简化仓面作业,有利于加快施工进度。现在趋向于适当增加层厚的连续上升方法。通仓浇筑要求尽量减少坝内孔洞,不设纵缝,坝段的横缝用切缝机切割,以尽量增大仓面面积,减少仓面作业的干扰。如图 5-65 所示为铜街子水电站采用杭州机械研究所设计,中国水利水电夹江水工机械有限公司制造的 HZQ65 型振动切缝机。当切深达 90 cm 时,切缝速度为 24. 3 cm/min。

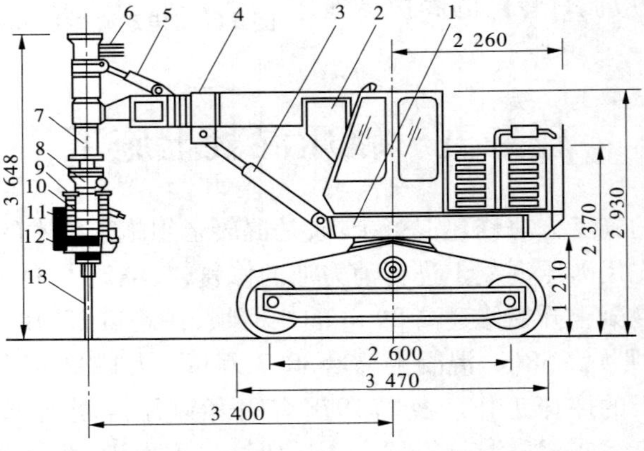

1—底盘;2—动壁支架;3—动壁升降油缸;4—动壁;5—倾斜油缸;6—液压管路系统;
7—刀片升降机构;8—回转机构;9—内外弹簧组;10—油马达组;
11—减振弹簧;12—振动器;13—刀片装置

图 5-65　HZQ65 型振动切缝机结构图　(单位:mm)

(4)碾压混凝土的温控措施和表面防裂。由于碾压混凝土坝仓内不采用冷却水管通水降温,又因加水量少,除采用低热大坝水泥,多掺粉煤灰外,还可用冷水拌和及骨料预冷的方式降低浇筑温度,同时利用层面散热降温,并尽可能安排在低温季节浇筑基础层,采用冷水喷雾表面降温措施。碾压混凝土坝的上、下游面直接与水或大气接触,因碾压混凝土早期强度低,仍有导致表面裂缝出现的可能。通常采用尽量缩短层间间歇的方法,在下层顶面未出现拉应力前就及时覆盖新浇混凝土。

二、碾压混凝土的运输方式

(一)自卸汽车直接入仓

利用自卸汽车运输碾压混凝土直接入仓是最简单的办法,但需随坝面上升不断改建道路,同时为了防止仓面污染,要求冲洗轮胎,仓面进口处还需注意排水。自卸汽车入仓后要注意碾压混凝土卸料方式,防止骨料分离。

(二)胶带机入仓

碾压混凝土是干硬性的,损失砂浆较少,且在胶带上骨料不易分离,在料斗转向或下落时也能基本保持拌和后的良好状态。因此,利用胶带机输送碾压混凝土比较方便。

(三)负压溜管转料

负压溜管的优点是设备简单,投资省。通常是先用自卸汽车将碾压混凝土运到坝肩处,倒入开放性料箱,下连溜管至仓面,自卸汽车在仓面上接料,再运往坝面摊铺。

1997 年,江垭碾压混凝土重力坝一期施工采用的负压溜管布置于左岸,溜管直径 0.6 m,长 71.2 m,落差 56.9 m 和 72 m,其中两条溜管设有中间转料漏斗;另外两条溜管从高程 230 m 直接卸料到高程 178.9 m,转运碾压混凝土 80 万 m^3。碾压混凝土从拌和楼到骨料斗采用长 294 m、宽 65 cm 的深槽胶带直接运输,带速为 3.4 m/s,输送能力 250 m^3/h。

沙牌碾压混凝土拱坝采用负压溜管转运混凝土 27.1 万 m^3,超过总量的一半(见图 5-66)。

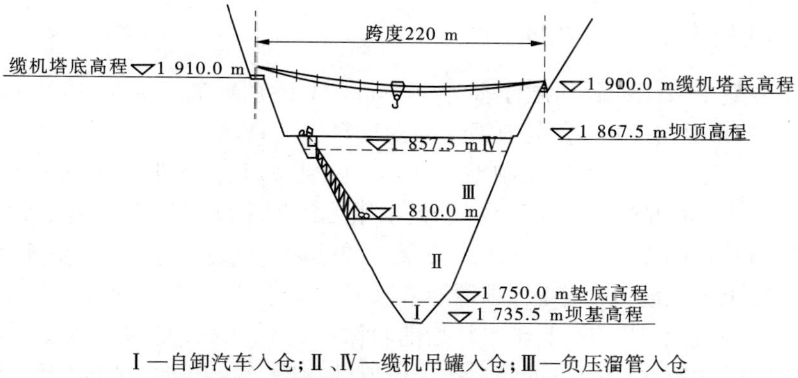

Ⅰ—自卸汽车入仓;Ⅱ、Ⅳ—缆机吊罐入仓;Ⅲ—负压溜管入仓

图 5-66　沙牌碾压混凝土拱坝负压溜管浇筑部位示意图

三、碾压混凝土的摊铺与碾压

(一)摊铺

在摊铺碾压混凝土前,通常先在建基面上铺一层常态垫层混凝土找平,一般厚 1.0 ~ 2.0 m,在常态混凝土中可布置灌浆廊道和排水廊道。但由于垫层混凝土受岩基约束过大,极易开裂,宜尽可能减薄。例如,大朝山工程,建基面上仅用 0.5 m 厚常态混凝土找平,即开始碾压混凝土铺筑。

碾压混凝土仓面施工常采用平层通仓法,该法具有在大仓面条件下高效、快速施工的特点,施工质量好。为了在大仓面条件下减小浇筑作业面积、缩短层间间隔时间,可采用斜层平推法、台阶法。斜层平推法可以用较小的浇筑能力浇筑较大面积的仓面,达到减少投入、高工效、降低成本的目的。特别是在气温较高的季节采用这种方法效果更为明显。

仓面常用推土机摊铺找平,宜平行坝轴线方向摊铺,其宽度与自卸汽车相近。在碾压混凝土坝过程中也可以布置廊道和泄水设施。若廊道设置在底部常态混凝土中,则与一般施工方法无大的差别。若廊道设置于碾压混凝土中,则以采用预制混凝土廊道模板为好,吊装就位后,在廊道模板周边小心摊铺碾压混凝土,用手扶振动碾压实。在设置泄水钢管时要特别注意管壁与碾压混凝土的结合,通常在管壁周围浇筑常态混凝土,以保证结合紧密。

(二)碾压

碾压混凝土施工最重要的环节是碾压。碾压混凝土特别干硬,骨料间阻力很大,仅靠自重不能克服。在振动作用下骨料颗粒周围虽出现局部液化现象,但仍必须增加压重使骨料在不同位置产生不等的位移,此时骨料表面胶凝材料暂时出现分离。使封闭的气泡在连续振动和碾压下随渗液排出,仓面有时会出现少量泌水,促使骨料与砂浆进一步密实,达到设计要求的密度,由于骨料间阻力较大,宜选择较重的振动碾。摊铺平整后的仓面宜向上游倾斜,不能倾向下游,以利于坝体稳定。在坝肩斜坡上采用常态混凝土垫层时,应与碾压混凝土顺序交叉上升,先填筑碾压混凝土,然后填常态混凝土,常态混凝土面宜低于碾压混凝土面,再用高频振捣器从基岩侧向碾压混凝土侧方向振捣,并插入下层混凝土 5 cm 左右。

四、碾压混凝土的层面处理

我国碾压混凝土采用的碾压层厚多为 30 cm。对于高坝,特别是高 100 m 以上的坝,多达数百层面,如果处理不好,会成为坝体的薄弱环节。碾压混凝土坝一般有两种层面:一种是正常的间歇面,层面处理采用刷毛或冲毛清除乳皮,露出无浆膜的骨料,再铺厚 1 ~ 1.5 cm 砂浆或灰浆,可继续铺料碾压,特别是采用二级配全断面碾压混凝土做防渗层时,这层浆能起相当重要的作用;另一种是连续碾压的临时施工层面,一般不进行处理,但在全断面碾压混凝土坝上游面防渗区,必须铺砂浆或水泥浆,防止层面漏水。

如下层碾压混凝土已初凝,上层才开始铺料碾压,会影响层间黏结强度,所以判断碾压混凝土拌和物的初凝时间相当重要。我国研制的混凝土拌和物初凝时间测定仪——贯入阻力仪,如图 5-67 所示,可在现场测试碾压混凝土的初凝时间。为了保证层面胶结处于最佳状态,务必在下层碾压混凝土初凝前完成上层铺料碾压。在高温季节,碾压混凝土初凝时间缩短,需要在碾压混凝土中掺缓凝外加剂,以延长初凝时间。特别是仓面面积较大,上层碾压混凝土拌和物铺满一层需时较长,如果气温过高,还需要采用特殊的高温缓凝外加剂。

五、碾压混凝土的施工质量控制

碾压混凝土应严格控制铺料厚度,减少碾压层面的扰动破坏和污染。连续上升铺筑的碾压混凝土,层面允许间隔时间(下层混凝土拌和物拌和加水时起至上层混凝土碾压完毕止)应控制在混凝土初凝时间以内,且混凝土拌和物从拌和到碾压完毕的历时应不

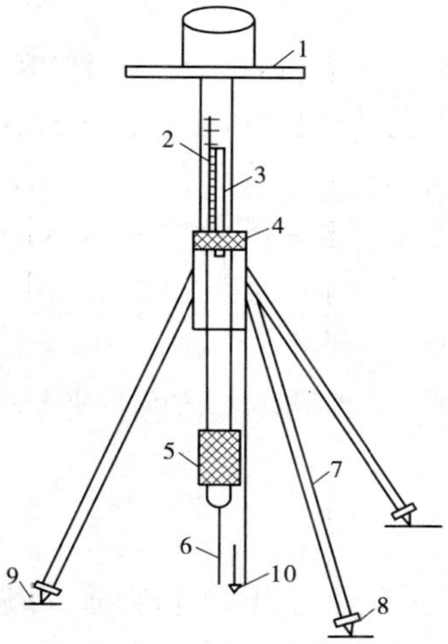

1—承重盘;2—刻度尺;3—滑杆;4—卡环;5—测杆螺丝;
6—测杆;7—三脚架;8—支脚;9—支架垫板;10—垂球

图 5-67 碾压混凝土初凝时间现场测定仪示意图

大于 2 h。碾压时拌和物合适的 *VC* 值是碾压密实的先决条件,*VC* 值波动范围以控制在 ±5 s 为宜,当超出控制界限时,应调整碾压混凝土的用水量,并保持水胶比不变。碾压混凝土现场压实质量的检测采用表面核子水分密度仪或压实密度计。每铺筑 100 ~ 200 m^2 碾压混凝土至少有一个检测点,每层应有 3 个以上检测点。测试在压实后 1 h 内进行。

六、碾压混凝土的养护

从施工组织安排上应尽量避免夏季和高温时段施工。由于碾压混凝土主要采取薄层浇筑,靠自然散热冷却,加之采用干硬性混凝土,本身用水量就少,夏季高温施工,表面水分极易蒸发干燥开裂,更难以压实。显然,碾压混凝土受气候条件的限制较常态混凝土更加严格,在夏季作业中应制订更周密的措施。浇筑碾压混凝土时,若降雨强度达 4 mm/h 并持续 1 h,则应停止浇筑。对于无模板靠近表层未能碾压的混凝土,应防止撞击脱落,影响表面的平整度。对有抗冲耐磨要求的混凝土,应采取措施使表面密实。

任务六 大体积混凝土的温度控制与防裂

一、混凝土的温度变化过程及其裂缝特性

(一)混凝土的温度变化过程

混凝土在凝结过程中,由于水泥水化,释放大量水化热,混凝土内部温度逐步上升。对尺寸小的结构,由于散热较快,温升不高,不致引起严重后果;但对大体积混凝土,最小尺寸也常在 3 ~ 5 m 以上,大部分水化热将积蓄在浇筑块内,使块内温度升达 30 ~ 50 ℃甚至更高。大体积混凝土的温度变化过程,可分为如图 5-68 所示的 3 个阶段,即温升期、冷

却期(或降温期)和稳定期。

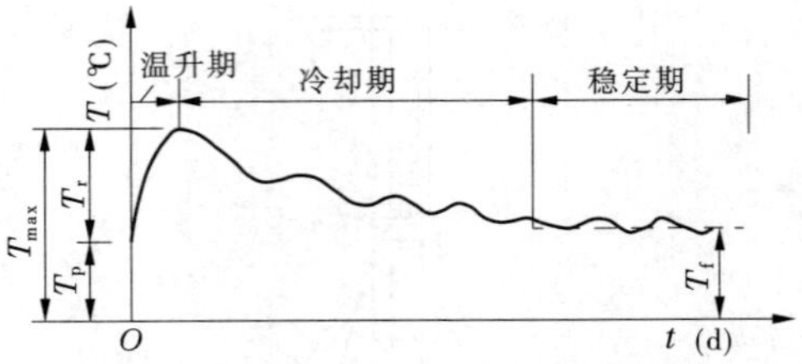

图5-68 大体积混凝土的温度变化过程线

(二)混凝土的温度裂缝

1. 表面裂缝

混凝土浇筑后,其内部由于水化热温升,体积膨胀,如遇寒潮,表层降温收缩。内胀外缩,在混凝土内部产生压应力,表层产生拉应力。在混凝土内处于内外温度平均值的点应力为零,高于平均值的点承受压应力,低于平均值的点承受拉应力,如图5-69所示。混凝土的抗拉强度远小于抗压强度。当表层温度拉应力超过混凝土的允许抗拉强度时,将产生裂缝,形成表面裂缝。这种裂缝多发生在浇筑块侧壁,方向不定,数量较多。由于初浇的混凝土塑性大,弹性模量小,限制了拉应力的增长,故这种裂缝短而浅。

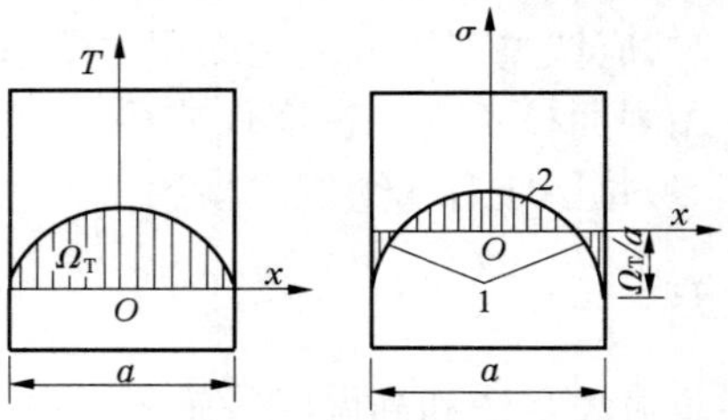

(a)温度分布 (b)温度应力分布

1—拉力区;2—压力区

图5-69 混凝土浇筑块自身约束的温度应力

2. 贯穿裂缝和深层裂缝

一般把基岩和已凝固、弹性模量较大的下部混凝土视为刚性基础,这种基础对新浇不久的混凝土产生温度变形所施加的约束作用,称为基础约束(见图5-70)。这种约束在混凝土升温膨胀期引起压应力,在降温收缩时引起拉应力。当此拉应力超过混凝土的允许抗拉强度时,就会产生裂缝,称为基础约束裂缝。由于这种裂缝自基础面向上开展,严重时可能贯穿整个坝段,故又称为贯穿裂缝(见图5-71)。此种裂缝切割的深度达3~5 m,宽度达1~3 mm,且多垂直基面向上延伸,既可能平行纵缝贯穿,也可能沿流向贯穿,故又称为深层裂缝。

大体积混凝土紧靠基础产生的贯穿裂缝,无论是对坝的整体受力还是防渗效果的影响都比浅层表面裂缝的危害大得多。

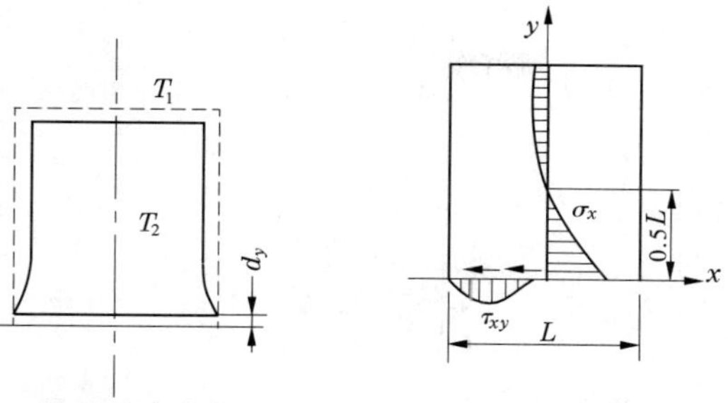

图 5-70 混凝土浇筑块的温度变形和基础约束应力

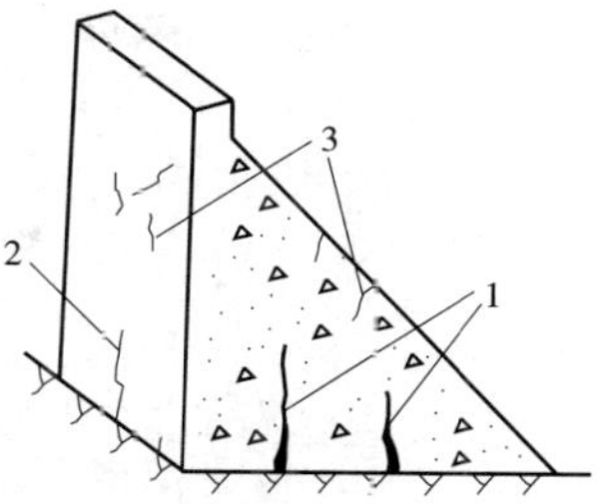

1—贯穿裂缝；2—深层裂缝；3—表面裂缝

图 5-71 混凝土坝温度裂缝

二、大体积混凝土温度控制的标准

大体积混凝土温度控制要根据坝址区水文和气象资料、混凝土原材料的热力学指标、混凝土配合比及施工条件，计算坝体温度场和应力场确定坝体混凝土温度控制标准，提出坝体混凝土的分缝分块、相邻坝块坝段的高差、混凝土浇筑层厚和间歇期、混凝土浇筑温度及坝内初、中、后期通水冷却标准等温度控制措施。高混凝土坝可采用计算机仿真浇筑分析施工期各混凝土浇筑块的温度变化和温度应力分布情况，确定温度控制措施。表 5-11 是基岩与混凝土弹性模量相近的基础允许温差控制标准。

表 5-11 基岩与混凝土弹性模量相近的基础允许温差 ΔT （单位：℃）

控制部位离基础面高度	浇筑块长边的长度 L(m)				
	≤16	17 ~ 20	21 ~ 30	31 ~ 40	通仓长块
(0 ~ 0.2)L	26 ~ 25	24 ~ 22	22 ~ 19	19 ~ 16	16 ~ 14
(0.2 ~ 0.4)L	28 ~ 27	26 ~ 25	25 ~ 22	22 ~ 19	19 ~ 17

实践证明，控制混凝土的极限拉伸值，对于防止大体积混凝土产生裂缝具有同等重要的意义。和表 5-11 相对应的允许极限拉伸值，对 C10 ~ C15 混凝土为 $(0.65 \sim 0.75) \times 10^{-4}$，对 C15 ~ C20 混凝土为 $(0.75 \sim 0.85) \times 10^{-4}$，且离差系数宜小于 0.15。此外，考虑到下层降温冷却结硬的老混凝土对上层新浇混凝土的约束作用，通常要求上、下层混凝土的温差不大于 15 ~ 20 ℃，在施工中一般通过限制上层块体覆盖下层块体的间歇时间来实现。

图 5-72(a)、(b)分别为国内某重力坝和重力拱坝的稳定温度场，实线表示等温线，虚线表示热流线。在确定灌浆温度时，为了施工方便，常对稳定温度场进行分区简化，如图 5-73所示，大体上取各区稳定温度的平均值作为分区灌浆温度。

三、大体积混凝土的温度控制措施

(一)减少混凝土的发热量

1. 减少每立方米混凝土的水泥用量

(1)根据坝体的应力场对坝体进行分区，对于不同分区采用不同强度等级的混凝土。

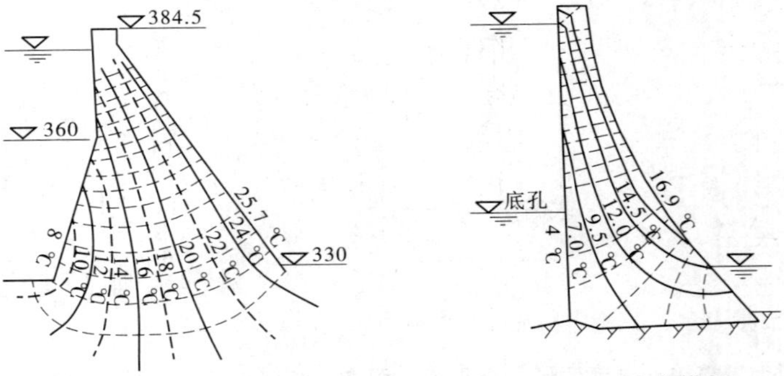

(a)重力坝　　(b)重力拱坝

图 5-72　混凝土坝的稳定温度场　（高程单位：m）

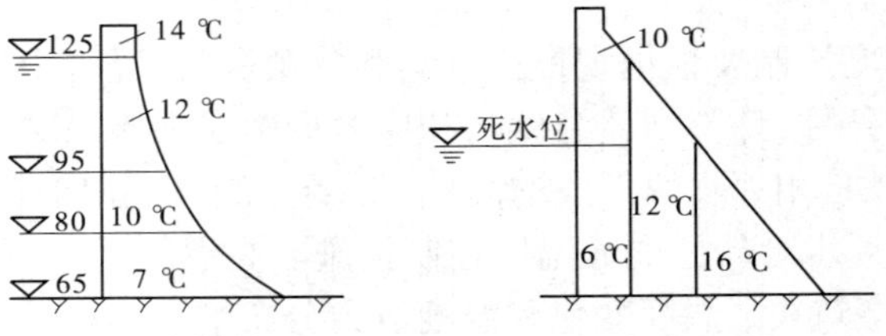

(a)重力拱坝　　(b)重力坝

图 5-73　坝体稳定温度场的分区

(2)采用低流态或无坍落度干硬性贫混凝土。

(3)改善骨料级配，增大骨料粒径，对少筋混凝土可埋放大块石，以减少每立方米混凝土的水泥用量。

(4)大量掺粉煤灰，掺合料的用量可达水泥用量的 25% ~40%。

(5)采用高效外加减水剂不仅能节约水泥用量约 20%，使 28 d 龄期混凝土的发热量减少 25% ~30%，且能提高混凝土早期强度和极限拉伸值。

2. 采用低发热量的水泥

过去采用的低热硅酸盐水泥，因早期强度低，成本高，已逐步被淘汰，当前多用中热水泥。近年已开始生产低热微膨胀水泥，它不仅水化热低，而且有微膨胀作用，对降温收缩还可以起到补偿作用，减小收缩引起的拉应力，有利于防止裂缝的发生。

(二)降低混凝土的入仓温度

1. 合理安排浇筑时间

在施工组织上安排春、秋季多浇，夏季早晚浇，正午不浇，这是最经济、最有效的降低入仓温度的措施。

2. 采用加冰或加冰水拌和

混凝土拌和时，将部分拌和用水改为冰屑，这样最大限度可将混凝土温度降低约 20 ℃。但加冰越多，拌和时间有所增长，相应会影响生产能力，规范规定加冰量不大于拌和用水量的 80%。若采用冰水拌和或用地下低温水拌和，则可避免这一弊端。

3. 对骨料进行预冷

当加冰拌和不能满足要求时，通常采取骨料预冷的办法：

(1)水冷。使粗骨料浸入循环冷却水中 30 ~ 45 min,或在通入拌和楼料仓的皮带机廊道、地弄或隧洞中装设喷洒冷却水的水管。

(2)风冷。可在拌和楼料仓下部通入冷气,冷风经粗骨料的空隙,由风管返回制冷厂再冷。细骨料砂难以采用水冷,若用风冷,又由于砂的空隙小,效果不显著。

(3)真空气化冷却。利用真空气化吸热原理,将放入密闭容器的骨料利用真空装置抽气,并保持真空状态约 30 min,使骨料气化降温冷却。

以上预冷措施,需要设备多,费用高。不具备预冷设备的工地,宜采用一些简易的预冷措施,例如在浇筑仓面上搭凉棚、在料堆顶上搭凉棚、限制堆料高度、由底层经地垄取低温料,采用地下水拌和,北方地区可利用冰窖储冰,以备夏季混凝土拌和使用等。

(三)加速混凝土散热

1. 采用自然散热冷却降温

薄层浇筑可增加散热面,并适当延长散热时间,即适当增长间歇时间。在高温季节采用预冷措施时,则应采用厚块浇筑,缩短间歇时间,以保持预冷效果。

2. 在混凝土内预埋水管通水冷却

在混凝土内预埋蛇形冷却水管,通循环冷水进行降温冷却。水管通常为直径 20 ~ 25 mm 的薄钢管或薄铝管,每盘管长约 200 mm。为了节约金属材料,可用塑料软管充气埋入混凝土内,待混凝土初凝后再放气拔出,清洗后以备重复利用。冷却水管的布置,平面上呈蛇形,断面上呈梅花形(如图 5-74 所示),也可布置成棋盘形。

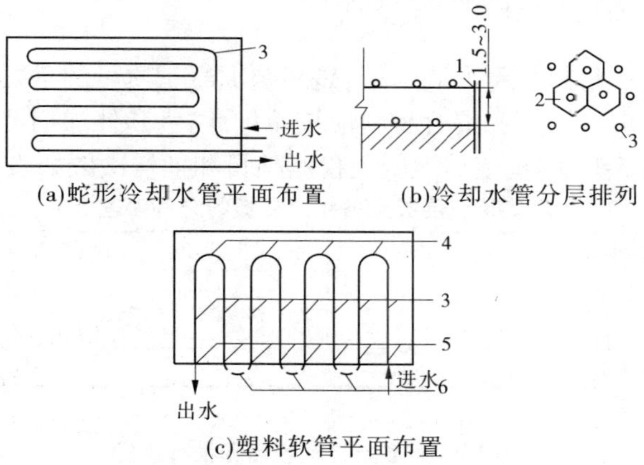

1—模板;2—每根冷却水管冷却的范围;3—冷却水管;4—钢弯管;5—钢管;6—胶皮管

图 5-74　冷却水管平面布置图　(单位:m)

任务七　混凝土施工质量控制

一、原材料的质量检测和控制

混凝土原材料的质量应满足国家强制性标准,必须对原材料的质量进行检测与控制,原材料的检测项目和抽样频数见表 5-12。

表 5-12　原材料检测项目一览

材料名称	检测项目	取样地点	抽样频数	检测目的	控制目标
水泥	强度等级，凝结时间，安定性，稠度，细度	水泥库	1/(200～400)t	是否符合国家标准	
	快速鉴定强度等级	拌和厂	1/浇筑块，或 1/400 t	验证水泥活性	
混合材料	细度，需水量比，烧失量，密度，强度比	仓库	1/(200～400)t，1/d	鉴定活性，评定均匀性	
砂	表面含水率	拌和厂	1/2 h	调整混凝土加水量，筛分厂生产控制，调整配合比	±0.5%
	细度模数	拌和厂，筛分厂	1/班		±0.2%
	含泥量	拌和厂，筛分厂	必要时		
石	超、逊径	拌和厂，筛分厂	1/班	筛分厂生产控制，调整配合比	
	含泥量	拌和厂，筛分厂	必要时	筛分厂生产控制	
	表面含水率	拌和厂	1/2 h	调整混凝土加水量	
外加剂	有效物含量（或速度）	拌和厂	1/班	调整加入量	

二、拌和混凝土质量的检测与控制

每盘混凝土各组成材料称量准确与否，是影响混凝土质量的重要因素。因此，应对衡器定期进行检验。水泥、砂、石和混合材料应按质量计，水和外加剂可按质量折成体积计，称量误差不应超过表 5-13 的规定。混凝土检测项目和抽样次数如表 5-14 所示。

表 5-13　混凝土各组分称量的允许偏差

材料	允许偏差(%)
水泥、混合材料	±1
砂、石	±2
水、外加剂溶液	±1

表 5-14　混凝土检测项目和抽样次数

检测对象	检测项目	取样地点	抽样频数	检测目的
新拌混凝土	坍落度 水灰比 含水量	拌和机口	1 次/2 h 1 次/2 h 1 次/2 h 根据需要	检测和易性 控制强度 调整剂量 冬、夏季施工及温度控制
硬化混凝土	抗压强度(以 28 d 龄期为主，适量 7 d、90 d 强度)	拌和机口	1 次/4 h 或 1 次/(150～300 m^2)	验收混凝土强度，评定混凝土生产控制水平

三、浇筑过程中混凝土的检测与控制

混凝土仓面应进行混凝土坍落度检测，每班至少 2 次，并根据检测结果，调整出机口坍落度，为坍落度损失预留余地。混凝土振捣以后，检查已浇混凝土的状况，判断其是否初凝，是仓面质量控制的重要内容。混凝土温度的检测也是仓面质量控制的项目，在温控要求严格的部位则尤为重要。为了与机口取样做比较，在浇筑仓面也取一定数量的试样。

四、硬化混凝土的检测

混凝土硬化以后，可进行以下各项检查：

（1）用物理方法（超声波、γ 射线、红外线等）检测裂缝、孔隙和弹性模量等。

（2）钻孔压水，并对芯样进行抗压、抗拉、抗渗等各种试验。

（3）大钻孔取样，1 m 或更大直径的钻孔不仅可把芯样加工后进行各种试验，而且人可进入孔内检查。

（4）由坝内埋设的仪器（如温度计、测缝计、渗压计、应力应变计、钢筋计等）观测建筑物运行时各种性状的变化。

任务八　特殊季节的混凝土施工

一、混凝土低温季节施工

混凝土在低温时，水化作用明显减缓，强度增长受到阻滞，当气温在 -3 ℃以下时，混凝土易受早期冻害，其内部水分开始冻结成冰，使混凝土疏松，强度和防渗性能降低，甚至会丧失承载能力。故《水利水电工程施工组织设计规范》（SL 303—2004）规定：日平均气温稳定在 5 ℃以下或最低气温稳定在 3 ℃以下时作为低温季节混凝土施工的气温标准。另从保证混凝土施工质量和经济效果考虑，规定：当日平均气温低于 -20 ℃或日最低气温低于 -30 ℃时，一般应停止浇筑混凝土。

（一）混凝土允许受冻的标准

目前，国际上已广泛使用"成熟度"检验混凝土是否允许受冻的标准。"成熟度"是英国绍尔根据其试验，发现混凝土在低于 10 ℃时，强度停止增长，得到成熟度计算式。

普通硅酸盐水泥：
$$R = \sum (T - 10)\Delta t \tag{5-14}$$

矿渣大坝水泥：
$$R = \sum (T + 5)\Delta t \tag{5-15}$$

式中：R 为成熟度，℃ · h；T 为混凝土在养护期内的温度，℃；Δt 为养护期的时间，h。

上两项试验中如果是掺加化学外加剂，该成熟度值通过试验确定。

《水工混凝土施工规范》（DL/T 5144—2001）对混凝土允许受冻的临界强度规定为："大体积混凝土应不低于 7 MPa"，相应混凝土强度可达到在标准养护 28 d 强度的 40% 以上。如现按 1 800 ℃ · h 的成熟度为标准，对普通硅酸盐水泥拌制的混凝土强度，可达到在标准养护 28 d 强度的 40% 以上。两项衡量标准较接近。

（二）低温季节混凝土施工

低温季节进行混凝土施工作业通常采取如下措施：

（1）合理安排混凝土浇筑，保证混凝土的成熟度达到1 800 ℃·h后再受冻。

（2）创造混凝土强度快速增长的条件。冬季作业中采用高热或快凝水泥，减小水灰比，加速凝剂和塑化剂，加速凝固，增加发热量，以提高混凝土的早期强度。

（3）增加混凝土拌和时间。冬季作业混凝土的拌和时间一般应为常温的1.5倍。在拌和时要求对拌和机进行预热，且对拌和温度做如下限制：对大体积混凝土一般不大于12 ℃，薄壁结构不大于25 ℃。同时任何情况下保证入仓浇筑温度不低于5 ℃。

（4）减少拌和、运输、浇筑中的热量损失。尽量缩短运输时间，以减少转运次数；装料设备应加盖，侧壁应保温；配料、卸料、转运处应增加保温措施。此外，应使老混凝土面及模板在浇筑混凝土前加温到5～10 ℃，混凝土表面加热深度应大于10 cm。

（5）预热拌和材料。当气温在3～5 ℃以下时可加热水拌和，但水温不宜高于60 ℃，否则会使混凝土产生假凝。若加热水尚不能满足要求，再加热干砂和石子。加热后的温度，砂子不能超过60 ℃，石子不能高于40 ℃。水泥只是在使用前一两天置于暖房内预热，升温不宜过高。骨料通常采用蒸汽加热。在最低月平均气温在－10 ℃以下的严寒地区采用料仓预热方式。最低月平均气温在－10 ℃以上的一般寒冷地区采用露天料堆预热。

（6）增加保温、蓄热和加热养护措施。

（三）低温季节混凝土养护的方法

（1）蓄热法。将混凝土内部水化热保存起来，保证混凝土在结硬过程中强度不断增长。通常采用锯末、稻草、芦苇或保温模板严密覆盖。保温模板是双层木板，中间填塞锯末隔热。蓄热法是一种不另采取加热措施的简单且经济的养护方法，应优先采用。

（2）暖棚法。对体积不大、施工集中的部位可搭建暖棚，棚内安设蒸汽管路或暖气包加温，使棚内温度保持在15～20 ℃以内。搭建暖棚费用很高，包括采暖费，可使混凝土单价提高50%以上，故只有当日平均气温低于－10 ℃时，才必须在暖棚内浇筑。

（3）电热法。在浇筑块内插上电极，利用交流电通电到混凝土内部，以混凝土自身作为电阻，把电能转变成加热混凝土的热能。当采用外部加热时可用电炉或电热片，在表面铺一层被盐水浸泡的锯末，并在其中通电加热。电热法耗电量大，每立方米混凝土耗电70～200 kWh，故只有在电价低廉、小构件混凝土冬季作业中使用。

（4）蒸汽法。采用蒸汽养护，适宜的温度和湿度可使混凝土的强度迅速增长，甚至1～3 d后即可拆模。在60 ℃养护两昼夜可达常温下28 d强度的70%，在80～90 ℃养护效果最理想。蒸汽养护成本较高，一般只适用于预制构件的养护。

二、混凝土高温季节施工

夏季气温较高，如气温超过30 ℃不采取冷却降温措施，便会对混凝土质量产生不良影响。其不良后果主要表现在混凝土容易产生假凝问题、工作强度降低、初凝过快、混凝土内部水化热难以散发，当气温骤降或水分蒸发过快时易引起表面裂缝。浇筑块体冷却收缩时因基础约束会引起贯穿裂缝，破坏了坝的整体性和防渗性能。所以，《水利水电工程施工组织设计规范》(SL 303—2004)规定,当气温超过30 ℃时,混凝土生产、运输、浇筑等各个环节应按夏季作业施工。如前所述,混凝土的夏季作业,就是采取一系列的预冷降温、加速散热以及充分利用低温时刻浇筑等措施来实现的。

必须指出的是,混凝土温度控制措施的费用很高,宜以满足降温要求为约束条件,以混凝土降温冷却及浇筑总费用最低为目标来确定夏季作业降温冷却的最佳组合。另外,根据实际气温,实时确定经济降温方式的组合,以及提供必要的供冷量,这样既可保证混凝土的施工质量,又可达到经济节约的目的。

复习思考题

5-1　名词解释:超径与逊径;反击式破碎与颚板式破碎;偏心筛工作原理与惯性筛工作原理;自卸容积与死容积;冷缝与施工缝;出机温度与浇筑温度;折移式模板与滑升式模板;预冷与预热;风冷与水冷;初凝、终凝和假凝。

5-2　绘制框图说明骨料生产的基本过程及骨料加工的生产工艺流程。

5-3　如何进行骨料料场的规划?料场规划应考虑哪些原则和因素?

5-4　模板有哪些质量要求?按使用特点,模板分为几类?各类模板的适用条件如何?

5-5　模板设计有哪些荷载?承重模板和竖向模板在强度和刚度计算时,其基本荷载组合有什么不同?如何降低模板在混凝土工程中的费用?

5-6　什么叫出料系数?确定国产拌和机的生产能力是否都要考虑出料系数?为什么?

5-7　混凝土的水平运输和垂直运输一般采用哪些设备?有何优缺点?

5-8　混凝土运输及浇筑方案的选择应考虑哪些因素?各种方案适用于哪些情况?

5-9　混凝土运输、浇筑过程中容易出现哪些质量问题?应如何防止?

5-10　混凝土浇筑有哪些工序?各工序的主要技术要求是什么?

5-11　简述碾压混凝土施工的特点。

5-12　说明碾压混凝土坝的施工工艺流程,以及每道工序采用的施工机械设备。

5-13　碾压混凝土压实质量控制采用什么指标?该指标的物理意义是什么?

5-14　确定大体积混凝土浇筑块的尺寸应考虑哪些因素?

5-15　为什么大体积混凝土基础约束贯穿裂缝发生在后期,表面裂缝发生在早期,前者危害较大,后者危害较小?

5-16　大体积混凝土温度变化分几个阶段?每个阶段的温度变化与哪些因素有关?各阶段的温控任务是什么?

5-17　降低大体积混凝土内部的最高温升有哪些措施?哪些降温措施效果较显著?降低浇筑温度有何限制?如何限制?

5-18　重力坝采用柱状分块为何要进行接缝灌浆?何时进行接缝灌浆?灌浆温度如何确定?

5-19　混凝土冬季作业可采取哪些措施?哪种措施费用低而效果好?

5-20　混凝土冬季有哪几种养护方法?各种养护方法适用于什么情况?

项目六　施工导流及度汛

水利水电工程整个施工过程中的水流控制(简称施工水流控制,又称施工导流)广义上可以概括为:采取“导、截、拦、蓄、泄”等工程措施,来解决施工和水流蓄泄之间的矛盾,避免水流对水工建筑物施工的不利影响,把水流全部或部分导向下游或拦蓄起来,以保证水工建筑物的干地施工,在施工期内不影响或尽可能少影响水资源的综合利用。

任务一　施工导流方式

在江河上修建水利水电工程时,为了使水工建筑物能在干地上进行施工,需要用围堰维护基坑,并将水流引向预定的泄水通道往下游宣泄,称为施工导流。施工导流方式大体上可分为两类:分段(期)围堰导流法和全段围堰导流法。

一、分段(期)围堰法导流

分段(期)围堰法也称为分期围堰法,即用围堰将水工建筑物分段、分期维护起来进行施工的方法。图 6-1 为两期导流的例子。先在右岸进行第一期工程的施工,水流由左岸的束窄河床宣泄。一般在修建第一期工程时,为使水电站、船闸早日投入运行,满足初期发电和通航的要求,应优先考虑建造水电站、船闸,并在建筑物内预留底孔或缺口。到第二期工程施工时,水流就可以通过船闸、预留底孔或缺口等下泄。

所谓分段,就是在空间上用围堰将永久建筑物分为若干段进行施工。所谓分期,就是在时间上将导流分为若干时期。图 6-2 为导流分期和围堰分段的几种情况,从图中可以看出,导流的分期数和围堰的分段数可以不同。因为在同一导流分期中,建筑物可以在一段围堰内施工,也可以同时在两段围堰中施工。在工程实践中,二段(二期)导流用得最多。只有在比较宽阔的通航河道上施工或其他特殊情况下,才采用多段多期的导流方法。

分段围堰法导流,当河水较深或河床覆盖层较厚时,纵向围堰的修筑常常十分困难,纵向围堰的位置确定,也即河床束窄程度的选择是其关键,应注意以下问题:充分利用河心洲、小岛等有利地形条件;纵向围堰尽可能与导墙、隔墙等永久建筑物结合;需要考虑施工通航、筏运、围堰和河床防冲等要求时,不能超过允许流速;各段主体工程的工程量、施工强度要比较均衡;便于布置后期导流泄水建筑物,不至于使后期围堰过高或截流落差过大。

分段围堰法导流一般适用于河床宽、流量大、工期较长、覆盖层薄的工程,尤其适用于通航河流和冰凌严重的河流,这种导流方法的费用较低。湖北葛洲坝和三峡、江西万安、辽宁桓仁、浙江富春江、广西大化等水利枢纽工程都采用这种导流方法。

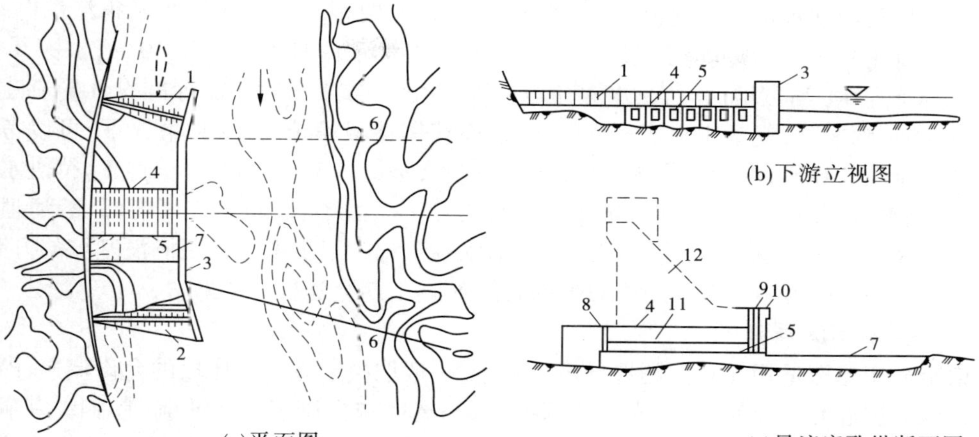

(a)平面图　(b)下游立视图　(c)导流底孔纵断面图

1—一期上游横向围堰；2—一期下游横向围堰；3—一、二期纵向围堰；4—预留缺口；
5—导流底孔；6—二期上、下游围堰轴线；7—护坦；8—封堵闸门槽；9—工作闸门；
10—事故闸门；11—已浇筑的混凝土坝体；12—未浇筑的混凝土坝体

图 6-1　分段围堰法导流

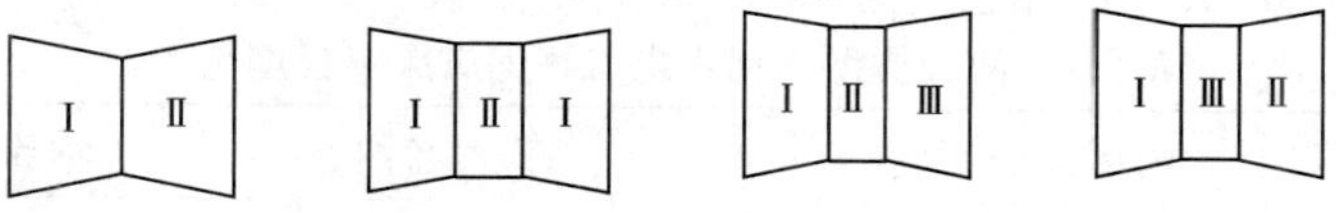

(a)二段二期　(b)三段二期　(c)三段三期　(d)三段三期

图 6-2　导流分期与围堰分段示意图

二、全段围堰法导流

全段围堰法导流，即一次拦断河床的导流方式，就是在河床主体工程的上、下游各建一道断流围堰，使水流经河床以外的临时或永久泄水道下泄。主体工程建成时，再将临时泄水道封堵，该方式适用于河谷狭窄的坝址。采用这种导流方式，当在大湖泊出口处修建闸坝时，有可能只筑上游围堰，将施工期间的全部来水拦蓄于湖泊中。另外，在坡降很陡的山区河道上，若泄水道出口的水位低于基坑处河床高程，也无需修建下游围堰。

三、导流方法

导流挡水建筑物可以为围堰、坝体。一个枯期内能将永久挡水建筑物修筑至汛期度汛水位以上时，或汛期淹没基坑对工程进度影响小时，可以采用枯期围堰挡水的导流方式。如果在不能实现上述情况或影响工程进度和投资、技术难度大的情况下，则采用全年围堰挡水导流方式。导流泄水建筑物可以是导流明渠、导流洞、导流底孔、坝体缺口导流（一般在重力坝、拱坝的溢洪道处预留缺口）及过水围堰顶或它们的组合形式。主要的导流方法如下。

（一）淹没基坑法导流

这种导流方法在全段围堰法和分段围堰法中均可使用。山区河流的特点是洪水期流量大、历时短，而枯水期流量则很小，水位暴涨暴落、变幅很大。例如江西上犹江水电站，坝型为混凝土重力坝，坝身允许过水，其所在河道正常水位时水面宽仅 40 m，水深 6 ~ 8 m，当洪水来临时，河宽增加不大，水深却增加到 18 m。若按一般导流标准设计导流建筑物，不是挡水围堰高，就是泄水建筑物尺寸大，而使用期又不长，在这种情况下，可以考虑允许基坑淹没的导流方法，即洪水来临时围堰过水，基坑被淹没，河床部分停工，待洪水退落，围堰挡水时再继续施工。在基坑淹没引起的停工天数不长，施工进度能保证，河道泥沙含量不大的情况下，该方法是合理的。目前水利工程中很少考虑采用淹没基坑的方案，因为会带来围堰的修复、基坑二次清理等费用，而且工期会延长。

（二）束窄河床导流

束窄河床导流适用在分段围堰导流方式中，一般取决于束窄河床段的允许流速，即围堰及河床的抗冲允许流速，可预先将河床挖深、扩宽以减少流速。在通航河流上，束窄河段的流速、水面比降及河宽还应与当地航运部门协商。河床束窄程度可用面积束窄度 K 表示：

$$K = \frac{A_2}{A_1} \times 100\% \tag{6-1}$$

式中：A_2 为围堰和基坑所占的过水面积，m^2；A_1 为原河床的过水面积，m^2。

国内外一些工程 K 的取值范围为 40% ~70%，如表 6-1 所示。

表 6-1 部分典型水利水电工程河床束窄程度值

工程名称	河床束窄程度（%）	工程名称	河床束窄程度（%）
丹江口（中国湖北）	58	盐锅峡（中国甘肃）	67
向家坝（中国四川）	45	古比雪夫（苏联）	60
大化（中国广西）	40	布拉茨克（苏联）	65
五强溪（中国湖南）	66	克拉斯诺雅尔斯克（苏联）	50
红石（中国吉林）	70	萨扬舒申斯克（苏联）	58

束窄段河床的平均流速，可粗略按下式确定：

$$v_c = \frac{Q}{\varepsilon(A_1 - A_2)} \tag{6-2}$$

式中：v_c 为束窄段河床的平均流速，m/s；Q 为导流设计流量，m^3/s；ε 为侧收缩系数，单侧收缩时取 0.95，两侧收缩时取 0.9。

由于围堰将河床束窄，在束窄段前产生水位壅高（见图 6-3），壅高值可由下式估算：

$$z = \frac{v_0^2}{2g\varphi^2} - \frac{v_0^2}{2g} \tag{6-3}$$

式中：z 为壅高值，m；φ 为流速系数，随围堰的平面布置型式而定，当平面布置为矩形时 φ 取值范围为 0.75 ~0.85，为梯形时 φ 取值范围为 0.80 ~0.85，有导流墙时 φ 取值范围为 0.85 ~0.9；v_0 为行近流速，m/s；g 为重力加速度，$g = 9.81\ m/s^2$。

（三）导流明渠

明渠导流方法适用于河流流量大，岸坡平缓，河床一侧有较宽台地、垭口或有古河道

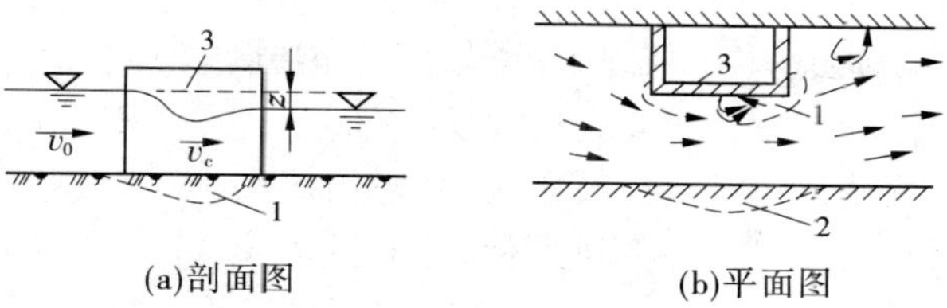

1、2—冲刷地段;3—围堰

图6-3 束窄河床导流水力计算简图

的平原河道。如图6-4所示,在第一期围堰维护下先修建导流明渠,河水由束窄河床下泄,导流明渠河床侧的边墙常用作第二期导流的纵向围堰;第二期工程施工时,水流经由导流明渠下泄。可利用当地老河道,或利用裁弯取直开挖明渠,或与永久建筑物相结合,埃及的阿斯旺坝就是利用了水电站的引水渠和尾水渠进行施工导流,如图6-5所示。有时,明渠导流(见图6-6)是在河岸上开挖渠道,在基坑上下游修筑围堰,水流经渠道下泄。

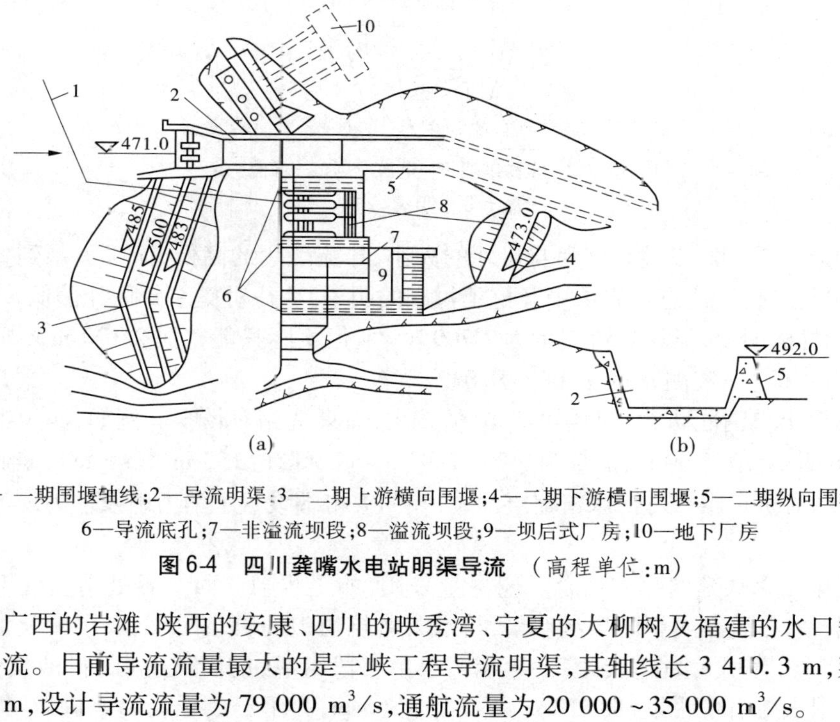

1— 一期围堰轴线;2—导流明渠;3—二期上游横向围堰;4—二期下游横向围堰;5—二期纵向围堰;6—导流底孔;7—非溢流坝段;8—溢流坝段;9—坝后式厂房;10—地下厂房

图6-4 四川龚嘴水电站明渠导流 (高程单位:m)

我国广西的岩滩、陕西的安康、四川的映秀湾、宁夏的大柳树及福建的水口等都采用了明渠导流。目前导流流量最大的是三峡工程导流明渠,其轴线长3 410.3 m,渠道最小底宽350 m,设计导流流量为79 000 m^3/s,通航流量为20 000 ~35 000 m^3/s。

导流明渠的进出口应与上下游水流平顺衔接,与河道主流的交角以30°左右为宜;为保证水流畅通,明渠转弯半径应大于5*B*(*B*为渠道水面宽度);明渠进出口与上下游围堰之间以50 ~100 m为宜,以防止冲刷围堰;为减少渠中水流向基坑入渗,明渠水面到基坑水面之间距离宜大于(2.5 ~3.0)*H*(*H*为明渠水面与基坑水面的高差)。导流明渠应注意下述问题:

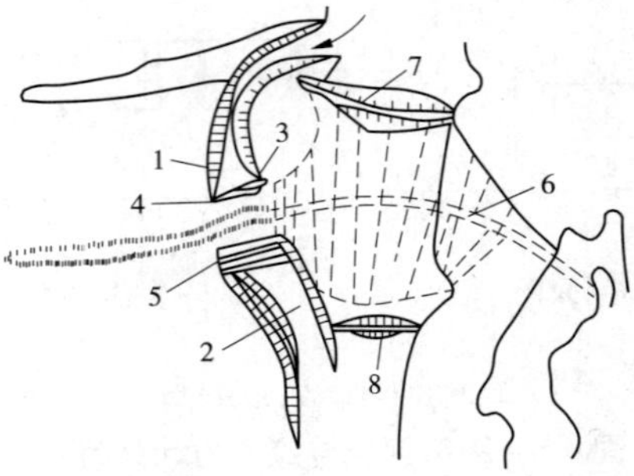

1—引水渠;2—电站尾水渠;3—进水口;4—电站引水;5—厂房;
6—坝体;7—上游围堰;8—下游围堰

图 6-5　埃及阿斯旺坝利用水电站引水渠和尾水渠导流

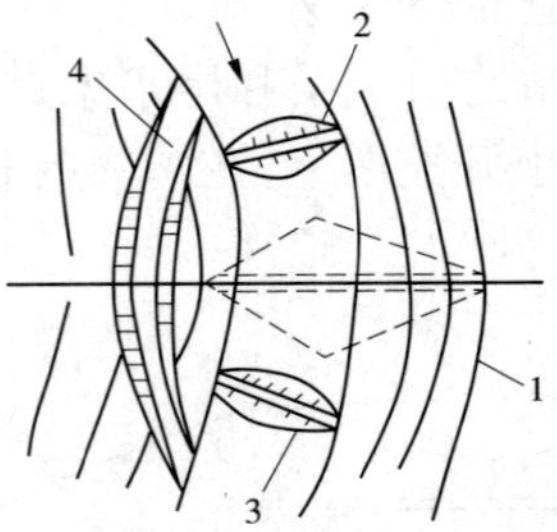

1—坝体;2—上游围堰;3—下游隧洞;4—导流明渠

图 6-6　明渠导流

(1)明渠糙率。不仅关系到渠身尺寸的大小、导流费用的高低,而且关系到整个工程导流能否顺利进行。注意在岩层中开挖不衬砌的明渠,往往对糙率 n 估计偏低。例如,柘溪水电站的导流明渠,设计导流流量为 2 700 m^3/s,但实际只能宣泄 2 100 m^3/s。因为设计糙率 n 为 0.03,而实测 n 达 0.037 ~ 0.042。

(2)明渠出口消能防冲。明渠的泄流量较大,而渠宽相对较窄。例如,四川铜街子水电站的导流明渠,净宽 60 m,泄量为 9 200 m^3/s,单宽泄量达 153 $m^3/(s \cdot m)$,渠底纵坡为 10‰的陡坡,为防止出口对河床覆盖层冲刷,在明渠末端设置了消力墩及消力坎等消能设施。

(3)明渠与永久建筑物的结合。应尽量采用,如贵州与广西交界处南盘江上的天生桥二级水电站,布置在右岸的导流明渠,与永久建筑物中的引水明渠、取水口及引水隧洞明管段相结合,费用大为降低;整个导流明渠由三段组成:前段从进口(拦沙坎)至坝轴线,直接利用永久引水明渠,长 212 m,平均底宽 65 m,为了形成导流明渠进口,拦沙坎只浇筑闸墩,底板以上的溢流堰安排在后期浇筑;中段由引水隧洞取水口和明管段组成,长 124 m,底宽 50 m,为了形成明渠,明管段仅浇筑左边墙和右岸护坡,混凝土留至后期施工;后段是专为导流而设置的明渠,长 174 m,底宽 40 ~ 50 m。三段总长 510 m,布置如图 6-7所示。

(四)导流隧洞

隧洞导流(见图 6-8)是在河岸山体中开挖隧洞,在基坑上下游修筑围堰,水流经由隧

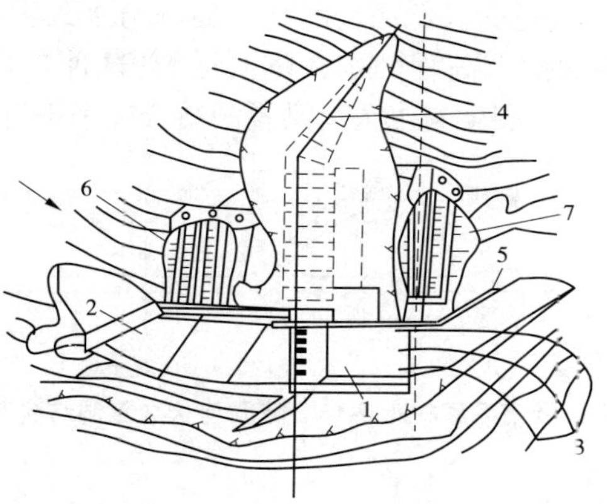

1—导流明渠;2—拦沙坎;3—1 号、2 号、3 号引水隧洞轴线;4—坝轴线;
5—纵向围堰(导流明渠左边墙);6—二期上游围堰;7—二期下游围堰

图 6-7 天生桥二级水电站工程导流明渠布置图

洞下泄。隧洞进出口应与上下游水流平顺衔接,与河道主流的交角以 30°左右为宜;隧洞尽量布置成直线,若有弯道,其转弯半径应大于 5*b*(*b* 为洞宽);否则,因离心力作用产生巨大紊流影响隧洞泄流,严重时还会危及隧洞安全。隧洞进出口与上下游围堰之间一般宜大于 50 m,防止出口水流冲刷。如河北官厅水库洞口离截流戗堤太近,戗堤防渗层受进洞主流冲刷,致使两次截流闭气失败。一般导流隧洞,若地质良好可不作衬砌。为降低糙率,应进行光面爆破,以提高泄量并降低造价。一般来说,糙率减少 7% ~15%,隧洞造价降低 2% ~6%。

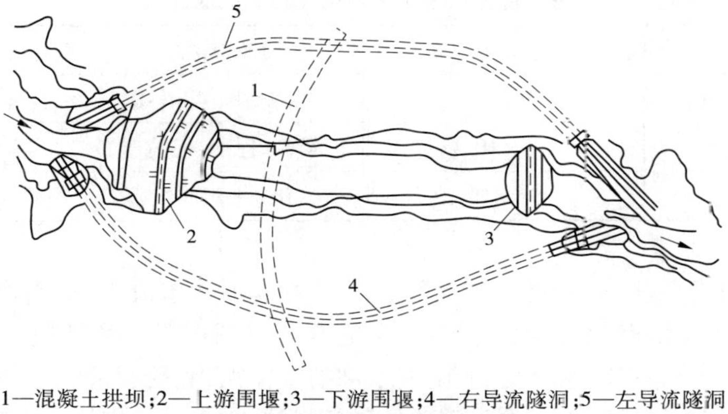

1—混凝土拱坝;2—上游围堰;3—下游围堰;4—右导流隧洞;5—左导流隧洞

图 6-8 雅砻江二滩水电站隧洞导流

一般山区河流,河谷狭窄,两岸地形陡峻,山岩坚实,采用隧洞导流较为普遍。如亚洲最大横断面的二滩导流隧洞(断面尺寸为 17. 5 m × 23 m),两条洞长度分别为 1. 03 km 和 1. 1 km,设计流量为 13 500 m^3/s。金沙江溪洛渡导流隧洞工程(6 条隧洞总长度达 9. 39 km,断面尺寸为 18 m × 20 m,设计流量为 32 000 m^3/s)是我国目前最大的导流隧洞工程。对于高坝工程的多条导流隧洞,进口宜分层布置。导流隧洞尽量与泄洪洞、引水洞、尾水洞、放空洞等永久隧洞相结合,但是,由于永久隧洞的进口高程通常较高,而导流隧洞的进口高程通常较低，此时，可开挖一段低高程的导流隧洞与永久隧洞相连，导流任务完成后将隧洞进口堵塞，不影响后面低高程的永久隧洞运行，这种布置方式俗称“龙抬头”，例如，云南毛家村水库的导流隧洞就与永久泄洪隧洞结合起来进行布置（见图6-9）。

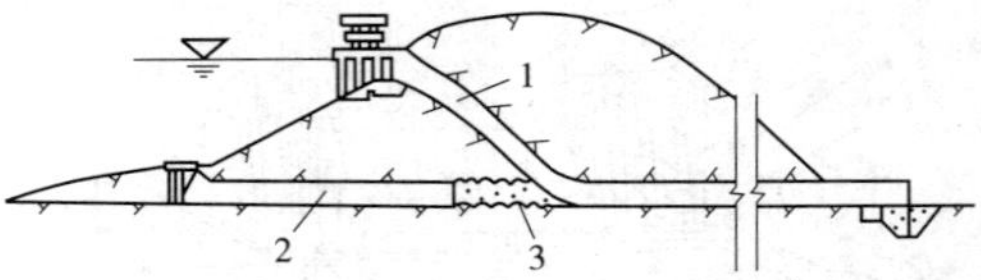

1—永久隧洞；2—导流隧洞，3—混凝土堵头

图6-9　云南毛家村水库导流隧洞与永久隧洞结合布置图

（五）导流底孔

底孔导流时，应事先在混凝土坝体内修建临时底孔或永久底孔（见图6-1），导流时让全部或部分导流流量通过底孔宣泄到下游。如为临时底孔，则在工程接近完工或需要蓄水时加以封堵。这种导流方法在分段分期修建混凝土坝时用得比较普遍。

底孔的尺寸要考虑过木、过船、过鱼，以及水工建筑物的结构特点和封堵闸门设备的类型。底孔的布置应满足截流、围堰工程及其封堵等要求。如底坎高程布置较高，则截流落差大，围堰较高，但封堵时的水头较低。一般底坎高程应布置在枯水位之下，以保证枯水期泄流。当底孔数目较多时，可以布置在不同高程，封堵时从高程最低的底孔开始，这样可以减少封堵时闸门所承受的水压力。临时底孔的断面多采用矩形，为了改善孔周的应力状况，也可采用有圆角的矩形。按水工结构要求，孔口尺寸应尽量小，但若导流流量较大或有其他要求，则应采用尺寸较大的底孔，如表6-2所示。

表6-2　部分典型水利水电工程导流底孔尺寸

工程名称	底孔尺寸（宽×高，m×m）	工程名称	底孔尺寸（宽×高，m×m）
新安江（中国浙江）	10×13	凤滩（中国湖南）	6×16
柘溪（中国湖南）	8×10	伊泰普（巴西、巴拉圭）	67×22
三峡（中国湖北）	6×8.5	二滩（中国四川）	4×8

底孔导流的优点是：挡水建筑物上部的施工可以不受水流干扰，有利于均衡连续施工，这对修建高坝特别有利，若坝体内有永久底孔可以利用时更为理想。缺点是：由于坝体内设置了临时底孔，钢筋用量增加，削弱了坝的整体性，底孔有被漂浮物堵塞的危险，而导流流量往往不大，封堵时由于水头较高，安放闸门及止水等工作均较困难。

（六）坝体缺口导流

在混凝土坝（重力坝、拱坝）施工过程中可在未建成的坝体上预留缺口（见图6-1），配合其他导流建筑物宣泄洪峰流量，待洪峰过后再继续修筑缺口。采用底坎高程不同的缺口时，高、低缺口单宽流量相差过大可能引起高缺口向低缺口的侧向泄流，为避免这种压力分布不均匀的斜向卷流，需要控制高低缺口间的高差在4～6 m为宜。

（七）涵管导流

涵管导流主要适用于流量较小情况下的土石坝、堆石坝工程，目前已很少采用。涵管通常布置在河岸岩滩上，其位置常在枯水位以上，这样可在枯水期不修围堰或只修小围堰而先将涵管筑好，然后再修上下游全段围堰，将水流导入涵管下泄，如图6-10所示。

当有永久涵管可以利用时，采用涵管导流是合理的，也可以在建筑物岩基中开挖沟槽，必要时加以衬砌，然后封上混凝土或钢筋混凝土顶盖形成涵管。由于涵管的泄水能力较低，所以一般仅用于导流流量较小的河流上，或只用来担负枯水期的导流任务。必须指出，为了防止涵管外壁与坝身防渗体之间的接触渗流，可在涵管外壁每隔一定距离设置截流环，以延长渗径，降低渗透坡降，减少渗流的破坏作用。此外，必须严格控制涵管外壁防渗体填料的压实质量。涵管管身的温度缝或沉陷缝中的止水也必须认真对待。

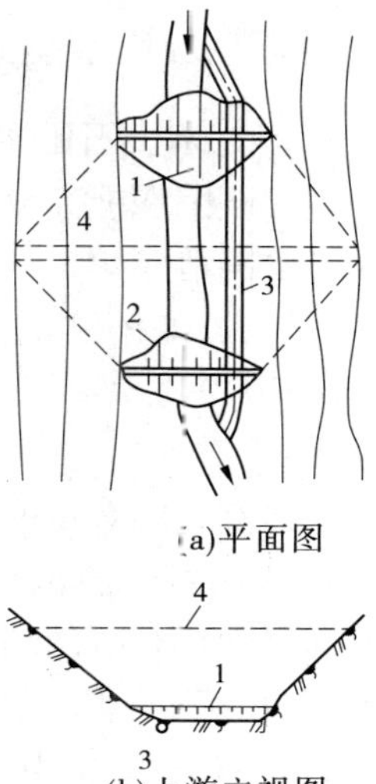

1—上游围堰；2—下游围堰；3—涵管；4—坝体

图6-10　涵管导流

在实际工作中，由于枢纽布置、建筑物型式以及施工条件的不同，必须进行恰当的组合，灵活应用，才能合理解决一个工程在整个施工期间的导流问题。

底孔导流和坝体缺口泄流，并不只适用于分段围堰法导流，在全段围堰法后期导流时，也常有采用，如广西龙滩水电站；同样，隧洞导流和明渠泄流，也并不只适用于全段围堰法导流，在分段围堰法后期导流时，也常有应用。因此，选择一个工程的导流方式，必须因地制宜，绝不能机械套用。除上面提到的外还有其他多种形式。例如，在平原河道河床式水电站枢纽中，利用电站厂房导流；在有船闸的枢纽中，利用船闸导流；在小型工程中，如果导流设计流量较小，可以采用穿过基坑架设渡槽的导流方法等。

任务二　围堰工程

围堰是导流工程中的临时挡水建筑物，用来围护基坑，保证水工建筑物能在干地施工。在导流任务完成以后，一般的围堰应拆除。

水利水电工程经常采用的围堰，按其使用的材料可以分为土石围堰、草土围堰、钢板桩格型围堰、混凝土围堰等；按围堰与水流方向的相对位置可以分为横向围堰和纵向围堰；按基坑淹没条件可以分为过水围堰和不过水围堰。选择围堰型式应注意以下原则：

(1)具有足够的稳定性、防渗性、抗冲性和强度。可设置抵抗冰凌、船筏冲击设施。

(2)就地取材，造价低，构造简单，修建、拆除方便。

(3)围堰布置应力求使水流平顺，不发生严重的局部冲刷。围堰与岸坡连接处要可靠，避免因集中渗漏等引起破坏作用。

一、围堰的基本型式及构造

(一)不过水土石围堰

首先土石围堰能充分利用当地材料,对地基适应性强、施工工艺简单,应优先选用。

不过水围堰应用最为广泛,其构造简单,施工方便,对基础要求低。但工程量大,堰身沉陷变形较大,如柘溪水电站的土石围堰一年中累计沉陷量最大达 40.1 cm,为堰高的 1.75%,一般为 0.8% ~1.5%。此外,土石围堰一般不允许堰顶过水,所以汛期应有防护措施。

若当地有足够数量的渗透系数小于 10^{-4} cm/s 的防渗料(如沙壤土),土石围堰可以采用图 6-11(a)、(b)两种型式。其中图 6-11(a)适用于基岩河床,图 6-11(b)适用于覆盖层厚度不大的场合。斜墙和水平铺盖一般只能水下抛填,坡度很缓。例如,湖北丹江口水利工程,在水深 3 ~9 m 的条件下抛填壤土,水下稳定坡度达 1∶6 ~1∶7。黏土的水下稳定坡度更缓,一般不宜采用。在吉林白山水电站,用风化砂作斜墙和铺盖,水下稳定坡度为 1∶1.7 ~1∶2.0,抛填 3 d 后,渗透系数达到 10^{-5} cm/s,取得了良好的防渗效果。

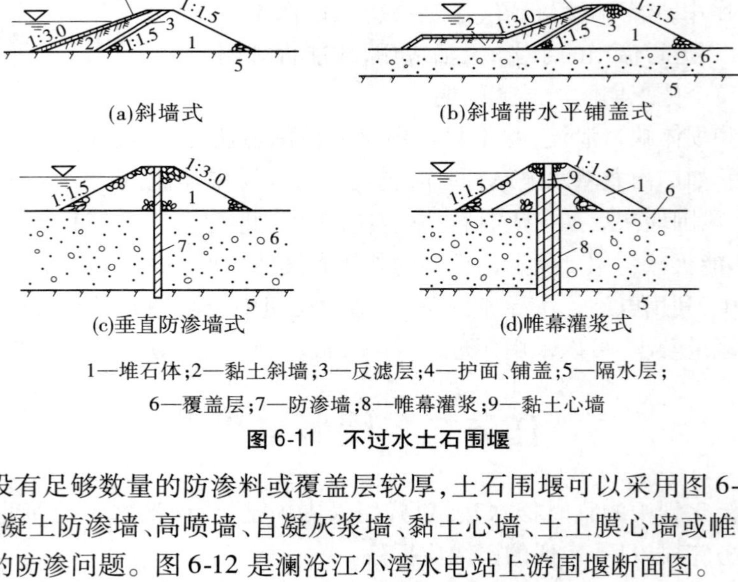

(a)斜墙式　(b)斜墙带水平铺盖式

(c)垂直防渗墙式　(d)帷幕灌浆式

1—堆石体;2—黏土斜墙;3—反滤层;4—护面、铺盖;5—隔水层;
6—覆盖层;7—防渗墙;8—帷幕灌浆;9—黏土心墙

图 6-11　不过水土石围堰

若当地没有足够数量的防渗料或覆盖层较厚,土石围堰可以采用图 6-11(c)、(d)两种型式,用混凝土防渗墙、高喷墙、自凝灰浆墙、黏土心墙、土工膜心墙或帷幕灌浆来解决基础和堰身的防渗问题。图 6-12 是澜沧江小湾水电站上游围堰断面图。

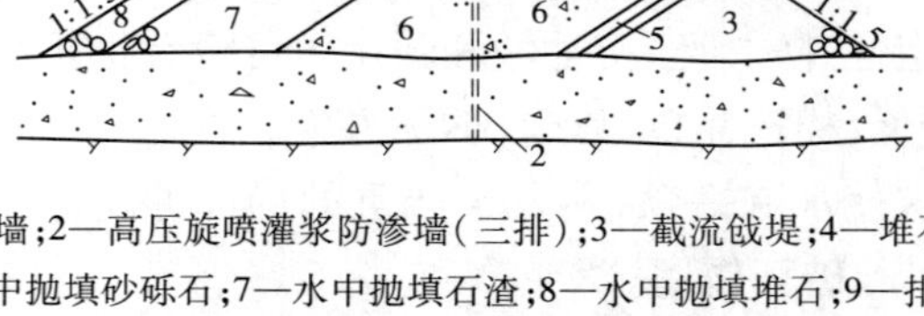

1—土工膜心墙;2—高压旋喷灌浆防渗墙(三排);3—截流戗堤;4—堆石;5—过渡料;
6—水中抛填砂砾石;7—水中抛填石渣;8—水中抛填堆石;9—排水棱体

图 6-12　澜沧江小湾水电站上游围堰断面图

(二)过水土石围堰

当采用允许基坑淹没的导流方式时,围堰堰体应允许过水。土石围堰是散粒体结构,一般不允许过水,由于水流沿下游坡面下泄,冲刷堰体表面;过水时水流渗入堆石体产生渗透压力,引起下游坡面连同堰顶一起深层滑动,最后导致溃堰的严重后果,因此过水土石围堰的下游坡面及堰脚应采取可靠的加固保护措施。目前采用的有大块石护面、钢筋石笼护面、加筋护面及混凝土板护面等,应用较普遍的是混凝土板护面。

1. 混凝土板护面过水土石围堰

常用的混凝土护面板按施工方式可分为现浇混凝土护面板和预制混凝土护面板。混凝土护面板的安装或浇筑应错缝、跳仓,施工顺序应从下游面坡脚向堰顶进行。如图6-13所示为天生桥一级水电站采用的混凝土板护面上游过水土石围堰。围堰由维持堰体稳定的堆石体及土石混合料堆体、防止渗透的高喷板墙(高33 m、厚0.5 m)、堰顶和高程645 m挑流平台均采用厚1.0 m的钢筋混凝土护面板、堰顶至高程645 m平台的斜坡段采用平均厚度0.9 m的混凝土楔形面板,以及上游压重体等部分构成。设计最大过堰流速为10.19 m/s,单宽流量为12~18 $m^3/(s \cdot m)$。经过1995年12次、1996年7次过水过堰水流平稳,围堰完好无损。

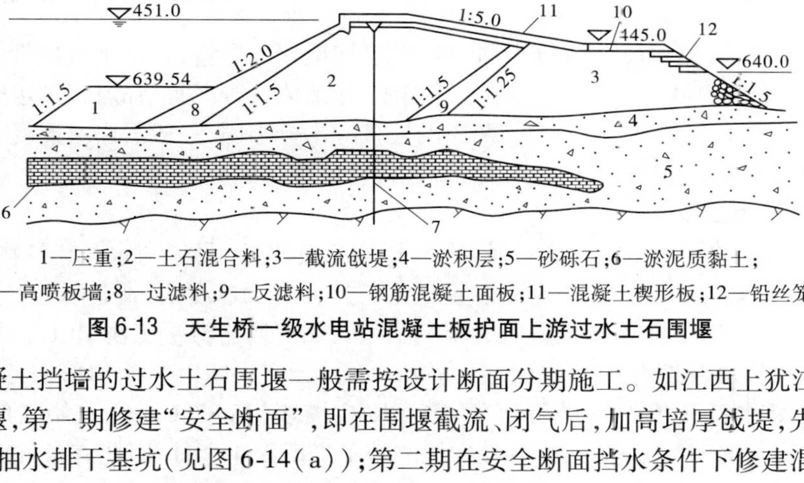

1—压重;2—土石混合料;3—截流戗堤;4—淤积层;5—砂砾石;6—淤泥质黏土;
7—高喷板墙;8—过滤料;9—反滤料;10—钢筋混凝土面板;11—混凝土楔形板;12—铅丝笼

图6-13　天生桥一级水电站混凝土板护面上游过水土石围堰

带混凝土挡墙的过水土石围堰一般需按设计断面分期施工。如江西上犹江水电站过水土石围堰,第一期修建"安全断面",即在围堰截流、闭气后,加高培厚戗堤,先完成临时断面,然后抽水排干基坑(见图6-14(a));第二期在安全断面挡水条件下修建混凝土挡墙(见图6-14(b)),并继续加高培厚,修筑堰顶及下游坡护面等,直至完成(见图6-14(c))。

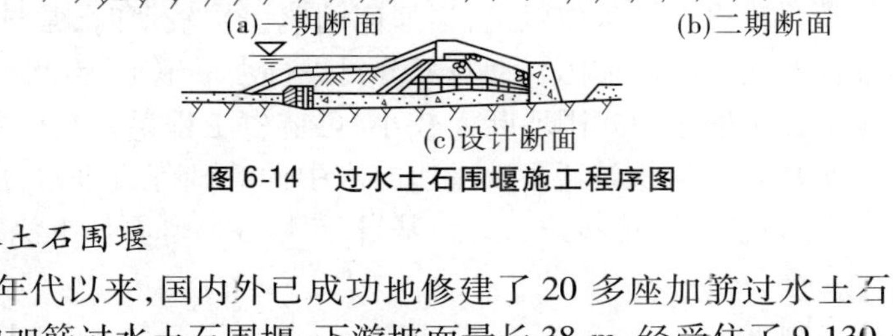

(a)一期断面　(b)二期断面

(c)设计断面

图6-14　过水土石围堰施工程序图

2. 加筋过水土石围堰

20世纪50年代以来,国内外已成功地修建了20多座加筋过水土石围堰。例如,广西大化水电站的加筋过水土石围堰,下游坡面最长38 m,经受住了9 130 m^3/s(单宽流量超过40 $m^3/(s \cdot m)$)的洪水考验。加筋过水土石围堰(见图6-15)是在围堰的下游坡面上铺设钢筋网,防止坡面块石被冲走,并在下游部位的堰体内埋设水平向主锚筋,以防下游坡连同堰顶一起滑动,其造价低于混凝土板护面过水土石围堰。

钢筋网及水平向主锚筋的构造如图 6-16 所示。钢筋网由纵向主筋、横向构造筋及横向加筋等组成。一般纵向主筋 $\phi 8 \sim 28$ mm,间距 10 ~ 45 cm;横向构造筋 $\phi 6 \sim 25$ mm,间距 15 ~ 22.5 cm;横向加筋 $\phi 16 \sim 28$ mm,间距 1.5 ~ 3.0 m。纵向主筋与横向构造筋所形成的网格尺寸,应能框住坡面块石,以免过水时被冲走。为防止钢筋网的隆起,设横向加筋加压,横向加筋应放置在纵向加筋的下面,以防止被水流所挟带的杂物冲断。钢筋网及水平向主锚筋可预制后在现场进行装配。钢筋构件的连接可用电焊,也可用 U 形螺栓,以便拆装。

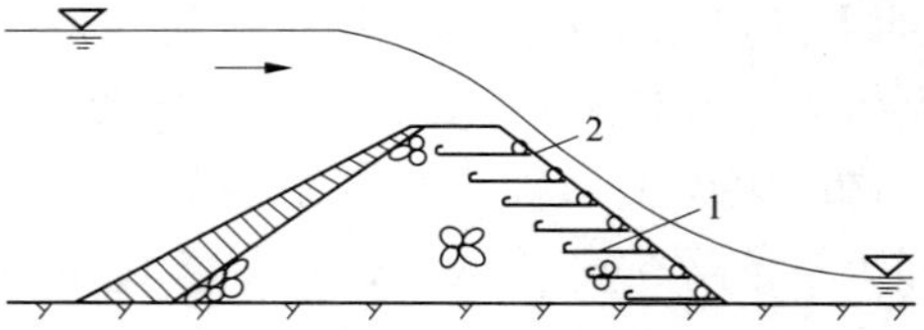

1—水平向主锚筋;2—钢筋网

图 6-15 加筋过水土石围堰

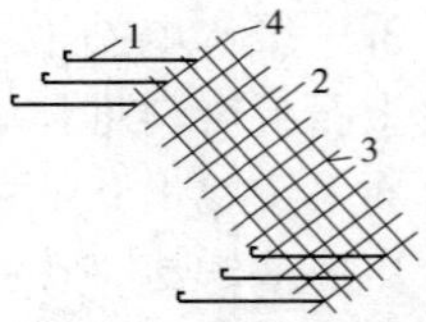

1—水平向主锚筋;2—纵向主筋;
3—横向构造筋;4—横向加筋

图 6-16 钢筋网及水平向主锚筋构造图

必须指出的是:①加筋过水土石围堰的钢筋网应保证质量,否则水流挟带的块石会切断钢筋网,使土石料被水流淘刷成坑,造成塌陷,导致溃口等严重事故;②过水时堰身与两岸接头处的水流比较集中,钢筋网与两岸的连接应十分牢固,一般需回填混凝土直至堰脚处,以利钢筋网的连接生根;③过水以后要进行检修和加固。

(三)混凝土围堰

混凝土围堰的抗冲与防渗能力强,挡水水头高,底宽小,易于与永久建筑物相连接,必要时还可以过水。近年来,由于碾压混凝土施工具有施工速度快、造价低、过水时安全性高等优势和广泛应用,常常采用碾压混凝土围堰。如广西岩滩上下游 RCC 围堰(高 52.3 m)、湖北隔河岩上游过水 RCC 拱围堰(高 40.0 m)、云南大朝山上游 RCC 过水拱围堰(高 41.0 m)、福建水口 RCC 纵向导墙、广西龙滩 RCC 围堰(高 87.6 m)、三峡三期上游 RCC 围堰(高 121.0 m)等。三峡三期 RCC 围堰的施工工期仅 4 个月,因此有条件时应优先选用 RCC 围堰。

1. 拱形混凝土围堰

拱形混凝土围堰如图 6-17 所示,拱形混凝土围堰一般适用于岸坡陡峻、岩石坚实的山区河流。通常围堰拱座设在枯水位以上,当河床的覆盖层较薄时,常进行水下清基;若覆盖层较厚则可灌注水泥浆防渗加固。堰身部分要进行水下施工,因此难度较高。

拱形混凝土围堰比一般重力式围堰断面较小,可节省工程量。在堆石体上修建的重力式拱形围堰见图 6-18。围堰修筑通常从岸边向水中抛填砂砾石进占,出水后固结灌浆抛填的砂砾石,并使灌浆帷幕穿透覆盖层直至基岩;然后在砂砾石体上浇筑拱形混凝土围堰。

2. 重力式混凝土围堰

采用分段围堰法导流时,重力式混凝土围堰往往可兼作第一期和第二期纵向围堰,两

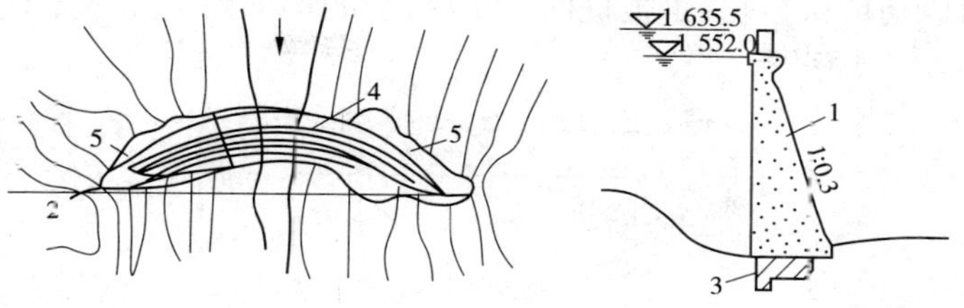

(a)平面图　　(b)横断面图

1—拱身;2—拱座;3—灌浆加固;4—溢流段;5—非溢流段

图 6-17　甘肃刘家峡水电站上游拱形混凝土围堰　(高程单位:m)

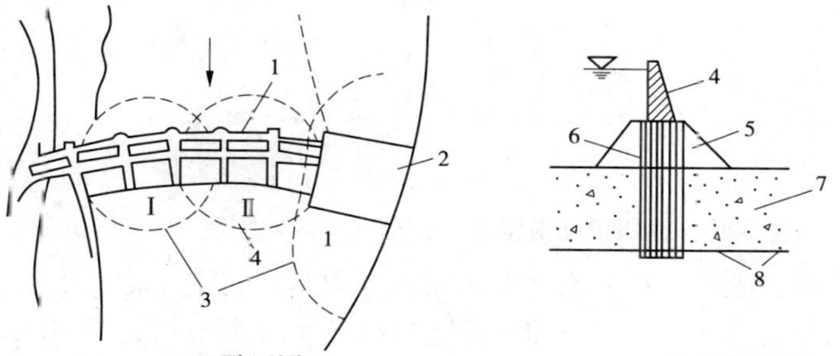

(a)平面图　　(b)横断面图

Ⅰ—一期基坑;Ⅱ—二期基坑;

1—主体建筑物;2—水电站;3—一期围堰;4—二期围堰;

5—堆石体;6—灌浆帷幕;7—覆盖层;8—基岩

图 6-18　西班牙维勒工程的重力式拱形围堰

侧均能挡水,还能作为永久建筑物的一部分,如隔墙、导墙等。重力式混凝土围堰一般需修建在基岩上,断面可做成实体式,与非溢流重力坝类似,也可做成空心式(见图 6-19)。为了保证混凝土的施工质量,通常需在土石低水围堰围护下进行干地施工。

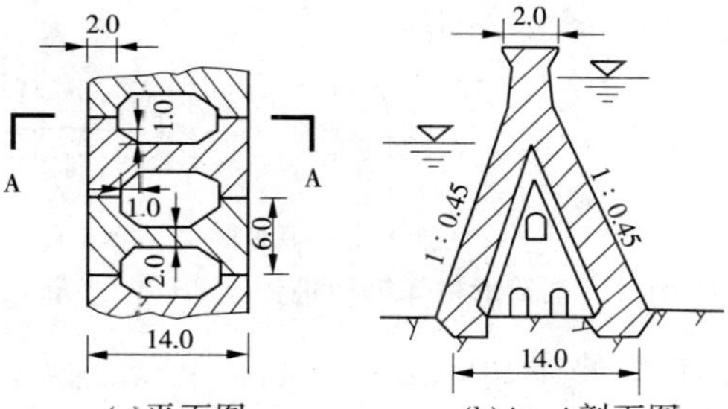

(a)平面图　　(b)A—A剖面图

图 6-19　河南三门峡工程重力式混凝土围堰　(单位:m)

(四)钢板桩格形围堰

钢板桩格形围堰按挡水高度不同,其平面有圆筒形、扇形及花瓣形格体(见图 6-20)等,应用较多的是圆筒形格体。钢板桩格形围堰在国外一些大中型水利水电工程中应用比较广泛,如在美国田纳西河流域梯级开发工程中,有 14 个工程用过钢板桩格形围堰。我国葛洲坝工程也应用圆筒形格体钢板桩围堰作为纵向围堰的一部分。钢板桩格形围堰的修建和拆除可以高度机械化，钢板桩回收率可达70%以上，边坡垂直、断面小、占地少、安全可靠。

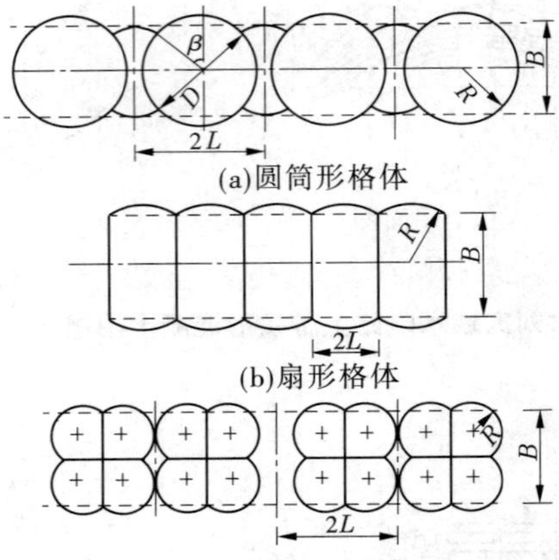

(a)圆筒形格体

(b)扇形格体

(c)花瓣形格体

图6-20　钢板桩格形围堰平面形式与纵向围堰　(单位:m)

钢板桩格形围堰适用于在岩石地基或混凝土基座上建造，最大挡水水头不宜大于30 m；对于细砂砾石层地基可用打入式钢板桩围堰，最大水头不宜大于20 m。圆筒形格体钢板桩围堰由一字形钢板桩拼装，包括一系列主格体和联弧段，格体内填充透水性较强的填料，如砂、砂卵石或石渣(见图6-21)等。该围堰不是刚性体，而是柔性结构，格体挡水时会产生变位(见图6-22)，此时填料沿格体轴线的垂直平面(见图6-22中A—A平面)发生错动。提高填料本身的抗剪强度以及填料与钢板桩之间的抗滑力，有助于提高格体的抗剪稳定性。

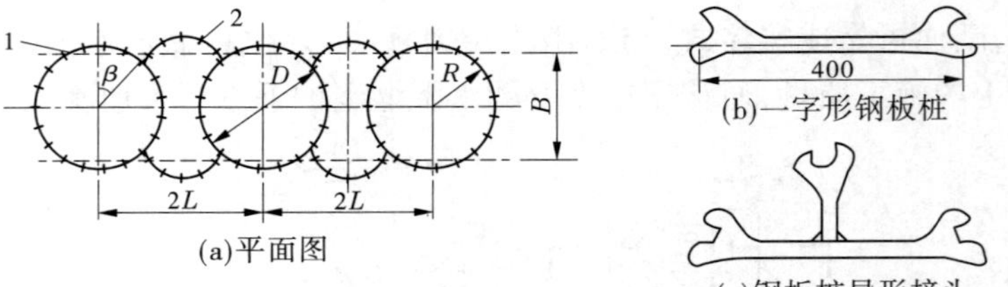

(a)平面图

(b)一字形钢板桩

(c)钢板桩异形接头

1—主格体;2—联弧段

图6-21　圆筒形格体钢板桩围堰　(单位:mm)

圆筒形格体钢板桩围堰的修建，由定位、打设模架支柱、模架就位、安插钢板桩、填充料渣、取出模架及其支柱和填充料渣到设计高度等工序组成，如图6-23所示，一般需在流水中修筑，施工难度较高。1965年罗马尼亚和前南斯拉夫的铁门水电站，采用自升平台船来修筑圆筒形格体钢板桩围堰，一个直径18 m、高16 m的格体仅用18 d时间就筑成。

(五)草土围堰

草土围堰是一种草土混合结构，多用捆草法修建，是我国劳动人民长期的智慧结晶之一。远在2 000多年前，草土围堰就已广泛应用于宁夏引黄灌渠的取水工程上。甘肃盐锅峡、八盘峡、刘家峡、宁夏青铜峡及陕西石泉水电站等都先后应用过草土围堰。草土围

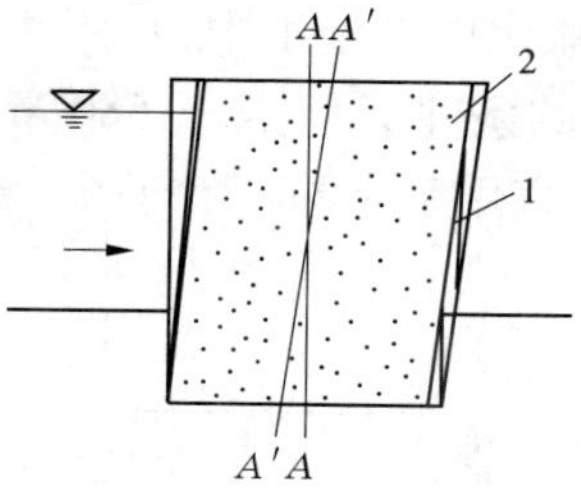

1—钢板桩;2—填料

图 6-22 格体挡水时变位示意图

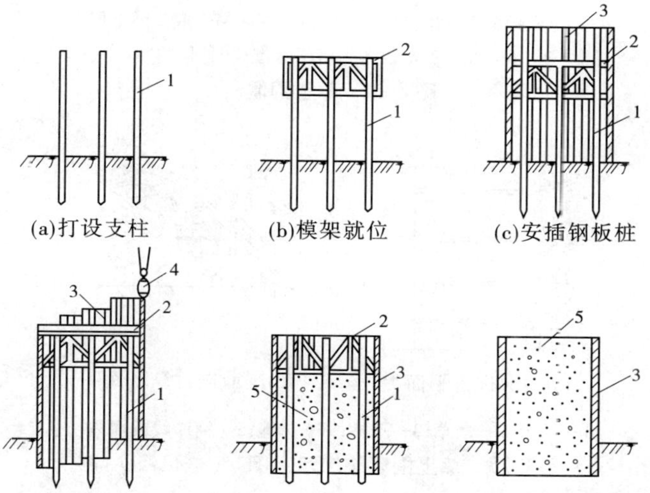

1—支柱;2—模架;3—钢板桩;4—打桩机;5—填料

图 6-23 圆筒形格体钢板桩围堰施工程序图

堰的断面一般为矩形或边坡很陡的梯形,坡比为 1∶0.2 ~ 1∶0.3,是在施工中自然形成的边坡(见图 6-24)。断面尺寸除应满足抗滑、抗倾覆、防渗等要求外,还须考虑施工过程中的运草、运土等要求。草土围堰的宽高比,在岩基河床上为 2 ~ 3,在软基河床上为 4 ~ 5。

用捆草法修建草土围堰时,先用麦草或稻草做成长 1.2 ~ 1.8 m、直径 0.5 ~ 0.7 m、质量约 10 kg 的单个草捆,然后将两个草捆靠齐压扁,用长 6 ~ 8 m、直径 4 ~ 5 cm 的粗草绳系紧,即可进行草捆的漂浮沉放工作。草土围堰的施工(见图 6-25),由压草、铺散草、铺土等工序组成。压草时,首先沿河岸在围堰宽度范围内分层铺设草捆,铺草捆时将草绳拉直放在岸上,以便与后铺的草捆相连接。每层草捆搭接 1/3 ~ 1/2,逐层压放的草捆在迎水面形成 35° ~ 45°的斜坡,直至高出水面 1.5 ~ 2.0 m。随后在草捆层的斜坡上铺一层 0.25 ~ 0.30 m 的散草,再在散草上铺一层厚 0.25 ~ 0.30 m 的土层(黄土、粉土、沙壤土或黏壤土等),土层只需人工踏实即可。这样就完成了堰体的压草捆、铺散草和铺土等工作的一个循环。如此继续,堰体即向前进占,后部堰体也渐渐沉入河底。堰体高出水面后,立即铺土夯实,将围堰加高至设计高程。草土围堰可就地取材,结构简单,施工方便,造价低，防渗性好，便于拆除。在青铜峡水电站施工中，只用40 d时间，就在最大水深7.8 m、流量1 900 m^3/s、流速大于3 m/s的条件下，建成长580 m、工程量达7万 m^3 的草土围堰。但草土围堰不能承受较大的水头，宜用于水深不大于6～8 m，流速不超过3～5 m/s的条件。

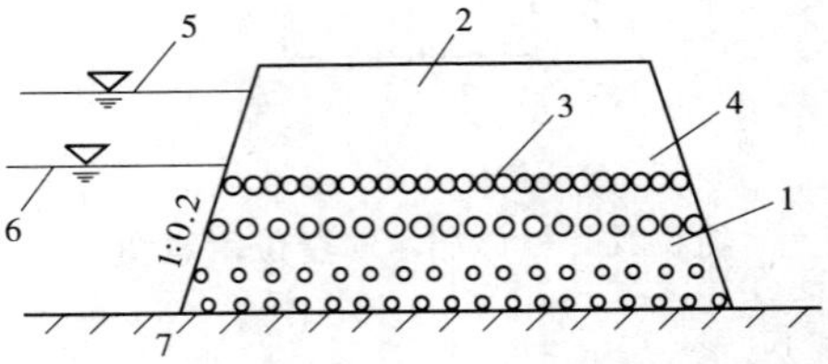

1—水下堰体；2—水上加高部分；3—草捆；4—散草铺土层；

5—设计挡水位；6—施工水位；7—河床

图6-24 草土围堰

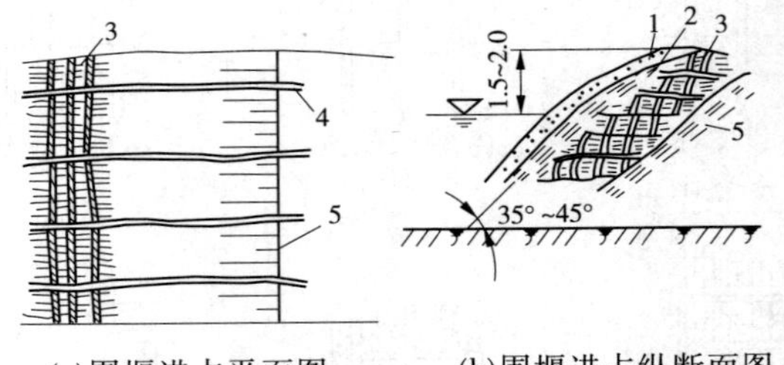

(a)围堰进占平面图 (b)围堰进占纵断面图

1—黏土；2—散草；3—草捆；4—草绳；5—河岸线或堰体

图6-25 草土围堰施工示意图 （单位：m）

二、围堰的平面布置与堰顶高程

（一）围堰的平面布置

围堰平面布置的基坑面积过大，会增加排水设备容量；过小则会妨碍主体工程施工，影响工期；更有甚者，会造成水流宣泄不顺畅，冲刷围堰及基础，影响主体工程安全施工。通常，基坑坡趾与主体工程轮廓之间的距离不应小于20～30 m，以便布置排水设施、交通运输道路及堆放材料等，如图6-26所示。分段围堰法导流时，上下游横向围堰一般不与河床中心线垂直，如图6-26所示，以保证水流顺畅。当纵向围堰不作为永久建筑物的一部分时，基坑纵向坡趾离主体工程轮廓的距离一般不大于2.0 m，以供布置排水系统和堆放模板。如果无此要求，只需留0.4～0.6 m就足够了，如图6-26所示。

（二）堰顶高程

堰顶高程取决于导流设计流量及围堰的工作条件。下游围堰的堰顶高程由下式决定：

$$H_d = h_d + h_a + \delta \tag{6-4}$$

式中：H_d 为下游围堰堰顶高程；h_d 为下游水位高程；h_a 为波浪爬高；δ 为围堰的安全超高，对于不过水围堰可按表6-3确定，对于过水围堰可不予考虑。

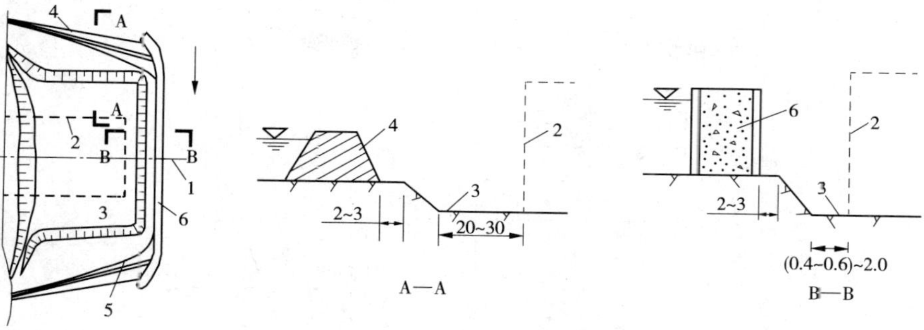

1—主体工程轴线;2—主体工程轮廓;3—基坑;4—上游横向围堰;
5—下游横向围堰;6—纵向围堰

图 6-26　围堰布置图　(单位:m)

表 6-3　不过水围堰堰顶安全超高下限值　(单位:m)

围堰型式	围堰级别		围堰型式	围堰级别	
	Ⅲ	Ⅳ ~ Ⅴ		Ⅲ	Ⅳ ~ Ⅴ
土石围堰	0.7	0.5	混凝土围堰、浆砌石围堰	0.4	0.3

上游围堰的堰顶高程由下式决定:

$$H_u = h_d + z + h_a + \delta \tag{6-5}$$

式中:H_u 为上游围堰堰顶高程,m;z 为上下游水位差,m;其余符号意义同前。

必须指出,当围堰要拦蓄一部分水流时,则堰顶高程应通过调洪计算确定。纵向围堰的堰顶高程,要与束窄河段宣泄导流设计流量时的水面曲线相适应。因此,纵向围堰的顶面往往做成阶梯形或倾斜状,其上游和下游分别与上游围堰顶和下游围堰顶同高。

三、围堰的防渗与防冲

围堰的防渗、接头和防冲是保证围堰正常工作的关键问题,对土石围堰来说尤为突出。一般土石围堰在水流流速超过 3.0 m/s 时,会发生冲刷现象,在分段围堰导流时尤为明显。

(一)围堰防渗

土石围堰一般采用斜墙、水平铺盖、垂直防渗墙或灌浆帷幕等防渗。围堰一般需在水中修筑,因此水下防渗质量就很关键。湖南柘溪水电站土石围堰的斜墙和铺盖是在 10 ~ 20 m 深水中以人工抛填施工,施工时注意了滑坡、颗粒分离及坡面平整等的控制。抛填 3 个月后取样试验,填土密实均匀,防渗性好,干密度在 1.45 t/m³ 以上,无显著分层沉积现象,土坡稳定。上部坡高 8 ~ 9 m 范围内坡度为 1:2.5 ~ 1:3.0,下部坡度均在 1:4.0 以上。

(二)围堰接头处理

围堰接头是指对围堰与围堰、围堰与其他建筑物及围堰与岸坡等的连接而言。如混凝土纵向围堰与土石横向围堰的接头,一般采用刺墙(见图 6-27),以增加渗径,防止集中渗漏。

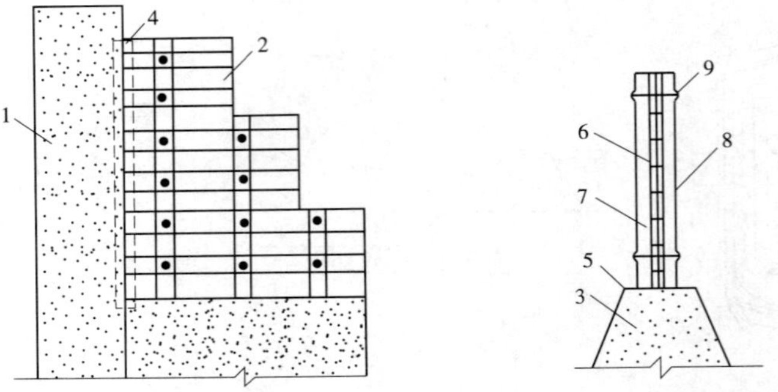

(a)正视图 (b)横断面图

1—混凝土纵向围堰;2—木板刺墙;3—混凝土刺墙;4—白铁片止水;
5——层油毛毡和二层沥青麻布;6—木板;7—两层沥青油膏及一层油毛毡;8—木围囹;9—螺栓

图 6-27 刺墙构造简图

(三)围堰防冲

围堰遭受冲刷在很大程度上与其平面布置有关,尤其在采用分段围堰法导流时,水流进入围堰区受到束窄,流出围堰区又突然扩大(见图 6-28),这样流态发生急剧改变,淘刷堰脚及基础。一般多采用抛石护底、钢筋笼护底、柴排护底等措施来保护堰脚及其基础的局部冲刷。此外还应使水流平顺进出束窄河段,通常在围堰的上下游转角处设置导流墙(见图 6-29),以改善束窄河段进出口的水流条件。

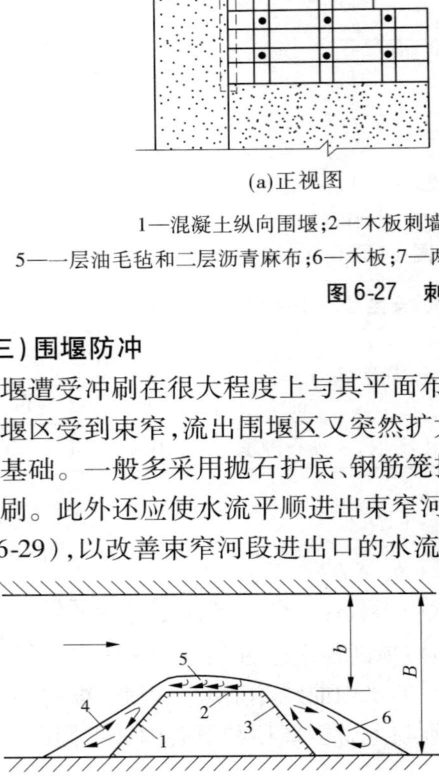

1—上游围堰;2—纵向围堰;3—下游围堰;4—上游涡流区;
5—纵向涡流区;6—下游涡流区

图 6-28 分段围堰法导流时的流态图

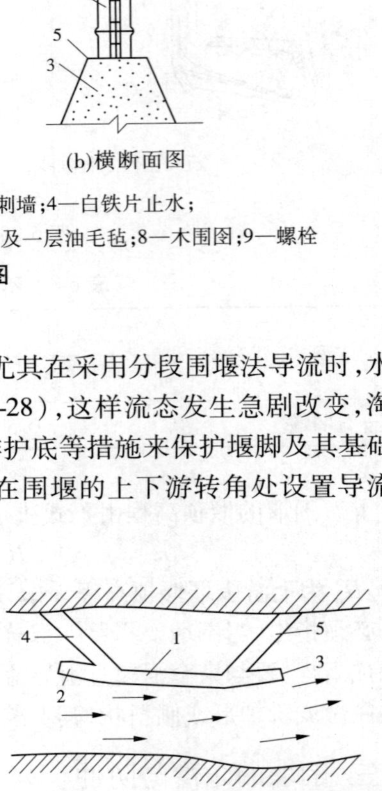

1—纵向围堰;2—上游导流墙;3—下游导流墙;
4—上游横向围堰;5—下游横向围堰

图 6-29 导流墙和围堰布置图

四、围堰拆除

围堰是临时建筑物,导流任务完成以后一般应拆除。在采用分段围堰法导流时,第一期横向围堰的拆除如果不符合要求,势必会增加上下游水位差,增加截流料物的质量及数量,从而增加截流难度。如苏联的伏尔谢水电站截流时,上下游总水位差是 1.88 m,其中引渠和围堰没有拆除干净造成的水位差就有 1.73 m。如果下游横向围堰拆除不干净,会抬高尾水位,浙江富春江水电站曾受此影响,降低了水轮机出力,造成了不应有的损失。

土石围堰断面较大,因此有可能在施工期最后一个汛期之后,上游水位下降时,从围堰的背水坡开始分层拆除(见图 6-30)。

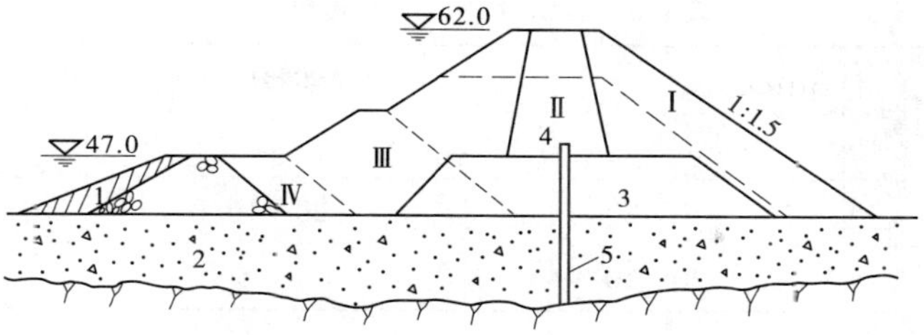

1—黏土斜墙；2—覆盖层；3—堆渣；4—心墙；5—防渗墙；Ⅰ～Ⅳ—拆除顺序

图 6-30　长江葛洲坝工程一期土石围堰的拆除　（高程单位：m）

任务三　导流流量设计

一、导流标准

导流标准包括初期导流标准、拦洪度汛标准、孔洞封堵标准等。施工初期导流标准，首先需根据导流建筑物的下列指标，将导流建筑物分级，见表 6-4。再根据导流建筑物的级别和类型，选定相应的洪水重现期作为初期导流标准，见表 6-5。

表 6-4　导流建筑物级别划分

建筑物级别	保护对象	失事后果	使用年限（年）	围堰工程规模	
				高度（m）	库容（亿 m^3）
3	有特殊要求的 1 级永久建筑物	淹没重要城镇、工矿企业、交通干线，或推迟总工期及第 1 台（批）机组发电工期，造成重大灾害和损失	>3	>50	>1.0
4	1 级、2 级永久建筑物	淹没一般城镇、工矿企业，或影响总工期及第 1 台（批）机组发电工期，造成较大损失	1.5～3	15～50	0.1～1.0
5	3 级、4 级永久建筑物	淹没基坑，但对总工期及第 1 台（批）机组发电工期影响不大，经济损失较小	<1.5	<15	<0.1

注：1. 导流建筑物中的挡水建筑物和泄水建筑物，两者级别相同。

2. 有特殊要求的 1 级永久建筑物是指施工期不允许过水的土石坝及其他有特殊要求的永久建筑物。

3. 使用年限是指导流建筑物每一施工阶段的工作年限。两个或两个以上施工阶段共用的导流建筑物，如一期、二期共用的纵向围堰，其使用年限不能叠加计算。

4. "围堰工程规模"一栏中，高度指挡水围堰的最大高度，库容指堰前设计水位拦蓄在河槽内的水量，二者必须同时满足。

表 6-5 导流建筑物洪水设计标准 （单位:年(重现期)）

导流建筑物结构类型	导流建筑物级别		
	3	4	5
土石	50～20	20～10	10～5
混凝土、浆砌石	20～10	10～5	5～3

导流标准如果太低，不能保证施工安全；反之，则使导流工程设计规模过大，不仅增加导流费用，而且可能因其规模太大以致无法按期完成，造成工程施工的被动局面。因此，大型工程导流标准的确定，应结合风险度的分析，使所选标准更加经济合理。

二、导流时段

导流时段就是按导流程序所划分的各施工阶段的延续时间，主要是围堰挡水而保证基坑干地施工的时间，所以也称挡水时段。施工导流设计中，要选定是枯水期挡水还是全年挡水。小型工程应争取在一个枯水期建成；大中型工程一般难以在一个枯水期建成，可考虑全年导流。坝体施工难以在汛期达到拦洪高程时，要按全年导流标准考虑围堰高程和导流建筑物规模。混凝土坝通常允许过水，可按全年导流标准考虑，也可按枯水期导流考虑。

施工导流可分为三个阶段：①初期导流，即围堰挡水阶段，从河床截流开始到坝体修建到围堰高程以上的时段。②中期导流，即坝体挡水阶段。此时导流泄水建筑物尚未封堵，汛期由坝体挡水。随着坝体的升高，库容的加大，防洪能力也逐步增大。③后期导流，即从导流泄水建筑物封堵到大坝全面修到设计高程的时段，永久泄水建筑物已投入运行。

河流的全年流量变化过程线如图 6-31 所示。在不影响主体工程施工的条件下，若导流建筑物只担负枯水期的挡水、泄水任务，显然可大大减少导流建筑物的工程量，改善导流建筑物的工作条件，具有明显的技术经济效果。

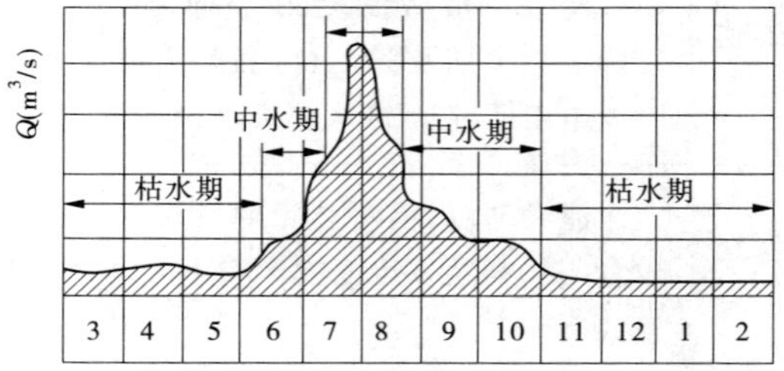

图 6-31 全年流量变化过程线

三、导流设计流量

（一）不过水围堰

不过水围堰的导流流量根据导流时段来确定。如果围堰挡全年洪水，其导流设计流量就是选定导流标准的年最大流量，导流挡水建筑物与泄水建筑物的设计流量相同；如果围堰只挡某一枯水时段，则按该挡水时段内同频率洪水作为围堰和该时段泄水建筑物的设计流量。

（二）过水围堰

其导流标准应与不过水围堰挡全年洪水时的标准相同。当水文系列较长，大于或等于 30 年时，也可根据实测流量资料分析选用。允许基坑淹没导流方案的技术经济比较，可以在研究工程所在河流水文特征及历年逐月实测最大流量的基础上，绘制流量与导流建筑物费用、基坑淹没损失费用的关系曲线。如图 6-32 曲线 1 和曲线 2 所示，并将它们叠加，求得流量与导流总费用的关系曲线 3。显然，曲线 3 上的最低点，即为围堰挡水期导流总费用最低时的初选导流设计流量。

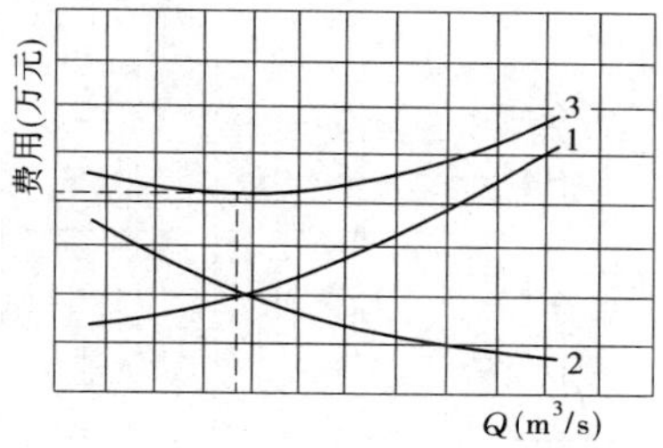

1—导流建筑物费用曲线；2—基坑淹没损失费用曲线；3—导流总费用曲线

图 6-32　导流建筑物费用、基坑淹没损失费用与导流设计流量的关系

任务四　导流方案

水利水电枢纽工程施工从开工到完建往往不是采用单一的导流方式，而是几种导流方式组合起来配合运用（见表 6-6），以取得最佳的技术经济效果。这种不同导流时段、不同导流方式的组合，通常称为导流方案。

表 6-6　水利水电枢纽工程导流方案示例

工程名称	坝型	开工年份	基本导流方式	导流时段及导流方式				
				Ⅰ	Ⅱ	Ⅲ	Ⅳ	Ⅴ
观音阁（辽宁）	碾压混凝土重力坝	1989	分段围堰法	第一期围左岸，束窄河床泄流	第二期围右岸，底孔导流	底孔完建		
漫湾（云南）	混凝土重力坝	1985	分段围堰法	原河床泄流	左岸隧洞导流	左岸隧洞完建		
水口（福建）	混凝土重力坝	1987	分段围堰法	第一期围右岸，束窄河床泄流	第二期围左岸，右岸明槽导流	坝体预留缺口和底孔泄流	底孔和溢流坝泄流	底孔完建

续表 6-6

工程名称	坝型	开工年份	基本导流方式	导流时段及导流方式				
				Ⅰ	Ⅱ	Ⅲ	Ⅳ	Ⅴ
天生桥(二级)(广西—贵州)	混凝土重力坝	1984	分段围堰法	第一期围右岸,束窄河床泄流	第二期围左岸,右岸明槽导流和左岸基坑泄流	冲沙闸和溢流坝泄流	冲沙闸完建	
龙羊峡(青海)	混凝土重力坝	1977	全段围堰法	原河床泄流	右岸非常溢洪道配合隧洞泄流	右岸导流隧洞完建		
紧水滩(浙江)	混凝土双曲拱坝	1981	全段围堰法	原河床泄流	右岸隧洞导流	右岸导流隧洞完建		
东江(湖南)	混凝土双曲拱坝	1978	全段围堰法	原河床泄流	右岸隧洞和基坑泄流	右岸导流隧洞和放空洞泄流	右岸导流隧洞完建	
天生桥一级(广西—贵州)	混凝土面板堆石坝	1991	全段围堰法	原河床泄流	左岸隧洞和基坑泄流	左岸导流隧洞完建		
鲁布革(云南)	土石坝	1982	全段围堰法	原河床泄流	左岸隧洞导流	左岸导流隧洞完建		
三峡(湖北)	混凝土重力坝	1994	分段围堰法	第一期围右岸,束窄河床泄流	第二期围左岸,导流明渠泄流	第三期封堵导流明渠,导流底孔和泄洪坝段深孔泄流		
二滩(四川)	混凝土双曲拱坝	1991	全段围堰法	原河床泄流	左右岸导流隧洞泄流	导流底孔泄流	底孔封堵	
江垭(湖南)	碾压混凝土重力坝	1995	全段围堰法	枯水期导流隧洞单独泄流	第一、二个汛期围堰和左岸导流隧洞联合泄流	第三个汛期导流洞和大坝缺口联合泄流	第四个汛期导流洞和中孔联合泄流	底孔封堵、中孔泄流

选择导流方案时应考虑的主要因素如下：

(1)水文条件。一般来说,对于河床宽、流量大的河流,宜采用分段围堰法导流。对于水位变化幅度大的山区河流，可采用全段围堰法或允许基坑淹没的导流方法。

(2)地形条件。对于河床宽阔的河流，尤其在施工期间有通航等要求的河流宜分期导流。当河床中有天然石岛或沙洲时，宜采用分期导流。例如，长江葛洲坝水利枢纽工程施工初期，就曾利用江心洲葛洲坝作为天然的纵向围堰，取得了良好的技术经济效果。在河床狭窄、岸坡陡峻、山岩坚实的山区，河道宜采用隧洞导流，河床狭窄的平原河道宜采用明渠导流。

(3)地质及水文地质条件。若河流两岸或一岸岩石坚硬，风化层薄，且抗压强度足够时，宜选用隧洞导流。如果岩石的风化层厚且破碎，或有较厚的沉积滩地，则适合采用明渠导流。当采用分段围堰法导流时，对于岩石河床，抗冲刷能力较强，河床允许束窄程度较大，甚至有的达到88%，流速增加到7.5 m/s；但对覆盖层较厚的河床，抗冲刷能力较差，其束窄程度多不到30%，流速一般仅允许达到3.0 m/s。

(4)水工建筑物的型式及其布置。如果枢纽组成中有隧洞、渠道、涵管、泄水孔等永久泄水建筑物，在选择导流方案时应尽可能加以利用。采用分段围堰法修建混凝土坝枢纽时，应充分利用水电站与混凝土坝之间或混凝土坝溢流段和非溢流段之间的隔墙，将其作为纵向围堰的一部分。对于前期所修建的混凝土坝，应考虑后期作为导流底孔或预留缺口。例如，长江三峡水利枢纽工程三期导流底孔坝段宽度，主要考虑了三期导流条件。

(5)通航、筏运、供水、灌溉、生态保护和水电站运行要求的综合利用。在通航河道上，一般采用分期导流，以便河流束窄后仍能通行船只，束窄断面最大流速一般不应超过2.0 m/s。例如，葛洲坝工程，与航运部门协商后确定，由两个1 000 t甲板驳船和一个推轮所组成的船队通过束窄断面时，其最大流速不大于4.5 m/s，比降不大于1‰，或最大流速不大于4.0 m/s，比降不大于3‰，船队通过时，最大流速不大于4.5 m/s，比降不大于6‰，或流速不大于3.5 m/s，比降不大于7‰；采用2 000～3 000 kW(3 000～4 000马力)推轮帮送时，最大流速不大于6.0 m/s，比降不大于8‰，或最大流速不大于5.5 m/s，比降不大于10‰。这种情况下，通常是先围护船闸部分，以便船闸能及早施工投入运行。

(6)施工进度、施工方法及施工场地布置。对施工进度起控制作用的关键时段主要有导流建筑物的完工期限、截断河床水流的时间、坝体拦洪的期限、封堵临时泄水建筑物的时间以及水库蓄水发电的时间等，在混凝土坝枢纽中，采用分段围堰法施工时若导流底孔没有建成，就不能截断河床水流和全面修建第二期围堰；若坝体没有达到一定高程和没有完成基础及坝身纵缝的接缝灌浆，就不能封堵底孔，水库也不能蓄水。

在混凝土坝施工中，当混凝土生产系统布置在一岸时，宜采用全段围堰法导流。若采用分段围堰法导流，则应以混凝土生产系统所在的一岸作为第一期工程，因为这样两岸施工交通运输问题比较容易解决。为进一步理解导流方案的选择，特举例叙述。

【例6-1】 四川白龙江宝珠寺水电站工程，是以发电为主，兼有灌溉、防洪等效益的综合利用大型水电工程。挡水建筑物为混凝土重力坝，坝顶长524.48 m，最大坝高132 m，水电站厂房为坝后式，属1级建筑物。根据水文资料分析，河流为山区型，洪水涨落变化大，一次洪水过程一般为1～3 d。汛期在7～8月，实测最大洪水流量为11 300 m^3/s，其10%频率的最大洪水流量为7 800 m^3/s，5%频率的最大洪水流量为9 570 m^3/s，1%频率的最大洪水流量为13 000 m^3/s。河流多年含沙量为2.04 kg/m^3，汛期平均含沙量为

2. 72 kg/m^3，实测最大含沙量为 16. 9 kg/m^3（1966 年 7 月 25 日）。

在施工组织设计中，拟订了 5 个导流比较方案：①全段围堰隧洞导流；②右岸隧洞、过水围堰、底孔导流；③坝体临时断面挡水、右岸小明渠导流；④右岸隧洞及左岸明渠导流；⑤右岸大明渠导流、高围堰挡水。经过分析比较，考虑到地质条件差、工程量大及投资大等因素，不宜开挖专用的导流隧洞。而若汛期基坑过水，工期又难以保证，故最后决定采用右岸大明渠导流、高围堰挡水的方案（见图 6-33）。

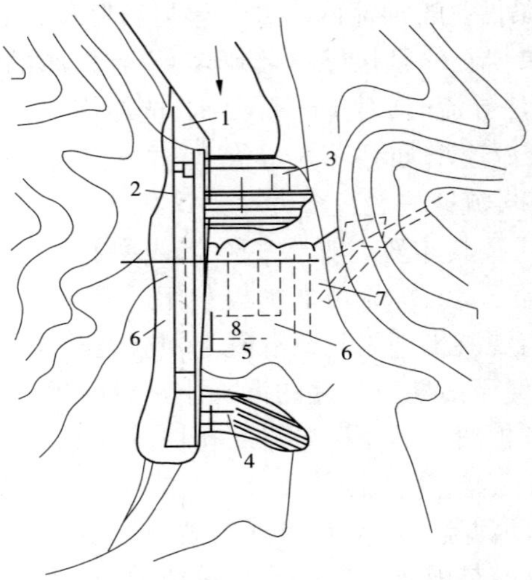

1——期围堰辅线；2—导流明渠；3—二期上游围堰；4—三期下游围堰；
5—纵向围堰；6—导流底孔；7—重力坝；8—厂房

图 6-33 四川宝珠寺水电站分期导流布置图

明渠所处河段正位于河湾段，上游天然河道的主流位于右岸，至明渠进口处，转向左岸。根据水流情况，明渠宜布置在左岸。但由于地质条件限制，左岸明渠需高边坡开挖达 140 m，且岩层倾向与坡向接近一致，边坡稳定条件更差，相应的处理工程量较大；而右岸岩层倾向下游偏内，对边坡稳定有利，故选定明渠布置于右岸。导流程序与控制性进度如下所述。

一期工程：在一期围堰围护下，修建右岸宽 35 m 的导流明渠，河水由左岸束窄不多的河床下泄。工期自第 2 年 7 月至第 4 年 11 月二期上游围堰截流、右岸导流明渠过水为止。

二期工程：左岸河床截流，并修筑拦挡 5% 频率全年洪水的高围堰，河水全部经由导流明渠宣泄。左岸河床坝段混凝土浇筑超过二期围堰高程后，拆除二期围堰。工期自第 4 年 11 月左岸上游围堰合龙起至第 7 年 11 月右岸明渠截流、左岸坝体永久底孔开始泄水止。

后期工程：明渠坝段在第 8 年 5 月前加高至 518 m 高程；汛期由明渠坝段 518 m 高程的预留缺口及 485 m 高程 2 个 5 m×10 m 临时底孔泄洪；汛后明渠坝段继续加高。由永久底孔泄流。工期自第 7 年 12 月起至第 8 年 11 月止。

完建期：此时坝体已浇筑至相当高程，第 8 年 11 月下旬至 12 月中旬，最后一个底孔闸门沉放,开始蓄水发电。

任务五　截流工程

在施工导流中,只有截断原河床水流,才能把河水引向导流泄水建筑物下泄,在河床中全面开展主体建筑物的施工,这就是截流。截流戗堤一般与围堰相结合,因此截流实际上是在河床中修筑横向围堰工作的一部分(见图6-34)。在大江大河中,截流是一项难度较大的工作。

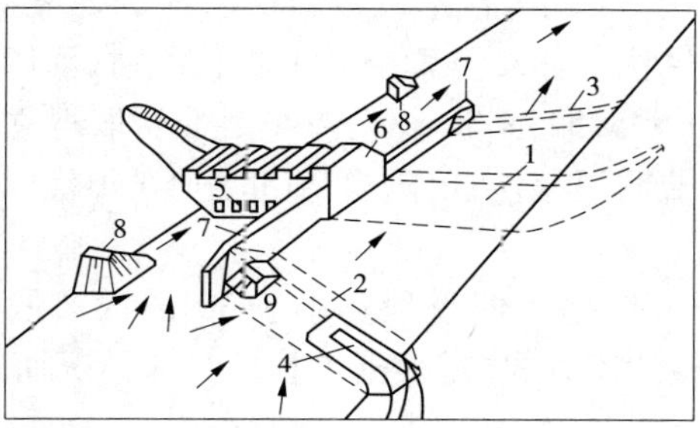

(a)采用分段围堰孔导流时的位置

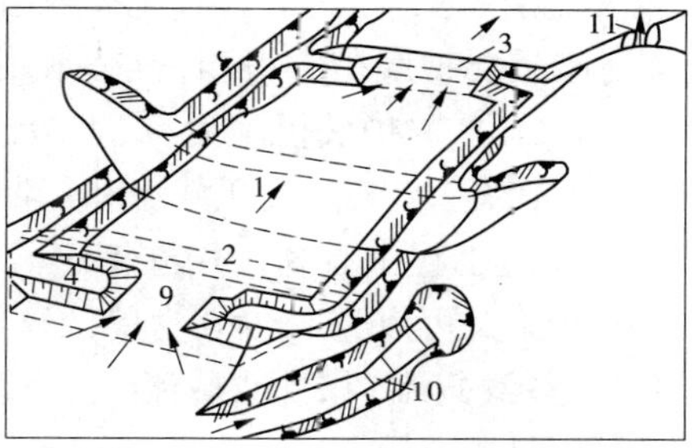

(b)采用全段围堰隧洞导流时的布置图

1—基坑;2—上游围堰;3—下游围堰;4—戗堤;5—孔底;6—混凝土坝体;
7—纵向围堰;8—一期围堰残留部分;9—龙口;10—导流洞进口;11—导流洞出口

图6-34　节流布置示意图

截流过程一般为:先在河床的一侧或两侧向河床中填筑截流戗堤,这种向水中筑堤的工作叫作进占。戗堤将河床束窄到一定程度,就形成了流速较大的龙口。封堵龙口的工作称为合龙。合龙以后,在其迎水面设置防渗设施。在戗堤全线上设置防渗体的工作叫作闭气。截流以后,再对戗堤进行加高培厚,直至达到围堰设计要求。

截流在施工导流中占有重要的地位,如果截流不能按时完成,就会延误河床部分建筑物的开工日期;如果截流失败,失去了以水文年计算的良好截流时机,则可能拖延工期达1年,在通航河流上甚至严重影响航运。所以,在施工导流中,截流是一个关键性控制项目。长江葛洲坝工程于1981年1月仅用35.6 h,在4 720 m^3/s流量下顺利截流,为在大江大河上进行截流积累了宝贵的经验。1997年11月三峡工程大江截流和2002年11月三峡工程三期导流明渠截流的成功,标志着我国截流工程的实践已经处于世界先进水平。

一、截流的基本方法

河道截流有立堵法、平堵法、立平堵法、平立堵法、下闸截流以及定向爆破截流等多种方法,但基本方法为立堵法和平堵法两种。

(一)立堵法

如图6-35所示,将截流材料从龙口一端向另一端或从两端向中间抛投进占,逐渐束窄龙口,直至全部拦断。

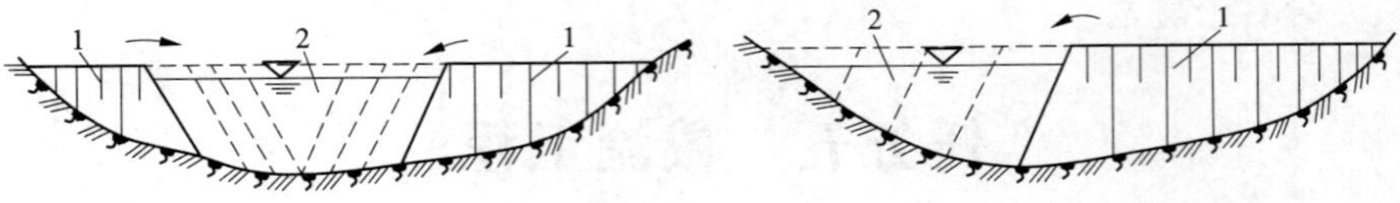

(a)双向进占　　(b)单向进占

1—截流戗堤;2—龙口

图 6-35　立堵法截流

立堵法截流不需要在龙口架设浮桥或栈桥,准备工作比较简单,费用较低。但截流时龙口的单宽流量大,流速高,需用单个质量较大的截流材料。截流时工作面狭窄,抛投强度受限,影响施工进度。立堵法截流一般适用于大流量、岩基或覆盖层较薄的岩基河床。对于软基河床只要护底措施得当,也可采用立堵法。如宁夏青铜峡工程截流时,河床覆盖层厚达 8 ~ 12 m,采取护底措施后,最大流速虽达 5.52 m/s,未遇特殊困难而取得立堵截流的成功;著名的三峡工程大江截流和三期导流明渠截流;美国自 20 世纪 50 年代以来的 15 个大中型截流工程中有 8 个用立堵法截流。

立堵法截流又可以进一步分为单戗截流(一般是指戗堤顶宽小于 30 m 的窄戗堤)、双戗截流(或多戗截流)和宽戗截流。采用哪种截流方式,需根据工程的具体情况而定。

(二)平堵法

平堵法截流(见图 6-36)事先要在龙口架设浮桥或栈桥,用自卸汽车沿龙口全线从浮桥或栈桥上均匀、逐层抛填截流材料,直至戗堤高出水面。因此,平堵法截流时,龙口的单宽流量较小,出现的最大流速较低,且流速分布比较均匀,截流材料单个质量也较小,截流时工作前线长,抛投强度较大,施工进度较快。平堵法截流通常适用在软基河床上。

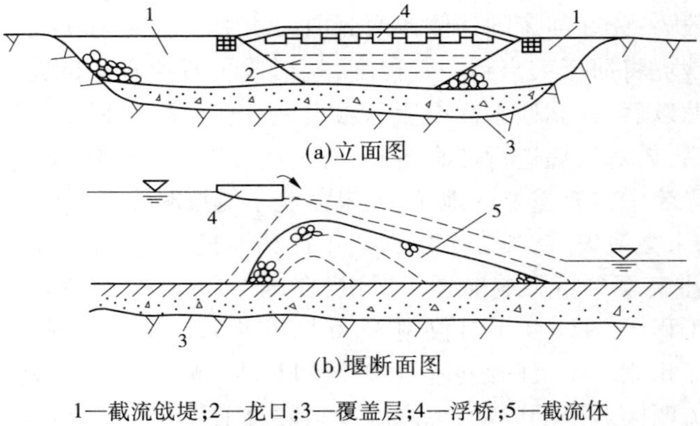

(a)立面图

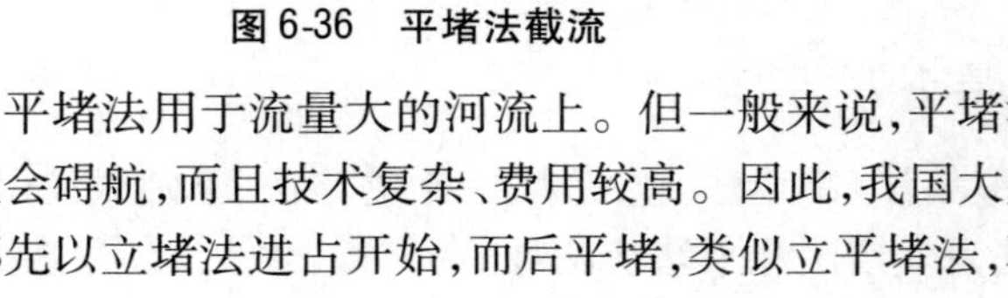

(b)堰断面图

1—截流戗堤;2—龙口;3—覆盖层;4—浮桥;5—截流体

图 6-36　平堵法截流

由于上述一些优点,平堵法用于流量大的河流上。但一般来说,平堵法由于需架设栈桥或浮桥,在通航河道上会碍航,而且技术复杂、费用较高。因此,我国大多采用立堵法截流。严格来说,平堵法都先以立堵法进占开始,而后平堵,类似立平堵法,不过立平堵法的龙口较窄。

二、截流日期的选择

截流日期应选择在流量较小、风险较低的时段进行，又要为后续的基坑工作和主体建筑物施工留有余地，不致影响整个工程的施工进度。在确定截流时段时，应考虑以下要求：

(1)截流以后，需要继续加高围堰，完成排水、清基、基础处理等大量工作，为了保证这些工作的完成，截流时段应尽量提前。

(2)在通航的河流上进行截流，截流时段最好选择在对航运影响较小的时段内。

(3)在北方有冰凌的河流上，截流不应在流冰期进行。

(4)在截流开始前应修好导流泄水建筑物，并做好过水准备。

三、截流流量

龙口合龙所需的时间往往很短，一般从数小时到几天，一般可按工程重要程度，选用截流时期内重现期5~10年的旬或月平均流量。如三峡工程大江截流和明渠截流的设计标准是$P=5\%$，龙滩工程的截流标准是$P=20\%$，黄河小峡水电站的截流标准是$P=10\%$。对于上游有水库控制的情况，合龙设计流量可取上游电站的控泄流量与区间5~10年一遇的旬平均流量之和。以黄河公伯峡水电站为例，由于上游有龙羊峡和李家峡水库调节，2003年3月中旬截流期间的流量按下列要求控制：初期进占流量取360 m^3/s(李家峡一台水轮机发电)，合龙流量取10 m^3/s(李家峡水电站关机，仅考虑少量的河槽渗流量)。戗堤闭气后的挡水流量取720 m^3/s。

四、龙口位置和宽度

龙口位置的选择，与截流工作顺利与否有着密切的关系。选择龙口位置时要考虑下述技术要求：

(1)尽量设置在河床主流部位，方向与主流顺直，有时也可以将龙口设置在河滩上，此时为了使截流时的水流平顺，应在龙口上下游顺河势开挖引河。龙口设在河滩上时，一些准备工作就不必在深水中进行，这对确保施工进度和施工质量均较为有利。

(2)龙口尽量选择在耐冲河床上。

(3)龙口附近应有较宽阔的场地，以便布置截流运输线路和制作、堆放截流材料。

原则上龙口宽度应尽可能窄些，这样可以减少合龙工程量，缩短截流延续时间，但以不引起龙口及其下游河床的冲刷为限。为了提高龙口的抗冲能力，保证戗堤安全，必要时须对龙口加以保护。龙口的保护包括护底和裹头。护底一般采用抛石、沉排、竹笼、柴石枕等。裹头就是用石块、钢筋石笼、黏土麻袋或草包、竹笼、柴石枕等把戗堤的端部保护起来，以防被水流冲塌。裹头多用于平堵戗堤两端或立堵进占端对面的戗堤。葛洲坝工程的龙口，由于考虑通航流速不能大于3.0 m/s，所以龙口宽度达220 m；三峡大江截流工程的龙口，为了满足川江航道船舶(队)自航和解队的通航水力条件(如长航船队自航水面流速要求小于 4.5 m/s，相应水面比降小于 1‰，或水面流速要求小于 4.0m/s，相应水面比降小于 3‰），1997 年汛末，大江预留口门宽达 460.0 m，下游口门宽 480.1 m。

五、截流水力计算

截流过程中，一般库容不大，拦蓄在水库中的水量可以忽略不计。对于立堵法截流，当渗漏不严重时，也可忽略经由戗堤渗漏的流量。这样，截流时的水量平衡方程为

$$Q_0 = Q_1 + Q_2 \tag{6-6}$$

式中：Q_0 为截流设计流量，m^3/s；Q_1 为分流建筑物的泄流量，m^3/s；Q_2 为龙口泄流量，可按宽顶堰计算，m^3/s。

截流水力计算可采用图解法和电算法。采用图解法时，先绘制上游水位 H_u 与分流建筑物泄流量的关系曲线和上游水位与不同龙口宽度 B 的泄流量曲线簇（见图 6-37）。在绘制曲线时，下游水位视为常量，在同一上游水位情况下，当分流建筑物泄流量与某宽度龙口泄流量之和为 Q_0 时，即可分别得到 Q_1 和 Q_2。

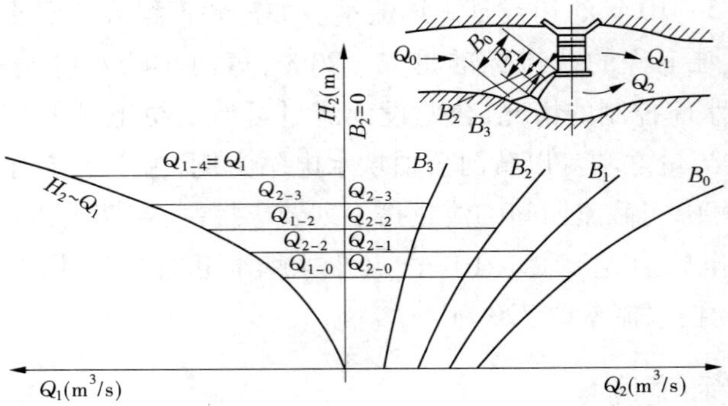

图 6-37 Q_1 与 Q_2 图解法

用电算法求解时，首先计算上游水位与分流建筑物泄流量的关系和上游水位与不同龙口宽度 B 的泄流量关系；然后假定一个上游水位，用插值算法分别求得 Q_1、Q_2，如果满足 $Q_0 = Q_1 + Q_2$，则满足假定的上游水位；否则应重新假定上游水位，直到满足条件。

根据以上方法，可同时求得不同龙口宽度下的 H_u 值和 Q_1、Q_2 值，由此再通过水力学计算即可求得截流过程中龙口诸水力参数，其变化规律如图 6-38 所示，图中，q 为龙口单宽流量，$m^3/(s \cdot m)$；B 为龙口宽度，m；z 为龙口上下游水位差，m；v 为龙口流速，m/s。

六、截流材料和备料量

（一）截流材料尺寸

截流材料的尺寸或质量主要取决于龙口的流速。各种不同材料的适用流速，即抵抗水流冲动的经验流速列于表 6-7 中。

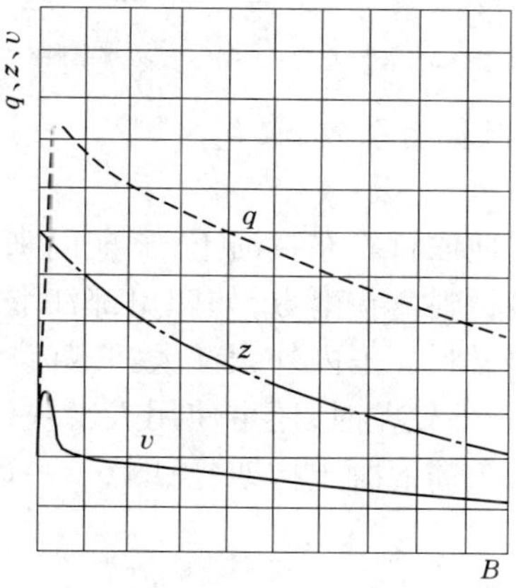

图 6-38　龙口诸水力参数变化规律图

表 6-7　截流材料的适用流速

截流材料	适用流速（m/s）	截流材料	适用流速（m/s）
土料	0.5～0.7	3 t 重大块石或钢筋石笼	3.5
20～30 kg 重石块	0.8～1.0	4.5 t 重混凝土六面体	4.5
50～70 kg 重石块	1.2～1.3	5 t 重大块石、大石串或钢筋石笼	4.5～5.5
麻袋装土(0.7 m×0.4 m×0.2 m)	1.5		
ϕ0.5 m×2 m 装石竹笼	2.0	12～15 t 重混凝土四面体	7.2
ϕ0.6 m×4 m 装石竹笼	2.5～3.0	20 t 重混凝土四面体	7.5
ϕ0.8 m×6 m 装石竹笼	3.5～4.0	ϕ1.0 m×15 m 柴石枕	7～8

立堵截流时截流材料抵抗水流冲动的流速，可按下式估算：

$$v = K\sqrt{2gD\frac{\gamma_1 - \gamma}{\gamma}} \tag{6-7}$$

式中：v 为水流流速，m/s；K 为综合稳定系数；g 为重力加速度，m/s^2；γ_1 为石块的容重，kN/m^3；γ 为水的容重，kN/m^3；D 为石块折算成球体的化引直径，m。

由式(6-7)，根据图 6-37 和图 6-38 某一龙口宽度的 v 值，再根据材料类型查阅相关资料确定 K 值，就可得出抛投体的化引直径 D。

平堵截流水力计算与立堵法类似。根据苏联依兹巴士对抛石平堵截流的研究，戗堤断面在开始阶段为等边三角形，此时使石块发生移动所需要的最小流速为

$$v_{\min} = K_1\sqrt{2gD\frac{\gamma_1 - \gamma}{\gamma}} \tag{6-8}$$

式中：K_1 为石块在石堆上的抗滑稳定系数，取 $K_1 = 0.9$。

龙口流速增加，石块发生移动之后，戗堤断面逐渐变成梯形，此时石块不致发生滚动的最大流速为

$$v_{max} = K_2\sqrt{2gD\frac{\gamma_1 - \gamma}{\gamma}} \tag{6-9}$$

式中:K_2 为石块在石堆上的抗倾稳定系数,取 $K_2 = 1.2$。

(二)截流材料类型

截流材料一般应尽可能就地取材。在黄河上,长期以来用梢料、麻袋、草包、石料、土料等作为堤防溃口的截流堵口材料。在南方,如四川都江堰,则常用卵石竹笼、砾石和杩槎等作为截流堵河分流的主要材料。国内外大江大河截流的实践证明,块石是截流的最基本材料。此外,当截流水力条件较差时,还可使用人工块体,如钢筋笼、混凝土六面体、混凝土四面体、混凝土四脚体、钢筋混凝土构架(见图6-39)以及合金网兜等。

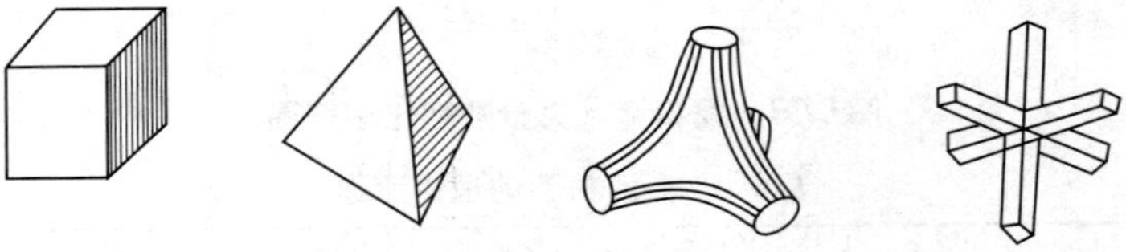

(a)混凝土六面体 (b)混凝土四面体 (c)混凝土四脚体 (d)钢筋混凝土构架

图6-39 截流材料

任务六 拦洪度汛

水利水电枢纽施工过程中,汛期往往需要由坝体挡水或拦洪。坝体能否靠拦洪与安全度汛,将涉及工程的进度与成败。例如,龙羊峡水电站因拦洪成功而加快了施工进度。所以,坝体拦洪度汛是整个工程施工进度中的一个控制性环节,必须慎重对待。

一、坝体拦洪标准

在混凝土坝枢纽中,若采用二段二期围堰法导流,当第二期围堰失效以后,未完建的混凝土建筑物,不仅要担负宣泄导流设计流量的任务,而且还要起一定的挡水作用。在土石坝或堆石坝枢纽中,若采用全段围堰隧洞或明渠导流,则在河床断流以后,常常要求在汛期到来以前,将坝体填筑到拦蓄相应洪水流量的高程,也就是拦洪高程,以保证坝身能安全度汛。此时,主体建筑物开始投入运用,已不需要围堰保护。

当坝体筑高到超过围堰顶部高程时,应根据坝型、坝前拦蓄库容,按表6-8的规定,确定坝体施工期临时度汛洪水设计标准。

表6-8 坝体施工期临时度汛洪水设计标准 (单位:年(重现期))

坝型	拦蓄库容(亿 m^3)			
	>10.0	10.0~1.0	1.0~0.1	<0.1
土坝、堆石坝	≥200	200~100	100~50	50~20
混凝土坝、浆砌石坝	≥100	100~50	50~20	20~10

导流建筑物封堵后，若永久泄水建筑物尚未具备设计泄洪能力，按表 6-9 确定坝体度汛洪水设计标准。汛前坝体上升高度应满足拦洪要求，帷幕及接缝灌浆高程满足蓄水要求。

表 6-9　导流泄水建筑物封堵后坝体度汛洪水设计标准

（单位：年（重现期））

坝型		大坝级别		
		1	2	3
土石坝	正常运用洪水	500～200	200～100	100～50
	非常运用洪水	1 000～500	500～200	200～100
混凝土坝 浆砌石坝	正常运用洪水	200～100	100～50	50～20
	非常运用洪水	500～200	200～100	100～50

注：在机组具备发电条件前、导流泄水建筑物尚未全部封堵时，坝体度汛可不考虑非常运用洪水工况。

二、度汛措施

根据施工进度安排，如果汛期到来之前坝身能如期修到拦洪高程以上，则安全度汛基本得到保证；否则，必须采取一定工程措施，确保安全度汛。

（一）混凝土坝的度汛措施

混凝土坝一般是允许过水的，若坝身在汛前不可能浇筑到拦洪高程，为了避免坝身过水时造成停工，可以在坝面上预留缺口度汛，待洪水过后，水位回落，再全面上升坝体。另外，在汛前坝身可以浇筑到拦洪高程，但一些纵向施工缝尚未灌浆封闭时，经充分论证可考虑用临时断面挡水。如湖南柘溪工程的大头坝（见图 6-40），底宽 102.5 m，技术设计阶段曾按收缩应力均匀分配、混凝土量近于相等的原则，将乙、丙块坝体间的纵缝设于坝下 37.5 m 处。经核算，在丙块坝体还没有完建、纵缝尚未灌浆时要提前挡水。这样，由于应力重分配的影响，后期上游坝踵将产生 1.06 MPa 的拉应力。为了消除上述不利应力，采取了下述措施：

（1）调整纵缝位置，将纵缝由坝下 37.5 m 移至坝下 52.5 m。纵缝下移，乙块坝体的浇筑块加长后，浇筑能力仍能满足要求。

（2）提高初期灌浆高程。初期纵缝灌浆高程提高至 95.8 m。

（3）改变纵缝形式。纵缝自高程 95.8 m 起，按与第二主应力平行的方向延伸至 106.0 m 高程，除设榫槽及插筋外不需灌浆，106.0 m 高程以上为直缝，挡水时再进行灌浆。

（二）土坝、堆石坝的度汛措施

土坝、堆石坝一般不允许过水。若坝身在汛前不能填筑到拦洪高程，可以考虑降低溢洪道高程、设置临时溢洪道、用临时断面挡水，或经专门论证采用临时坝面保护措施过水。

土石坝的临时断面型式与坝型有关。浙江青田工程心墙坝的两个临时断面度汛方案，图 6-41（a）是施工度汛临时斜墙挡水方案；图 6-41（b）是修筑永久心墙度汛挡水方案。

两个临时度汛挡水方案中：前者增加了临时斜墙的施工，但不影响汛期坝体的加高。基于这一优点，云南毛家村水库、四川升钟水库、甘肃碧口水电站等土石坝均采用了这种

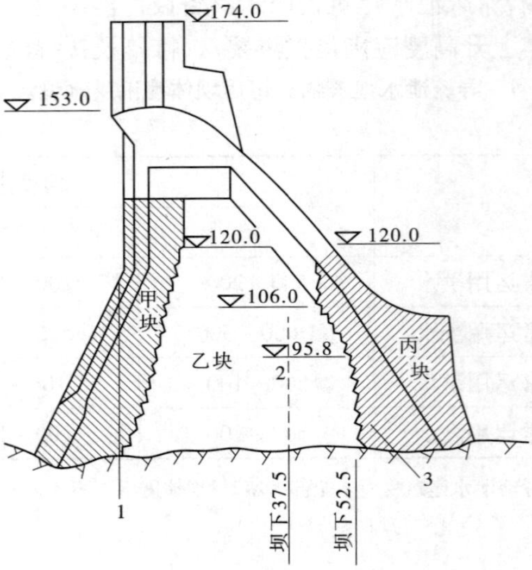

1—坝轴线;2—原设计纵缝;3—修改后的纵缝

图 6-40 混凝土坝拦洪的临时断面 (高程单位:m)

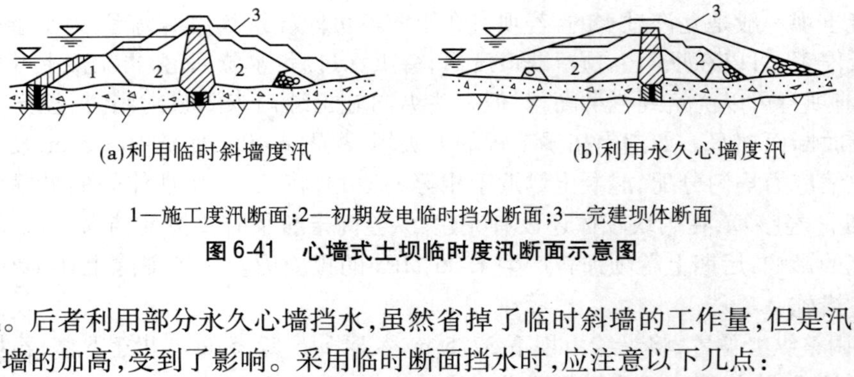

(a)利用临时斜墙度汛 (b)利用永久心墙度汛

1—施工度汛断面;2—初期发电临时挡水断面;3—完建坝体断面

图 6-41 心墙式土坝临时度汛断面示意图

方案度汛。后者利用部分永久心墙挡水,虽然省掉了临时斜墙的工作量,但是汛期坝体,特别是心墙的加高,受到了影响。采用临时断面挡水时,应注意以下几点:

(1)在拦洪高程以上,顶部应有足够的宽度,以便在紧急情况下仍有余地抢筑子堰。

(2)临时断面的边坡应保证稳定,其安全系数一般应不低于正常设计标准。

(3)斜墙坝或心墙坝的防渗体一般不允许采用临时断面。

(4)上游垫层和块石护坡应按设计要求修筑到拦洪高程。如果不能达到要求,则应考虑临时防护措施,如采取临时防冲措施,让未完建的土石坝溢洪,或预留危害程度较轻的溢流口,过流以后,做好修复工作,确保坝身的质量,以免留下隐患。

黑龙江龙凤山水库在坝身预留 70 m 宽的临时溢洪道,其上铺砌 40 cm 以上的大块石,通过 140 m^3/s 的春汛洪水,单宽流量为 2.0 $m^3/(s \cdot m)$,最大流速为 5.0 m/s,效果很好。堆石坝采用未完建断面过水度汛,据不完全统计,在国外至今有 35 座之多,大多在澳大利亚。其过水的保护措施是采用加筋。加筋的布置,可参阅围堰工程中的加筋过水土石围堰部分。

任务七　封堵蓄水

当坝体已修筑到拦洪高程以上，能够发挥挡水作用时，其他工程项目，如混凝土坝已完成了基础灌浆和坝体纵缝灌浆，库区清理、水库塌岸和渗漏处理均已完成，这时整个工程就进入了完建期，应进行导流临时泄水建筑物的封堵和水库的蓄水工作。

一、蓄水计划

水库的蓄水与导流临时泄水建筑物的封堵有着密切的关系，只有将导流临时泄水建筑物封堵后，才有可能进行水库蓄水。在进行施工期蓄水历时计算时，要综合考虑下游通航、灌溉、发电和下游用水要求，经计算分析确定。施工期蓄水历时的计算方法常用频率法和典型年法。同时，水库蓄水要解决的主要问题如下：

（1）确定蓄水历时计划，并据此确定水库开始蓄水的日期，即导流建筑物封堵日期。水库蓄水可按保证率为75%～85%的月平均流量过程线来制订。按发电、灌溉及航运等方面所提出的运用期限和水位要求，反推出水库开始蓄水的日期。具体做法是：根据各月的来水量减去下游要求的供水量，乘以所取时段，得出各时段留蓄在水库的水量，将这些水量依次累计，对照水库容积与水位关系曲线，就可绘制水库蓄水高程与历时关系曲线1（见图6-42）。

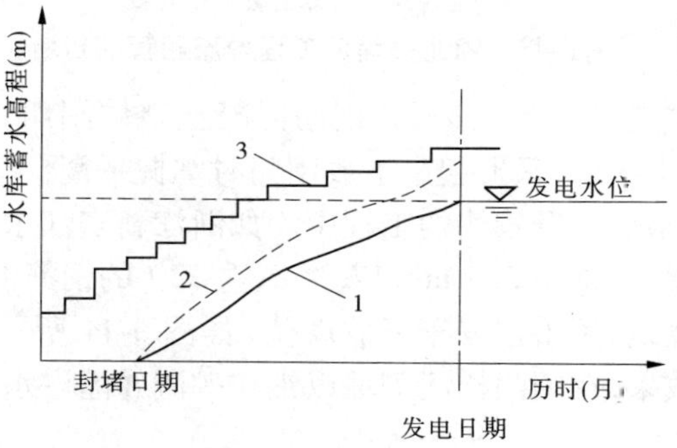

1—水库蓄水高程与历时关系曲线；2—导流临时泄水建筑物封堵后坝体度汛蓄水高程与历时关系曲线；3—坝体全线浇筑高程过程线

图6-42　水库蓄水高程与历时曲线

（2）校核库水位上升过程中大坝施工的安全性，并据此拟订大坝浇筑的控制性进度计划和坝体纵缝灌浆的进程。大坝施工安全校核的洪水标准，通常可选用20年一遇月平均流量。核算时，以导流临时泄水建筑物封堵日期为起点，按选定洪水标准的月平均流量过程线，用顺推法绘制水库蓄水过程线2（见图6-42）。曲线3（见图6-42）为大坝分月浇筑高程进度线。它应包络曲线2，否则应采取措施加快混凝土浇筑进度，或利用坝身永久底孔、溢流坝段、岸坡溢洪道或泄洪隧洞放水，调节并限制库水位上升。

二、导流泄水建筑物的封堵

下闸封堵导流临时泄水建筑物的设计流量，应根据河流水文特征及封堵条件，采用封堵时段5～10年重现期的月或旬平均流量。

过去多采用金属闸门或钢筋混凝土叠梁，前者耗费钢材，后者比较笨重，大都需要大型起重运输设备，而且为了封堵，常需一定埋件，这对争取迅速完成封堵工作不利。有些工程采用一些简易可行的封堵方法值得借鉴。例如，湖北白莲河工程的导流涵管，采用定向爆破断流，用山坡土闭气，快速筑好进口围堰后，在静水条件下立即浇筑水下混凝土墙作为临时堵头，继而抽水，再做涵管的永久混凝土堵头（见图6-43）。

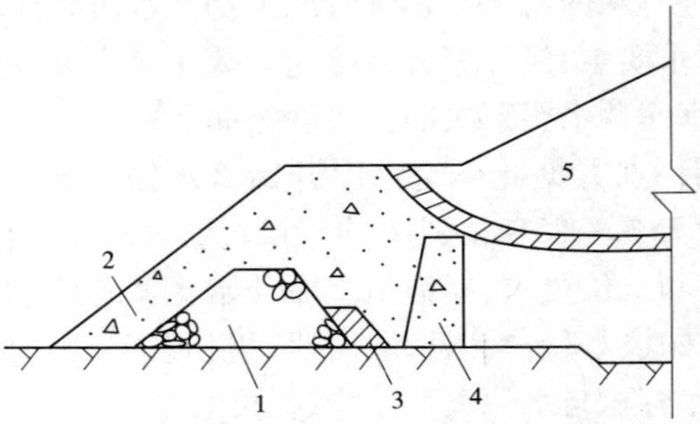

1—爆破石渣；2—山坡土前闭气段；3—草袋黏土后闭气段；

4—临时封堵混凝土墙；5—土坝

图6-43 湖北白莲河工程导流涵管的封堵

也有在泄水建筑物进口平台上，预制钢筋混凝土整体闸门，用多台绞车起吊下放封堵。这种方式断流快、水封好，只要起吊下放闸门时掌握平衡，下沉比较方便，不需重型运输起吊设备，特别在库水位上升较快的工程中。如浙江新安江水电站导流底孔的封堵，在底孔的进水口设中门闸墩，采用5.9 m×17.2 m、重32 t的钢筋混凝土闸门。闸门在孔顶上游进口平台上就地浇筑，用手摇绞车下放就位（如图6-44所示）。闸门安放以后，为了加强闸门的水封防渗效果，在闸门槽两侧填以细粒矿渣并灌注水泥砂浆，在底部填筑黏土

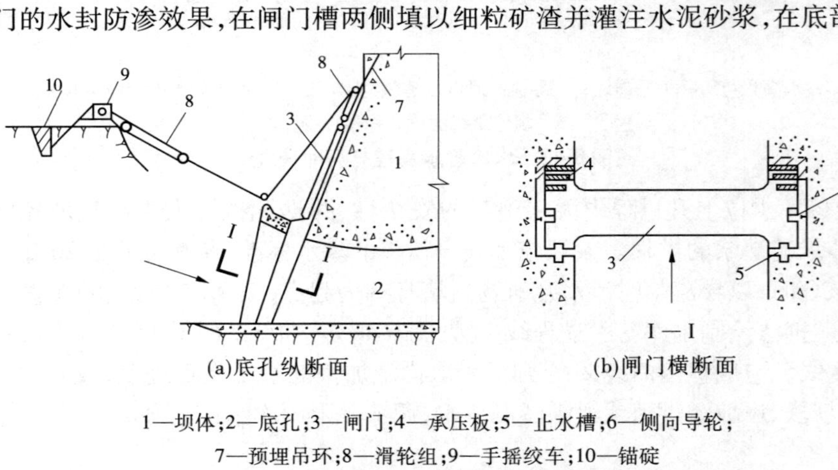

(a)底孔纵断面　　(b)闸门横断面

1—坝体；2—底孔；3—闸门；4—承压板；5—止水槽；6—侧向导轮；

7—预埋吊环；8—滑轮组；9—手摇绞车；10—锚碇

图6-44 浙江新安江水电站导流底孔封堵示意图

麻包，并在底孔内把闸门与坝面之间的金属承压板互相焊接。

混凝土封堵体的最小长度可根据极限平衡条件由下式求出：

$$l = \frac{KP}{\omega\gamma gf + \lambda c} \tag{6-10}$$

式中：K 为安全系数，一般取1.1～1.3；P 为作用水头的推力，N；ω 为导流隧洞或涵管的断面面积，m^2；γ 为混凝土的密度，kg/m^3；f 为混凝土与岩石（或混凝土）的摩阻系数，一般取0.60～0.65；g 为重力加速度；λ 为导流隧洞或涵管的周长，m；c 为混凝土与岩石（或混凝土）的黏结力，kPa，一般取50～20 kPa。

当导流隧洞的断面面积较大时，混凝土塞的浇筑必须考虑温控措施。例如，美国新布拉茨河口大坝的导流隧洞封堵，在混凝土塞中央设有冷却和灌浆用坑道，底部埋有冷却水管，待混凝土平均温度降至12.8 ℃时，进行接触灌浆，以保证混凝土与围岩的连接（见图6-45）。

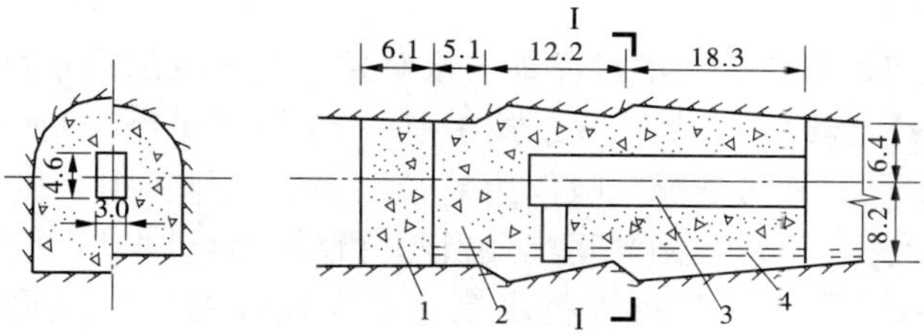

(a) Ⅰ—Ⅰ断面　　(b)纵断面

1—混凝土堵；2—混凝土塞；3—冷却和灌浆用坑道；4—冷却水管

图6-45　导流隧洞的堵头　（单位：m）

堵塞导流底孔时深水堵漏问题应予以重视。不少工程在封堵的关键时刻漏水不止，造成紧张被动。湖南柘溪水电站导流底孔封堵时，闸门的右侧底部由于止水橡皮被撕坏，漏水量最大达1.0 m^3/s，此时上游水深已有55 m左右。该工程深水堵漏的处理方法是：根据漏水部位，先吊放大麻绳球以堵塞大洞，随后放小麻绳球，最后吊放棒形松散麻丝，使漏水量大大减小。为了防止麻绳球被水流冲失，在闸门前再沉放用麻绳编织的厚为2～4 cm的帘子。麻帘互相搭接，把整个闸门槽封包起来，再在闸门前用导管抛填黏土，进一步止漏。

任务八　基坑排水

在截流戗堤合龙闭气以后，就要排除基坑的积水和渗水，以利于开展基坑施工工作。基坑排水工作按排水时间及性质，一般可分为：①基坑开挖前的初期排水，包括基坑积水、基坑积水排除过程中围堰及基坑的渗水和降水的排除；②基坑开挖及建筑物施工过程中的经常性排水，包括围堰和基坑的渗水、降水、基岩冲洗及混凝土养护用废水的排除等。

一、初期排水

初期排水时，基坑内外产生水位差，将同时引起通过围堰和基坑的渗水。初期排水流量可按下式确定：

$$Q = \frac{(2 \sim 3)V}{T} \tag{6-11}$$

式中：Q 为初期排水流量，m^3/s；V 为基坑的积水体积，m^3；T 为初期排水时间，s。

初期排水时间 T 主要受基坑水位下降速度的限制。水位下降太快，则围堰或基坑边坡的动水压力变化过大，容易引起塌坡；水位下降太慢，则影响基坑开挖时间。一般下降速度限制在 0.5 ~ 1.5 m/d 以内，对于土围堰取下限值，混凝土围堰取上限值。初期排水时间对大型基坑可限制在 5 ~ 7 d，中型基坑不超过 3 ~ 5 d。

根据初期排水量即可确定所需的排水设备容量。为方便运行，宜选择容量不同的离心式水泵，以便组合运用。也可用试抽法确定排水设备容量：如果水位下降很快，可关闭一部分排水设备，以控制水位下降速度；若水位基本不变，则可能是排水设备容量过小或有较大的渗漏通道存在，这时应增加排水设备容量或找出渗漏通道予以堵塞，然后进行抽水。

一般初期排水可以采用固定的或浮动的水泵站。当水泵的吸水高度（一般水泵吸水高度为 4.0 ~ 6.0 m）足够时，水泵站可布置在围堰上，如图 6-46（a）所示。水泵的出水管口最好设在水面以下，这样可依靠虹吸作用减轻水泵的工作负担。在水泵排水管上应设置止回阀，以防水泵停止工作时倒灌基坑。当基坑较深，超过水泵吸水高度时，须随基坑水位下降将水泵逐次下放，这时可以将水泵逐层安放在基坑内较低的固定平台上，如图 6-46（b）所示。也可以将水泵放在滑道移动的平台上，如图 6-46（c）所示，用绞车操纵逐步下放。还可以将水泵放在浮船上，如图 6-46（d）所示。

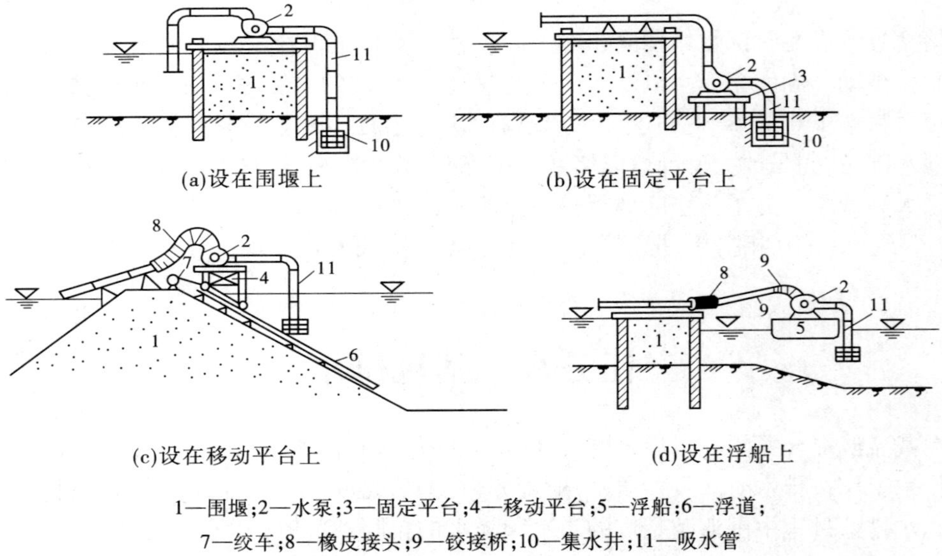

1—围堰；2—水泵；3—固定平台；4—移动平台；5—浮船；6—浮道；
7—绞车；8—橡皮接头；9—铰接桥；10—集水井；11—吸水管

图 6-46　水泵站的布置

二、经常性排水

基坑内积水排干后，围堰内外的水位差增大，此时渗透流量相应增大，对围堰内坡、基坑边坡和底部的动水压力加大，容易引起管涌或流土，造成塌坡。

（一）排水系统的布置

通常应考虑两种不同的情况：一种是基坑开挖过程中的排水系统布置；另一种是基坑开挖完成后修建建筑物时的排水系统布置。两者应结合考虑，使排水系统不影响施工。

基坑开挖过程中一般将排水干沟布置在基坑中部，以利于两侧出土，随着基坑开挖逐渐加深排水干沟和支沟，通常保持干沟深度为1.0～1.5 m，支沟深度为0.3～0.5 m。修建建筑物时的排水系统，通常都布置在基坑的四周，如图6-47所示。排水沟距基坑边坡坡脚不小于0.3～0.5 m。一般排水沟底宽不小于0.3 m，沟深不大于1.0 m，底坡不小于2‰。在密实土层中，排水沟可以不用支撑，但在松土层中，则需用木板或麻袋装石加固。

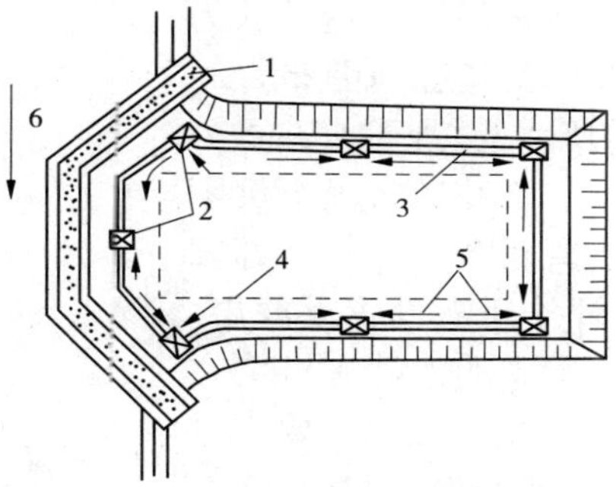

1—围堰；2—集水井；3—排水沟；4—建筑物轮廓线；
5—水流方向；6—河流

图6-47　修建建筑物时基坑排水系统的布置

有时由于基坑开挖深度不一，基坑底部不在同一高程，可采用层层截流、分级抽水的办法，即在不同高程上布置截水沟、集水井和水泵站，进行分级排水。

水经排水沟流入集水井，在井边设置水泵站，将水从集水井中抽出。集水井布置在建筑物轮廓线的外侧，集水井与建筑物外缘的距离必须大于井的深度。井的容积至少要保证水泵停工10～15 min集水井水量不致漫溢。集水井可为长方形，边长1.5～2.0 m，井的深度应低于排水沟底1.0～2.0 m。在土中挖井，其底面应铺填反滤料以防冲刷。在密实土中，井壁可用框架支撑；在松软土中，宜用板桩加固，如板桩接缝漏水，则需在井壁外设置反滤层。集水井不仅用来集聚水，而且还有澄清水的作用，因为水泵的使用年限与水中的含沙量多少有关，为了保护水泵，安设的集水井宜稍大、稍深一些。

为防止下雨时因地面径流进入基坑而增加抽水量甚至淹没基坑，往往在基坑外缘挖排水沟或截水沟，以拦截地面水。一般沟宽和沟深不小于0.5 m，底坡不小于2‰。基坑外地面排水系统最好与道路排水系统相结合，以便自流排水。

（二）排水量的估算

经常性排水的排水量包括围堰和基坑的渗水、降水、地层含水、基岩冲洗及混凝土养护弃水等。降水量可按抽水时段内最大日降雨量在当天抽干计算。基岩冲洗及混凝土养护弃水，由于基岩冲洗用水不多，可以忽略不计，混凝土养护弃水，可近似地按每立方米混凝土每次用水 5 L、每天养护 8 次计算。但降水和施工弃水不应叠加。

三、人工降低地下水位

在经常性排水过程中,为了保持基坑开挖工作的运行,常常要多次降低排水沟和集水井的高程,这会影响开挖工作的正常运行。此外,在开挖细砂土、沙壤土一类地基时,随着基坑底面的下降,坑底与地下水位的高差越来越大,在地下水渗透压力作用下,容易产生边坡脱滑、坑底隆起等事故,给开挖工作带来不利影响。

而采用人工降低地下水位,就可减轻或避免上述问题。人工降低地下水位的基本做法是:在基坑周围钻设一些井管,地下水渗入井管后,随即被抽走,使地下水位线降至开挖基坑底面以下。人工降低地下水位的方法,按排水工作原理来分有管井法和井点法两种。管井法是纯重力作用排水,井点法还附有真空或电渗排水的作用。

(一)管井法降低地下水位

管井法降低地下水位,一般适用在渗透系数为 10 ~ 150 m/d 的粗、中砂土中。在基坑周围布置一系列管井,管井中放入水泵的吸水管,地下水在重力作用下流入井中,被水泵抽走。管井通常由下沉钢井管组成,也可用预制混凝土管代替。井管下部安装滤水管节(滤头),有时井管外还需设置反滤层。地下水从滤水管进入井管内,水中的泥沙则沉淀在沉淀管中。滤水管是井管的重要组成部分,要求过水能力大,进入的泥沙少,有足够的强度和耐久性。如图 6-48 所示为滤水管结构简图。

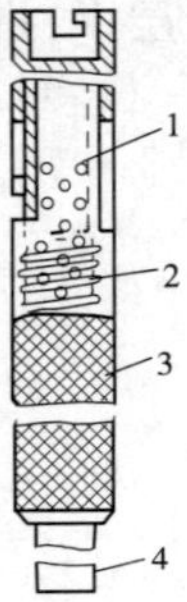

1—多孔管,钻孔面积占总面积的 20% ~25%;
2—绕成螺旋状的铁丝,3 ~4 mm;
3—铁丝网 1 ~2 层;4—沉淀管

图 6-48 滤水管结构简图

井管通常用射水法下沉,当土层中夹有硬黏土、岩石时,需配合钻机钻孔。射水下沉时,先用高压水冲土,下沉套管,较深时可配合振动或锤击,然后在套管中插入井管,最后在套管与井管的间隙中间填反滤层和拔套管。反滤层每填高一次,便拔一次套管,逐层上拔直至完成。用普通离心式水泵抽水,由于吸水高度的限制,当要求降低地下水位较深时,要分层设置井管,分层进行排水,如图 6-49 所示。

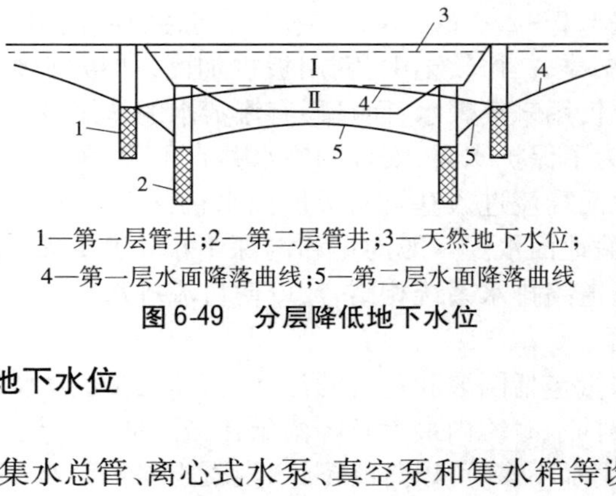

1—第一层管井;2—第二层管井;3—天然地下水位;
4—第一层水面降落曲线;5—第二层水面降落曲线

图 6-49 分层降低地下水位

(二)井点法降低地下水位

1. 轻型井点

轻型井点由井管、集水总管、离心式水泵、真空泵和集水箱等设备组成(见图 6-50)。

轻型井点的井管直径为38～50 mm，间距为0.6～1.8 m，最大可达3.0 m。井点系统排水时地下水位的下降深度，取决于集水箱内的真空度与管路的漏气和水力损失。一般集水箱内真空度为53～80 kPa（400～600 mmHg），相应的吸水高度为5～8 m，扣去各种损失后，地下水位的下降深度为4～5 m。当地下水位降低的深度超过4～5 m时，可以像井管一样分层布置井点，每层控制3～4 m，但以不超过三层为宜；否则，增加挖方量也影响施工，而且当上层井点发生故障时，下层水泵能力有限，地下水位回升，基坑有被淹没的可能。真空井点抽水时，在滤水管周围形成一定的真空梯度，加速了排水速度，可在渗透系数为0.1 m/d的土层中工作。

井管一般用射水法下沉。在细砂和中砂中，需要的射水量为25～30 m^3/h，水压力为3×10^5～3.5×10^5 Pa；在粗砂中，流量需增大到40 m^3/h或更大；在夹有砾石和卵石的砂中，最好与压缩空气配合进行冲射；在黏性土中，水压需增大到0.5～0.8 MPa（5～8个大气压），并回填砂砾石作为滤层。回填反滤层刚供水仍不停止，但水压可略降低。在距孔口1.0 m范围内，宜用黏土封口，以防漏气。排水工作完成后，可利用杠杆将井管拔出。

2. 深井点

与轻型井点不同，它的每一根井管上都装有扬水器（水力扬水器或压气扬水器），因此它不受吸水高度的限制，有较大的降深能力。深井水泵管井装置见图6-51。深井点有多种，其中喷射井点由集水池、高压水泵、输水干管和喷射井管组成（见图6-52）。扬程为0.6～1 MPa的高压水泵将高压水压入内管与外管间的环形空间，经进水孔由喷嘴以10～50 m/s高速喷出，由此产生负压使地下水经滤管吸入内管，在混合室中与高速工作水头混合，经喉管和扩散管后流速水头转变为压力水头，将水压到地面集水池中。高压水泵从集水池中抽水作为工作水，而池中多余的水则任其流走或用低压水泵抽走。通常一台高压水泵能为30～35个井点服务，最适宜的降低水位范围为5～18 m。喷射井点的排水效率不高，一般用于渗透系数为3～50 m/d、渗流量不大的场合。

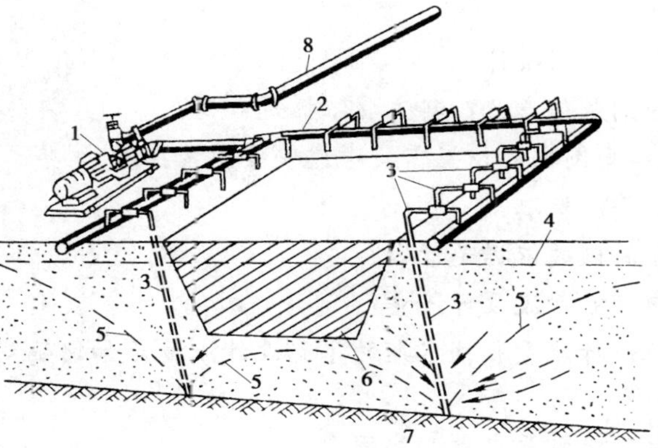

1—离心式水泵；2—集水总管；3—井管；4—原地下水位；
5—降水后地下水面线；6—基坑；7—不透水层；8—排水管

图6-50　轻型井点系统

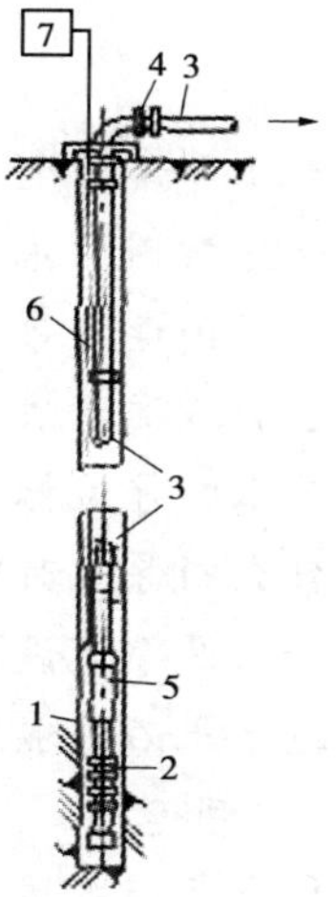

1—管井；2—水泵；3—压力管；4—阀门；
5—电动机；6—电缆；7—配电盘

图6-51　深井水泵管井装置

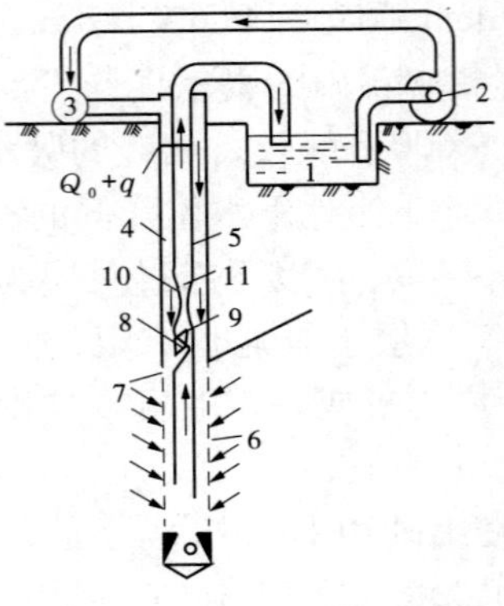

1—集水池;2—高压水泵;3—输水干管;4—外管;5—内管;6—滤水管;
7—进水孔;8—喷嘴;9—混合室;10—喉管;11—扩散管

图 6-52 喷射井点装置示意图

压气扬水井点是用压气扬水器进行排水,排水时压缩空气由输气管送来,由喷气装置进入扬水管,于是管内容重较小的水气混合液,在管外压力的作用下,沿扬水管上升到地面排走。为了达到一定的扬水高度,就必须将扬水管沉入井中足够的潜没深度,使扬水管内外有足够的压力差。压气扬水井点降低地下水最大可达 40 m。

在渗透系数小于 0.1 m/d 的黏土或淤泥中降低地下水位时可采用电渗井点排水。电渗井点排水是沿基坑四周布置两列正负电极。正极通常用金属管做成,负极就是井点的排水井。在土中通过电流以后,地下水将从金属管(正极)向井点(负极)移动集中,然后由井点系统的水泵抽走。正、负极电源由直流发电机供应。

复习思考题

6-1 施工导流的主要任务是什么?

6-2 试述常用的施工导流方式及其适用条件。

6-3 分段围堰法导流的分段和分期是何意义?其主要依据是什么?

6-4 在分段围堰法导流中,确定纵向围堰的位置需要考虑哪些因素?

6-5 什么叫导流标准?如何确定导流标准?

6-6 什么叫导流时段?划分导流时段的依据是什么?

6-7 什么是导流设计流量?如何确定导流设计流量?

6-8 过水土石围堰过水期的导流设计流量和挡水期的导流设计流量是如何确定的?它们各有什么用途?

6-9 何谓导流方案?选择导流方案时需要考虑哪些因素?

6-10 试论述施工导流、施工进度、施工总体布置三者之间的关系。

6-11 试述截流的基本方法及其主要施工过程。

6-12 截流时段应怎样确定?

6-13 立堵截流需要计算哪些龙口水力参数?

6-14 简述坝体施工期拦洪度汛的基本要求。

6-15 如何制订蓄水计划?

6-16 在基坑排水中,如何用试抽法确定排水设备的容量?

6-17 举例说明在基坑外缘开挖排水沟或截水沟的用途。

6-18 简述导流临时建筑物与永久水工建筑物可能结合的各种情况。

参考文献

[1] 潘家铮,何璟．中国大坝 50 年[M]．北京:中国水利水电出版社,2000.
[2] 中华人民共和国水利部．SL 303—2004 水利水电工程施工组织设计规范[S]．北京:中国水利水电出版社,2004.
[3] 中华人民共和国国家发展和改革委员会．DL/T 5397—2007．水电工程施工组织设计规范[S]．北京:中国电力出版社,2008.
[4] 肖焕雄．施工水力学[M]．北京:水利电力出版社,1992.
[5] 钟登华．大型地下洞室群施工系统仿真理论方法与应用[M]．北京:中国水利水电出版社,2003.
[6] 贺昌海,胡志根,周宜红．立堵截流方案风险度分析[J]．中国工程科学,2002,4(4):58-63.
[7] 胡志根,刘全,贺昌海,等．水利水电工程施工初期导流标准多目标风险决策研究[J]．中国工程科学,2001,3(8):58-63.
[8] 徐银林．金安桥水电站大流量截流条件下的截流施工[J]．中国水利,2007(6):47-48.
[9] 曾明,李友华．三峡导流明渠截流施工[J]．中国三峡建设,2003(5):23-25.
[10] 申明亮．水利水电工程施工仿真与土石方平衡[M]．北京:中国水利水电出版社,2007.
[11] 杨康宁．水利水电工程施工技术[M]．北京:中国水利水电出版社,1995.
[12] 司兆乐．水利水电施工技术[M]．北京:中国水利水电出版社,2002.
[13] 张正宇,张文煊,吴新霞,等．现代水利水电工程爆破[M]．北京:中国水利水电出版社,2003.
[14] 赵根,吴新霞,陈敦科,等．三峡三期碾压混凝土围堰拆除爆破设计方案研究[J]．工程爆破,2007(2):42-46.
[15] 倪锦初,刘少林,谢向荣,等．三峡工程围堰钢管混凝土防渗墙拆除爆破设计与实践[C]//第 8 届中国工程爆破学术经验交流会论文集,2004:483-487.
[16] 张景秀．坝基防渗与灌浆技术[M]．北京:中国水利水电出版社,2002.
[17] 白永年．中国堤坝防渗加固新技术[M]．北京:中国水利水电出版社,2001.
[18] 岩土注浆理论与工程实例协作组．岩土注浆理论与工程实例[M]．北京:科学出版社,2001.
[19] 魏璇．水利水电工程施工组织设计手册(上、下)[M]．北京:中国水利水电出版社,2000.
[20] 祁世京．土石坝碾压式沥青混凝土心墙施工技术[M]．北京:中国水利水电出版社,2002.
[21] 朱伯芳．大体积混凝土温度应力与温度控制[M]．北京:中国电力出版社,1999.
[22] 李东升．混凝土冬季施工[M]．北京:中国水利水电出版社,2001.
[23] 徐干成,白洪才,郑颖人,等．地下工厂支护结构[M]．北京:中国水利水电出版社,2002.
[24] 李忠勇．施工现场安全标准化管理[M]．上海:同济大学出版社,2001.
[25] 曲江．水利水电工程项目管理实务全书[M]．北京:中国环境科学出版社,2001.